Freund · Simson / Aspekte der auswärtigen Kulturpolitik
in Entwicklungsländern

Die Dritte Welt
Sonderheft 1972

Aspekte der auswärtigen Kulturpolitik in Entwicklungsländern

Herausgegeben von

Wolfgang S. Freund
Uwe Simson

1973

Verlag Anton Hain · Meisenheim am Glan

© 1973 Verlag Anton Hain KG - Meisenheim am Glan
Herstellung: Verlag Anton Hain KG - Meisenheim am Glan
Printed in Germany
ISBN 3-445-01010-2

Vorwort

Das Vorhandensein von sogenannten „Entwicklungsländern" – ein an sich schon fast unerträglicher Euphemismus für „Elendsregionen" – ist ein unannehmbarer Zustand. Es macht die Erfüllung der für die zweite Hälfte unseres Jahrhunderts erhobenen Forderung, zu einer weltweiten Konfliktbewältigung mit außerkriegerischen Mitteln zu kommen, immer schwieriger. An die heute industrialisierte Minorität der Weltbevölkerung stellt der „Nord-Süd-Konflikt" sehr spezifische Ansprüche: Alles Tun und Lassen von Industrieländern in der Dritten Welt ist in erster Linie danach zu bewerten, ob es das gegenwärtige geistige und materielle Elend vergrößert oder vermindert. Andere Fragen sind demgegenüber sekundär.

Ebenso wie die Wirtschaftspolitik hat sich unsere sogenannte „auswärtige Kulturpolitik", soweit sie auf Entwicklungsländer zielt, diesem Maßstab zu unterwerfen. Die in der wirtschaftlichen Entwicklungspolitik wohlbegründete, heute weithin akzeptierte Trennung zwischen betriebswirtschaftlicher und gesamtgesellschaftlicher „Rentabilität" ist auf unsere kulturpolitischen Aktivitäten zu übertragen und führt hier zur Unterscheidung zwischen der Qualität des Vermittelten „an sich" (im Zweifelsfall also: für uns) und seinem möglichen Entwicklungseffekt.

Daß eine auswärtige Kulturpolitik der Bundesrepublik Deutschland in der Dritten Welt einen solchen Effekt überhaupt haben, d.h. dem Emanzipationsbedürfnis der Entwicklungsländer entgegenkommen kann, wird von manchen Seiten generell bestritten; eine rückhaltlos geführte Diskussion könnte zweifellos zu dem Ergebnis kommen, daß „Kulturpolitik in Entwicklungsländern" besser ganz einzustellen sei, und für manchen Bereich der Dritten Welt wäre eine derartige Erkenntnis die schlechteste nicht. Die Herausgeber dieses Bandes sind indessen, bei aller Skepsis, zu der die bisherige Praxis zwingt, der Meinung, daß kulturpolitische Aktivitäten in der Dritten Welt in entwicklungsrelevanter Weise betrieben werden könnten. Aus verschiedenen Gründen bleibt die Arbeit derjenigen Organisationen, die auf dem Gebiet der auswärtigen Kulturpolitik gegenwärtig tätig sind, unter diesem Aspekt unbefriedigend; einer dieser Gründe (und vielleicht der wichtigste) liegt darin, daß selbst dort, wo eine der Sache an sich förderliche politische Grundeinstellung gegeben wäre, die theoretische Klärung der komplizierten Zusammenhänge noch kaum in Angriff genommen wurde.

Die Beiträge dieses Sammelbandes belegen, daß die reine Negierung hier nicht das letzte Wort sein kann. Ob die folgenden Arbeiten dazu beitragen werden, Wirklichkeit zu beleben, entzieht sich allerdings unserer Einflußnahme.

Wolfgang S. Freund
Uwe Simson

Inhalt

Vorwort 5
UWE SIMSON: Unterentwickelte Regionen und auswärtige Kulturpolitik . . 9
WOLFGANG SLIM FREUND: Das Schlagwort vom Kulturaustausch 40

Innerdeutsches

WINFRIED BÖLL: Auswärtige Kulturpolitik und Entwicklungspolitik . . . 49
DIETER DANCKWORTT: Anmerkungen zur Öffentlichkeitsarbeit eines
    Ministeriums 67
LOTHAR ROMAIN: Mit Goethe durch die Jahre? 71
ALBERT WASSENER: Auswärtige Kulturpolitik als Teil internationaler
    Gesellschaftspolitik 81
BARTHOLD C. WITTE: Auswärtige Kulturpolitik und Kulturwandel 99
HANS PAKLEPPA: Zur Fortbildung von Fach- und Führungskräften aus
    Entwicklungsländern in der Bundesrepublik 107
HANSGERT PEISERT: Auswärtige Kulturpolitik der Bundesrepublik
    Deutschland 117
UWE SIMSON: Auswärtige Kulturpolitik, Friedenssicherung und
    Dritte Welt 144

Zielgruppenfragen

WOLFGANG SLIM FREUND: Mehrsprachigkeit als Variable für den deutschen
    Sprachunterricht in Entwicklungsländern 153
SAMUEL KODJO: Die deutsche auswärtige Kulturpolitik aus der Sicht der
    Entwicklungsländer 175

Medien und Maßnahmen

HANS DIETER KLEE: Der kulturpolitische Bezugsrahmen für Hörfunk-
    sendungen nach Ländern der Dritten Welt – dargestellt an den
    Sendungen der DEUTSCHEN WELLE für Afrika 185
ALPHONS SILBERMANN: Soziologische und sozialpsychologische Erwägungen
    über Struktur und Funktionen der audio-visuellen Kommunikation
    in den Entwicklungsländern 199
AXEL SCHMALFUSS: Kultur-Ausstellungen in Entwicklungsländern 228

Regionales

Eva Marischen: Das Goethe-Institut in Tunis. Eine Fallstudie 239

Georg Lechner: Das Goethe-Institut in Indien – Aufgaben und ungelöste
Probleme 249

Maria Mies: Warum Deutsch? Eine Untersuchung des sozio-ökonomischen
Hintergrundes und der Studienmotivation von Deutschstudenten
in Poona (Indien) 262

Internationale Aspekte

Michael Marschall von Bieberstein: Für eine gemeinsame europäische
Kultur- und Bildungspolitik 285

Kurt Scharf: Kulturarbeit und Gastarbeiter 294

Literatur

Eva Marischen: Literatur zur auswärtigen Kulturpolitik der BRD 309

Unterentwickelte Regionen und auswärtige Kulturpolitik

von Uwe Simson, Köln

I.

Die radikale Umgestaltung der politischen Weltkarte, die mit der globalen Dekolonisation der Nachkriegszeit einsetzte, schafft durchaus neue Gegebenheiten für die politischen Beziehungen zwischen den Staaten und Gesellschaften der Welt. Sie stellt auch die auswärtige Kulturpolitik, der im Ganzen der Außenpolitik eine wechselnde, langfristig aber wohl steigende Bedeutung beigemessen wird[1], vor die Notwendigkeit, ihre Zwecke und damit auch ihre Mittel neu zu bestimmen.

War die Welt zu Beginn dieses Jahrhunderts noch, grob gesprochen, in eine Handvoll souveräner Großmächte und die große Masse der (de jure oder de facto) abhängigen Gebiete gespalten, so ist der Globus heute bis auf geringe Reste in Territorien aufgeteilt, die de jure politisch unabhängig sind und sich – mit größerem oder geringerem Realitätsgehalt – als souveräne Nationalstaaten betrachten. Es herrscht weitgehende Übereinstimmung darin, daß ein Zusammenleben dieser Staaten auf der Grundlage der Gleichberechtigung gewährleistet werden muß; Ziel ist eine Welt ohne Imperialismus, dieser definiert als „direkt-formelle oder indirekt-informelle Herrschaft, die von einem entwickelten Land aufgrund seiner sozialökonomisch-technologisch-militärischen Überlegenheit über unterentwickelte Regionen ausgeübt wird"[2]. Hier ist die Hauptschwierigkeit einer gleichberechtigten, friedlichen Koexistenz direkt angesprochen: die Mehrzahl der Staaten auf der Welt – sie enthalten auch die Mehrzahl der Menschen – sind „unterentwickelt"; erst ein Abbau des Entwicklungsgefälles und des in ihm beschlossenen Konfliktpotentials würde die Voraussetzungen für eine Form der Koexistenz schaffen, die nicht nur durch das Nichtvorhandensein von offenen Kriegszuständen, sondern auch durch die Abwesenheit von strukturell angelegten, aber gewaltsam niedergehaltenen Konflikten charakterisiert wäre. Die Beziehungen zwischen dem entwickelten und dem unterentwickelten Teil der

---

1 In offiziellen Erklärungen wird von der „dritten Bühne", der „dritten Säule" oder einem „tragenden Pfeiler" der Außenpolitik gesprochen.
2 Vgl. Hans-Ulrich Wehler: Der amerikanische Imperialismus vor 1914. In: Wolfgang J. Mommsen (Hrsg.): Der moderne Imperialismus. Stuttgart 1971. S. 172.

Welt haben, auch darin herrscht Einstimmigkeit, zur Verringerung des friedensgefährdenden Entwicklungsabstandes beizutragen.

Da „Unterentwicklung" in erster Linie wirtschaftlich meßbar ist (und anfänglich auch als ein rein wirtschaftliches Problem verstanden wurde), wirkte sich diese Forderung zuerst auf dem Gebiet der Wirtschaft aus, indem hier neben die traditionellen Formen der zwischenstaatlichen Beziehungen die „Entwicklungshilfe" trat. Eine vergleichbare Differenzierung zwischen industrialisierten und Entwicklungsländern bahnte sich, mit charakteristischer Phasenverschiebung, auch im Bereich der internationalen Kulturbeziehungen an, wobei die auswärtige Kulturpolitik in der Dritten Welt ihre spezielle Form dadurch findet, daß sie sich, ihrem Selbstverständnis und ihren Mitteln nach, bewußt oder unbewußt der Entwicklungspolitik annähert[3].

Bevor wir aber auf das logische Ende dieses Annäherungsprozesses, nämlich die Konzeption einer auswärtigen Kulturpolitik in Entwicklungsländern, die sich als Entwicklungspolitik versteht, näher eingehen, sollen hier kurz die beiden Gebiete, Entwicklungspolitik und Kulturpolitik, in ihrem bisherigen Werdegang umrissen werden. Wir gehen dabei aus von den Gegebenheiten einer „mittleren" Macht, der Bundesrepublik Deutschland, die von einer direkten kolonialistischen Vergangenheit nicht geprägt ist.

II.

Entwicklungspolitik

„Hilfe und Geschenk sind stets so, wie es der Geber am liebsten hat. Er gibt seine Welt"[4]. Diese Feststellung gilt für die Anfänge westlicher Entwicklungspolitik nach dem Krieg uneingeschränkt, und zwar in doppelter Hinsicht: sowohl die eingesetzten Mittel der Entwicklungshilfe als auch deren Zwecke orientierten sich unreflektiert an den Vorstellungen der westlichen Welt.

In den westlichen Entwicklungsbemühungen der Nachkriegszeit waren humanitäre Motive und weltweite egalitäre Ziele eine innige Verbindung mit

---

3 So z.B. wenn vorgeschlagen wird, Kulturinstitute in Entwicklungsländern sollten als Institute zur Erforschung der Probleme der Unterentwicklung geführt werden (Hansgert Peisert: Auswärtige Kulturpolitik der Bundesrepublik Deutschland, Gutachten im Auftrag des Auswärtigen Amts. Konstanz 1971. S. 271 — im folgenden kurz als „Peisert" zitiert). Vgl. auch den Beitrag von Hans Pakleppa in diesem Sammelband.
4 Vgl. Freimut Duve: Der Rassenkrieg findet nicht statt. Düsseldorf und Wien 1971. S. 191.

dem Kampf gegen die weitere Ausbreitung des Kommunismus eingegangen. Die Feststellung, „ohne Antikommunismus hätte es Entwicklungspolitik nicht gegeben"[5], ist naturgemäß spekulativer Art, was allerdings nicht ausschließt, daß Antikommunismus in dieser Kombination häufig die treibende Kraft war. Die Auswahl der Empfängerländer weist darauf hin. Kommunismus galt als pathologischer Zustand − in der Entwicklungshilfe wurde die geeignete Prophylaxe dagegen gesehen. „Entwicklung" konnte bei dieser Sicht der Dinge nur „westliche" Entwicklung sein: das jeweilige Entwicklungsland hatte sich in das Gefüge der westlichen, liberal-kapitalistischen Weltwirtschaft einzuordnen. Damit war zweierlei festgelegt. Einmal hatte Entwicklung in jeder denkbaren Gesellschaft so stattzufinden, wie es der westlichen liberalen Ideologie (aber schon nicht mehr unbedingt der westlichen Wirklichkeit) entsprach, also als ungehinderte Betätigung der freien Unternehmer-Initiative im postulierten Rahmen einer prästabilierten Harmonie des langfristigen Interessenausgleichs zwischen allen am Wirtschaftsprozeß − in welcher Form auch immer − Beteiligten. Zum anderen war, damit eng verbunden, die Diskussion gesellschaftlich-politischer Ordnungsvorstellungen aus der Entwicklungsproblematik ausgeklammert, da ja der ideale institutionelle Rahmen, nämlich der der westlichen Demokratien und besonders der Vereinigten Staaten, bereits bekannt war.

Die Bundesrepublik, die eben erst ihrerseits durch die Entwicklungsgelder des Marshall-Plans ihre Wirtschaft in Gang gebracht hatte, fand dieses *pattern* vor, als sie sich nach dem Beispiel der Amerikaner zu Anfang der 50er Jahre entwicklungspolitisch zu engagieren begann. Die Anschauung, Entwicklung in der Dritten Welt habe westlichen Vorbildern zu folgen und sei durch die Bereitstellung von Kapital zu bewerkstelligen (später kam dann noch *know how* dazu), hielt sich bei den Politikern und bei den ihnen zugeordneten Theoretikern bis in die Mitte der 60er Jahre. Dies ist insofern erstaunlich bzw. nur durch die einseitige Fixierung auf Positionen des „Kalten Krieges" zu erklären, als auch damals schon westliche Sozialwissenschaftler wie etwa Gunnar MYRDAL[6] und René KÖNIG[7] diese Sicht längst überwunden hatten; darüber hinaus hätte man auf eine Tradition europäischer Beschäftigung mit den Problemen „unterentwickelter" Regionen zurückgreifen kön-

---

5 a.a.O., S. 22.
6 Vgl. Gunnar Myrdal: Ökonomische Theorie und unterentwickelte Regionen. Stuttgart 1959 (englische Ausgabe 1956).
7 Vgl. René König: Einleitung zu einer Soziologie der sogenannten rückständigen Gebiete. Der Aufsatz stammt aus dem Jahr 1954 und ist wieder gedruckt in: René König: Soziologische Orientierungen. Köln/Berlin 1965.

nen, die schon im 19. Jahrhundert kulturelle Determinanten ebenso wie Aspekte der Herrschaft umfaßte[8].

Von alledem unberührt, sah noch Walter SCHEEL in seiner Amtszeit als Bundesminister für wirtschaftliche Zusammenarbeit das Entwicklungsproblem so wie die Urheber des „Point Four Program": in seinem Buch „Konturen einer neuen Welt"[9] erscheint noch 1965 die Entwicklung der Dritten Welt als ein vorwiegend technisches, in seiner technischen Reinheit nur durch ein paar unscharf angegebene, durchweg residual behandelte sozio-kulturelle Faktoren beeinträchtigtes Problem. Adressat der entwicklungspolitischen Bemühungen (und der Entwicklungsgelder) ist ein „gesunder Mittelstand" (S.117), aus dem die freien Unternehmer als Träger der Entwicklung hervorgehen sollen. Das geringe Ausmaß der Reflexion über die Bedingungen, unter denen die Entwicklung der Dritten Welt heute stattzufinden hat, zeigt SCHEELS summarische Feststellung: „Der Aufbau der deutschen Wirtschaft nach dem Kriege hat gezeigt, daß es in erster Linie die Initiative des privaten Unternehmers, sein Wagemut und persönlicher Einsatz sowie seine Erfahrungen sind, welche — auf die Mitarbeit einer leistungsbewußten Arbeitnehmerschaft gestützt — die Produktionsmittel richtig gesteuert und eine darniederliegende Volkswirtschaft wiederaufgebaut haben. *Diese Erfahrung gilt auch für den wirtschaftlichen Aufbau der Entwicklungsländer*" (S.137; Hervorhebung von mir). Da auch von den Verhältnissen eines freien Kapitalverkehrs ausgegangen wird, ist eine der effizientesten Hilfen für ein Entwicklungsland die Privatinvestition, deren mögliche negative Begleiterscheinungen nicht einmal erwähnt werden (S.97). Eine solche Entwicklungspolitik ist „Teil unserer langfristigen Sicherheitspolitik" (S.14), insofern man mit ihr „die revolutionären Strömungen auffangen und in segensreiche Bahnen lenken kann" (S.70f.)[10] Der Zeithorizont ist durchgehend begrenzt — auffallend besonders im Vergleich zu EPPLER, der hier ein „säkulares" Problem sieht — und wird nur stellenweise durch humanitäre Erwägungen gesprengt.

---

8 Als Beispiele seien genannt: Karl Marx' Beschäftigung mit Indien, die Schriften des Orientalisten Hermann Vambéry (Budapest) über die Türkei und die Türken Mittelasiens, Jakob Philipp Fallmerayer, Lorenz v. Stein, Helmuth v. Moltke. Dazu kommt eine Anzahl von Forschungsreisenden — abgesehen davon, daß auch einige von den hier genannten ihre Studienobjekte aus eigener Anschauung kannten.

9 Wien und Düsseldorf, 1965. Die Veröffentlichung verdient allerdings die Bezeichnung „Buch" in erster Linie ihres Umfangs wegen: es handelt sich um eine nur notdürftig (von einem Journalisten) integrierte Zusammenstellung einer großen Zahl von kurzen Ausschnitten aus Reden, Interviews etc. Die Ziffern in Klammern verweisen im folgenden Abschnitt auf die Seitenzahlen dieses Buches.

10 Diese Feststellung stammt von dem Journalisten, der die Sammlung zusammengestellt hat.

In systematisierter Form und durch wissenschaftliche Argumentation gestützt, finden sich diese Anschauungen weitgehend auch bei den Theoretikern der Entwicklungspolitik, die damals noch stärker als heute die Domäne der Nationalökonomen war. Als Beispiel sei hier ein Werk von Kurt HESSE aus dem Jahr 1962 angeführt[11], in dem z. B. die Tätigkeit der (nordamerikanischen) United Fruit Company in Mittelamerika ohne weitere Diskussion als Entwicklungsbeitrag beschrieben wird: „Mit Recht ist die Tätigkeit der UFC in Honduras als "an excellent example of the stabilizing influence" bezeichnet worden"[12]. Eine rein ökonomische Betrachtungsweise führt hier dazu, daß zwischen Investitionen *in* einem Land und Investitionen *für* ein Land nicht unterschieden wird; HESSE kann von daher zu der Schlußfolgerung kommen: „Honduras kann ... als Beweis für die Notwendigkeit einer Beteiligung der Privatwirtschaft an der Entwicklungshilfe herangezogen werden"[13].

Daß Kapitalinvestitionen, selbst mit Transfer von *know how* und Bildungshilfe als flankierenden Maßnahmen, die Probleme der Dritten Welt nicht zu lösen vermögen — diese Einsicht, die schon in der Anfangszeit westlicher Entwicklungspolitik theoretisch gewonnen worden war[14], setzte sich erst in der zweiten Hälfte der 60er Jahre in der Bundesrepublik in weiteren Kreisen durch. Neben dem allgemeinen Infragestellen der westdeutschen Nachkriegsselbstverständlichkeiten, deren Symptom die Studentenunruhen 1967 waren, erzwang auch der empirische Befund in Sachen „Entwicklung" ein Umdenken. Zog man eine Zwischenbilanz der weltweiten Entwicklungspolitik, so zeigte es sich, daß die Erfolge westlicher Entwicklungsbemühungen in spektakulärer Weise hinter den Erwartungen zurückgeblieben waren, während mit Methoden, die den westlichen diametral entgegengesetzt sind, ebenso spektakuläre Erfolge erzielt wurden: noch 1965 hielt Walter SCHEEL Indien für einen aussichtsreichen Konkurrenten Chinas und ein für die übrigen Entwicklungsländer wegweisendes „Musterbeispiel für den Versuch, die nationale Wirtschaft ohne kommunistische Zwangsmaßnahmen aufzubauen"[15] — bald

11 Kurt Hesse: Entwicklungsländer und Entwicklungshilfe an der Wende des Kolonialzeitalters. Berlin 1962.
12 a.a.O., S. 285. Hier schließt Hesse an: „Man geht darin nicht fehl, wenn man sagt, daß für ein privates Unternehmen stabile Verhältnisse die Voraussetzung für ein erfolgreiches Wirtschaften darstellen."
13 a.a.O.
14 Vgl. Herbert S. Frankel: Some Aspects of Investment and Economic Development in the Continent of Africa. International Social Science Bulletin, 3 (1951), zitiert bei Knut Gerlach: Der Entwicklungsbeitrag von Bildungsinvestitionen unter Berücksichtigung verschiedener Entwicklungsstadien und -konzeptionen. Göttingen 1969. S.1.
15 Walter Scheel, a.a.O., S. 207.

darauf war es klar, daß Hunger, Analphabetentum und der entwicklungsblockierende wirtschaftliche und soziale Dualismus, alles Probleme, unter denen Indien heute wie eh und je leidet, von China inzwischen bewältigt worden sind.

Damit war eine Öffnung des Blicks auf die bisher konsequent ausgeklammerte gesellschaftlich-politische Problematik erzwungen. Entwicklungshilfe, die sich „allzulange ... im apolitischen Raum theoretischer Wachtumsziffern, Modell- und Projektanalysen"[16] bewegt hatte, war (wieder) auf Fragen gesellschaftlicher, wirtschaftlicher und politischer Ordnung verwiesen. Dies hatte Folgen im Bereich der Mittel und der Ziele entwicklungspolitischer Aktivität. Die bei Experten aller Schattierungen schon lange vorhandene, mit Hinweisen auf die zukünftige wichtige Rolle der Bildungshilfe[17] aber lange verdrängte Einsicht in das Ungenügen des bisherigen rein wirtschaftlichen Ansatzes hat sich heute zu der Erkenntnis ausgeweitet, daß „Entwicklung" prinzipiell auf allen Gebieten des Lebens stattfindet und daß Entwicklungspolitik speziell von der gesellschaftspolitischen Dimension nicht abstrahieren kann[18]. Man fragt also nach den jeweils adäquaten Organisationsformen für die Landwirtschaft, nach den Eigentumsverhältnissen an den Produktionsmitteln, nach neuen Formen der Distribution und des Bildungswesens; all dies hat unmittelbare Auswirkungen auf die Struktur der Gesellschaft und das wirtschaftliche Wachstum und muß auf ein gegebenes kulturelles Milieu abgestimmt werden. Und nachdem nun, über technische Probleme hinaus, auch Fragen der wirtschaftlichen und gesellschaftlichen Ordnung diskutiert werden mußten, tauchte auch die Frage auf, ob es weiterhin ein Ziel der Entwicklungspolitik sein solle, „einen antiwestlichen Systemwandel in diesen Ländern zu verhindern, selbst wenn dieser ... entwicklungsfördernd wäre"[19].

Diese Phase der umfassenden Problematisierung bisheriger Selbstverständlichkeiten wird auf der Ebene der politischen Entscheidung von Erhard EPPLER repräsentiert. EPPLER geht lediglich von der Wertprämisse aus, daß „Entwicklung" wünschenswert ist; ähnlich probate Modelle wie SCHEEL bie-

---

16 Freimut Duve, a.a.O., S. 21.
17 Walter Scheel, a.a.O., S. 111; und Walter Scheel: Entwicklungspolitik und auswärtige Kulturbeziehungen. In: Berthold Martin (Hrsg.), Auswärtige Kultur-Beziehungen. Neuwied und Berlin 1966. S. 37 ff. Hier S. 44.
18 Vgl. Winfried Böll: Konzeption und Praxis der deutschen Entwicklungspolitik, ein Beitrag zur Zieldiskussion. In: Entwicklungshilfe zwischen Restauration und Revolution. Bensheim 1970. S. 9 ff. Hier: S. 24.
19 Vgl. Klaus Esser: Ansätze entwicklungspolitischer Alternativen. In: Entwicklungshilfe zwischen Restauration und Revolution. Bensheim 1970. S. 47 ff. Hier: S. 52.

tet er aber nicht an. In seinem Buch „Wenig Zeit für die Dritte Welt"[20] will er „Entwicklungspolitik darstellen als einen jener Bereiche, in denen sich entscheidet, ob wir die Zukunft bewältigen" (S. 7). Er erkennt, daß „Entwicklungshilfe nur subsidiär sein (kann) zu den Eigenanstrengungen des Entwicklungslandes" (S. 97), womit gegeben ist, daß sie sich den Entwicklungsstrategien des jeweiligen Landes einzuordnen hat. Mit der Idee, westliche Entwicklungsmodelle ließen sich auf die Dritte Welt übertragen, ist hier endgültig gebrochen: „Die Entwicklungsländer haben lange genug auf die Zauberkraft des Marktmechanismus gehofft, der im Modell der vollkommenen Konkurrenz alle Steuerungsaufgaben löst. Die Märkte und Strukturen der Entwicklungsländer sind davon noch viel weiter entfernt als die unseren. Wir tun daher gut daran, auf den Export unserer wirtschaftspolitischen Modelle zu verzichten" (S. 91f.). Die klare Absage an das „freie Spiel der Kräfte" (S. 13ff.) geht Hand in Hand mit der Einsicht, daß sich die Probleme der Dritten Welt nur durch umfassende Planung lösen lassen: „Bei den meisten Entwicklungsländern geht es eben nicht darum, einem natürlichen Entwicklungsprozeß noch etwas nachzuhelfen, ihn zu beschleunigen, sondern darum, anstelle eines unwiderruflich zerstörten gesellschaftlichen, ökonomischen und demographischen Gleichgewichts ein neues, dynamisches Gleichgewicht zu suchen" (S. 24)[21]. Mit der Einsicht, daß derart tiefgreifende gesellschaftliche Veränderungen stets „auf Widerstand, auf traditionelle Verhaltensweisen, auf überholte Privilegien, auf veraltete Institutionen, auf mächtige Gruppen" (S. 63) stoßen, ist auch die politische Dimension des Problems angesprochen. Darüber hinaus ist das allgemeine kulturelle Milieu, in dem Entwicklung jeweils stattzufinden hat, stets gegenwärtig, so z.B. wenn Julius NYERERES Ansichten über das Ujamaa-System referiert werden (S. 45). Entwicklungspolitik hat damit einen Weg zurückgelegt, der von einer rein wirtschaftlichen (und zusätzlich ideologisch eingeengten) Betrachtung zur Erfassung der Gesamtgesellschaft führte.

Mit EPPLER hat die Entwicklungshilfediskussion erstmals auch auf der Ebene der politischen Praxis ein Stadium erreicht, das es berechtigt erscheinen läßt, von einem potentiellen Beitrag zum zukünftigen friedlichen Nebeneinander auf der Basis der Gleichberechtigung zu sprechen. Der hier zugrunde gelegte umfassende Entwicklungsbegriff und besonders die Einbeziehung des politischen Aspekts stellen einen Stand des Problembewußtseins dar,

---

20 Stuttgart 1971; die Ziffern in Klammern verweisen im folgenden Abschnitt auf die Seitenzahlen dieses Buches.
21 Eppler diskutiert denn auch in westlichen Augen sehr unorthodoxe Entwicklungsmethoden, wie z.B. die Einführung von Arbeitsdiensten zur Bekämpfung der Unterbeschäftigung (S. 58).

hinter den man nicht wird zurückfallen können, ohne gleichzeitig vom langfristigen Ziel einer weltweiten friedlichen Koexistenz abzugehen.

Kulturpolitik

Die Anfänge der deutschen auswärtigen Kulturpolitik gehen auf die Zeit des Bismarck-Reiches zurück. Die Diskussion hat bis auf diese Zeit zurückzugreifen, da es sich im Hinblick auf unser Problem der auswärtigen Kulturpolitik in Entwicklungsländern um eine „prähistorische" Phase handelt, die allerdings in vielem bis auf die heutige Zeit ihre Auswirkungen hat.

Versteht man unter „auswärtiger Kulturpolitik" eine kulturelle Aktivität, die nicht nur außerhalb der eigenen Staatsgrenzen stattfindet, sondern sich gleichzeitig ihrer Intention nach auch an die Angehörigen anderer Nationen richtet, so wird man nicht, wie es ABELEIN[22] tut, die wissenschaftlichen Institute des Deutschen Reiches im Ausland als „Anfänge einer deutschen Auslandskulturpolitik" bezeichnen. Man wird vielmehr fragen müssen, ab wann die Ausstrahlung über den Kreis der eigenen Landsleute hinaus, im Fall des Deutschen Archäologischen Instituts in Rom etwa oder der Deutschen Zoologischen Station in Neapel[23] gewissermaßen ein Nebenprodukt der wissenschaftlichen Arbeit, als ausdrückliches Ziel von Institutionen oder Maßnahmen angenommen wird. Das 1887 auf Anregung von BISMARCK in Berlin gegründete Orientalische Seminar der Universität[24] ist ebenfalls nicht als kulturpolitische Einrichtung im eigentlichen Sinn zu sehen: auch hier lagen zwar die Gegenstände von Forschung und Lehre im Ausland, es war aber ein inländisches Nutzungspublikum vorgesehen[25].

In sehr frühe Zeiten scheint schließlich das deutsche Auslandsschulwesen zurückzuführen, dessen erste (1319) urkundlich erwähnte Anstalt die Domschule zu Reval ist[26]. Hier wie im Falle ähnlicher Einrichtungen in den deutschsprachigen Siedlungsgebieten Osteuropas handelte es sich aber keineswegs um die Förderung kultureller Kontakte zu anderen Völkern, son-

---

22 Vgl. Manfred Abelein: Die Kulturpolitik des Deutschen Reiches und der Bundesrepublik Deutschland. Köln und Opladen 1968. S. 104.
23 Vgl. Manfred Abelein, a.a.O., S. 104 f.
24 Vgl. Manfred Abelein, a.a.O., S. 105.
25 Das Mißverständnis, die akademische Beschäftigung mit einer fremden Kultur einem lebendigen Kontakt zu dieser Kultur gleichzusetzen, taucht immer wieder auf — in letzter Zeit häufig unter der Rubrik „Kulturaustausch mit der Dritten Welt". Vgl. dazu Elisabeth Simson: Gäste auf Zeit in der Dritten Welt. Dokumente, Zeitschrift für übernationale Zusammenarbeit. 3 (1971), S. 193 ff.
26 Vgl. Manfred Abelein, a.a.O., S. 107.

dern um das Bestreben, in fremder Umgebung das eigene Volkstum und die eigene Sprache zu pflegen. „Kulturpolitische" Bedeutung erhielten die deutschen Auslandsschulen, denen dieser Aspekt ursprünglich völlig fernlag[27], erst um 1900, als der Anteil nichtdeutscher Schüler schlagartig zunahm. 1912 waren ausländische Schüler z.B. an den deutschen Schulen in Bukarest, Sofia, Madrid und Kopenhagen bereits in der Überzahl[28]. Die neuen Möglichkeiten, die sich daraus ergaben, wurden von den Politikern bald erkannt: während die deutschen Schulen älteren Typs in der Regel privat finanziert waren, gründete das Reich ab 1906 Auslandsschulen in eigener Regie, und zwar erstmals ausdrücklich für nichtdeutsche Schüler[29]. In die Zeit kurz vor dem ersten Weltkrieg fällt in Deutschland auch die erste theoretische Beschäftigung mit dem Sujet. Der Historiker Karl LAMPRECHT veröffentlichte eine Arbeit mit dem Titel „Über auswärtige Kulturpolitik"[30], in der er „die Rückständigkeit der auswärtigen Kulturpolitik des Deutschen Reichs gegenüber derjenigen Großbritanniens, Frankreichs und der Vereinigten Staaten" charakterisierte und feststellte, daß „eine Theorie der Kulturwirkungen im Ausland nicht vorhanden" sei[31]. In einem Brief an LAMPRECHT betonte daraufhin Reichskanzler BETHMANN-HOLLWEG die Notwendigkeit einer auswärtigen Kulturpolitik und erklärte den deutschen Entwicklungsrückstand auf diesem Gebiet mit einem Mangel an nationaler und kultureller Geschlossenheit[32]. Sowohl der Staatsmann als auch der Historiker betonen die wirtschaftliche Bedeutung der auswärtigen Kulturpolitik; BETHMANN-HOLLWEG weist besonders auf ihre effiziente Verwendung im Dienst der britischen und französischen Großmachtpolitik hin[33]. Es ist bezeichnend für die jeweilige historische Konstellation, daß die auswärtige Kulturpolitik des Deutschen Reichs ebenso wie die Entwicklungspolitik der Bundesrepublik sich in ihren Anfängen an äußeren Vorbildern orientierte.

Das Ende des ersten Weltkriegs bedeutete in verschiedener Hinsicht einen Einschnitt. Das Reich hatte vorher Kulturpolitik im Rahmen seiner imperialistischen Weltpolitik getrieben und folglich nicht nur in seinen eigenen Kolonien und Schutzgebieten entsprechende Institutionen unterhalten,

---

27 Vgl. Manfred Abelein, a.a.O., S. 109.
28 Vgl. Manfred Abelein, a.a.O., S. 176, Anm. 22.
29 So z.B. in einigen Städten Chinas und des osmanischen Reichs (Baghdad, Aleppo, Adana). Auch die deutschen Kolonien hatten ihr spezielles Schulwesen.
30 In: Mitteilungen des Verbandes für internationale Verständigung. Würzburg 1913.
31 Vgl. Heinz Ischreyt: Deutsche Kulturpolitik. Informationen über ihre pluralistischen und totalitären Formen. Bremen 1964. S. 92.
32 Ausführliches Zitat bei Manfred Abelein, a.a.O., S. 106 f.
33 Vgl. Manfred Abelein, a.a.O., S. 106.

sondern auch in denjenigen Ländern, deren Abhängigkeit von Europa (noch) nicht formell und damit auf eine der imperialistischen Mächte beschränkt war. Nach 1918 war dieser Wirkungskreis drastisch reduziert. Auch die Aufgabenstellung hatte sich geändert: neben die bisherigen Ziele trat jetzt das Bestreben, bei den europäischen Nationen das deutsche „Image", das gerade durch die Kulturpropaganda der Westmächte stark gelitten hatte, mit ebensolchen Mitteln wieder zu verbessern[34]. Schließlich schritt die Institutionalisierung dieses Arbeitsgebiets in der Zeit der Weimarer Republik weiter fort. Mit der Gründung der Kulturabteilung des Auswärtigen Amtes, des DAAD und des Goethe-Instituts fand die auswärtige Kulturpolitik einen institutionellen Rahmen, der zum Teil heute noch besteht.

Auch während dieser Zeit spielte die Förderung des Deutschtums im Ausland noch eine beträchtliche Rolle. Man war um die „Heranbildung geistiger Führer für das Auslandsdeutschtum" bemüht[35] und entwickelte im Hinblick darauf sogar eine Konzeption, die wesentliche Elemente des neuerdings in der westlichen Bildungshilfe diskutierten *„sur place*-Stipendiums" vorwegnahm[36].

Im Dritten Reich fand das Bestreben der NSDAP, nach dem Vorbild anderer Gebiete auch die auswärtige Kulturpolitik „gleichzuschalten", seine Grenze in dem (allerdings in apologetischer Absicht häufig überbewerteten) Widerstand der betroffenen Fachressorts. Jedenfalls machte die Politik der Nationalsozialisten mit fortschreitender Zeit jede kulturpolitische Aktivität, die über die direkte Propaganda hinausging, zu einem immer aussichtsloseren Unternehmen. Dies hatte zum Ergebnis, daß der Zusammenbruch 1945 für die deutsche auswärtige Kulturpolitik einen viel entscheidenderen Einschnitt bedeutet als das Kriegsende 1918, was sich darin ausdrückt, daß für einen Zeitraum von sechs Jahren (bis 1951) jegliche Tätigkeit auf diesem Gebiet überhaupt eingestellt wurde.

Bei der Wiederaufnahme kam es „zunächst darauf an, unser zerstörtes Ansehen als Kulturnation wiederherzustellen und die Scherben zu beseitigen, die eine vom Nationalsozialismus mißbrauchte Kulturpolitik im Ausland hinterlassen hatte"[37]. Bis in die 60er Jahre hinein war es die Hauptaufgabe

---

34 In diesem Zusammenhang ist z.B. die Weltreise von Albert Einstein zu sehen; vgl. Manfred Abelein, a.a.O., S. 120. Die Propaganda der Entente, die man so zu korrigieren hoffte, ist in den „Betrachtungen eines Unpolitischen" von Thomas Mann gut eingefangen.
35 Vgl. Manfred Abelein, a.a.O., S. 123.
36 Vgl. Manfred Abelein, a.a.O., S. 123 f.
37 Vgl. Hans Georg Steltzer: Auswärtige Kulturpolitik als Friedenspolitik. Sprache im technischen Zeitalter. 39–40 (1971), 207 ff. Hier: S. 207.

der auswärtigen Kulturpolitik der Bundesrepublik, das Ausland über die Bewältigung der nationalsozialistischen Vergangenheit zu informieren: es galt, die im europäisch-atlantischen Raum nachhaltig ruinierte Vertrauensbasis wieder mühsam aufzubauen.

Nun kam aber in den 50er Jahren ein neues Element hinzu, das in den internationalen Beziehungen und damit auch in der auswärtigen Kulturpolitik rasch eine dominierende Bedeutung erreichte und mit den traditionellen Mitteln nicht mehr zu erfassen war. Es sind dies die neuen Staaten der Dritten Welt, auf die heute schon rein zahlenmäßig die meisten Auslandsbeziehungen entfallen. Auf dem Gebiet der kulturellen Beziehungen drückt sich das z. B. darin aus, daß das Goethe-Institut, das als „Generalist"[38] den größten Teil der auswärtigen Kulturarbeit vor Ort abwickelt, von seinen über hundert Zweigstellen etwa zwei Drittel in Entwicklungsländern unterhält.

Die Neuartigkeit der Aufgabe wurde lange Zeit nicht erkannt. Das Personal der Zentralen ebenso wie der Außenstellen, im Auswärtigen Amt vorwiegend juristisch, im Goethe-Institut vorwiegend philologisch ausgebildet, verfügte nicht über das Begriffsinstrumentarium, das eine Erfassung des Problems und die Formulierung einer den Gegebenheiten der Region angepaßten Konzeption ermöglicht hätte. So wurden, gefördert durch ein dankbares Publikum, dessen Marginalität lange Zeit nicht erkannt worden ist[39], die in den entwickelten Ländern okzidentaler Tradition bewährten Praktiken auf ein völlig anders geartetes Zielmilieu übertragen, wobei die Zielvorstellungen teils auf dem selben Weg übernommen wurden, teils im Dunklen blieben. Der Gedanke einer Regionalisierung der auswärtigen Kulturarbeit, innerhalb derer der erste Schritt die Differenzierung zwischen entwickelten und unterentwickelten Gesellschaften hätte sein müssen, setzte sich nur sehr zögernd durch.

Die ersten Anstöße dazu sind auf die Tatsache zurückzuführen, daß in vielen Entwicklungsländern Institutionen der Entwicklungshilfe und der auswärtigen Kulturpolitik gleichzeitig tätig waren und ihre Arbeit sich zum Teil überschnitt. Wie oben ausgeführt, trat an die Seite des anfangs so gut wie ausschließlich geübten Kapitalimports in der Entwicklungshilfe nach einer ersten Periode der Mißerfolge die sogenannte „technische Hilfe" und beson-

---

38 Vgl. Peisert, der die „Generalisten" der auswärtigen Kulturarbeit (AA, Goethe-Institut) von den „Spezialisten" (Schulen, DAAD u.a.) unterscheidet.
39 Europäisierte Minderheiten, die ehemalige Führungsschicht in „progressiven" Ländern, auf Auswanderung bedachte ethnische und religiöse Minoritäten und, last not least, die deutsche Kolonie.

ders die Bildungshilfe[40]. Da diese auf dem Ausbildungssektor (im weitesten Sinne) wirksam wurde, und da Institutionen der auswärtigen Kulturpolitik sich ebenfalls mit Unterricht (in eigenen Instituten oder auch in Einrichtungen des Gastlandes) befaßten, lag eine Synopse nahe.

Tatsächlich wird „Bildungshilfe" manchmal, wohl im Bewußtsein der Prioritäten in einem Entwicklungsland, mit „Kulturarbeit in der Dritten Welt" schlechthin gleichgesetzt[41], manchmal zur teilweisen Deckung gebracht[42]; an anderen Stellen werden beide schärfer[43] oder weniger scharf[44] unterschieden. Beide Arbeitsbereiche überschneiden sich in der Praxis häufig personell, institutionell und sachlich, etwa bei Projekten der Lehrerausbildung[45]. Auch läßt sich der Begriff „Bildungshilfe" so weit dehnen, daß er jede denkbare kulturpolitische Aktivität eines Industriestaates in der Dritten Welt umfaßt[46]: es läßt sich wohl kaum ein Gegenstand der Übermittlung nennen, dem man von vornherein jede Auswirkung auf Bildung bzw. Ausbildung absprechen könnte. Trotzdem erscheint eine analytische Differenzierung zwischen Bildungshilfe und Kulturarbeit sinnvoll, die sich an der Unterscheidung zwischen den Mitteln der Entwicklung und ihren Zielen orientiert.

Danach ist Bildungshilfe ein Teil des technischen Instrumentariums, das innerhalb der Entwicklungshilfe in den letzten Jahren „in der Rangliste der Prioritäten unaufhaltsam zu den Spitzenpositionen aufgerückt"[47] ist. Bildung wird in wachsendem Maß „ausdrücklich als Investition angesehen, ohne die Entwicklung im Sinne eines gezielten ökonomisch-sozialkulturellen

---

40 Vgl. F. K. Vialon: Entwicklungshilfe in der Diskussion. In: Dieter Braun (Hrsg.): Deutsche Kulturpolitik im Ausland. München 1966. S. 190 ff.
41 Vgl. Manfred Abelein, a.a.O., S. 170.
42 Vgl. Dieter Braun: Folgerungen für eine Konzeption deutscher auswärtiger Kulturpolitik. In: Dieter Braun (Hrsg.), Deutsche Kulturpolitik im Ausland. München 1966. S. 281 ff. Hier: S. 282. Und: Winfried Böll: Überlegungen zu einer Konzeption auswärtiger Kulturpolitik. Ebenda, S. 248 ff. Hier: S. 250.
43 Implizit bei Eppler, a.a.O., S. 79, wenn er Bildungshilfe ausdrücklich der Entwicklungshilfe zuzählt.
44 Vgl. Hans Georg Steltzer, a.a.O., S. 110.
45 Vgl. Uwe Simson: Kulturelle Determination und Modernisierung des Lehrstils. Die Dritte Welt. 1 (1972), S. 39 ff.
46 Vgl. Bundesministerium für wirtschaftliche Zusammenarbeit: Grundsätze für eine Bildungshilfe der Bundesrepublik Deutschland an die Entwicklungsländer. In: Dieter Braun (Hrsg.), Deutsche Kulturpolitik im Ausland. München 1966. S. 193 ff.
47 Vgl. Gottfried Hausmann: Die Dritte Welt als Bildungsaufgabe. Offene Welt 99–100/69, abgedruckt in: Materialien zur Förderung des Erziehungswesens in Entwicklungsländern. Dokumentation der Deutschen Stiftung für Entwicklungsländer. Bonn 1970. S. 59.

Wachstums und Wandels nicht mit Erfolg vorangetrieben werden kann"[48]. Sie hat so als Produktionsfaktor instrumentelle Bedeutung, und Bildungshilfe ist damit so gut oder so schlecht wie die jeweilige Entwicklungspolitik, in die sie eingebettet ist: wenn z.B. in Indien, wie behauptet wurde, die Zahl der Taxichauffeure mit akademischem Grad in die Hunderttausende geht[49], dann ist nicht mehr nach der Effizienz der akademischen Ausbildung in diesem Land zu fragen, sondern nach den gesellschaftlichen Voraussetzungen und Zielen der in Indien (und von Indern) betriebenen Entwicklungspolitik.

Kulturelle Vermittlung bezieht sich demgegenüber nicht auf das Gebiet der Mittel, sondern auf die Zielproblematik (und wendet sich konsequenterweise nicht an die technisch-organisatorische, sondern an die sozial innovatorische Intelligenz). Sie führt über technische Fragen hinaus in den Bereich, wo die Grundentscheidungen über Art und Richtung der „Entwicklung" fallen und die Entwicklungsstimuli bereitgestellt werden. Maria MIES hat in ihrer Arbeit „Das indische Dilemma"[50] diesen Bereich präzis erfaßt, indem sie darlegt, wie ohne eine das Handeln mobilisierende Utopie „alle von außen herangetragenen Entwicklungsimpulse letzten Endes steril bleiben"[51].

Diese Unterscheidung liegt der hier folgenden Diskussion verschiedener *patterns* der auswärtigen Kulturpolitik zugrunde: während sich eine technisch verstandene Bildungshilfe, wie sie hier definiert ist, nach dem Kriterium der Effizienz ohne weiteres messen läßt[52], kann man die Zielsetzungen der auswärtigen Kulturpolitik nur im Hinblick auf Wertprämissen diskutieren. Die bisher vertretenen Typen der auswärtigen Kulturpolitik sollen nun kurz resümiert werden, bevor wir auf die spezielle Problematik der Entwicklungsländer eingehen.

Die Vielfalt der kulturpolitischen Bestrebungen (nicht nur der Bundesrepublik bzw. ihrer Vorgänger, sondern auch anderer Länder) läßt sich folgendermaßen grob einteilen:
1. Kultur im Dienst von Politik und Wirtschaft;
2. „Image": Selbstdarstellung, Werben um Verständnis;
3. Austausch und Zusammenarbeit.

---

48 a.a.O., S. 60.
49 Freimut Duve, a.a.O., S. 176. Diese Zahl behält ihre Signifikanz selbst dann, wenn sie stark übertrieben sein sollte.
50 Erschienen in: Aspekte der Entwicklungssoziologie. Sonderheft 13 (1969) der Kölner Zeitschrift für Soziologie und Sozialpsychologie. S. 163 ff.
51 a.a.O., S. 163.
52 Alphabetisierungsraten, drop-outs, jährlicher Ausstoß an Fachkräften mit einem bestimmten Ausbildungsstand auf allen möglichen Gebieten etc.

Damit ist gleichzeitig auch, allerdings mit starken Einschränkungen, eine chronologische Einteilung gegeben, da die Schwerpunkte, zumindest im deutschen Fall klar erkennbar, in dieser Ordnung zeitlich aufeinander folgen.

1. Vor dem ersten Weltkrieg stand die auswärtige Kulturpolitik wie selbstverständlich im Dienst der deutschen Außen- und Wirtschaftspolitik. Das generelle „Motiv der Ausweitung des eigenen Einflusses"[53] wurde in der verschiedensten Weise wirksam: Pflege des eigenen Volkstums (noch heute ein Ziel der italienischen auswärtigen Kulturpolitik[54]), flankierende Maßnahmen für die Außenpolitik (Propaganda), Exportförderung usw. In der auswärtigen Kulturpolitik der Bundesrepublik kamen derartige Motive als „Kampf gegen den Kommunismus" bzw. Konfrontation mit der DDR zum Tragen; auch versprach sich die westdeutsche Wirtschaft Vorteile von einer „richtig" betriebenen Kulturpolitik, denn „die dauerhafte Anerkennung des Qualitätsbegriffes deutscher Waren hängt", wie es ein Präsidialmitglied des Bundesverbands der Deutschen Industrie 1971 formulierte, „zu einem erheblichen Teil von der internationalen Wertschätzung der Bundesrepublik Deutschland im kulturellen, vor allem aber im wissenschaftlichen Bereich ab"[55]. Über den Einsatz im Hinblick auf spezielle Ziele hinaus ist die Verbreitung der eigenen Kultur ganz allgemein ein Mittel, die eigenen Einflußmöglichkeiten zu vergrößern. Man geht wohl nicht fehl, wenn man als einen Indikator für solche Bestrebungen die Tendenz zur Verbreitung der eigenen Sprache ansieht[56]: Frankreich, das die einseitige Übertragung der eigenen Kultur auf fremde Länder in der reinsten Form (auch heute noch) praktiziert, sieht darin seine wichtigste Aufgabe. In der Bundesrepublik wird die Verbreitung der deutschen Sprache in zunehmendem Maß nicht mehr als Ziel in sich

---

53 das Abelein (a.a.O., S. 163) auch 1968 noch undiskutiert unterstellt.
54 Vgl. Peisert, S. 53.
55 Vgl. R. Rodenstock: Zur Neuorientierung der Auswärtigen Kulturpolitik. Auslandskurier. 12 (Januar 1971), S. 2 (zitiert bei Peisert, S. 70). — Ostdeutsche Arbeiten stellen die Kulturpolitik der BRD und des Deutschen Reichs als Werkzeug des (west-)deutschen Kapitals dar, so Wolfgang Börner: Zur kulturpolitischen Infiltration der Türkei durch den deutschen Imperialismus. Phil. Diss. Leipzig 1965; und Erna Heckel: Kultur und Expansion. Zur Bonner Kulturpolitik in den Entwicklungsländern. Berlin 1968. Bei der zuletzt genannten Arbeit ist der „inside"-Kritiker, der immer wieder Veranlassung hat, den Mangel an Konzeption festzustellen, sehr erstaunt, wenn hier eine imponierend geschlossene Konzeption der auswärtigen Kulturpolitik im Dienst des Monopolkapitals unterstellt wird.
56 Vgl. Peisert, S. 48 f.

angesehen[57]. – Das Korrelat einer Kulturpolitik dieses Typus sind kulturelle „Leistungen"[58], denen übernational gültige Werte zugeschrieben werden.

2. Dagegen arbeitet eine auswärtige Kulturpolitik, die um Verständnis wirbt, eher mit der Darstellung der eigenen Probleme. Im Gegensatz zum expansionistischen Typ akzeptiert sie den kulturellen status quo im Zielland und bemüht sich nur, dort ein günstiges Bild des eigenen Landes aufzubauen[59]. Die Restaurierung eines stark beschädigten bzw. zerstörten „Image" stand in Deutschland sowohl nach dem ersten als auch besonders nach dem zweiten Weltkrieg im Mittelpunkt der kulturpolitischen Bemühungen. Selbstdarstellung dient allerdings auch als Mittel der politischen Propaganda, so z.B. wenn mit kulturpolitischen Mitteln für unsere „freiheitliche Lebensform der Demokratie" geworben werden soll[60]. In diesem Fall kann nicht mehr uneingeschränkt von einer Akzeptierung des status quo im Gastland gesprochen werden.

3. „Austausch und Zusammenarbeit" ist „die im Grunde modernste Zielsetzung für die auswärtige Kulturpolitik"[61]. Ermöglicht wird diese Zielsetzung durch die Tendenzen der Nachkriegszeit zur wirtschaftlichen und politischen Integration größerer Räume, mit dem Fernziel einer weltweiten Integration. Eine am Ziel „Austausch und Zusammenarbeit" orientierte auswärtige Kulturpolitik „entspräche dem von der funktionalistischen Friedensforschung entwickelten Konzept des ‚arbeitenden Friedens'"[62]. Sie beschäftigt sich mit der Lösung von Problemen, die den Partnern gemeinsam sind. Die Durchsetzung einseitiger nationaler Ziele mit kulturpolitischen Mitteln wird nicht mehr angestrebt.

---

57 Vgl. neuerdings zusammenfassend Peisert, S. 298 ff.
58 So noch in den „Leitsätzen für die auswärtige Kulturpolitik" des AA. Bonn 1970 (im folgenden kurz als „Leitsätze des AA" zitiert).
59 Die beiden von Peisert getrennten (S. 40) patterns „Information" und „Selbstdarstellung" sind hier zusammengefaßt, da beiden die Akzeptierung des kulturellen status quo gemeinsam ist und mir die Unterscheidung zwischen „um Verständnis für die eigene Situation werben" und „ein ganz bestimmtes Bild vom eigenen Land ... zeichnen" schwer durchzuhalten erscheint.
60 Vgl. Rolf Lahr: Die kulturelle Aufgabe Deutschlands in der gegenwärtigen Weltpolitik. In: Berthold Martin (Hrsg.), Jahrbuch der auswärtigen Kulturbeziehungen. Bonn 1965. Zitiert bei: Eva M. Marischen: Das Publikum der Goethe-Institute in Rom und Tunis. Unveröffentlichte Diplomarbeit der Wiso-Fakultät, Universität Köln, 1971, S. 41.
61 Vgl. Peisert, S. 43.
62 Vgl. Peisert, S. 40.

III.

Vergegenwärtigt man sich, daß ein Eingehen auf den besonderen Status der Entwicklungsländer nach den Wertprämissen der zweiten Hälfte des zwanzigsten Jahrhunderts, wie sie etwa der UNO zugrunde liegen, nichts anderes bedeuten kann als den Abbau eben dieses Status (der Unterentwicklung), so wird klar, daß eine adäquate Konzeption der Kulturarbeit in der Dritten Welt sich an der Zielsetzung „Austausch und Zusammenarbeit" zu orientieren hat. Das gemeinsam zu lösende Problem ist hier der Abbau des Entwicklungsgefälles.

Soll Kulturpolitik in den Dienst der Entwicklung gestellt werden, so sind in erster Linie ihre Inhalte so zu bestimmen, daß sie potentiell entwicklungsrelevant werden, d. h. der praktischen Arbeit ist ein Kulturbegriff zugrunde zu legen, der diejenigen Gebiete umfaßt, auf denen die Entwicklung der Dritten Welt stattfindet.

Einer Erweiterung des Kulturbegriffs in der hier geforderten Weise stand nun gerade in Deutschland eine Tradition entgegen, die den Bereich der Kultur in wertender Absicht nicht nur von dem der Zivilisation, sondern gerade auch von Gesellschaft und Politik abhob. Bedingt durch die besondere historische Lage des deutschen Bürgertums, gewann das Streben nach nationaler Einheit bald die Überhand über das ursprüngliche liberale Programm der Freiheit; Bezugspunkt der Identifikation wurden infolgedessen nicht universalistische Ideen wie die von 1789, sondern es galt im Gegenteil, „die Eigenart deutscher Kultur zu verteidigen gegen die westlich-französische Überlagerung"[63]. Thomas MANN, der sich die Mühe dieses Unternehmens während des ersten Weltkriegs auferlegte, wendet sich in seinen „Betrachtungen eines Unpolitischen"[64] polemisch gegen einen „Fortschritt von der Musik zur Demokratie": „denn soviel ist sicher, daß bei einem Zusammenschluß der nationalen Demokratien zu einer europäischen, einer Weltdemokratie", wenn diese auch Deutschland umschließen würde, „von deutschem Wesen nichts übrig bleiben würde"[65]. Musik und, an anderer Stelle genannt, Philosophie – darin offenbart sich deutsches Wesen, hier finden sich die kulturellen Leistungen, die nicht nur für Deutschland, sondern für die Welt unbedingte Gültigkeit haben: auf diesen Fundus griff folgerichtig auch die deutsche auswärtige Kulturpolitik zurück.

---

63 Vgl. Christian Graf von Krockow: Kultur und auswärtige Kulturpolitik – Versuch einer Neubestimmung. Aus Politik und Zeitgeschichte. 32–33 (1970), 32 ff. Hier:S.33.
64 Vgl. Thomas Mann: Betrachtungen eines Unpolitischen. Hier zitiert nach der Ausgabe Frankfurt am Main 1956, S. 31.
65 a.a.O.

Die Arbeit in den Entwicklungsländern erzwang in den letzten Jahren eine Ersetzung dieses für Deutschland typischen, engeren Kulturbegriffs durch den umfassenden der angelsächsischen Sozialanthropologie, der den Gesamtbereich menschlicher Schöpfungen in sich begreift[66], besonders auch den Bereich der wirtschaftlichen, gesellschaftlichen und politischen Ordnung. Dieser Kulturbegriff hat sich zumindest in der Theorie durchgesetzt[67] und beginnt jetzt auch die Praxis zu erobern[68].

Die Entwicklungspolitik hat den Weg vom Teilbereich der Wirtschaft zur Erfassung der Gesamtgesellschaft hinter sich gebracht; die auswärtige Kulturpolitik, die vom Teilbereich der Kultur im Sinne des „Guten und Schönen" ausgegangen war, erreichte schließlich dasselbe Ziel. Damit ist die Voraussetzung dafür gegeben, auch die auswärtige Kulturpolitik, wie vorher schon Teile der Wirtschaftspolitik, an den Bedürfnissen der Entwicklungsländer, das heißt aber: am Bedürfnis nach Entwicklung zu orientieren. *Kulturpolitik ist jetzt möglich als Entwicklungspolitik mit kulturellen Mitteln*[69].

Bevor wir auf Einzelheiten einer so konzipierten auswärtigen Kulturpolitik eingehen, möchten wir ausdrücklich darauf hinweisen, daß „Kulturpolitik als Entwicklungspolitik" nur unter einer Reihe von Grundannahmen betrieben werden kann; wer sie nicht teilt, wird die Möglichkeit einer solchen Konzeption bestreiten.

— Die erste dieser Prämissen sei hier nur der Vollständigkeit halber noch einmal aufgeführt: Entwicklung, also die Kombination von wirtschaftlichem Wachstum mit sozialer Mobilisierung, ist wünschenswert.

— Auszugehen ist ferner von der Annahme, daß kulturelle Impulse aus dem Okzident[70], die noch näher zu bestimmen sind, zu einer so definierten Entwicklung der Dritten Welt beitragen können. Gestützt wird diese Annahme von dem empirisch gesicherten Tatbestand, daß der Prozeß des Wandels, den die Gesellschaften der Dritten Welt heute durchlaufen, unter dem Ein-

---

66 Vgl. Peisert, S. 28.
67 Vgl. „Leitsätze" des AA.
68 Vgl. z.B. Jahrbuch 1970 des Goethe-Instituts.
69 Vorgezeichnet schon 1965 bei Winfried Böll: Überlegungen zu einer Konzeption auswärtiger Kulturpolitik. In: Dieter Braun (Hrsg.), Deutsche Kulturpolitik im Ausland. München 1966, S. 248 ff. Hier: S. 261. — Dieter Danckwortt rechnet 1968 einen Teil der auswärtigen Kulturpolitik zur Entwicklungshilfe. Vgl. D. Danckwortt: Die Organisationen der deutschen Entwicklungshilfe. Bonn 1968, S. 9, zitiert bei E. Marischen (vgl. Anm. 60 der vorl. Arbeit). — Explizit dann bei Uwe Simson: Zehn Thesen zur Kulturarbeit in Entwicklungsländern. Zuerst in: Duisberg-Hefte 9 (1970), S. 64 ff.
70 womit natürlich nicht der heutige politische Begriff der „Westmächte" gemeint ist, sondern die moderne technische Zivilisation.

fluß des Okzidents in Gang gekommen ist[71]. Das Ziel dieses Wandels ist, in der betreffenden Gesellschaft Zustände herbeizuführen, unter denen eine Koexistenz mit dem Okzident ohne politisch-militärisch-wirtschaftliches (= imperialistisches) Risiko und ohne Prestigeverlust möglich ist. Obwohl der Zustand, der am Ende dieses „außengesteuerten" Wandlungsprozesses steht, aus den verschiedensten Gründen nicht eine bloße Kopie okzidentaler Verhältnisse sein kann, dürfen wir annehmen, daß er wesentliche Elemente der okzidentalen Entwicklung beinhalten wird.

— Darüber hinaus ist die Annahme nötig, daß organisierte Bemühungen innerhalb des Okzidents die Adaptation solcher Elemente erleichtern können, daß also die Position des Kommunikators — hier: der Status „entwickelte Gesellschaft" — und speziell seine Interessenlage eine sinnvolle Kommunikation nicht von vornherein verbauen, daß vielmehr unter bestimmten, noch näher zu untersuchenden Bedingungen eine im Sinn der Konzeption „Kulturpolitik als Entwicklungspolitik" erfolgreiche Kommunikation möglich ist.

— Schließlich ist zwischen den Theorien einer „Weltinnenpolitik" und eines „internationalen Klassenkampfs" Stellung zu beziehen. „Die eine Richtung geht von der These aus, daß durch eine Innenpolitik auf internationaler Ebene die Kluft zwischen Nord und Süd eingedämmt werden müsse. (...) Die andere Richtung unterstellt, daß nur durch eine weltweite revolutionäre Bewegung die Armut in der Welt beseitigt werden könne, ein internationaler Klassenkampf also unvermeidlich sei"[72].

Kulturpolitik kann, da ihr die Kompetenzen im politischen Bereich und besonders jegliche Exekutivbefugnisse fehlen, nicht auf die Zentralinstanzen einer Gesellschaft einwirken, sondern allenfalls graduelle Veränderungen auf Teilgebieten bewirken. Auswirkungen, die davon möglicherweise auf die zentralen Instanzen ausgehen, werden im Konzept der „politischen Kultur"[73] sichtbar. Kulturpolitik als Entwicklungspolitik hat in dieser Kontroverse also ihren Platz auf der Seite der „Reformer"; sie hat ihre Berechtigung, solange

---

71 Der Anfang dieses Einflusses läßt sich allerdings nicht überall zeitlich so genau festlegen wie im Falle Ägyptens, wo mit der Expedition Napoleons 1798 die Öffnung zum Westen vollzogen wurde. Bemerkenswert ist, daß in diesem Fall von seiten der Besatzungsmacht sofort gezielte kulturpolitische Bemühungen einsetzten, die aus der Perspektive der „Zielgruppe" von dem ägyptischen Historiker Gabarti ausführlich geschildert werden (vgl. Abdurrahman Al-Gabarti: 'aǧā'ib al-āthār fi al-tarāǧim wa 'l-aḫbār, Kairo 1322 (islamischer Zeitrechnung); auf S. 35 sind hier die Bemühungen der Franzosen gerade um ein islamisches Publikum geschildert.
72 Vgl. Michael Bohnet: Das Nord-Süd-Problem. Konflikte zwischen Industrie- und Entwicklungsländern. München 1971. S. 18.
73 Vgl. Dirk Berg-Schlosser: Politische Kultur. Eine neue Dimension politikwissenschaftlicher Analyse. München 1972.

evolutionäre Veränderungen (noch) als aussichtsreicher Weg der Entwicklung gelten können.

Teilt man diese Positionen, was allerdings im Falle der beiden zuletzt angeführten inzwischen nicht mehr nur für „linke" Kritiker Schwierigkeiten mit sich bringt, so kann man, im vollen Bewußtsein der noch ungelösten Probleme, eine Konzeption der Entwicklungspolitik mit kulturellen Mitteln vorläufig umreißen. Eine so definierte Kulturpolitik würde sich, in der oben gegebenen Abgrenzung von der „Bildungshilfe", auf die kulturelle Dimension des Entwicklungsprozesses beziehen, und zwar in verschiedener Hinsicht. Einmal im Hinblick auf den Bereich der Kultur im engeren Sinn, insofern als auch dieser dem allgemeinen Wandlungsprozeß unterworfen ist und die traditionellen Formen der Literatur, bildenden Kunst usw. teils modifiziert, teils durch neue (z. B. das Theater, wo es in der Tradition nicht vorhanden ist) ergänzt werden[74]. „Entwicklung" ist, wenn sie dieses Gebiet nicht mit umfaßt, schlechterdings nicht vollständig[75]. Zum anderen — und dieser Aspekt, der sich vom ersten nur auf der analytischen Ebene streng trennen läßt, ist von viel grundlegenderer Bedeutung — hat Entwicklung auch im umfassenden Sinn, also gerade unter Einbeziehung der wirtschaftlichen und sozialen Prozesse, ihre kulturelle Dimension. Die Ordnungen der Wirtschaft und der Gesellschaft und ihre Teilbereiche sind auch das Ergebnis von Wertoptionen — Implikationen hier getroffener Entscheidungen ebenso wie mögliche Zielkonflikte können mit den Mitteln der modernen (okzidentalen) Gesellschaftswissenschaften erfaßt werden. Um wirklich in Gang zu kommen, ist Entwicklung schließlich, über alle „technischen" Maßnahmen hinaus, auf eine konstruktive Utopie[76] angewiesen, und solche Utopien sind bisher stets in der Auseinandersetzung mit okzidentalen Einflüssen[77] (unter Einschluß der marxistischen[78]) zustande gekommen: die Entwicklungsrelevanz kultu-

---

74 wobei neue, eigenständige Formen hier in aller Regel unter selbständiger Verarbeitung okzidentaler Einflüsse gefunden werden (als Akt der aktiv-synkretistischen Akkulturation).
75 Vgl. dazu die Äußerungen eines tunesischen Intellektuellen: Mohammed Aziza: Le pain et le totem. Jeune Afrique 538 (27.4.1971), S.51.
76 Es sei in diesem Zusammenhang noch einmal auf Maria Mies: Das indische Dilemma, verwiesen.
77 Beispiele aus der türkischen Geschichte: bei den Jungtürken wurden positivistische Einflüsse verarbeitet (vgl. Ernest E. Ramsaur, Jr.: The Young Turks. Beirut 1965), Ziya Gökalp stützte sich auf Durkheim (vgl. Niyazi Berkes: Turkish Nationalism and Western Civilisation. Selected Essays of Ziya Gökalp. London 1959).
78 Vgl. Zum afrikanischen Sozialismus Walter L. Bühl: Evolution und Revolution. München 1970. S. 218 ff.; zum Marxismus in der arabischen Welt vgl. Bassam Tibi (Hrsg.): Die arabische Linke. Frankfurt/Main 1969; hier besonders der Aufsatz von George Tarabischi, S. 161 ff.

reller Kontakte steht damit außer Zweifel. Ebenso wie die allgemeine Entwicklungspolitik, kann natürlich auch die Kulturpolitik auf ihrem Gebiet nur subsidiär zu den Eigenanstrengungen des jeweiligen Entwicklungslandes wirksam werden; ihre mögliche Rolle hat der französische Orientalist Maxime RODINSON[79] umschrieben, wenn er sagt, gerade die Tatsache, daß er nicht direkt in ihre Probleme verwickelt sei, befähige ihn, den Intellektuellen der Dritten Welt das Verständnis ihrer Lage zu erleichtern. Man wird RODINSON, der seine Funktion hier ausdrücklich als eine „dienende" bezeichnet[80], gewiß keinen irgendwie gearteten Paternalismus unterstellen.

Es ist das Ziel einer so konzipierten Kulturpolitik in Entwicklungsländern, auf dem ihr offenstehenden Feld einen Beitrag zur langfristigen Sicherung des Weltfriedens zu leisten, d.h. zur Überwindung des Entwicklungsgefälles und damit zur Beseitigung der Ursachen des Weltkonflikts zwischen der nördlichen und der südlichen Halbkugel[81].

IV.

Fragen der Umsetzung in die Praxis können in diesem Zusammenhang nur angedeutet werden. Die Voraussetzungen, unter denen Kulturarbeit[82] in der Dritten Welt stattfindet, unterscheiden sich von denen in den industrialisierten Ländern beträchtlich; einige von den Punkten, in denen sich die beiden Arbeitsgebiete grundsätzlich unterscheiden, sollen hier kurz dargestellt werden[83], wobei die industrialisierten Gesellschaften des atlantischen Raumes kurz als „Westen" bezeichnet sind.

1. Zielpublikum

„Kultur ist heute nicht mehr ein Privileg elitärer Gruppen, sondern ein Angebot an alle", formulieren die „Leitsätze"[84] des Auswärtigen Amtes. Un-

---

79 In der Einleitung zu seinem Buch „Islam et Capitalisme". Paris 1966, S. 7.
80 a.a.O., S. 7.
81 Die Konsequenzen, die sich daraus für Zielgruppen, Inhalte usw. ergeben, behandelt in vorläufiger Form mein Aufsatz „Auswärtige Kulturpolitik, Friedenssicherung und Dritte Welt" in diesem Sammelband.
82 Im Unterschied zu „Kulturpolitik", die besonders die Konzeption und die planenden und steuernden Zentralen bezeichnet, soll „Kulturarbeit" hier die Tätigkeit sur place heißen.
83 Ich bin für diesen Abschnitt der Diskussion mit Albert Wassener (Rom) zu Dank verpflichtet.
84 Vgl. „Leitsätze" des AA.

geachtet der Schwierigkeiten, vor denen die Verwirklichung dieses Programmes in jedem Fall steht, läßt es sich im Westen trotz allem als mittelfristige Zielvorstellung der auswärtigen Kulturpolitik vertreten: aufgrund der relativ fortgeschrittenen kulturellen Integration wendet sich kulturpolitische Aktivität hier zumindest potentiell an alle Schichten der Bevölkerung.

Einer Prüfung aus der Sicht der Dritten Welt hält die gutgemeinte Formulierung der „Leitsätze" nicht stand. Ebenso wie ein wirtschaftlicher, herrscht in der Dritten Welt auch ein kultureller Dualismus vor: einem „modernen" Sektor, d. h. einer städtischen Minderheit, die, vor allem über das Erziehungswesen[85], einen Prozeß der (teilweisen) Verwestlichung durchlaufen hat, steht eine großenteils analphabetische, in traditionellen Strukturen verharrende, vorwiegend ländliche Mehrheit gegenüber. Die „moderne" Minderheit ist Träger der politisch-gesellschaftlichen Willensbildung[86] und stellt die charismatischen Führer, die mit Hilfe spezieller Mobilisierungs-Ideologien[87] auf die Masse einwirken. Der Politologe Bassam Tibi zeigt[88], daß echte Demokratie in einem Entwicklungsland nur das Ergebnis eines Prozesses sein kann, der (im Sinne des Liberalismus) „undemokratische" Elemente enthält.– Beabsichtigt Kulturpolitik irgendwelche Wirkungen, so hat sie sich für diese Minderheit als Zielgruppe zu entscheiden und kann die Massen allenfalls über zwischengeschaltete Instanzen erreichen: Arbeiter über Gewerkschafts-, Bauern über Genossenschaftsfunktionäre, die beide in der Regel auch wieder der modernisierten Minderheit angehören.

Darüber hinaus werden kulturelle Aktivitäten ausländischer Institutionen den großstädtischen Rahmen, in dem sie geduldet werden, auch aus einem anderen Grund nicht überschreiten können, selbst wenn die Voraussetzungen dazu prinzipiell vorhanden wären: die Möglichkeit der Einwirkung auf die Massen behält sich die jeweils führende Schicht ausschließlich selbst vor. Reaktionäre Regime sehen in der Verbreitung eines wie immer gearteten modernen Denkens eine Gefahr für ihren Bestand, während die Vertreter progressiver Gesellschaftsentwürfe ihre jeweilige Entwicklungsideologie, an deren Geschlossenheit und unangefochtenen Geltungskraft ihnen in erster Linie gelegen sein muß, nicht durch die Konfrontation mit einem Wertsystem

---

85 Vgl. Maria Mies: Kulturanomie als Folge der westlichen Bildung. Die Dritte Welt. 1 (1972), S. 23 ff.
86 Bassam Tibi: Nationalismus in der Dritten Welt am arabischen Beispiel. Frankfurt a. Main 1971, S. 51, spricht von einer „avantgardistischen Partei, welche die bewußten progressiven, europäisierten Elemente in sich vereinigt".
87 z.B. national definierte Sozialismen. In gewissen Entwicklungsländern besteht im Gegensatz dazu das Programm der regierenden Schicht in der Verhinderung von Entwicklung.
88 „Nationalismus ..." S. 51.

relativiert sehen wollen, das, zumindest seinem Anspruch nach, dem kritischen Infragestellen alles Gegebenen eine privilegierte Stellung zuweist.

2. Inhalte

Auf das Ganze der Welt gesehen, überwiegen zwischen den Gesellschaften des Westens bei weitem die Gemeinsamkeiten; als Stoff der kulturellen Interaktion bieten sich also im weitesten Sinn die Probleme an, die den Industriegesellschaften gemeinsam sind und zum Teil nur gemeinsam gelöst werden können. Der Kulturbegriff, der unter diesem Gesichtspunkt zugrunde zu legen ist, hat möglichst umfassend zu sein. Aktivitäten, die unter den überkommenen, engeren Kulturbegriff fallen – Musik, Kunst, Literatur, Wissenschaft –, orientieren sich hier am „Niveau", das heißt, sie werden an Maßstäben gemessen, die den beteiligten Gesellschaften im großen und ganzen gemeinsam sind.

Demgegenüber werden durch den kulturellen Kontakt zwischen Industrieland und Entwicklungsland Gesellschaften verbunden, die sich im Entwicklungsstand und (mit Ausnahme Lateinamerikas) in der kulturellen Tradition grundlegend unterscheiden. Das zentrale, allen anderen übergeordnete Problem ist hier die Unterentwicklung; am Ziel der Entwicklung sind also auch Inhalte aus dem Umkreis von Kunst, Literatur und Wissenschaft zu orientieren. Auch die Kunst wird unter dieser Voraussetzung in der Dritten Welt einer ganz bestimmten Wertung unterzogen: Kriterium ist nicht mehr ein Maßstab ästhetischer Vollendung, der außerhalb unserer spätbürgerlichen Kultur keine Gültigkeit mehr hat, sondern die Frage, inwiefern sich Kunst in den Dienst der gesellschaftlichen Entwicklung stellen läßt, inwiefern sie eine emanzipatorische Funktion haben kann. Die Beliebtheit des Theaters als Kunstform in der Dritten Welt, gerade auch in Gesellschaften ohne eigene Tradition auf diesem Gebiet, läßt hier auf ein starkes Bedürfnis schließen[89]. „Brauchbarkeit" in diesem Sinn mag zwar mit westlichem „künstlerischem Niveau" im Idealfall Hand in Hand gehen, beruht aber primär auf sehr anderen Voraussetzungen.

3. Image

„Unsere auswärtige Kulturpolitik ... ist Teil ... einer Außenpolitik, die der Sicherung des Friedens in der Welt dienen will. Sie muß daher zum wechselseitigen Verständnis ... beitragen", heißt es am Anfang der „Leitsätze"

---

[89] Vgl. Uwe Simson: Kulturpolitik als Entwicklungspolitik: die Rolle des Theaters. 1972 (im Druck), in: Jahrbuch 1971 des Goethe-Instituts.

des Auswärtigen Amtes[90]. Auch hier fehlt die Differenzierung zwischen Westen und Dritter Welt.

Konfliktbewältigung durch Abbau von Vorurteilen usw. ist ein sinnvolles Unternehmen dort, wo Vorurteile, Stereotypen etc. einer friedlichen Koexistenz feststellbar im Weg stehen, ihr Abbau also mögliche Konfliktgründe beseitigt. „Kriege und Feindseligkeiten zwischen Völkern hatten nicht selten ... Vorurteile zur Ursache"[91]: man wird dem zustimmen, soweit es sich nicht um Konflikte handelt, die eindeutig strukturell angelegt sind. Der „Nord-Süd-Konflikt" ist nicht durch „Vorurteile" verursacht, kann also mit Hilfe von „Verständnis" nicht bewältigt werden, sondern nur durch den Abbau seiner wirklichen Ursache: des Entwicklungsgefälles.

Nationale Unterschiede zwischen den Völkern Europas werden aus der Perspektive der Dritten Welt unerheblich — auch deshalb kommt dem Versuch, etwa in Indien ein positives Deutschlandbild zu schaffen[92], keine große Bedeutung zu, jedenfalls im Hinblick auf die Sicherung des Friedens. Angehörige eines Entwicklungslandes unterscheiden allenfalls zwischen ihrer ehemaligen Kolonialmacht und anderen Nationen des Westens[93]; vielleicht genoß auch zuzeiten der Feind der jeweiligen Kolonialmacht in den Weltkriegen[94] einen gewissen Image-Vorsprung[95]. Von solchen Einzelheiten einmal abgesehen, stehen die entwickelten Industriegesellschaften des Westens den Entwicklungsländern polar und daher ziemlich einheitlich gegenüber. Während ein bundesdeutsches Kulturinstitut z.B. in Frankreich eindeutig Westdeutschland zu vertreten hat, repräsentiert es in Entwicklungsländern in erster Linie den Westen, vielleicht Europa, auf jeden Fall die entwickelte Welt. Die Frage, „ob nicht in manchen Regionen eine gesamteuropäische kulturelle Repräsen-

---

90 Vgl. „Leitsätze" des AA.
91 Vgl. Dirk Berg-Schlosser: Politische Kultur. Eine neue Dimension politikwissenschaftlicher Analyse. München 1972. S. 20.
92 Vgl. G. Maletzke und Mitarbeiter: Die Zweigstellen des Goethe-Instituts in New Delhi und Kalkutta; Untersuchungen zur deutschen Kulturarbeit in Indien. Berlin 1969. Z.B. S. 261.
93 Vgl. Samuel Kodjo: Die deutsche auswärtige Kulturpolitik aus der Sicht der Entwicklungsländer. Entwicklung und Zusammenarbeit. 5 (1972), 21 ff.
94 Vgl. Mohammed Heikal: Das Kairo-Dossier. Wien/München/Zürich 1972. S. 272.
95 der z.B. im Falle der Araber offensichtlich von der BRD vorsichtig ausgenützt wurde. Dieselbe Folge hat die Tatsache, daß Deutschland keine direkte Kolonialvergangenheit zu bewältigen hat.

tanz bereits angebrachter wäre als nationale Kulturinstitute"[96], ist deshalb im Fall der Entwicklungsländer besonders sinnvoll[97].

4. Nationalismus

In Europa kann Nationalismus heute, besonders unter jüngeren Menschen, als weitgehend überwunden bzw. durch andere Identifikationen ersetzt betrachtet werden[98]. Nationalistische Restbestände bemüht man sich, mit den Mitteln des gelenkten Kulturkontakts abzubauen. Der Nationalismus tritt, so kann man argumentieren, von der Bühne der Geschichte ab, nachdem er seine Rolle als Ideologie der nationalen Integration erfolgreich zu Ende gespielt hat.

Eben diese Rolle aber muß in den meisten Ländern der Dritten Welt noch durchgespielt werden[99]. Mangelnde Integration stellt die jungen Staaten vor massive Entwicklungshindernisse: zum wirtschaftlichen (sozialen, kulturellen ...) Dualismus[100] kommen regionale Partikularismen, ethnische, sprachliche und konfessionelle Trennungslinien, teils durch das Weiterbestehen der Stammesgliederungen, verbunden mit den Grenzziehungen des Kolonialsystems (wie in Schwarzafrika), teils als Folge kultureller Überlagerung (im Orient). Nationalistische Ideologien haben die Funktion, die Loyalität von den Primärgruppen Stamm, Kaste, Dorfgemeinschaft, Großfamilie auf das (häufig erst zu schaffende) neue Gebilde „Nation" zu übertragen; Ziel ist die „Ausweitung von Eigenmoral auf Gruppen, für die bisher Fremdmoral galt"[101]. Je nach der gegebenen Ausgangssituation liegen dieser „rational organisierte(n) Vervielfältigung und Verdichtung der Sozialbeziehungen"[102] verschiedene Ideen zugrunde, die der „Staatsnation" etwa in Ghana und

---

96 Vgl. Richard Martinus Emge: Auswärtige Kulturpolitik. Eine soziologische Analyse einiger ihrer Funktionen, Bedingungen und Formen. Berlin 1967, S. 275 (im folgenden kurz als „Emge" zitiert).
97 Vgl. auch den Beitrag von Michael Freiherr Marschall von Bieberstein in diesem Sammelband.
98 Vgl. dazu Johan Galtung: Über die Zukunft des internationalen Systems. In: Michael Bohnet (Hrsg.): Das Nord-Süd-Problem. Konflikte zwischen Industrie- und Entwicklungsländern. München 1971. S. 213 ff.
99 In national relativ geschlossenen Staaten (arabische Staaten, bes. Ägypten) mag eine Überwindung des Nationalismus als Möglichkeit bereits sichtbar sein. Vgl. Bassam Tibi: Nationalismus ... S. 197.
100 Vgl. Johan Galtung, a.a.O., S. 218: je weniger entwickelt ein Land ist, desto größer ist der Abstand zwischen den Sektoren.
101 Vgl. Karl Otto Hondrich: Wirtschaftliche Entwicklung, soziale Konflikte und politische Freiheiten. Frankfurt/Main 1970. S. 138.
102 Vgl. Walter L. Bühl, a.a.O., S. 39.

Guinea[103], die der „Kulturnation" bei den Arabern[104]. Der erfolgreiche Abschluß dieser Phase der inneren Konsolidierung wird als unerläßliche Vorbedingung jeder darüber hinausgehenden Integration empfunden: „Staaten schließen sich erst dann – freiwillig – zu größeren Wirtschaftseinheiten zusammen, wenn sie wirklich Staaten geworden sind"[105].

In den kulturellen Beziehungen zu den Entwicklungsländern muß also der Nationalismus des Gastlandes in seiner Berechtigung anerkannt werden, eingeschlossen die nativistischen Tendenzen[106], die nationalistische Bestrebungen zu begleiten pflegen und eine Stärkung des nationalen Identitätsbewußtseins sowie, durch „orthogenetische" (GRUNEBAUM) Interpretation, die leichtere Akzeptierung notwendiger Neuerungen bezwecken[107].

5. Kulturaustausch

Dem Unbehagen an früheren Formen der kulturellen Außenpolitik („Kulturimperialismus", ideologische Indoktrination, einseitige Selbstdarstellung) entspringt der Vorsatz, Kulturpolitik in Zukunft als Austausch unter Gleichberechtigten[108] zu betreiben. Die Forderung nach Reziprozität in den internationalen Kulturbeziehungen ist nicht neu. Schon 1960 erhob sie der damalige Leiter der Kulturabteilung des Auswärtigen Amtes[109], nachdem sie vorher schon in der einschlägigen Literatur diskutiert worden war[110]. Der zugrunde liegende Gedanke ist ungefähr folgender: wir können beim Partner nur dann auf Interesse für unser kulturelles Angebot (die „Leitsätze" des AA sprechen von „Leistungen und Möglichkeiten") hoffen, wenn wir unsererseits bereit sind, vom Angebot des Partners Gebrauch zu machen. Umgekehrt: wenn wir es an der nötigen „Offenheit für das andere"[111] fehlen lassen, werden auch unsere Adressaten die Annahme verweigern – kulturelle Kontakte bleiben dann wirkungslos. Vorausgesetzt ist dabei, daß kulturelle Kontakte

---

103 Vgl. Walter L. Bühl, a.a.O., S. 196.
104 Vgl. Bassam Tibi: „Nationalismus...", S. 114.
105 Vgl. Freimut Duve: Der Rassenkrieg findet nicht statt. Düsseldorf und Wien 1971, S. 130.
106 Vgl. Hondrich, a.a.O., S. 183.
107 Diese Maßnahme der sozialpsychologischen Hygiene wird allerdings von den Betroffenen selbst geleistet. Die Propagierung von seiten eines entwickelten Landes – aus Gründen der Klimapflege von westlichen Institutionen immer wieder betrieben – wirkt unglaubwürdig.
108 Vgl. „Leitsätze" des AA.
109 Vgl. Manfred Abelein, a.a.O., S. 190, Anm. 246.
110 Vgl. Carl Doka: Kulturelle Außenpolitik. Zürich 1956. S. 35.
111 Vgl. „Leitsätze" des AA.

zwar (als Bereicherung der eigenen Entwicklung) angestrebt werden sollen, bei entsprechendem Fehlverhalten aber eventuell auch ausbleiben können. Im Falle der westlichen Industriegesellschaften ist diese Forderung weitgehend überflüssig, denn der Austausch zwischen Gesellschaften gleicher Tradition und annähernd gleicher Entwicklungsstufe vollzieht sich „von selbst"[112]. Im Falle der Entwicklungsländer dagegen ist die Formel vom „Kulturaustausch" bestenfalls eine wohlmeinende Fiktion im Dienst der Pflege des Adoptionsklimas[113] — meist hat sie darüber hinaus die ideologische Funktion, Symmetrieverhältnisse vorzutäuschen, die in der Wirklichkeit nicht gegeben sind. Das „Idealbild des westlichen Industrialismus: die Konzeption des aus Individualmonaden symmetrisch aufgebauten Tausch- und Marktsystems", wie Walter L. BÜHL[114] schreibt, wird auf die Beziehungen zwischen entwickelten und unterentwickelten Gesellschaften übertragen und läßt diese Beziehungen dann denknotwendig als solche des Austauschs zwischen Partnern mit gleichem Status erscheinen.

Nun ist der völlig geschlossene „Kulturhorizont" natürlich nirgendwo verwirklicht. Tatsächlich sind immer Elemente zu finden, die die Grenzen zwischen Großgesellschaften überwinden, und zwar in beiden Richtungen. Die Zeitschrift „Entwicklung und Zusammenarbeit" hat sich die Mühe gemacht, in einer eigenen Nummer[115] diejenigen kulturellen Elemente (im weitesten Sinn) zusammenzutragen, die aus der Dritten Welt in die Industrieländer übernommen wurden, und zählt u.a. Gewürze, Tänze, exotische Haartrachten, Hermann HESSES Reflexionen über fernöstliche Weisheit und Übersetzungen von Literatur aus der Dritten Welt auf. Dabei wird allerdings eine grundlegende Tatsache verdrängt. Während in der Dritten Welt, vom Okzident ausgehend, sämtliche Bereiche des Lebens einem radikalen Umformungsprozeß unterliegen, handelt es sich hier um einige wenige, dazu noch marginale Elemente[116], die dazu herhalten müssen, die Fiktion vom „Austausch" zu stützen; und während für die Dritte Welt in ihrer heutigen Lage die weitgehende Übernahme okzidentaler Techniken, Organisationsformen und Ideologien eine schlichte Lebensnotwendigkeit ist, lassen sich die okzidentalen Anleihen bei den Entwicklungsländern fast ohne Ausnahme unter die Rubrik

---

112 Vgl. Karl-Ernst Hüdepohl: Das Kulturprogramm des Goethe-Instituts. Sprache im technischen Zeitalter 39—40 (1971). S. 223 ff. Hier: S. 227.
113 Vgl. Manfred Abelein, a.a.O., S. 170.
114 Vgl. Walter L. Bühl, a.a.O., S. 109.
115 Nummer 10/1971.
116 Vgl. dazu die Äußerung von Dieter Danckwortt. Entwicklung und Zusammenarbeit. 10 (1971). S. 12.

„Exotismus" einordnen[117], und das Zurkenntnisnehmen der künstlerischen und literarischen Produktion der Dritten Welt führt bestenfalls zu einer „unverbindlichen Horizonterweiterung"[118].

Eine entwicklungsorientierte Kulturpolitik in der Dritten Welt wird die Fiktion vom Kulturaustausch durch wirklichkeitsnähere und dadurch langfristig erfolgreichere Formen der „Klimapflege" ersetzen müssen. Sie wird die gegenwärtigen Übernahmeverhältnisse zwischen Industrie- und Entwicklungsländern als real und notwendig anerkennen und sich ihnen im Sinne ihrer Konzeption subsidiär einordnen.

V.

Schließlich sind die kulturellen Beziehungen zwischen einem industrialisierten Land und einem Entwicklungsland von denen zwischen Industrieländern noch in einem letzten, wesentlichen Punkt verschieden.

Die Völker Europas standen jahrhundertelang, ungeachtet dynastischer und nationaler Grenzen und selbst von Kriegen kaum beeinträchtigt, im lebhaftesten kulturellen Austausch; als Ergebnis dieses Prozesses und der daraus resultierenden Vergleichbarkeit der nationalen Kulturen und der Entwicklungsstufe besteht zwischen den europäischen Völkern heute ein dichtes Netz der wirtschaftlichen, gesellschaftlichen und kulturellen Interdependenzen persönlicher und institutionalisierter Art. Im Vergleich zu diesen ungeplanten, gegebenen „Realbeziehungen"[119] kann der gelenkte Kulturkontakt, auch bei großzügigster finanzieller Förderung, nur eine marginale Rolle spielen. Das Problem ist hier, in der Terminologie von Angebot und Nachfrage ausgedrückt, die „Marktlücke" zu finden: auf musikalischem Gebiet etwa haben die allerletzten Entwicklungen, selten aufgeführte Stücke oder seltene Instrumente die Chance, ein bestimmtes Publikum zu erreichen; gesellschaftspolitisch mag ein Land etwas früher als das andere für ein bestimmtes Teilproblem praktikable Lösungen finden, die für einen ganz bestimmten Personenkreis eines anderen Landes von Interesse sind. Die Notwendigkeit solcher Kontakte muß ständig überprüft werden.

Im Gegensatz dazu können die kulturellen Beziehungen zwischen Industrieländern und Entwicklungsländern meist nur auf eine Art von Tradition

---

117 Gut begründet bei Maria Mies: Kulturanomie als Folge der westlichen Bildung. Die Dritte Welt. 1 (1972), S. 23 ff. Hier: S. 26.
118 Vgl. Uwe Gerdes: Das Märchen von der Politisierung des Bundesbürgers durch die Dritte Welt. Entwicklung und Zusammenarbeit. 10 (1971), S. 14.
119 Vgl. Peisert, S. 27.

zurückblicken, deren Folgen gerade die politisch bewußtesten unter den Gesellschaften der Dritten Welt heute zu überwinden suchen: die Aufoktroyierung einer bestimmten nationalen Ausprägung der westlichen Zivilisation im Rahmen des kolonialen Systems. Zwar ist mit der Erlangung der Unabhängigkeit nicht jeder Kontakt zur ehemaligen Metropole abgebrochen (darüber hinaus wurden jetzt erst kulturelle Beziehungen zu anderen Industrienationen möglich!), aber die einsetzende Rückbesinnung auf die eigene Kultur und die Situation der Unterentwicklung mit ihren speziellen Problemen sind nicht geeignet, das Entstehen „symmetrischer" kultureller Beziehungen (im weitesten Sinn) zu fördern. Die gelenkte kulturelle Vermittlung kann diesen Mangel an gegebenen Beziehungen bis zu einem gewissen Grad kompensieren.

Zu dieser quantitativen Kompensation müßte dann noch eine qualitative kommen. Kontakte von kultureller Bedeutung zwischen Industrieländern und Entwicklungsländern, so kann man argumentieren, sind im Hinblick auf das Ziel „Entwicklung" häufig eindeutig dysfunktional. Dies gilt weithin für das Auslandsstudium von Angehörigen der Entwicklungsländer an Hochschulen der Industrieländer, wenigstens für das Auslandsstudium in seiner bisherigen Form[120]. Die Studenten aus der Dritten Welt werden mit Lerninhalten der Industriegesellschaft konfrontiert, die sie im Entwicklungsland nicht sinnvoll anwenden können; ihre Eingliederung ins Milieu des Gastlandes ist prekär[121] und gestattet meist keine produktive Auseinandersetzung; schließlich ist die Rückkehr der so ausgebildeten Fachleute in ihre Heimat keineswegs gesichert („brain drain"). Auch die Experten aus den Industrieländern, die als „Gäste auf Zeit" in der Dritten Welt leben[122], kommen als „kulturelle Kontaktpersonen" meist nur sehr bedingt in Frage[123]; oft werden sie von der Regierung des Gastlandes ausdrücklich auf die Rolle von Vermittlern eng begrenzten technischen Wissens beschränkt[124]. Schließlich hat auch der Tourismus, wo er in Entwicklungsländern als Massenindustrie aufgezogen wird[125],

---

120 Vgl. Fragen und Empfehlungen zu einer Reform des Ausländerstudiums. In: Materialien zur Förderung des Erziehungswesens in Entwicklungsländern. Dokumentation der Deutschen Stiftung für Entwicklungsländer. Bonn 1970. S. 95 ff.
121 Vgl. Prodosh Aich: Farbige unter Weißen. Berlin/Köln 1962; und: Christoph Oehler und Hermann Pabel: Das Studium der Ausländer an den wissenschaftlichen Hochschulen in der Bundesrepublik. Deutsches Studentenwerk 1967.
122 Vgl. Elisabeth Simson: Gäste auf Zeit in der Dritten Welt. Dokumente, Zeitschrift für übernationale Zusammenarbeit. 3 (1971), S. 193 ff.
123 Hauptsächlich wegen ihrer mangelnden Schulung.
124 Vgl. Jacques Berque: Les Arabes d'hier à demain. Paris 1960. S. 126.
125 Nach dem UN Statistical Yearbook von 1969 erhält z.B. Tunesien 28 %, Kenia 26 % seiner Gesamteinnahmen aus dem Export durch den Tourismus. Zu Tunesien vgl.

neben den berechenbaren ökonomischen Auswirkungen auch (bisher wenig erforschte) negative Akkulturationseffekte. Touristen aus reichen Ländern erzeugen im Entwicklungsland unrealistische Konsumerwartungen und wirken im allgemeinen durch ihr Auftreten im Sinne eines wenig entwicklungsfördernden Bildes der Industriegesellschaft[126]; sie interessieren sich darüber hinaus für Dinge, die „nicht das sind, was wir in unserem Volke fördern wollen", wie der Botschafter von Tansania in Bonn in einem Interview mit der Presse sagte[127].

Geht man davon aus, daß kulturelle Beziehungen zu industrialisierten Gesellschaften den Entwicklungsprozeß der Dritten Welt stimulieren können, so ist festzustellen, daß die heute gegebenen „Realbeziehungen" diesem Anspruch quantitativ, besonders aber qualitativ nicht genügen. Unter diesen Voraussetzungen fällt der gelenkten und staatlich geförderten kulturellen Vermittlung eine Schlüsselrolle zu.

VI.

Bevor die im Vergleich zu früheren *patterns* anspruchsvolle Konzeption einer auswärtigen Kulturpolitik als Entwicklungspolitik, in der die Linien der bisherigen Entwicklung konvergieren, adäquat verwirklicht werden kann, sind einige Bedingungen zu erfüllen, die hier zum Schluß noch kurz erwähnt werden sollen.

In erster Linie fehlt es an Analysen des Zielmilieus: „Die offizielle internationale Kulturpolitik ist noch sehr weit von dem entfernt, was man „Marktforschung" nennt"[128]. Durch „impressionistische Schilderungen ständig wechselnder Funktionäre am Auslandsort"[129], die bis jetzt die Hauptquelle der Information darstellen, ist dieser Forderung nicht Genüge geleistet. Nur in Zusammenarbeit mit den entsprechenden wissenschaftlichen Instanzen kann hier gesichertes Terrain betreten werden. Ansätze zu einer solchen Zusammenarbeit zeigen sich in Befragungsaktionen, die im Auftrag der kulturpolitischen Zentralen in letzter Zeit von Sozialwissenschaftlern beim Zielpubli-

---

Wolfgang S. Freund: Le tourisme à Djerba. Revue de l'Occident Musulman et de la Méditerranée. Numéro spécial. 1970, S. 263 ff.
126 auch der Tourismus zwischen den Industrieländern hat ja zum Abbau von Stereotypen nicht beigetragen.
127 Gespräch mit Anthony Nyakyi. Der Spiegel. 40 (1971).
128 Vgl. Emge, S. 185.
129 Vgl. Emge, S. 271 f.

kum durchgeführt wurden[130]. Eine eklatante Schwäche derartiger Umfragen, für die zum Teil erhebliche Mittel eingesetzt werden, ist allerdings der Mangel an klarer Unterscheidung zwischen den „Wünschen" und den „Bedürfnissen" der Zielgruppen. Die Wünsche werden von Individuen des betreffenden Landes erfragt und sind als feste Größe gegeben; sie zu sammeln und zu klassifizieren, ist mit den Methoden der empirischen Sozialforschung möglich. Dagegen sind die Bedürfnisse, wenn man von einer Kulturpolitik als Entwicklungspolitik ausgeht, als Bedürfnisse der Gesamtgesellschaft zu fassen und lassen sich daher nur im Hinblick auf Wertprämissen festsetzen. Dies kann aber nur in einem adäquaten theoretischen Rahmen geschehen, innerhalb dessen allein die empirische Sozialforschung für unser Problem fruchtbar werden kann.

Sind die so definierten Bedürfnisse festgesetzt, so muß eine entsprechende fachliche Ausbildung das Personal der auswärtigen Kulturpolitik in die Lage versetzen, diesen Bedürfnissen zu entsprechen. EMGE sagt über die Kulturarbeit im Ausland, daß „zu ihrer erfolgreichen Durchführung auch eine genauere Kenntnis von Land, Leuten und Institutionen des Gastlandes erforderlich ist"[131]; er betont „die Notwendigkeit, im geistigen Leben des Gastlandes gut Bescheid zu wissen"[132]. Für die Dritte Welt bedeutet diese Forderung aber mehr als etwa im Fall unserer europäischen Nachbarn. Während hier ein Kennenlernen der französischen (italienischen, schwedischen...) Variante der eigenen Kultur genügt, stehen dort diejenigen Probleme an erster Stelle, die den Entwicklungsländern gemeinsam sind und ihren Gegensatz zum Westen ausmachen. Gefordert ist also Kenntnis des „kolonialen Komplexes" (KÖNIG), der Akkulturationsproblematik, der politischen Ökonomie, um nur einige Gegenstände zu nennen. Sprachkenntnisse nehmen hier eine bevorzugte Stellung ein, „denn ein Kulturreferent" (dasselbe gilt natürlich auch für die anderen „Kulturfunktionäre") „kann bei der gewandelten Aufgabenstellung sein Amt praktisch nicht erfolgreich ausüben, ohne die Sprache des Gastlandes zu beherrschen"[133]. Gefragt ist daher in Zukunft „der sprach-

---

130 Z.B. G. Maletzke und Mitarbeiter: Die Zweigstellen des Goethe-Instituts in New Delhi und Kalkutta. Berlin 1969; und: Arbeitsring Ausland für kulturelle Aufgaben e.V.: Wirkungsvoraussetzungen deutscher Kulturpolitik im Ausland. Erkenntnisse aus einer Modellstudie in Iran. Köln 1969.
131 Vgl. Emge, S. 89.
132 Vgl. Emge, S. 154.
133 Vgl. Peisert, S. 172. — Da die beiden lateinamerikanischen Sprachen, ein Minimum an gutem Willen vorausgesetzt, sur place relativ schnell erlernt werden können und da in den neuen Staaten Schwarzafrikas das kulturelle Leben weithin auf englisch und französisch stattfindet, müßten Ausbildungsmaßnahmen in erster Linie auf dem

gewandte Sachkenner im kulturellen Themenbereich, dem Bereich der ‚culture' und ‚civilisation'"[134].

Kulturelle Marktforschung und Professionalisierung können aber in der auswärtigen Kulturpolitik nur dann voll wirksam werden, wenn dieser Arbeitsbereich „vom außenpolitischen Tagesgeschäft auch organisatorisch getrennt"[135] wird. Die dafür mehrfach vorgeschlagene Organisationsform einer Anstalt des öffentlichen Rechts[136] wäre wohl am ehesten in der Lage, eine von den Interessen der jeweiligen Regierung unabhängige, von allen Gruppierungen der Gesellschaft getragene und damit gleichzeitig langfristig kontinuierliche und glaubwürdige auswärtige Kulturpolitik zu gewährleisten.

Anschrift des Verfassers
Uwe Simson
509 Leverkusen-Schlebusch
Beethovenstr. 18

Gebiet der alten außereuropäischen Kultursprachen („Orient" im weitesten Sinn – bis Japan) einsetzen.
134 Vgl. Peisert, S. 333.
135 Vgl. Peisert, S. 44.
136 Vgl. Peisert, a.a.O.; zum Problem der Organisationsform vgl. auch den Aufsatz von Albert Wassener in diesem Sammelband.

Das Schlagwort vom Kulturaustausch

von Wolfgang Slim Freund, Köln und Brühl

Gerhard Bierwirth hat in einem zwar beschränkten aber signifikanten Zusammenhang gezeigt, zu welch makabrem Schauspiel die Fiktion vom Kulturaustausch zwischen Entwicklungs- und Industrieländern entarten kann[1]: er griff die deutsch-indischen Austauschbeziehungen in Sachen Literatur an und verdeutlichte, daß hier offenbar nichts von dem geschieht, was in den viel bemühten „Leitsätzen" des Auswärtigen Amtes zur Neugestaltung zwischenstaatlicher Kulturpolitik gefordert wird: „... Neben die Information muß heute das Angebot treten, die eigene Wirklichkeit, d.h. die Leistungen und Möglichkeiten des eigenen Landes einzubringen in einen lebendigen Austausch zwischen den Völkern. Was wir geben, ist nur so viel wert, wie unsere Bereitschaft zu nehmen ..."[2].

René König legte dar, wie dieser Mangel an reziproker Aufnahme und Wiedergabe auch einen anderen, klar umgrenzten Bereich von Kulturaustausch zu vergiften im Begriffe ist: nämlich die Partnerschaftsverhältnisse zwischen Hochschulen aus der Dritten Welt und solchen aus Industrieländern[3].

Bierwirth stellt die Minderwertigkeit eines deutscherseits prämiierten indischen Büchleins über deutsch-indische Geistigkeit fest[4]. König attackiert gewissermaßen das Unverständnis bundesdeutscher Behörden, welche die Auffassung vertreten, die Früchte einer Universitäten-Partnerschaft Bundesrepublik versus Entwicklungsland (es geht hier ganz konkret um die WISO-Partnerschaft zwischen den Universitäten Bonn/Köln/Bochum und der Universität Kabul in Afghanistan) ließen sich nach wenigen Jahren finanzieller und pädagogischer Hilfe ernten.

Beiden Unternehmungen — Prämiierung einer sinnlosen und dazu noch wissenschaftlich fragwürdigen Schrift sowie Kurzatmigkeit in der Verfolgung

---

1 Gerhard Bierwirth: Kritische Anmerkungen zur Literatur im deutsch-indischen Kulturaustausch. DIE DRITTE WELT 2/1 (1973).
2 Auswärtiges Amt: Leitsätze für die auswärtige Kulturpolitik. In: Walter Höllerer (Hrsg.), Auswärtige Kulturpolitik. Zeitschrift SPRACHE IM TECHNISCHEN ZEITALTER 39/40 (1971), S. 185–191. Hier: S. 186.
3 René König: Überlegungen zu einigen soziokulturellen Problemen der Ausbildungshilfe am Anfang der zweiten Entwicklungsdekade. DIE DRITTE WELT 2/1 (1973).
4 Sisir Kumar Das: Western Sailors — Eastern Seas. German Response to Indian Culture. New Delhi 1971.

eines Partnerschaftsprojekts, das nur in Jahrzehnten gedacht werden kann —
liegt sicher eine uneingestandene Erkenntnis der direkt Verantwortlichen
zugrunde: da Kulturaustausch zwischen Afghanistan bzw. Indien und der
Bundesrepublik Deutschland gemäß dem derzeit marktgerechten Schlagwort
von der immer notwendiger werdenden „Weltinnenpolitik" zu intensivieren,
das Ganze aber eine sehr unklare, am Erfolg kaum meßbare Angelegenheit
ist, versucht man, die konkreten Projekte dort anzusiedeln, wo sie — sollten
sie scheitern — ohnehin keinen größeren Schaden anzurichten vermögen.
Realisierungskriterium wird somit weniger eine notwendige Sache als vielmehr der Ausblick nach einer möglichen Katastrophe: derartige Negativoptionen lassen Projekte entstehen, wo in der Meinung der Verantwortlichen
im schlimmsten Falle Geld verpulvert ist, oder allenfalls Experten, d. h.
menschliche Schicksale und Energien, verschlissen werden.

Das Marginale, das nahezu allen Versuchen dieser Art anhaftet, verhindert augenscheinlich, daß außer einem etwaigen finanziellen Verlust keine
sichtbaren politischen oder wirtschaftlichen Beziehungen gestört werden.
Die Flucht in die Suche nach den „geistigen Werten" im Kulturaustausch
mit Entwicklungsländern hat hier ein echtes Tatmotiv. Solche Strukturen
lassen sich immer wieder aufdecken; vor kurzem hatte ich die arabische, in
der Bundesrepublik seit 1963 erscheinende Zeitschrift „Fikrun wa Fann"
zu begutachten: auch hier, gegenüber der arabischen Welt oder gegenüber
Westdeutschland (aus der anderen Optik), die Einengung der kulturellen Austauschbemühung auf sterile „geistige Werte"![5]. — Nahezu die gesamte Produktion des Horst ERDMANN-Verlages (Tübingen/Basel) steht gleichfalls unter
diesem Zeichen. Einige bezeichnende Bücher sind mir als Rezensenten durch
die Hand gegangen[6].

---

5 Wolfgang Slim Freund: Die Zeitschrift „Fikrun wa Fann". Gutachten im Auftrag des
  Auswärtigen Amtes (nur für den Dienstgebrauch des AA). Hektographiert und unveröffentlicht. Köln und Brühl 1972.
6 a) Friedrich H. Kochwasser: Kuwait. Geschichte, Wesen und Funktion eines modernen
  arabischen Staates. Erdmann Ländermonographien, Band 1. Tübingen und Basel 1969.
  (Rezension Freund in KZfSS 22/4 (1970), S. 803 f.)
  b) Gustav Faber: Brasilien. Weltmacht von morgen. Erdmann Ländermonographien,
  Band 2. Tübingen und Basel 1970. (Rezension Freund in DIE DRITTE WELT 1/2
  (1972), S. 265 f.)
  c) Yüksel Pazarkaya (Hrsg.): Moderne türkische Lyrik. Tübingen und Basel 1971. (Rezension Freund in DIE DRITTE WELT 1/4 (1972), S. 596 f.)
  Band 3 der Erdmann Ländermonographien, 1972 erschienen, ist Afghanistan zugeordnet. Herausgegeben wurde das Buch durch Willy Kraus, Universität Bochum. Es kann
  angenommen werden, daß es sich von den Bänden 1 und 2 qualitativ spürbar abhebt.
  Der Rezensent möchte seinem eigenen Urteil aber nicht vorgreifen, da er das Buch noch
  nicht gesehen hat.

Hinter diesen Kakophonien, die als Thema mit Variationen immer dort erklingen, wo man vorgibt, Kulturaustausch zwischen Industrie- und Entwicklungsländern zu betreiben, steht ein enormes theoretisches Problem: ob nämlich kulturelle Inhalte einer Gesellschaft X so transferierbar nach den Gesellschaften Y und Z sind wie Lastwagen oder Fliegerabwehrraketen. Und man würde die jeweils sich Irrenden viel nachsichtiger und verständnisvoller beurteilen, gäben sie ihrem eigenen Wissen, daß das Problem immens und real ist, mehr Raum, redeten sie ehrlicher und bescheidener von ihrer eigenen kulturellen Bedingtheit, Schwierigkeiten, deren Ursachen sie ja nicht einmal zu vertreten haben, klar als solche zu erkennen. Über diese Basis-Schwierigkeit sei nachfolgend reflektiert.

Im Grunde ist die Bezeichnung „Dritte Welt", so nützlich der Begriff in der Praxis geworden sein mag, eine Irreführung, eine unzulässige Extrapolierung des längst historisch gewordenen Zustandes „Ost-West-Neutrale". Man macht glauben, daß unsere gegenwärtige Welt durch ein Dreiecksverhältnis strukturiert sei: die Erst-, Zweit- und Drittweltler haben miteinander Umgang, wobei natürlich Beziehungen sehr unterschiedlicher Natur entstehen. „Erste" und „Zweite Welt" sind die grosso modo sanierten Industriegebiete kapitalistischer und sozialistischer Provenienz, und die „Dritten" sind eben die Habenichtse „von da unten" (gängige Entwicklungsvölker- und Gastarbeiterbezeichnung in deutschen Landgebieten).

In Wirklichkeit kann man die Sache vereinfachen: es gibt auf der einen Seite die Geretteten (die Satten, die Gutgekleideten, die Autofahrenden, die Urlauber, diejenigen, denen Freizeit zum Problem geworden ist), und auf der anderen Seite steht das immense Heer derer, die nicht wissen, ob sie nicht selbst noch verhungern oder ob dieses Schicksal spätestens ihren Kindern zuteil werden wird. Es gibt die Minderheit derer (zu ihr gehören auch sämtliche Autoren dieses Sammelbandes), die zwar nicht ewig leben, aber im Großen und Ganzen dennoch ihr Erdendasein genießen können. Auf der anderen Seite vegetieren die Massen, die nicht wissen, wie es morgen mit ihnen weitergeht, weil sie die Beschlüsse nicht kennen, die über sie gefaßt wurden. Es gibt diejenigen, die mit den Produkten der technischen Ära einigermaßen umgehen können, und die anderen, die es nicht können — allenfalls wollen. Vielleicht wollen sie es auch nicht; aber die Polarisierung, die augenblicklich die Welt in zwei Lager aufspaltet, ist so beschaffen. Die Satten stehen gegen die Hungrigen, Angezogene gegen Nackte oder zumindest Zerlumpte, Gewaschene gegen Schmutzige, Wohnende gegen Hausende, Alphabeten gegen Analphabeten, Leistungsfähige gegen Versager (beide gemessen am technischen Zivilisationsideal).

Jedes Bemühen um Verständnis einer anderen Kultur muß zuerst die Frage aufwerfen und teilweise beantworten können: Wer bemüht sich um wen? Wer will wen von was überzeugen? Der Entwickelte den Unterentwickelten von Werten der technischen Zivilisation oder von deren Unwert (diese Variante kulturkritischen Masochimus' gibt es bei uns auch!)? Der Unterentwickelte den Entwickelten von seiner eigenen Authentizität oder seiner Bereitschaft zur Selbstaufgabe? Erst wenn diese Vektoren festliegen und darüber zwischen den Kommunikationspartnern ein prinzipieller Konsens erzielt worden ist, haben Detailfragen über Kulturaustausch überhaupt Sinn. Ich möchte nochmals auf BIERWIRTHS und KÖNIGS Problem zurückgreifen und das soeben Gesagte veranschaulichen:

1. Literarische Bemühung um deutsch-indisches Verständnis hängt so lange im luftleeren Raum, als nicht abgeklärt ist – zwischen Indern und Deutschen –, welcher Partner den anderen in einem bestimmten Bereich für so interessant hält, daß er bereit wäre, von ihm zu lernen. Diese Bereitschaft schließt jene eigene Bescheidung mit ein, daß in einem spezifischen Falle eingeräumt wird, man selbst habe hier aufzuholen, und der andere könne dazu beitragen. Kein Geschäftsmann wird eine Transaktion vornehmen, solange er nicht davon überzeugt ist, daß der Handel – obwohl er einen Preis dafür entrichtet oder Ware dafür hergibt – seinen spezifischen Interessen dient. Auch der Geschäftspartner wird nicht mitmachen, wenn für ihn – aus seiner Interessenlage heraus – nicht dasselbe gilt. Der Handel, sprich: die Beziehung, der Güteraustausch, wird nur zustandekommen, wenn zwei Partner, die a priori überhaupt nichts miteinander zu schaffen haben, über eine konkrete Analyse ihrer Möglichkeiten und Bedürfnisse dazu gelangen, etwas auszutauschen, was dem jeweils Interessierten nützt. Nur die *Kongruenz* des Interesses beider an etwas, was der andere besitzt und im Austausch herzugeben bereit ist, ermöglicht erst das Geschäft.

2. Auch eine Universitätspartnerschaft „Deutschland-Afghanistan" kann nicht leben, wenn das Prinzip mißachtet wird, daß beide Partner profitieren müssen, um nicht über kurz oder lang frustriert zu sein. Es gehört aber zu den Eigentümlichkeiten eines solchen Projektes, daß die realen Bedürfnisstrukturen der Partner den darin Befangenen a priori verborgen sind und erst in einem langwierigen dialektischen Mitteilungsprozeß, der auch große Irrtümer und Fehlleistungen nicht ausschließen darf, sichtbar werden. Deshalb betont KÖNIG zu Recht, daß eine derartige Partnerschaft wohl kaum unterhalb einer Dauer von 20 Jahren konzipiert werden sollte.

Da nun das Verhältnis der „entwickelten" zur „unterentwickelten" Welt (und umgekehrt) so ungeheuerlich belastet ist durch das Gewicht der materiellen Fakten, nämlich des Überfluß-Mangel-Syndroms, auf dem jede dieser Beziehungen – auch die selbstloseste – wie auf einem vergifteten Nährboden liegt, ist das Gerede von den Möglichkeiten echten partnerschaftlichen Kulturaustausches mit Entwicklungsländern eine völlige Leerformel. Bereits über primäre Daseinsziele – sowohl im kollektiven als auch im individuellen Bereich – kann es zwischen Deutschen und Afghanen, zwischen Indern und Engländern, zwischen Franzosen und Algeriern, zwischen Ägyptern und Amerikanern oder Russen keinen wesentlichen Konsens geben. Schon ihre Eß-, Trink-, Schlaf- und Sexgewohnheiten sind grundverschieden voneinander! Wie soll eine auch nur partielle Übereinstimmung zwischen derart subtilen Lebensbedürfnissen, wie es die kulturellen sind, gefunden werden! Das ist schlechthin unmöglich.

Gegner dieser Gedankenfolge werden einwenden, daß es doch offensichtlich Inder gebe, die Deutsch können und GOETHE lesen, daß Ägypter BEETHOVEN-Klavierabende besuchen und Tunesier in eine BRECHT-Lesung gehen, ja daß viele Afghanen in der Zwischenzeit in der Bundesrepublik Diplom gemacht und auch doktoriert haben, dabei sogar Würstchen essen, daß also das Trennende zwischen Kontinenten und Kulturen offenbar bezwingbar sei.

Dem ist zu erwidern, daß zunächst einmal die soziale Schicht jener Inder, Ägypter, Tunesier und Afghanen, die sich auf so deutliche Art „kulturell" mit uns eingelassen haben, ermittelt werden muß! Dabei wird sich zeigen, daß es sich um solche Schichten handelt, die auf der Herrschaftspyramide ihrer jeweiligen Länder relativ hoch plaziert sind: Privilegierte also! Es sind diejenigen Kreise, die im Verhalten gegenüber ihren eigenen Landsleuten die Nachfolge der in der Zwischenzeit abgetretenen Kolonialherren angetreten haben; sie spiegeln in ihrer eigenen Bedürfnisstruktur nicht mehr diejenige ihres Volkes, sondern die von industrialisierten Gesellschaften wider.

Wo im gegenseitigen Kulturaustausch mit derartigen Marginaleliten verkehrt wird – und das ist die Regel –, ist der Konsens von „Entwickelten" mit „Unterentwickelten" ein scheinbarer, da schichtgebundener. Tatsächlich gibt es ihn nicht. Denn wir verkehren ja gar nicht mit „Anderen", sondern mit unseresgleichen, d.h. mit Menschen aus zwar fremden Kultur- und Zivilisationsgebilden, die sich aber qua Schule und Universität längst zu europäoiden sozio-kulturellen Normen und Verhaltensmustern bekennen. Mit den schweigenden Abermillionen der Dritten Welt indessen findet der kulturelle *small talk* nicht statt. Unsere Intellektuellen und Kulturfunktionäre „vor Ort" haben mit Bewohnern von Fellachenhütten, Gourbis, Bidonvilles und mittelalterlichen Massenquartieren keinen Umgang. Stefan ANDRES belegt dies in seinem „Ägyptischen Tagebuch" deutlich: außer mit Dozenten des Goethe-Instituts, der deutschen Schulen in Kairo sowie einer Reihe ägyptischer Hochschullehrer oder qua Studium verwestlichter Funktionäre hatte er in Ägypten mit kaum jemandem gesprochen[7].

Aber seien wir gerecht: wie kann denn ein UNO-Experte, Kulturattaché, Goethe-Dozent, Gastprofessor, reisender Dichter oder Lehrer an einer deutschen Auslandsschule mit den wirklich Emanzipierungsbedürftigen seines Besuchslandes überhaupt kommunizieren? Daran hindert ihn nicht nur sein gesellschaftlicher Status, der ihm als relativem Großverdiener in Entwicklungsländern zuteil wird (Monatsgehälter zwischen 4.000,– und 5.000,– Mark netto sind heute die Regel), sondern auch seine eigene sozio-kulturelle Persönlichkeit, die er sich zuvor im Okzident ein halbes Leben lang aufgebaut hat. Hinzu tritt meist die fast völlige Unkenntnis „drittweltlicher" Landessprachen. Diese Wellenunstimmigkeit zwischen Sender und Empfänger ist das Grundproblem allen kulturellen Austausches. Und sie ist auch gar nicht ohne weiteres auszugleichen.

Letztlich sind doch alle Europäer (die Bezeichnung schließt Nordamerikaner und Sowjetrussen mit ein) davon überzeugt, daß sie – gegenüber den Anderen – die geglücktere Lebensart besitzen, wie raffiniert vereinzelte Kosmopoliten das in *round-table*-Gesprächen auch kaschieren mögen. Spätestens vor einer französischen Speisekarte schlägt die Überflußmentalität wieder durch.

Und alle „Unterentwickelten" lechzen in geheimen Winkeln ihres Unterbewußtseins danach, im sozialen Ansehen mit den „Supermenschen" der Industriewelt auf einer Ebene zu stehen.

Damit wird Kulturaustausch zu einem Problem der Machtverteilung auf dem Erdball. Wer im Bewußtsein „der Anderen" genügend ideologische Macht ausüben kann, um seine Vorstellungen von Kultur und Zivilisation als annehmbar und erstrebenswert erscheinen zu lassen, der wird diese Vorstellungen auch effektiv verbreiten können. Wem diese Macht fehlt, der kann noch so viele Gurus, Räucherstäbchen, Blumenkinder und Hippietänzer aufmarschie-

---

7 Stefan Andres: Ägyptisches Tagebuch. München 1967.
„Kulturaustausch" à la Stefan Andres liest sich, nicht völlig ohne Obertöne der Selbstkritik, das sei zugestanden, folgendermaßen: „Im Laufe des Spätnachmittags mit Dr. O. (Dr. O. war 1965 der Leiter des Goethe-Instituts Kairo, d. Verf.) zum Ägyptischen Schriftstellerverband. An Tischen mit Tee und Gebäck. Wir reden englisch ... Rechts von mir ein Funktionär der Regierung, gebildet und über europäische Literatur besser informiert als ich. Zuerst ein wenig PEN-Atmosphäre ... Später dann bewegen sich die Gespräche um Themen, die meine Anteilnahme wecken, etwa: Wie steht der europäische Schriftsteller zur Religion und zur Ethik? Wie versteht er seinen Beruf innerhalb der allgemeinen und unaufhaltsamen Säkularisierung des Geistes? Wie ist sein Verhältnis zum Atheismus, Nihilismus, Nationalismus?" (S. 36 f.)

ren lassen, er wird die industrialisierte Menschheit trotzdem nicht von ihrem schnurgeraden Weg, auf dem die Räder rollen, abbringen können.

„Volkswagen gegen östliche Seele": dieser „Kulturaustausch" wird nie stattfinden; denn die östliche Seele hat längst ihre Flügel verloren und fährt auch VW. Und das „Beethoven/Tagore"-Idyll ist von erschlagender Geschichtlichkeit. Sowohl hier als auch dort.

Es wird darauf ankommen, daß „entwickelte" *Menschen* zu „unterentwickelten" *Menschen* durchfinden und daß es ihnen dann — jenseits ihrer kulturellen Determiniertheit, die mir zunächst einmal unaufhebbar erscheint — gemeinsam gelingt, unter Beiseitelassen aller sektoralen Selbstüberschätzung eine neue *menschliche* soziale Umgangssprache zu entdecken, die es gestatten würde, ohne Rekurs auf wohl doch ein wenig alt gewordene zivilisatorische Normen neue kulturelle und damit soziale Globalbezüge zu formulieren, die in der Lage wären, das Zusammenleben der Menschen — und zwar aller, nicht nur der technisch avancierten — zu kodifizieren.

Anschrift des Verfassers
Dr. Wolfgang S. Freund
504 — Brühl
Roisdorfer Str. 4

Innerdeutsches

Auswärtige Kulturpolitik und Entwicklungspolitik

von Winfried Böll, Bonn

Die traditionsreichere auswärtige Kulturpolitik und die – neuere – Entwicklungspolitik nehmen einen wachsenden Teil der Kräfte in Anspruch, die Staat und Gesellschaft für Aufgaben auf dem Felde der internationalen Beziehungen zur Verfügung stellen. Ihr Gewicht und ihre Stellung im Gesamtrahmen öffentlicher Aufgaben und Ausgaben, ihr Verhältnis zueinander und insbesondere zur klassischen Außenpolitik sind noch umstritten – in der Theorie und auch im Gerangel der politischen und administrativen Praxis.

Einige Anmerkungen zur Frage der Prioritäten, Gemeinsamkeiten und Unterschiede, der Zuordnung und Abgrenzung von Entwicklungspolitik und Kulturpolitik bei der Zusammenarbeit mit der Dritten Welt sind daher wohl gerechtfertigt, sind doch – bei Verbrauch erheblicher Steuermittel – eine Vielfalt nicht nur staatlicher und internationaler Stellen in beiden Aufgabenbereichen tätig, sondern auch eine größere Zahl halboffizieller und privater Institutionen, mit einem Personal- und Sachaufwand, der zusammengenommen an Umfang die einschlägigen Ministerial- und Verwaltungsbehörden weit übertrifft.

Der Ruf nach Vereinheitlichung, Koordinierung und Neuorganisation beider Aufgabenbereiche ist so alt wie die Anteilnahme eines durchaus begrenzten, aber engagierten Teils der öffentlichen Meinung an ihren Erfolgen und Mißerfolgen. Vor allem stellt sich die Frage, ob nicht auch Kulturarbeit in der Dritten Welt nur noch als Teil der Entwicklungspolitik sinnvoll ist. Gelegentlich wird umgekehrt gefordert, daß alle kulturellen Förderungsvorhaben und -maßnahmen – auch die der Entwicklungspolitik, wie Wissenschafts- und Bildungshilfe – einer postulierten „Einheit", d.h. Gesamtplanung, Gestaltung und Steuerung der kulturellen Auslandsbeziehungen unterzuordnen seien.

Häufiger werden Entwicklungspolitik und auswärtige Kulturpolitik als Verfügungsinstrumente der Außenpolitik gewertet und von dort her Steuerung und Zuordnung gefordert.

Im Hintergrund sind dabei Interessen der beteiligten Apparate und Organisationen nicht unbeteiligt, vor allem aber konservativere oder fortgeschrittenere Weltbilder. Es ist daher nur fair, darauf hinzuweisen, daß diese Anmerkungen nicht unbeeinflußt sind von der Arbeit des Verfassers in der entwicklungspolitischen Administration.

Versuchen wir, einige der obenaufgezeigten Fragen durch Beobachtungen und Überlegungen zu beantworten, die dem Zusammenhang von Kultur- und Entwicklungspolitik nachspüren:
1. durch die Frage nach Aufgaben und Zielen angesichts der Weltlage,
2. in den geltenden Verlautbarungen und Erklärungen,
3. in der täglichen politischen und administrativen Arbeit.

Wir müssen uns dabei auf Diskussion und Praxis in der Bundesrepublik beschränken, was — zugegeben — den Erkenntniswert der Anmerkungen erheblich eingrenzt.

I. Ziele und Aufgaben

Was Kultur- und Entwicklungspolitik zu tun haben, und was sie tun können, bestimmt sich aus dem Spannungsverhältnis von nationalen Interessen — wie und durch wen sie immer definiert werden — und globalen Notwendigkeiten.

Zweifellos erzwingt die Weltlage, d.h. die Gesamtheit der menschlichen Verhältnisse auf unserem Stern und ihre wachsende Interdependenz „weltinnenpolitisches" Denken und Handeln und nicht nur eine auf dem Weg über das Verständnis der Rolle der eigenen Nation oder Europas in der Gegenwart *vermittelte*, sondern auch unmittelbare Verantwortung und Loyalität. Auf die Innenverhältnisse der Welt bezogene Loyalität und Politik ist zwar, rechtlich und institutionell, noch kaum gefordert und noch weniger gesichert, wird aber durch anders nicht zu lösende Probleme durchaus konform mit den Werten der dominierenden Zivilisationen herausgefordert. Gegen vorherrschende partikulare Denk- und Verhaltensweisen ist „Menschheit" heute realpolitische Orientierungsgröße. Entwicklungspolitik und mehr noch Kulturpolitik werden noch weitgehend aus dem Horizont nationaler Interessen, als Außenpolitik also, legitimiert, konzipiert und realisiert. Was über nationale politische Interessen hinausgeht — zwischen Regierungen vereinbarte übernationale Bindungen und Aktionen bleiben ja durchaus in diesem Rahmen — wird leicht ins Reich der Ideen und Utopien oder auf den fernen Termin einer möglichen Weltregierung verwiesen. Allerdings versperrt man sich damit die Sicht auf lebenswichtige Zusammenhänge und wird so auch nicht mehr den eigenen Interessen gerecht[1]. Die Macht der Bedürfnisse einer schnell wachsenden, sich in gegenseitiger Abhängigkeit sozial verdichtenden Welt-

---

1 Erhard Eppler: Entwicklungspolitik und Eigeninteressen. Europaarchiv 25. 3. 71. Auch Bulletin der Bundesregierung Nr. 52 — Bonn, 3. 4. 1971.

bevölkerung konstituiert eine Ebene politischer Realität, die mit den gegebenen Machtverhältnissen und dem inadäquaten Organisationsgrad der Menschheit in einem Klassensystem von Staaten zunehmend in Widerspruch gerät.

Die gegenwärtige Lage der Entwicklungspolitik beweist den „weltinnenpolitischen", d.h. wirtschafts-, gesellschafts- und vor allem kulturpolitischen Grundzug der dominierenden weltpolitischen Fragen. Es ist keineswegs nur der Nachholbedarf der Entwicklungsländer an Industrialisierung und einem heute noch möglichen Maß an nationaler Unabhängigkeit, wodurch Ziele und Aufgaben der Entwicklungspolitik schon ausreichend festgelegt wären. Das Scheitern der bisherigen Bemühungen, das mit der Bevölkerungsvermehrung wachsende Elend einzuholen, die zunehmende Fragwürdigkeit der bisher verwandten Maßstäbe und Methoden, die Resistenz der politischen Systeme gegenüber Wandlungsimpulsen und Innovationsversuchen zwingen uns heute, Prämissen und Strategien neu zu überdenken. Die kulturelle oder, wenn man so will, zivilisatorische Grundfrage nach Ziel und Zukunft der Industrialisierung relativieren dabei zusehends auch die gewohnten Fronten zwischen Systemen, deren Ehrgeiz darin liegt, sich in der Schnelligkeit eines unreflektierten sogenannten „Fortschritts", d.h. Machtzuwachses durch Industrialisierung, Technisierung, Verwissenschaftlichung zu übertreffen.

Wie kommt es zu diesem kulturell motivierten Krisenbewußtsein?

1. Elend und Unterdrückung breiten sich in der „Dritten Welt" offensichtlich und unerträglich aus, trotz unbestreitbarer Entwicklungsfortschritte, nützlicher Förderungsmaßnahmen und Projekte. Ohne Anteil breiter Massen am Fortschritt ist jetzt schon die Gegenwart und wird mehr noch die Zukunft für hunderte Millionen von Menschen eine ausweglose Katastrophe[2].

Nur wenigen Entwicklungsländern gelingt es, die eigenen Kräfte zu mobilisieren, trotz schnell wachsender Bevölkerung eine Mindestversorgung für alle zu sichern, Unabhängigkeit zu wahren und gleichzeitig Fortschritt in Wissenschaft, Technologie und Produktion unter Beachtung ökologischer Grenzen zu erzielen, u.a. China.

2. Für die lebensbedrohenden Folgen einer anarchisch wuchernden Industriezivilisation bei deutlich erkennbaren Grenzen des möglichen Wirtschaftswachstums auf unserem enger werdenden Stern hat keines der kon-

---

[2] Robert S. McNamara: Rede vor der Konferenz der Vereinten Nationen über Handel und Entwicklung. Druckschrift der Weltbank. Santiago/Chile 14. 4. 1972.

kurrierenden Gesellschaftssysteme brauchbare Lösungen anzubieten[3]. Zerstörung der Umwelt, absehbare Knappheit an anbaufähigem Boden und wichtigen Rohstoffen, fühlbare Folgen der „Verdichtung" der Menschheit in schnell wachsenden Städten: Kriminalität, Verkehrschaos, Ausgeliefertsein an die Willkür entschlossener Außenseiter oder Inhaber technischer Schlüsselpositionen, die Gefahren des Absinkens der „Qualität des Lebens" bei steigendem „Wohlstand" empfehlen unsere Industriezivilisation nicht als Entwicklungsmuster für mehr als 7 Milliarden Menschen am Ende des Jahrhunderts.

3. Die Bevölkerungsexplosion ist in den nächsten Jahrzehnten voraussichtlich nicht einzudämmen. Der zeitliche Spielraum für eine ausgleichende Gesellschaftspolitik im Weltmaßstab verringert sich zusehends. Der Abstand zwischen dem, was in ziemlich genau absehbarer Zeit geleistet werden muß und dem, was wir tatsächlich tun, wächst.

4. Die Regierungen in Industrie- und Entwicklungsländern werden mit der Vermehrung komplexer Probleme kaum mehr fertig, die aus der Diskrepanz von wirtschaftlicher Dynamik und sozialen Ansprüchen einerseits und einer unzureichenden „Problemverarbeitungskapazität" der traditionellen Institutionen andererseits erwachsen[4].

Auch die pluralistische Konkurrenzdemokratie verschleißt ihre Orientierungskapazität und ihre Führungsenergien in Reaktionen auf den täglichen Druck divergierender Interessen. Der Kampf ums politische Überleben läßt wenig Zeit und Kraft für langfristig wirksame, gezielte Steuerungsimpulse.

Man kann diese Sorgen als Panikmache abtun. MALTHUS hat schließlich auch nicht recht behalten. Man kann sich auf die Fülle der Alltagsgeschäfte zurückziehen. Die Verwaltung ist schon mit der Umsetzung der anspruchsvollen entwicklungspolitischen Ziele in die bescheidene, tägliche Förderungs- und Projektpraxis überfordert. Man kann zu dem Schluß kommen, daß es bei allem guten Willen eben leider unmöglich sei, die Welt zu entwickeln. Man mag versuchen, die Auswirkungen solcher Resignation wenigstens vom eigenen Volk fernzuhalten: Entwicklungshilfe als flexible Verteidigung gegen die Ansprüche der Habenichtse und moralisch als Ablaßpfennig, wie früher die Segnungen des Christentums in Zeiten brutaler Ausplünderung und Unterdrückung.

Wenn man sich aber der Aufgabe stellt, die uns mit unserem Eintritt als Vollmitglied in die UN wohl in Zukunft noch intensiver beschäftigen wird,

---

[3] Dennis Meadows u.a.: „Die Grenzen des Wachstums". Bericht des Club of Rome zur Lage der Menschheit. Stuttgart 1972; sowie daran anschließende Diskussion.
[4] Fritz W. Scharpf: Reformpolitik im Spätkapitalismus. Die neue Gesellschaft. 19. Jg. Juni 1972.

muß man in erheblich stärkerem Maße unsere eigenen Alltagsprobleme im Weltzusammenhang sehen und konsequent europäische und nationale Ziele „weltinnenpolitischen" Erfordernissen einordnen. Entwicklungspolitik muß daher zur Triebkraft von Veränderungen auch der Industriegesellschaften werden. Nicht ohne Logik hat der *Entwicklungsminister* die Frage nach der „Qualität des Lebens" in die politische Diskussion gebracht und nicht ohne Grund auf einem Kongreß der mächtigsten Gewerkschaft[5].

Entwicklungspolitik als politische Innovationsaufgabe erzeugt notwendig Konflikte. Auseinandersetzungen, etwa über das Verhalten von Entwicklungshelfern — der DED ist inzwischen zu einer Art von entwicklungspolitischem Winkelried in der innerdeutschen Diskussion geworden — oder über Cabora Bassa, wie früher über Rourkela, mobilisieren trotz des unvermeidlichen Ärgers mehr Aufmerksamkeit und Austausch von Argumenten als erfolgreich bestandene DAC-Examen und gute Projekte.

In der Praxis muß Entwicklungspolitik in widersprüchlichen Situationen flexible, oft gegenläufige Antworten finden:

Nützliche Projekte können weiterhin Menschen helfen, aber selten die durchgreifenden gesellschaftlichen Veränderungen bewirken, die in den meisten Entwicklungsländern erst den Weg für Fortschritte frei machen, die den Massen zugute kommen können.

Wir gewinnen und vermitteln in der Praxis unserer Förderungsmaßnahmen aber Einsichten, die uns befähigen, in der internationalen und multilateralen Zusammenarbeit Hemmnisse, Privilegien und einseitigen Abhängigkeiten aus dem Wege zu räumen, von denen Weltpolitik, Weltwirtschaft und die kulturellen Beziehungen noch bestimmt sind.

Außenpolitik muß als Friedenspolitik auf gutes Einvernehmen mit allen Staaten, Regierungen und Systemen, wie sie gerade sind, bedacht sein. Entwicklungspolitik aber deckt Widersprüche auf.

Der Widerspruch, einerseits zur Erhaltung des Friedens mit allen Regierungen und Systemen kooperativ zusammenleben zu müssen, andererseits aber in der Realität des internationalen Klassenkampfes im eigenen langfristigen Interesse — ohne Geschrei aber mit Wirkung — zur Parteinahme gezwungen zu sein, schafft ein Spannungsfeld, das nicht verbal aufzuheben ist, sondern eine differenzierte Strategie und viel Information, Diskussion, Abstimmung und, wo um eigener Vorteile willen die Schwäche der armen Völker ausgenutzt wird, *Gegensteuerung* verlangt.

---

5 „Die Qualität des Lebens". Rede auf der 4. Internationalen Arbeitstagung der Industriegewerkschaft Metall am 11. 4. 1972 in Oberhausen. Manuskript. Engl. "The Quality of Life". DIE DRITTE WELT 1,3 (1972), S. 398–407.

Eine differenzierte Strategie wird die Industrialisierung in den Armutsgebieten fördern — notgedrungen auf dem jetzigen Stand unseres Wissens — sie aber gleichzeitig in den Industrieländern unter Kontrolle bringen müssen, um des ökologischen Gleichgewichts und gesamtgesellschaftlicher Prioritäten willen. Gelänge es, statt durch forciertes Wachstum die Erfüllung gesteigerter Konsumwünsche zu suchen, unsere intellektuellen, technischen und wirtschaftlichen Energien auf neue, auch technisch neue Lösungen für Probleme armer Massen anzusetzen, rechtzeitig die Umrisse einer „multiplikationsfähigen" technischen Zivilisation zu erarbeiten und wirksame Verfahren zu entwickeln, die Massen ohne zentralen Bürokratismus am Fortschritt und seiner Steuerung zu beteiligen, wäre vielleicht mehr geleistet als durch Verzehnfachung der konventionellen Entwicklungsprojekte[6].

Erfahrungsaustausch und Kooperation mit den gesellschaftlichen Schlüsselgruppen in aller Welt und die Erforschung der wirklichen, d.h. nicht schon unter dem Druck fremder Leitbilder entfremdeten Bedürfnisse der Menschen über ihr bloßes Überleben hinaus ist unerläßlich.

Die Gegenwarts- und Zukunftsprobleme der Entwicklungsländer, der Industrieländer und des internationalen Staatensystems kulminieren also in der letztlich *kulturellen* Fragestellung nach brauchbaren Normen und Mustern für das Zusammenleben auf einem enger gewordenen Stern. Das Egalitätsverlangen von eines Tages mehr als 7 Milliarden Menschen soll mit dem Anspruch einer Minderheit in den fortgeschrittenen Industriegesellschaften auf Wahrung und Vermehrung des Besitzstandes und größtmögliche individuelle Freiheit, mit der Erhaltung der kulturellen Identität der Völker, dem Respekt vor „Souveränität" der Staaten und der unerläßlichen Rücksicht auf die begrenzten physischen und biologischen Möglichkeiten des Erdballs in Einklang gebracht werden.

Der Preis an menschlichem Elend, der für die Unvereinbarkeit dieser Ansprüche von den jeweils Schwächeren zu zahlen ist, kann gemindert werden, wenn schrittweise und rechtzeitig Konsens über erforderliche Anpassungen und gegenseitige Rücksichten erzielt wird. Solcher Konsens wird politisch erstritten. Den Spielraum möglicher Konsensprozesse in Richtung auf humanitären Fortschritt ständig neu zu ermitteln und zu erweitern, ist vordringliche Aufgabe kultureller Zusammenarbeit. So kann sie, wie man heute zu sagen pflegt, Entwicklungspolitik „flankierend" unterstützen und korrigieren.

---

6 Vom Kompetenzstreit zur Kooperation. Entwicklung und Zusammenarbeit 5 (1972), S. 4—7.

Dazu sind die Chancen informeller Beziehungen unterhalb der Reizschwellen der etablierten Mächte auszuloten und zu nutzen, mit jenen Kräften der Entwicklungsländer Gespräche zur Sache, den Dialog außerhalb der Rituale und dem Erfolgszwang offizieller Verhandlungen zu führen, die in den Kontakten der Regierungen ihre Meinungen und ihre Stimme nicht zu Gehör bringen können.

Entwicklungspolitik verwirklicht sich nicht nur in Projekten, sondern gleichermaßen in der Einflußnahme auf die Politik der internationalen Organisationen. Entscheidende Fortschritte bei der Austragung der Konflikte und der Lösung der Aufgaben, die die wachsende internationale Abhängigkeit stellt, sind nur über die internationalen Organisationen möglich und zwar gerade in den scheinbar technokratischen Bereichen, die der politischen Aufmerksamkeit der Weltöffentlichkeit und dem ja nicht nur informierenden, sondern oft auch deformierenden Zwang, den aktuellen Schlagzeilenbedarf zu decken, weniger ausgesetzt sind. Auch für diese Arbeit kann ein „Radarsystem" von informellen „kulturellen" Kontakten und Beziehungen mit Wissenschaftlern, Planern, Autoren und Journalisten der Entwicklungsländer äußerst hilfreich sein.

Eine unter Klassenkampfbedingungen entstehende Weltgesellschaft stellt Individuen und Gruppen Identifikationsprobleme, zwischen Ansprüchen der Tradition, dem Zwang schmerzlicher Anpassung an widersprüchliche Realitäten, der Auseinandersetzung mit unmittelbar appellierenden und über Bedürfnislenkung, Reklame, Konsumchancen indirekt wirksamen Ideologien.

Kulturelle Zusammenarbeit hat eine Chance, losgelöst von zumeist materiellen entwicklungspolitischen Vordringlichkeiten im nicht nur bilateralen Austausch zwangsfreien kritischen Dialog herzustellen.

Chancen informeller Kommunikation, die wichtigste Voraussetzung allseitiger Lerneffekte können durch Nutzung der unterschiedlichen Ansatzmöglichkeiten von Entwicklungshilfe – in Projekten, die Teil einer am Bedürfnis der Partner orientierten Gesamtplanung sein sollen – und Kulturaustausch mit zumindest teilweise „zweckfreien" Veranstaltungen und Einrichtungen eher gedeihen als durch Reduktion von Kulturarbeit auf Bildungshilfe oder gar durch Einordnung von Bildungshilfe in auswärtige Kulturpolitik.

Als Aufgabe eines entwicklungspolitisch „zweckfreien" Kulturaustauschs sollte man auch die eher konservierende und transformierende Aktualisierung gefährdeter Kulturelemente nicht gering achten. Kultureller Austausch ist *gegenseitige* „Kulturhilfe", Kulturhilfe auch für uns, da eine Auseinandersetzung mit europäischen Kulturelementen in der 3. Welt immer auch ein

Test auf die Überlebensfähigkeit unserer kulturellen Tradition ist, auf ihre Brauchbarkeit in der Welt der sieben Milliarden.

Kulturarbeit dient somit entwicklungspolitischen Zielen vor allem bei Wahrnehmung ihrer ureigensten Aufgaben. Sie kann das nur dann, wenn sie sich weitgehend selbstverantwortlich und unabhängig von kurzfristig orientierten politischen Steuerungsimpulsen entfalten kann. Hauptaufgabe auswärtiger Kulturpolitik ist es, derartige kulturelle Zusammenarbeit zu fördern. Daneben kann und soll die praktische Hilfe für die Alltagsarbeit der Kräfte und Einrichtungen, die der Entwicklungspolitik dienen, selbstverständlich erleichtert und erheblich verstärkt werden.

Entwicklungspolitische Maßnahmen, beispielsweise Ausbildungsvorhaben, können das Beziehungsfeld für kulturelle Kontakte erweitern, Einrichtungen der Kulturarbeit andererseits entwicklungspolitischen Vorhaben als Stützpunkt dienen. Schon jetzt führen die Vorhaben der Entwicklungshilfe, die Freiwilligendienste, die Ausländerbetreuung im Inland Bevölkerungsschichten an internationale Aufgaben heran, die vom traditionellen Kulturaustausch kaum angesprochen werden. Vordringlich bleibt aber die Förderung des Dialogs über die entscheidenden Weltfragen, nicht um gegensätzliche Interessen wegzureden – aber um den Kampf um die Chance des kleinen gemeinsamen Nenners nicht aufzugeben. Der Versuch, traditionelle Einrichtungen, wie Auslandsschulen, durch bessere Einpassung in das Schulsystem der Gastländer oder durch polytechnische Ausbildung zu Entwicklungsprojekten „umzufunktionieren" und dadurch zu retten, bleibt allerdings zweifelhaft.

Gleichgewichtigkeit der Chancen kultureller Selbstdarstellung im Ausland ist für alle, nicht nur für die Industrieländer, wichtig. Nicht, daß europäische Kulturinstitute in Asien, Afrika und Lateinamerika neokolonialistische Überfremdung bewirken könnten sollte unsere Sorge sein, sondern daß es bei uns keine Kulturinstitute der fast einhundert Länder gibt, deren Botschaften sich teilweise in Bonn langweilen und nicht einmal einen größeren internationalen Club – für alle, nicht nur für Diplomaten in der Hauptstadt, der zwangloses, ungeplantes Treffen, sich verabreden, essen, lesen, Ausstellungen und Veranstaltungen ermöglicht.

Vielleicht könnte auch hier Entwicklungshilfe auswärtige Kulturarbeit der Dritten Welt in den Industrieländern aufbauen helfen, so wie sie längst Hilfe bei Exportförderung betreibt. Aufnahmefähig ist unsere kulturell überfütterte, aber doch auch ratlose jüngere Öffentlichkeit wohl für ein erweitertes Angebot. Allerdings müßte der „erweiterte Kulturbegriff" für Kulturinstitute der Dritten Welt in unseren Städten ebenso gelten wie für unsere Bemühungen draußen. Gegenwartsfragen sollten Vorrang haben; die Bereitschaft, Fragen zu stellen, und nicht nur Antworten geben zu wollen, weil Regierungen so schlecht zugeben können, daß sie mehr Fragen als Antworten haben, Mut, sich in „unsere Angelegenheiten" zu mischen, d. h. den Rahmen der einmischungsfähigen Angelegenheiten gemeinsam zu erweitern. Stellungnahmen in Wahlkämpfen sind nicht erforderlich – wohl aber Diskussionen etwa über die Frage, ob bei all der Not in der Welt die aufwendige Rettung Venedigs gerechtfertigt ist – ich bin leidenschaftlich dafür –; Gespräche über Gastarbeiterentwicklungen oder Gelegenheit zu erfahren, was Asiaten zur Zukunft der Lebensqualität meinen, – all das könnte den kulturellen Dialog und eine nicht auf Regierung und eigene kritische Gruppen begrenzte entwicklungspolitische Öffentlichkeitsarbeit im Inland erst beginnen lassen und deutlich machen, daß wir von ihnen, wie sie von uns soziale Phantasie, Alternativen zum Fortschrittsbegriff und Anstrengungen zur Lösung überall ähnlicher Probleme erwarten. Die Abwesenheit der mehrheitlich Betroffenen bei der Definition der Fragen, die auswärtige Kulturpolitik diskutieren und Entwicklungspolitik lösen will – oder vielmehr die Reduktion solcher Fragen auf Geldforderungen und Projektwünsche zu möglichst günstigen Bedingungen, macht entwicklungspolitische Planung oft so einseitig.

Auswärtige Kulturpolitik als „internationale Zusammenarbeit im kulturellen Bereich" ist denkbar nur als Chance für alle Nationen, nicht nur zu empfangen, sondern auch zu senden.

Könnte die Bundesrepublik nicht einige Modelle erproben? Je ein Zentrum für Indonesien, Ostafrika, Andenstaaten, Algerien unter Verantwortung der Partner, beraten von Leuten, die den „Markt" kennen, müßte ein lohnenswertes Experiment im Land der kirchlichen und profanen Diskussionsakademien sein.

Wir finden somit ausreichende Gründe für komplementäres, selbständiges aber koordiniertes Planen von Entwicklungspolitik und auswärtiger Kulturpolitik, die gemeinsam und je für sich – ihre eigentümlichen, auf langfristig kontinuierliche Ergebnisse angelegten Wirkungschancen gegen kurzfristige politische und wirtschaftliche Erfolgserwartungen durchsetzen müssen, die beide auf nur wenig innenpolitische Absicherung durch breite Wählerschichten rechnen können, beide wenig Echo finden bei den „Realisten" einer „reinen" Außenpolitik, die sich in Verhandlungen von Bevollmächtigten verwirklicht und in Verträgen niederschlägt, ohne daß den Realisten zumeist bewußt ist, welche Veränderungen in Gesellschaft und internationalen Beziehungen durch die selten eindeutig zurechenbare, eher nuancierte Wirksamkeit kultureller und sozialer Impulse zur Prämisse ihrer Verhandlungen wurden. Verständnis für Strategien des „indirect approach" war unsere Stärke nie.

II. Beschlüsse der Bundesregierung zum Verhältnis von auswärtiger Kulturpolitik und Entwicklungshilfe

Lange gab es keine Stellungnahme der Bundesregierung zur Abgrenzung oder Zuordnung von auswärtiger Kulturpolitik une Entwicklungspolitik. Lediglich das jährliche Gesetzeswerk des Bundeshaushalts vereinte Angaben zur Aufgabenstellung und Ausstattung beider Bereiche, aber ohne Bezug aufeinander.

Im Dezember 1970 erschienen die Leitsätze des Auswärtigen Amtes für die auswärtige Kulturpolitik. Am 11. 2. 1971 beschloß die Bundesregierung die entwicklungspolitische Konzeption für die Zweite Entwicklungsdekade und am 22. 12. 1971 verabschiedete das Bundeskabinett das „Grundsatzprogramm der Bildungs- und Wissenschaftshilfe".

Die beiden entwicklungspolitischen Beschlüsse wurden formell vom Kabinett verabschiedet und binden die Tätigkeit aller Ressorts. Sie binden sich auch ausdrücklich an Beschlüsse der Vereinten Nationen und deren Sonderorganisationen. Es fällt auf, daß die Leitsätze des AA, die ebenfalls vom Kabinett gebilligt wurden, zwar verstärkte multilaterale Beziehungen fordern und eine erweiterte Mitarbeit in der UNESCO, die auswärtige Kulturarbeit aber nicht an UN-Beschlüsse oder UNESCO-Programme binden.

Die Entwicklungshilfe wird so immer mehr Teil einer weltweiten Aktion, wogegen auswärtige Kulturpolitik sich zwar als internationale Zusammenarbeit im kulturellen Bereich versteht und sich, wie Entwicklungspolitik, langfristig an einer ständig zu überprüfenden Gesamtplanung ausrichtet, aber doch ausschließlich als Teil unserer Außenpolitik.

Die entwicklungspolitische Konzeption der Bundesrepublik formuliert: „Entwicklungspolitik fügt sich ... in die Gesamtpolitik der Bundesrepublik Deutschland und in das Geflecht ihrer auswärtigen Beziehungen ein", und im gleichen Absatz: „Sie taugt nicht als Instrument kurzfristiger außenpolitischer Erwägungen"[7].

Weiter unten heißt es dann: „Sie bedarf aber der Ergänzung durch Maßnahmen in anderen Bereichen der Politik. Als Teil der Gesamtpolitik der Bundesregierung muß sie daher mit anderen Zielsetzungen der Bundesregierung abgestimmt werden".

In den entwicklungspolitischen Beschlüssen wird, wie schon in einem Beschluß des Bundeskabinetts vom 26. 2. 1970 zum zweiten Entwicklungs-

---

7 Bundesministerium für wirtschaftliche Zusammenarbeit (Hrsg.): Die entwicklungspolitische Konzeption der Bundesrepublik Deutschland und die internationale Strategie für die zweite Entwicklungsdekade. Bonn 1971.

jahrzehnt, der enge Zusammenhang von wirtschaftlicher Entwicklung, sozialem Fortschritt und Entwicklung betont. Die kulturellen Aufgaben der Entwicklungshilfe: Erziehung, Bildung, Wissenschaft werden als integrierter Teil in die Entwicklungspolitik eingeordent. Das wird erneut im Grundsatzprogramm der Bildungs- und Wissenschaftshilfe deutlich:

„Die Bundesregierung wird ihre Zusammenarbeit mit den Entwicklungsländern in den Bereichen Bildung und Wissenschaft an den international und regional abgestimmten Zielvorstellungen für die Zweite Entwicklungsdekade orientieren."

„Nach den Erfahrungen der Ersten Entwicklungsdekade tragen Bildung und Wissenschaft nur dann entscheidend zur Verbesserung der Lebensbedingungen der Menschen in den Entwicklungsländern, zu sozialer Gerechtigkeit sowie zu kultureller und politischer Selbstbestimmung bei, wenn sie zur aktiven Beteiligung dieser Menschen am wirtschaftlichen und sozialen Fortschritt führen. Dies macht erforderlich, daß Wille und Fähigkeit zur Selbsthilfe, zur Innovation, zur sozialen Integration und zur politischen Beteiligung in breiten Bevölkerungsschichten aktiviert und auch in Bildung und Wissenschaft die dazu erforderlichen Voraussetzungen, vor allem durch gerechtere Verteilung der Sozialchancen, geschaffen werden.

Diesem Ziel soll künftig die gesamte Bildungs- und Wissenschaftshilfe dienen. Dieses Gebiet der Entwicklungspolitik umfaßt alle Förderungsmaßnahmen für die Entwicklungsländer zum Auf- und Ausbau der Infrastruktur für das Bildungswesen und für die Wissenschaft sowie für die Anwendung wissenschaftlicher und technischer Erkenntnisse. Dazu bedarf die Bildungs- und Wissenschaftshilfe auch der Ergänzung durch Maßnahmen in anderen Bereichen der deutschen Politik, insbesondere der Auswärtigen Kulturpolitik, der wissenschaftlich-technologischen Zusammenarbeit sowie der Bildungs- und Wissenschaftspolitik in der Bundesrepublik Deutschland."

„Für Art, Umfang, Instrumente und Bedingungen der öffentlichen Bildungs- und Wissenschaftshilfe sowie ihre Maßnahmen gelten die länderbezogenen Hilfeprogramme, die in Abstimmung mit den Entwicklungsländern festgelegt werden."

„Entwicklungsrelevante Maßnahmen und größere Vorhaben in den Bereichen der auswärtigen Kulturpolitik und der wissenschaftlich-technologischen Zusammenarbeit sollten mit den länderbezogenen Hilfeprogrammen abgestimmt sein. Ferner sollten die Voraussetzungen dafür geschaffen werden, daß die zeitlich begrenzten Maßnahmen der Bildungs- und Wissenschaftshilfe, sofern auch die betreffenden Entwicklungsländer hieran interessiert sind, im Rahmen der genannten Bereiche fortgesetzt und ergänzt werden können."

„Berücksichtigung entwicklungspolitischer Gesichtspunkte in der auswärtigen Kulturpolitik und bei der wissenschaftlich-technologischen Zusammenarbeit mit den Entwicklungsländern.

Die Zusammenarbeit mit den Entwicklungsländern in den Bereichen Bildung und Wissenschaft vollzieht sich im Rahmen der Entwicklungspolitik, der auswärtigen Kulturpolitik und, insbesondere mit einigen fortgeschrittenen Entwicklungsländern, auch im Rahmen der wissenschaftlich-technologischen Zusammenarbeit. Auswärtige Kulturpolitik und wissenschaftlich-technologische Zusammenarbeit sind ihrem Wesen nach weltweit; Bildungs- und Wissenschaftshilfe sind kein Ersatz für sie, sondern unbeschadet der Berührungspunkte mit ihnen eine spezifische Kooperationsform mit den Entwicklungsländern, welche auch die Möglichkeiten für einen gegenseitigen Austausch schafft oder erweitert.

Der Entwicklungsstand eines Landes und seines Bildungswesens beeinflußt die Entscheidung über die Art der Zusammenarbeit mit ihm.

Für die Entwicklungsländer kommt es auf eine möglichst große entwicklungspolitische Gesamtwirkung der deutschen Beiträge an. Dies liegt auch im deutschen Interesse. Im Verhältnis zu ihnen ist also eine enge Zusammenarbeit der beteiligten Ressorts unter möglichst weitgehender Berücksichtigung entwicklungspolitischer Gesichtspunkte notwendig, insbesondere in den Bereichen der auswärtigen Kulturpolitik und der wissenschaftlich-technologischen Zusammenarbeit.

Auswärtige Kulturpolitik berücksichtigt derartige Gesichtspunkte, indem sie ihre einzelnen Instrumente und Maßnahmen – Stipendienprogramme, Vermittlung und Austausch von Lehrpersonal, Sprachförderungsprogramme sowie die Funktionen der Goethe-Institute – an den Erfordernissen der Entwicklungsländer orientieren. Deutsche Auslandsschulen sollten sich verstärkt mit eigenen Initiativen an der Entwicklung angepaßter, den Landeserfordernissen entsprechender Lehrpläne und Unterrichtsmethoden sowie an der Lehrerfortbildung beteiligen. Auch ihre Erweiterung durch Aufnahme berufsorientierter Fächer wird unter entwicklungspolitischen Gesichtspunkten intensiviert werden."[8]

Demgegenüber findet sich in den „Leitsätzen für die auswärtige Kulturpolitik" die weniger programmatische als klagende Bemerkung: „Die Kooperation verläuft im allgemeinen zufriedenstellend, doch ergeben sich Rivali-

---

[8] Bundesministerium für wirtschaftliche Zusammenarbeit (Hrsg.): Materialien zur Entwicklungspolitik Nr. 23 (Januar 1972).

täten, die der sachlichen Arbeit schaden und eine Zersplitterung der außenpolitischen Wirkungen mit sich bringen"[9].

Es sei „notwendig, einen Ausgleich zwischen der Verantwortung des Auswärtigen Amtes für die auswärtigen Beziehungen und der Zuständigkeit der beteiligten Bundesministerien" zu finden. Von der „Wahrung der Koordinationsfunktion des Auswärtigen Amts" ist die Rede.

Auf dem Gebiet der Entwicklungshilfe bildet der Erlaß des Bundeskanzlers vom 23. 12. 1964 die Grundlage für die Zusammenarbeit zwischen dem Auswärtigen Amt und dem Bundesministerium für wirtschaftliche Zusammenarbeit. Danach sind die Grundsätze und das Programm der Entwicklungspolitik auch auf dem Gebiet der Bildungshilfe vom Bundesministerium für wirtschaftliche Zusammenarbeit und Auswärtigem Amt einvernehmlich zu erarbeiten. Entscheidungen über einzelne Bildungshilfemaßnahmen bedürfen der Zustimmung des Auswärtigen Amts; es hat hinsichtlich dieser Maßnahmen ein Vorschlagsrecht. Der Bundeskanzlererlaß vom 23. 12. 1964 stellt aber den in den Leitsätzen angeführten Regelungen noch folgende in den Leitsätzen nicht erwähnten Grundsätze voran: „Für die Grundsätze und das Programm der Entwicklungspolitik und somit auch der Bildungshilfe ist das Bundesministerium für wirtschaftliche Zusammenarbeit zuständig. Das Auswärtige Amt hat die Zuständigkeit für alle politischen Fragen." In einer Stellungnahme vom 23. 11. 1967 zum Beschluß des deutschen Bundestages vom 28. 6. 1967 Drucksache V/1863 wird die politische Zuständigkeit des AA als „außenpolitische Zuständigkeit" interpretiert und gesagt, daß damit die im Beschluß des Bundestages geforderte „wirksame Koordinierung kulturpolitischer Maßnahmen im Rahmen der Entwicklungshilfe" weitgehend erreicht sei.

Tatsächlich ist erreicht, daß Maßnahmen der Kulturpolitik in Entwicklungsländern sachlich über die Länderhilfeprogramme dem Gesamtkonzept der Entwicklungspolitik anzupassen sind, was nicht bedeutet, daß alle kulturellen Maßnahmen Teil der Entwicklungshilfe sein müssen.

Andererseits wird enge Kooperation, ja Einvernehmen der beteiligten Ressorts verlangt, wobei das Auswärtige Amt dafür sorgen muß, daß entwicklungspolitische Maßnahmen außenpolitische Belange nicht beeinträchtigen, was wiederum nicht bedeutet, daß Entwicklungshilfevorhaben nach außenpolitischen Kriterien optimiert werden müssen.

Kabinettsbeschlüsse sind zumeist Ergebnisse sorgfältig formulierter Kompromisse. Bei den etwas verwirrenden Verlautbarungen zur Abgrenzung und Zuordnung von Entwicklungspolitik und Außenpolitik ist zu berück-

---

9 Auswärtiges Amt (Hrsg.): Leitsätze für die auswärtige Kulturpolitik. Bonn 1970.

sichtigen, daß eine wachsende sachliche Übereinstimmung nicht die eifersüchtige Wahrung formaler Kompetenzen ausschließt. Entscheidend bleibt, daß nicht der Zugang zum Wandel in den Auffassungen über moderne Außenpolitik verbaut wird. Wenn „Verantwortung für die auswärtigen Beziehungen" überall so verstanden wird, daß Entwicklungspolitik, kulturelle Zusammenarbeit, Handelspolitik und „reine" Außenpolitik, d.h. Beziehungspflege zwischen Regierungen prinzipiell gleichrangig je nach Sacherfordernissen und unter Rücksicht auf die jeweiligen Eigengesetzlichkeiten (Langfristigkeit, Orientierung an „weltinnenpolitischen" Erfordernissen bei Entwicklungspolitik und auswärtiger Kulturpolitik) gehandhabt werden, werden Zuständigkeitsfragen bedeutungsloser.

Trotz durchaus brauchbarer Grundlagen für die Zusammenarbeit in den genannten Konzeptionen und Leitsätzen stehen sich in der Praxis des politischen und administrativen Alltags bei aller Bereitschaft zu pragmatischer Kooperation durchaus unterschiedliche Grundauffassungen über politische Prioritäten gegenüber. Hier der Wunsch nach Optimierung der „außenpolitischen Gesamtwirkung" und der Anspruch auf den Vorrang der „nationalen Interessen" im Konfliktfall, dort die Überzeugung, daß angesichts der globalen Interdependenzen gerade dem Wohl des eigenen Volkes — worauf Politiker und Beamte vereidigt sind — längerfristig nur gedient ist, wenn einige nur global zu lösende Aufgaben auch global angepackt werden; auch in unmittelbarer, nicht durch souveräne Staaten vermittelten und kanalisierten Loyalität gegenüber den leidenden Menschenmassen auf einem geschundenen Erdball. Um dahin zu gelangen, muß man aber über traditionell juristisches Denken hinaus den Mut haben, noch nicht kodifizierten Bindungen vorausschauend Loyalität zu zollen und der Menschheit zu geben, was noch des Kaisers ist und eigentlich nicht freiwillig hergegeben werden darf.

III. Die Zusammenarbeit in der täglichen Praxis

Es gibt weder die vielbefürchteten Überschneidungen noch aufwendige Doppelarbeit bei Regierungsstellen und Organisationen der auswärtigen Kulturarbeit und Entwicklungshilfe. Für den Außenstehenden verwirrend, hat sich in der Praxis tatsächlich eine brauchbare Arbeitsteilung eingespielt, um die uns manche befreundeten Industrieländer beneiden.

Allerdings sind die wirkungssteigernden Möglichkeiten engerer Abstimmung und Zusammenarbeit noch nicht voll genutzt. Man kommt sich nicht ins Gehege und beteiligt formal, wer nach den Vorschriften zu beteiligen ist.

Es gibt Bereiche ausgezeichneter persönlich enger und sachlich pragmatischer Zusammenarbeit in einigen Arbeitsbereichen.

Man muß aber verstehen, daß die neuen Konzeptionen und Leitsätze von eingefahrenen und überlasteten Apparaten zu realisieren sind, die mit den Merkmalen einer neueren Erfordernissen nur schwer anzupassenden traditionsreichen öffentlichen Verwaltung behaftet sind.

Viel Geld muß jeweils bis zum Jahresende von zu wenigen Leuten nach Regeln ausgegeben werden, die nicht für Operationen entwickelt wurden, die in den Innenverhältnissen fremder Völker, Staaten und Kulturen Veränderungen – und sei es der Einstellung zu Deutschland – bewirken sollen. Schon das theoretische Verständnis der politökonomischen und soziokulturellen Bedingungen dieser Operationen – erarbeitet in wachsenden Bibliotheken von Fachliteratur, überfordert Politiker und Administration. Zusammenarbeit mit einer zumeist verwaltungsfremden Wissenschaft hilft nur partiell weiter.

Trotzdem hat sich mehr an Zusammenarbeit eingespielt, als manche Klagen vermuten lassen, andernfalls würden die Referenten mit der täglichen Arbeit nicht fertig.

Einige mehr strukturelle Schwierigkeiten seien kurz erwähnt: Die auswärtige Kulturpolitik wird in einem traditionsreichen, großen Ministerium administriert. Die Überlastung mit akuten und daher vordringlichen Aufgaben läßt der politischen Spitze wenig Zeit, sich um die Sorgen eines nur langfristig wirksamen Aufgabenbereiches zu kümmern, der in der öffentlichen Meinung bei den Wählern wenig „einbringt". Im Zeitbudget aller Außenminister hat die auswärtige Kulturpolitik kaum Platz. Für Entwicklungspolitik, auch für die internationale technologische Zusammenarbeit ist die handelspolitische Abteilung zuständig, die politisch handfestere Interessen verwaltet. Wer die Verwaltung kennt, weiß, daß Informationsfluß und Koordinierung zwischen Einheiten in einem Ministerium nicht weniger schwierig sein kann als zwischen Ressorts, und Zuständigkeitswahrung ebenso hartnäckig wie im interministeriellen Spiel, wobei allgemeine Überlastung Mitursache und Ergebnis zugleich ist.

Das kleinere Bundesministerium für wirtschaftliche Zusammenarbeit hat die Vorteile kürzerer Innenwege, hat nur einen beamteten Staatssekretär, war als Neuling unter den Ressorts in besonderem Maße gezwungen, sich durch überzeugende Neuerungen, durch Beweglichkeit und „Vorwärtsstrategie" zu behaupten und deutlich zu machen, daß Entwicklungspolitik als Gesamtkonzept für wirtschaftliche, technische, soziale und kulturelle Maßnahmen mehr ist als nur Teil der Außenpolitik: eine strategisch eigenständige globale Aktion und daher berechtigt, im Kabinett durch einen eigenen Minister vertreten zu sein. Auch im BMZ waren die vorwiegend verwaltungsjuristisch und fachlich-technisch orientierten Kräfte ebenso schwer an die kulturellen Implikationen des Entwicklungsprozesses und die besonderen Anforderungen behutsamen Umgangs mit kulturellen Tatbeständen und Organisationen zu gewöhnen wie anderswo. Vor allem durch die Planung länderbezogener Programme ist der Druck auf eine primär an den Gesamtbedürfnissen des jeweiligen Entwicklungslandes ausgerichtete und nicht nur organisatorisch motivierte Integration stark. Außerdem sind die Kontakte zwischen Bürokratie und politischer Leitung in einem kleineren Haus leichter herzustellen. Der politischen Leitung sind die Aufgaben im kulturellen, gesellschaftspolitischen und sozialen Bereich auch für ihre „innenpolitische Absicherung" und Profilierung ebenso nützlich wie Kapitalhilfe und Technische Hilfe, welch letztere ja auch erhebliche sozio-kulturelle Komponenten haben.

Bei der Erarbeitung der die Sektoren Wirtschaft, Technik, Soziales, Bildung, Kultur integrierenden Länderprogramme wird das Auswärtige Amt durch die handelspolitische Abteilung vertreten. Diese ist beispielsweise auch für die Angelegenheiten des Deutschen Entwicklungsdienstes zuständig und für alle Ausbildungsfragen, wogegen Hochschulstipendien, Erwachsenenbildung, Sport und Gesellschaftspolitik zur Kulturabteilung gehören. Diese Aufsplitterung setzt sich bis in die deutschen Auslandsvertretungen in den Entwicklungsländern fort.

Ob die Einrichtung einer sektoral stärker integrierten „Überseeabteilung" im Auswärtigen Amt die Wege der Zusammenarbeit vereinfacht, bleibt abzuwarten. Zwischen den Leitungen der Kulturabteilung und den zuständigen Abteilungen im BMZ finden regelmäßige Besprechungen statt, die sich dann aber wieder nur mit Koordinierungsfragen zur auswärtigen *Kultur*politik befassen. Für spezielle Aufgaben — Zusammenarbeit mit den Goethe-Instituten und auf dem Gebiet des Sports — sind eigene interministerielle Arbeitsgruppen gebildet. Nicht unerwähnt soll bleiben, daß stärker noch als die Mittel für Entwicklungshilfe insgesamt, die Ansätze für den Wissenschafts- und Bildungsbereich im Einzelplan 23 des Bundeshaushalts (BMZ) jährlich steigen (11 zu 18 %). Die Bundesregierung hat sich international entsprechend festgelegt. Demgegenüber sind die Ansätze für den Kultur- und Schulfonds des Auswärtigen Amtes über Jahre hinaus kaum gestiegen, was bei den weltweiten Kostensteigerungen praktisch Rückgang bedeutet.

Einerseits wird bei kostspieligen Wünschen der Entwicklungsländer nach entwicklungspolitisch nicht vordringlichen, aber außenpolitisch interessanten Projekten — beispielsweise hochmodernen Sportstadien im Jahr der Münchener Olympischen Spiele — um die Bereitstellung von Mitteln der Entwicklungshilfefonds gebeten, andererseits zeigt sich eine verständliche Vorsicht gegenüber den Mitteln des BMZ-Etats, wenn sie für eine bessere, entwicklungspolitisch einwandfrei begründete finanzielle und personelle Ausstattung etwa der deutschen Kulturinstitute in der Dritten Welt angeboten werden. Man möchte sich den bestimmenden Einfluß auf die „Mittlerorganisationen" der auswärtigen Kulturpolitik nicht abkaufen lassen.

Nebenbei war es lange stillschweigende Übereinkunft, den Begriff „Kultur" in der Entwicklungspolitik möglichst zu vermeiden und eher von Wissenschaft, Bildung und konkreten Maßnahmen zu sprechen, da das Wort „Kultur" eine Zuständigkeitsvermutung für die Kulturabteilung des AA begünstigte. Große Bürokratien neigen dazu, ihre Aufgaben schon aus dem Klarheits- und Spezifikationsverlangen des Haushaltsrechts nach oft recht äußerlichen und daher auch für sachlich unbeteiligte, aber finanziell mitverantwortliche Stellen verständliche Kriterien in klar unterscheidbare Bereiche aufzuteilen. Der geplagte Referent, der die hohen Ziele der politischen Manifeste in nachweisfähige konkrete Vorhaben umsetzen soll, verfügt lieber unumschränkt über ein kleines Feld ausschließlich ihm zugewiesener abgegrenzter Projekte, als daß er an einem größeren Bereich von „Gemeinschaftsvorhaben" mitwirkt. Das „Kästchendenken" ist ein Reflex auf Orientierungsschwierigkeiten des administrativen Managements gegenüber schnell wachsender Komplexität der Kultur- und Entwicklungsaufgaben, die ja nicht weniger als die ganze Welt, alle Menschen in allen Sprachen, Kulturen, sozialen Situationen und politischen Systemen umfassen und alle Fachdimensionen einer hochdifferenzierten wissenschaftlich-technischen Zivilisation dazu.

Für die administrative Problematik einer wirksamen Synchronisation von inter-nationaler Kulturarbeit und Entwicklungspolitik interessieren sich nur wenige Politiker. Vielleicht bringt die Enquête-Kommission des Bundestages neue Gedanken und hoffentlich widersteht sie Versuchen, zusätzliche technokratische Koordinierungsapparate zu empfehlen.

Die Umwandlung der traditionellen Ministerialverwaltung in ein planungsfähiges Management für öffentliche Steuerungs- und Innovationsaufgaben in einer zugleich weiter und enger gewordenen Welt wird eine Hauptbeschäftigung der Regierungen und Parlamente der nächsten Jahrzehnte sein müssen, wenn anders eine demokratisch legitimierte und kontrollierte Politik nicht mit dem Rücken an der Wand nur noch Krisenreaktion sein will.

Heute gilt noch, was Kanzleramtsminister EHMKE am 26. 11. 71 in Freiburg sagte:

„Die staatliche Verwaltung — auch die Ministerialverwaltung — sieht ihre Aufgabe traditionell in erster Linie darin, sogenannte vorgegebene politische Ziele in Rechtsnormen umzusetzen und diese verwaltungsmäßig durchzuführen. Sie ist weder personell noch organisatorisch darauf eingerichtet, planvoll an der Aufstellung eines Konzepts politischer Zielsetzungen und

Handlungsprogramme mitzuwirken. Die herkömmliche Ausbildung, die herkömmliche Organisations- und Motivationsstruktur stehen der Planung eher entgegen."

„Mit der herkömmlichen Organisationsstruktur hängt die Motivationsstruktur des öffentlichen Dienstes eng zusammen. Der klassische Referent eines Ministeriums pflegt ein vorzüglicher Sachkenner der in seine Zuständigkeit fallenden Materie zu sein. Sein Denken ist sachlich-konkret, politisch-pragmatisch, im übrigen stets zuständigkeitsorientiert. Sein Handeln ist auf die Wahrung von Kompetenzen und die Erledigung von Vorgängen gerichtet. Dafür wird er auch befördert. Dieses System setzt Prämien eher auf Durchsetzung der eigenen Sache als auf Kooperation"[10].

Erfreulicherweise überspielt eine zunehmende Zahl sachlich stark engagierter Mitarbeiter das so gekennzeichnete System. Daß die Gewichtigkeit und die Faszination der Aufgabe die erforderliche geradezu „systemsprengende" Kooperation zustande bringt, bleibt zu hoffen.

Anschrift des Verfassers
Min. Dir. Winfried Böll
5062 Hoffnungsthal
Volbergerstr. 9

---

10 Horst Ehmke: Vortrag vor der Universität Freiburg 26. 11. 1971. Manuskript.

Anmerkungen zur Öffentlichkeitsarbeit eines Ministeriums*

von Dieter Danckwortt, Bonn

Es gibt wohl derzeit kein Bundesministerium, in dem die Öffentlichkeitsarbeit von einem so jungen und einfallsreichen Team und unter einem für diese Aufgabe so aufgeschlossenen Minister betrieben wird, wie im Bundesministerium für wirtschaftliche Zusammenarbeit. Minister Eppler ist sich bewußt: „Die Entwicklungspolitik eines Landes spiegelt heute ziemlich exakt seinen Bewußtseinszustand." Und: „Keine Regierung kann mehr tun, als die öffentliche Meinung zuläßt." Aber angesichts der Vielzahl guter Einsichten und guter Ansätze – man denke nur an den Presse-Spiegel oder die Schulbuchanalyse – befällt den Beobachter und wohl auch manchen Mitarbeiter ein Gefühl der Verwirrung und Resignation. Je tiefer man in die sogenannte öffentliche Meinung eindringt, desto schwieriger und fast unlösbar erscheint die Aufgabe. Da steht fast alles gegen einen: Die mangelnde Schulbildung in bezug auf die Kenntnis der Länder außerhalb Europas und der heutigen Weltpolitik; das provinzielle und nationalegoistische Denken, die Vorurteile gegenüber anderen Rassen, das Desinteresse der Führungsgruppen, das Fehlen interessierter Redakteure.

Was können da schon einige Beamte und Angestellte selbst beim besten Bemühen ausrichten? Damit, daß sie ihren Minister „gut verkaufen", sind die oben beschriebenen Probleme nicht gelöst. Auch nicht dadurch, daß die Arbeit des einzelnen Ministeriums erklärt und verständlich gemacht wird. Denn das Bild der Entwicklungsprobleme in Übersee und des weltweiten Krebsschadens neokolonialer Finanz- und Wirtschaftspolitik läßt sich nicht isoliert durch den Blickwinkel eines einzelnen Geschäftsbereichs der Verwaltung betrachten, es gehört ein gesamtpolitisches Verständnis dazu. Die fehlende Veränderung der Einstellungen und Verhaltensweisen gegenüber den Entwicklungsländern ist ein Teilproblem einer allgemeinen Misere der politischen Bildung im deutschen Erziehungswesen. Die politische Bildung innerhalb und außerhalb des Schulwesens ist eine so enorme Aufgabe, daß darin die kleinen, punktuellen Ansätze der Öffentlichkeitsarbeit eines Ministeriums untergehen, es sei denn, sie sind planmäßig in einen Verbund der Reformansätze eingebettet und mit den potenten Partnern des Bildungswesens sind mittel- und langfristige Vereinbarungen zu diesem Zweck getroffen. Weder

---

* Entnommen aus „epd Entwicklungspolitik" Nr. 8/1972, S. 24–26, mit freundlicher Genehmigung des Verlages.

inhaltlich noch organisatorisch läßt sich heute noch Öffentlichkeitsarbeit aus der Sicht eines einzelnen Ministeriums betreiben.

Welches sind aber nun die geeigneten Gesprächspartner für die Planung einer solchen integrierten Bildungsarbeit? Es sind sicherlich nicht die sogenannten linken Aktionsgruppen in den Kirchen und in der Studentenschaft, obwohl diese das Verdienst haben, durch ihre Provokationen und ihr kritisches Fragen die inhaltliche Diskussion erst in Gang gebracht zu haben. Aber sie stehen ständig in der Gefahr, dogmatisch verbittert zu werden und damit die Kommunikation mit dem „Normalverbraucher" unmöglich zu machen. Auch sind Aktionsgruppen organisatorisch zu schwach, um mittelfristige Aufgaben mittragen zu können, von langfristigen Bildungsprogrammen ganz zu schweigen. Meiner Ansicht nach läßt sich die Öffentlichkeit auf Dauer nur überzeugen, wenn ihr gute politische Programme angeboten werden und wenn diesen entsprechend gute Gesetzgebungs- und Verwaltungsarbeit geleistet wird. Deshalb sind Abgeordnete und leitende Beamte vor allem in den Bereichen der Außen- und Wirtschaftspolitik die erste und wichtigste Zielgruppe. Der zweite Kreis, in dem vordringlich Partner gesucht und herangebildet werden müssen, ist der der Massenmedien, vor allem des Fernsehens. Und der dritte ist jener, in dem die Lehr- und Leitungskräfte des Bildungswesens herangebildet werden, Jugendleiterschulen, Pädagogische Hochschulen und ähnliche Einrichtungen. Diese drei Kreise zusammen erst ergeben die nötige Einwirkung auf die Öffentlichkeit, sie sind von gleicher Wichtigkeit und bedingen einander. Auf sie sollten sich alle Mittel und Kräfte konzentrieren. Der hier angesprochene Personenkreis von Politikern, Beamten, Redakteuren und Dozenten ist nicht sehr groß. Wenn man die wirklich Interessierten und Einflußreichen herausfindet, so werden es nicht mehr als einige hundert sein. Diese aber sollten echte Mitarbeiter werden und gezielt und großzügig in ihren Programmen und Wirkungsmöglichkeiten unterstützt werden. Die Breitenarbeit für Tausende von Schulen und Jugendgruppen, um nur einen Ausschnitt zu nennen, sollte das Ministerium den Einrichtungen überlassen, die dafür geschaffen sind und diesen Anregungen und Beratungen vermitteln, nicht aber selber als Akteur auftreten.

Eine solche Konzentration auf bestimmte Zielgruppen setzt allerdings zwei Arten von Analysen voraus, da mit diesen Gruppen – im Gegensatz zur breit angelegten Öffentlichkeitsarbeit – ja gezielt verhandelt und gehandelt werden soll. Zuerst müssen die Interessen und Arbeitsbedingungen der betreffenden Gruppen, zum Beispiel der Dozenten an Jugendleiterschulen, erkundet werden, um sie zu einer Mitarbeit zu gewinnen und sie so anzusprechen, daß sie motiviert werden. Danach muß gemeinsam mit ihnen erkundet werden, was sie als Multiplikatoren leisten können, welches ihre Bezugsgruppen, ihre Hörer oder Mitarbeiter sind und wie sie sich in der Vermittlung von Kenntnissen und Verhaltensweisen auf diese einstellen können. Ein Politiker wird für die Gespräche mit seinen Parteikollegen ganz anderes Material benötigen als ein Zeitungsredakteur oder ein Hochschuldozent. Das Ministerium hat zwar einen beachtlichen Forschungsetat, aber von Untersuchungen dieser Art ist bisher wenig bekannt.

So unterschiedlich die Arbeit in den drei Kreisen der Politik, der Massenmedien und der Pädagogik sein wird, so sehr ist doch auch hier eine inhaltliche Konzentration nötig, denn wenn man das ganze Panorama der Entwicklung aufrollt, so sind alle Fachgebiete davon betroffen. Wo bei begrenzten Mitteln also ansetzen? Ich schlage vor, sich auf drei Aufgaben zu beschränken: Das erste Ziel sollte darin bestehen, das eigene Interesse an der Entwicklung in der „Dritten Welt" so konkret wie möglich aufzuzeigen, was natürlich eine Erkenntnis der eigenen Lage voraussetzt. Danach sollte das Ziel kommen, das Vertrauen in den Partner draußen zu stärken, und drittens muß bewiesen werden, daß die Zusammenarbeit mit Entwicklungsländern auch Erfolge zeitigt. Das mag naiv klingen, aber ich bin davon übergezeugt, daß die drei Hauptschwierigkeiten darin bestehen, daß wir uns nicht betroffen fühlen, daß wir glauben, keine verläßlichen Partner zu haben und schließlich auch noch vergeblich zu arbeiten. Wenn sich die angebotenen Informationen auf diese drei Ziele ausrichten, so muß man dabei bedenken, daß Abgeordnete, Redakteure oder Dozenten bessere Schulkenntnisse aufweisen als der Durchschnitt der Bevölkerung, daß sie aber meist die gleichen Vorurteile besitzen und außerdem wegen des Informationsüberangebots in diesen Berufen schwierig anzusprechen sind. Das Vorgehen muß also sehr „personalintensiv" sein, Einzelgespräche und Kleingruppenarbeit werden an die Stelle von Massenwurfsendungen treten. Die unpersönliche Art der Materiallieferung, die pauschale Begriffswelt, mit der bisher gearbeitet wurde, alles das darf nun nicht mehr stattfinden. Auch muß zügiger und unbürokratischer gearbeitet werden, denn ein bestellter Film, ein Vortragsdienst, eine Literaturzusammenstellung, eine kleine Ausstellung, alles das muß in wenigen Stunden oder Tagen griffbereit sein. Für eine solche Art der Öffentlichkeitsarbeit in drei Zielgruppen und mit drei inhaltlichen Schwerpunkten braucht eine Behörde deshalb einen funktionierenden Apparat. Es braucht hier nicht aufgezählt zu werden, welche Institutionen dafür geeignet wären. Eine Reihe arbeiten ja bereits mit Geldern des Ministeriums. Sie zu einer schlagkräftigen Arbeitsgruppe zusammenzufassen und an der Planung zu beteiligen, auch hier zu konzentrieren und die Aufgaben neu zu verteilen, das alles steht noch aus.

In England hat ein dortiger Entwicklungsdienst jetzt begonnen, Dozenten aus Übersee für die Öffentlichkeits- und Bildungsarbeit zu sich nach Hause einzuladen. Warum sollten wir nicht einen Teil unserer Gelder für Öffentlichkeitsarbeit für einen solchen „umgekehrten Entwicklungsdienst" anlegen, für einige Gastdozenten an Pädagogischen Hochschulen, einige Fernsehregisseure, einige Vortragende für die Akademien der politischen Parteien. Auch unter den bei uns zur Ausbildung befindlichen Studenten und Praktikanten mag es geeignete Mitarbeiter geben. Die für das Ministerium in der Öffentlichkeitsarbeit tätigen Institutionen sollten diesen Weg einer Internationalisierung ihrer Mitarbeiterschaft stärker einschlagen als bisher. Wahrscheinlich müssen wir alle mehr Partnerschaft praktizieren, um selbst von deren Nutzen überzeugt zu sein.

Anschrift des Verfassers
Dr. Dieter Danckwortt
Deutsche Stiftung für Entwicklungsländer
5300 – Bonn
Simrockstr. 1

Mit Goethe durch die Jahre?

Reform der auswärtigen Kulturpolitik – Goethe-Institut im Umbruch

von Lothar Romain, Baden-Baden

Zunächst einige Schlagwörter zum Thema: ,,Erweiterung des Kulturbegriffs", ,,Weltoffenheit und Verständigung", ,,Information, Austausch, Zusammenarbeit", ,,Gesamtplanung", ,,Regionalisierung", ,,Betreuung und Nachbetreuung", ,,Ausbildung" usw.

Die Zusammenstellung ist nicht willkürlich, sondern eine Auswahl aus Stichwörtern, unter denen das Auswärtige Amt im Dezember 1970 seine ,,Leitsätze für die auswärtige Kulturpolitik" veröffentlichte – Leitsätze, die im März 1971 dann auch Eingang fanden in dem ,,Bericht der Kommission für die Reform des Auswärtigen Dienstes" und dort noch weiter erläutert wurden. Vorsitzender dieser Kommission aus Parlamentariern, Wissenschaftlern und hohen Beamten war Hans von Herwarth, Staatssekretär a.D. und seit Juli 1971 neuer Präsident des ,,Goethe-Instituts zur Pflege deutscher Sprache und Kultur im Ausland e.V.". Seit mehr als einem halben Jahr ist dem Staatssekretär a.D. Hans von Herwarth, mit vollem Namen Hans Herwarth von Bittenfeld, mehr als manchem anderen die Möglichkeit gegeben, quasi ,,vor Ort" die Praktikabilität zumindest der Kommissionsvorschläge zur auswärtigen Kulturpolitik zu beobachten; denn das als Verein eingetragene Institut gehört zu den größten, aber auch immer wieder kritisierten Mittlerorganisationen in der auswärtigen Kulturpolitik. Dazu zählt man eine Reihe von Organisationen, die wie das Goethe-Institut oder auch Inter Nationes im Auftrag und innerhalb der Richtlinien des Auswärtigen Amtes in der Kulturpolitik tätig sind, ohne dem Ministerium direkt anzugehören. So ist das Goethe-Institut durch einen im Sommer 1969 mit dem Auswärtigen Amt geschlossenen Vertrag zwar an die politischen Leitlinien des AA gebunden, kann aber innerhalb dieser seine Aufgaben in eigener Verantwortung durchführen.

,,Als die Bundesrepublik sich in den 50er Jahren anschickte, eine auswärtige Kulturpolitik zu beginnen", so heißt es in dem bereits erwähnten Kommissionsbericht, ,,gab es bereits eine Vielzahl von Organisationen, die schon seit Jahrzehnten in der Auslandskulturarbeit tätig waren. Das Auswärtige Amt entschloß sich, die Transformation der kulturpolitischen Konzeption in die Wirklichkeit diesen Organisationen teilweise zu übertragen"[1]. Nun war nicht der Respekt vor der Erfahrung dieser Organisationen der Grund, warum sich das Auswärtige Amt auf einem so klassischen Feld seiner Kompetenzen mit den „Nichtministeriellen" akkordierte, sondern man hoffte zugleich, durch den halbprivaten Status dieser Organisationen von dem politischen Charakter auswärtiger Kulturarbeit ablenken zu können. Immerhin war zur damaligen Zeit die Kombination „deutsch" und „Politik" zu belastet. Und gerade die auswärtige Kulturarbeit sollte mithelfen, das Bild von den Deutschen zu retuschieren und schließlich wieder zu wandeln. Unter diesen Belastungen begann eine auswärtige Kulturarbeit, die bestrebt war, auf die geistigen und künstlerischen Leistungen eines Deutschlands vor und natürlich auch nach der Nazizeit aufmerksam zu machen und für die das Schlagwort der Selbstdarstellung gefunden wurde.

Daß gerade dieses Wort im Zuge der Mitte der sechziger Jahre langsam einsetzenden Reform auch der auswärtigen Kulturpolitik in Mißkredit geriet, ist nicht in jedem Fall den Organisationen anzulasten, die solche „Selbstdarstellung" im Auftrag betreiben, sondern wohl eher noch der Politik und Bürokratie, die die Veränderung auch auf dem Sektor der auswärtigen Kulturtätigkeit lange nicht begriffen und die Trennung von Kultur und Politik noch künstlich aufrecht hielten. So vereinbarte das Auswärtige Amt in seinem Vertrag mit dem Goethe-Institut noch, daß die Instituts-Zweigstellen im Ausland „grundsätzlich nicht mit Aufgaben der politischen Öffentlichkeitsarbeit befaßt werden. Ebenso (seien) die Räume der Zweigstellen für solche Arbeit grundsätzlich nicht zu benutzen"[2]. Erst heute erkennt die Reformkommission, wie widersprüchlich solche Festlegungen zu dem neuen Generalauftrag der auswärtigen Kulturpolitik sind, der insbesondere Wert auf die Bildungshilfe und den kulturellen Austausch zwischen den Staaten und Gesellschaften legt. Jetzt also legt die Kommission Wert darauf, daß solche Festlegung nur „dahin interpretiert werden darf, daß die Goethe-Institute nicht mit politischem Stoff überladen werden dürfen". Denn „ein entspannteres Verhältnis zwischen Kultur und politischer Information, das den jeweiligen örtlichen Gegebenheiten Rechnung trägt, ist notwendig"[3].

„Goethe-Institut zur Pflege der deutschen Sprache und Kultur im Ausland e.V.": den Referenten in der Goethezentrale am Münchener Lenbachplatz – und nicht nur ihnen, sondern auch zahlreichen Dozenten – läuft

---

1 Bericht der Kommission für die Reform des Auswärtigen Dienstes. Bonn, März 1971, S. 47.
2 Ebda. S. 46.
3 Ebda. S. 46.

angesichts dieses Namens ein Schauer über den Rücken; denn es ist nicht leicht, mit diesem Etikett der Vergangenheit zu leben, das bis heute die unglückliche Ausgangsstruktur des Goethe-Instituts laut hinausposaunt und sich wie ein großes Hindernis vor allem einzelnen und allgemeinen Reformwillen aufbaut. Der Name war ursprünglich als Programm gedacht und bestimmte lange Zeit auch das, was man unter „Pflege der deutschen Sprache und Kultur" verstand. Und das hieß: Die Begegnung mit anderen Völkern findet vor allem über die Sprache statt, womit man getreu dem Konzept der Selbstdarstellung insbesondere die deutsche meinte. Daraus folgte: Grundlage der Goethearbeit ist der deutsche Sprachunterricht. Je mehr Deutschschüler in aller Welt, desto größer ist der Erfolg unserer Arbeit. Erst in den letzten Jahren erkannte man, daß hier eine falsche Voraussetzung zu falschen Parolen führte; denn nicht überall waren Deutschunterricht und viele Deutschschüler von Gewinn, vor allem nicht in den Entwicklungsländern, in denen neben der Landessprache einsichtigerweise zunächst einmal Englisch bzw. Französisch gelehrt wird, zu dem Deutsch in eine meist sinnlose, weil für die dortige Bevölkerung auch nutzlose Konkurrenz tritt. Solche Konkurrenz kann nach Ansicht des Goetheinspekteurs Joachim WENO sogar gefährlich werden, weil man bei Sprachschülern von anderen Motivationen als denen der Kulturinstituts-Besucher ausgehen muß. Sie engagieren sich über längere Zeit wesentlich intensiver, so daß auch ihre Enttäuschung größer ist, wenn sie schließlich keinen Nutzeffekt sehen. „Sprachunterricht", sagt Joachim WENO in einem Gespräch, „verlangt Engagement"[4]. Doch wo soll in den Entwicklungsländern schließlich mit deutschen Sprachkenntnissen sich der Erfolg einstellen?

Die Alternative: nicht künstlich noch weitere Bedürfnisse nach Deutschunterricht in den Entwicklungsländern schaffen und sich vornehmlich im Sprachunterricht auf die Gebiete konzentrieren, wo Deutsch als Fremdsprache schon eingeführt ist und wo erhebliche Bedürfnisse nach Sprachunterricht durch die Goethe-Institute bestehen. Und das gilt vor allem für die Gebiete, wo Englisch und Französisch als Fremdsprachenkonkurrenz fortfallen, insbesondere für die USA. Hier könnte eine Kräftekonzentration von Goethe-Dozenten eine wirkungsvolle Expansion der Spracharbeit betreiben, ohne im Endeffekt lediglich ideologischen Maximen von einem generellen Kulturexport per Sprache erlegen zu sein. Das klingt einleuchtend, wird auch von Fachleuten bestätigt, doch die Erkenntnis führt noch nicht automatisch zur Reform. Kritiker des Instituts, die die bisherige Praxis mit Recht

---

[4] Wörtliche Zitate aus Unterhaltungen mit Mitarbeitern der Goethe-Zentrale entstammen einem zweitägigen Informationsbesuch in München vom Februar 1972.

ankreiden, übersehen die politischen Realitäten, die man geschaffen hat, als man jedem auswärtigen Kulturinstitut auch ein Sprachinstitut zugesellte bzw. umgekehrt Pioniergeist meist per Sprachinstitut entwickelte. Heute die einmal aufgebauten Institutionen des Sprachunterrichts radikal abbauen, wäre ein Politikum, das zu ernstlichen Belastungen mit vielen Entwicklungsländern führen könnte; denn deren Regierungen sehen solche Institute mehr unter dem Gesichtspunkt des Prestiges als dem des Effekts deutscher auswärtiger Kulturpolitik. Außerdem sieht man den angeblich unpolitischen Sprachunterricht zunächst lieber als die inzwischen wesentlich politischere Arbeit vieler Kulturinstitute, von deren emanzipatorischem Charakter manche dünne Oberschicht sich nichts Gutes für ihre Privilegien verspricht. Man wird also trotz besserer Einsicht noch eine Zeit mit den falschen Mitteln leben müssen.

Ob sich allerdings die Kritik am Goetheinstitut deshalb nur auf die Vergangenheit beziehen darf, ist immerhin fraglich; denn es ist sehr zu bezweifeln, daß der schon merklich verbürokratisierte Apparat der Zentrale die grundsätzliche notwendige Korrektur schon vorbehaltlos akzeptiert hat und in seine zukünftigen Planungen entsprechend aufnimmt. Nur zaghaft sind die Ansätze spürbar, an einen neuralgischen Punkt des Goeteh-Instituts heranzugehen – und der heißt Personal und Ausbildung des Personals. Noch immer werden die Goethe-Dozenten mit Betonung auf Sprachunterricht ausgebildet, während sich in der Reformkonzeption der auswärtigen Kulturpolitik doch die übrige Kulturarbeit mit Betonung auf Information im Rahmen der Industriestaaten und auf Bildungs- bzw. Emanzaptionshilfe im Bereich der Dritten Welt immer mehr durchsetzt. Auf solche Akzentverschiebungen reagiert man in München noch sehr zäh und auch augenscheinlich hilflos; denn während für die Ausbildung und Qualifikation als Sprachlehrer eindeutige Maßstäbe gesetzt werden können, breitet sich über die Qualifikationsmerkmale eines auswärtigen Kulturarbeiters noch weitgehend Nebel. Ab und an leuchten darin verschwommen einige Begriffe auf. In den Leitsätzen des Auswärtigen Amtes heißt es dazu: „Die Kulturreferenten werden im Ausland als Gesprächspartner geistig anspruchsvoller Kreise tätig und müssen über eine weite Skala von Sachgebieten informieren. Diese Aufgabe setzte eine vielseitige Bildung und eine gründliche Vorbereitung voraus"[5]. Es folgen vage Forderungen nach eingehenden Kenntnissen im Bereich der Kultur- und Gesellschaftspolitik – vage deshalb, weil, s. Goetheinstitut, dafür bisher noch keine Ausbildungsgrundlagen geschaffen worden sind. „Wir sind selbst davon überzeugt, daß unsere Ausbildung verbesserungswürdig ist so-

---

5 Auswärtiges Amt (Hrsg.): Leitsätze für die Auswärtige Kulturpolitik. Bonn 1970. S. 11.

wohl dem Umfang nach als auch der Intensität", sagt der zuständige Referent HUTTER in der Goethe-Zentrale. Man sei dabei, zusammen mit dem AA und anderen in der auswärtigen Kulturpolitik tätigen Organisationen ein Konzept für eine entsprechende zentrale Ausbildungsstätte zu schaffen. Doch im Alleingang fehlte es bisher an Mut bzw. reichte es nur bis zu einer organisatorischen und auch pädagogischen Reform eben der Sprachlehrerausbildung. Sie ist nach einem einwöchigen Einführungskurs, bei dem die Bewerber eifrig gesiebt werden, für sechs Monate die Grundschule aller Goethianer. Seit dem vergangenen Jahr wird diese Grundschule in einem zentralen Seminargebäude in Münchens Kaulbachstraße erteilt. Hier versteht man sich als didaktisches Zentrum des Goethe-Instituts, in dem neue Unterrichtsmodelle erarbeitet werden – Modelle aber nur für den Sprachunterricht. Leiter des Zentrums ist Korbinian BRAUN, einer der drei Herausgeber der in Goethekreisen inzwischen wohleingeführten Sprachlehre von BRAUN, NIEDER und SCHMÖE (Goethejargon: „BNS"), die in ihrer Lehrmethode ohne Zweifel fortschrittlich ist, aber zugleich auch von gradioser Kurzsichtigkeit zeugt. Immerhin steht in „BNS"-Grundsprachlehre Band II unter dem Stichwort „Information" über das soziale Leben in der Bundesrepublik so Grundlegendes, daß man es hier vollständig zitieren kann: „Die Fuggerei, Eine Stiftung von Jakob Fugger dem Reichen aus dem Jahre 1516, gab Augsburger Bürgern, die in Not geraten und verarmt waren, ein Zuhause. Wie vor 400 Jahren beträgt noch jetzt die Jahresmiete für eine Wohnung den Wert eines Guldens, nämlich 1,72 DM! Heute ist das soziale Leben durch allgemeine Gesetzgebung vom Staat geregelt. Im 19. Jahrhundert wurden die Grundlagen gelegt: Die allgemeine Krankenversicherung (1873), die Unfallversicherung (1884), die Invaliditäts- und Altersversicherung (1889). Aber was damals in Europa vorbildlich war, genügt heute nicht mehr. Jetzt sind Urlaubsgeld, Gewinnbeteiligung und Mitbestimmung Themen der Diskussion zwischen den Sozialpartnern"[6]. Man sollte solche Sätze in ihrer Plattheit nicht höhnisch belächeln, sondern beispielhaft nehmen für die offensichtliche Überforderung von vorwiegend sprachlehrerisch orientierten Goethe-Dozenten gegenüber dem Ansinnen des neuen Konzepts auswärtiger Kulturpolitik, nämlich den Austausch von Informationen zu pflegen und dabei einen kultur- und gesellschaftspolitisch möglichst weiten Überblick über die Bundesrepublik und die möglichen Gastländer zu haben.

Das Goethe-Institut, ohnehin fast ausschließlich durch Geisteswissenschaftler mit einem meist sehr eingeengten Kulturverständnis vertreten, steht sich bei seinen Reformbestrebungen selbst energisch im Wege, solange in der

---

6 Braun, Nieder, Schmöe: „Grundsprachlehre", Band II, S. 37.

Ausbildung nicht einseitige Fixierungen gründlich abgebaut werden und an ihre Stelle nicht ein so dimensionierter Kulturbegriff tritt, der den Eintritt in das Goethe-Institut auch für Sozial- und Wirtschaftswissenschaftler, für Naturwissenschaftler und auch Techniker attraktiver macht. Da noch lange zögern, heißt schließlich auch zum Nachteil der heute mit viel Akribie, ja Übervorsicht ausgesiebten Mitarbeiter operieren, die bei einer späteren Ausbildungsänderung weniger Chancen als die dann Nachfolgenden haben werden und vor allem weniger als man ihnen heute noch verspricht.

Daß sich die Reformbestrebungen langsam in den Referaten der Zentrale am Lenbachplatz durchzusetzen beginnen, läßt sich am besten noch an der Programmabteilung darstellen; denn gerade sie war in der Vergangenheit — was die Auswahl und die Reiseroute von Vortrags- bzw. Konzertveranstaltungen betraf — mit Recht heftig kritisiert worden. Beispiele dafür — angefangen bei der 14 Mann starken Berchtesgadener Schuhplattler-Gruppe in Kulturmission unterwegs durch die afrikanischen Staaten bis hin zum Hochschullehrer, der in Nordafrika über „Keramikformen in Westfalen" spricht — sind in jedem Traktat über das Goethe-Institut vertreten. Sie werden mit Liebe weitergegeben, immer wieder aufgewärmt und dabei gerät aus dem Blick, daß sich solche Pannen heute im wesentlichen nur noch als Marginalien ereignen. Das Programmkonzept des Goethe-Instituts beginnt, sich gründlich zu wandeln, wobei zunächst ein Schlagwort an der Spitze steht: „Regionalisierung".

Die Goethe-Zentrale ist mit ihrem Rahmenprogramm vor allem zuständig für die Übersee-Institute, während die europäischen Zweigstellen selbständig ihr Programm aufstellen. Die Gründe für eine solche Teilverantwortung der Zentrale gegenüber den Überseeinstituten liegen auf der Hand: Kostenersparnis und ein besserer Überblick über das bundesrepublikanische Veranstaltungs- und Referentenpotential. Allerdings hat die Devise „Kostenersparnis" in der Vergangenheit zu sinnlos überdehnten Reisen geführt — sinnlos, weil sie ein Programm für mehrere Regionen anbot und damit oft weit an den tatsächlichen örtlichen Gegebenheiten und Bedürfnissen vorbeischoß. Ähnliche Gefahr brachte auch die zentrale Disposition von Vorträgen, die zwar die besten heimischen Fachkräfte berücksichtigen konnte, aber beim Aufstellen der Programme selten von den realen Bedürfnissen der anvisierten ausländischen Regionen bestimmt waren. Hier setzt das Reformwort „Regionalisierung" ein, das ein gezielteres Angebot in möglichst kleinen, durch gemeinsame Strukturen definierten Regionen einsetzen will.

Mit solcher Regionalisierung Hand in Hand geht eine genauere und intensivere Ansprache von Zielgruppen, was in den Reformkonzepten ebenfalls Niederschlag fand und zwar in Vokabeln wie „Prioritätenkontrolle", „Bedarfsforschung", ,,Leistungskontrolle". Der klassische Vortrag wendete sich an ein weithin unbestimmtes Publikum, das sich in den meisten Fällen dem europäischen Bildungsbürgertum zumindest verwandt fühlte. Selbst wenn solche Vortragsveranstaltungen Rekordbesucherzahlen erreichten, blieben sie im Sinne der Reform, im Sinne der ,,Bildungs- und Emanzipationshilfe" effektlos, vor allem weil sie nur die dünne Oberschicht tragen. Heute konzentriert sich das Vortragsangebot immer mehr auf bestimmte Zielgruppen (Fachleute, Lehrer, Ausbilder, Wissenschaftler usw.), die in Fachseminaren zusammengezogen werden und später als Multiplikatoren dienen, als Kontaktleute und Ausbilder also auch bei denen, die von der bisherigen Vortragsarbeit nicht erreicht wurden.

Neben solchen Fachseminaren müßte vor allem auch der Einsatz von Filmmitteln intensiviert werden, da sie nicht nur aufwandloser verbreitet werden können, sondern nach vielen Erfahrungen in den Ländern der Dritten Welt auch diejenigen ansprechen, die sonst nicht selten an gegebenen Sprachschwellen scheitern. Die meisten Goethe-Zweigstellen sind allerdings für einen wirkungsvollen Einsatz der Medien kaum oder nur ungenügend ausgerüstet. Fünf Jahre lang müßte man jährlich 500 000 DM investieren, so errechnete die Zentrale, um die technischen Lücken auszufüllen. Solche Investitionen wären unbedingt erforderlich und für die Zukunft auch kostensparend. Doch diese Bundesregierung, die entschiedener als die vorhergehende die Reform der Auswärtigen Kulturpolitik zumindest dem Konzept nach vorangetrieben hat, versäumte bisher, selbst Prioritäten zu setzen und das vor allem im Finanzbereich. Man übersieht zu oft, daß die Reform auswärtiger Kulturpolitik letztlich auch Ausfluß und damit Bestandteil der allgemeinen Bildungsreform ist, deren Kosten ja weit über dem liegen, was ohne Steuererhöhung in Zukunft geleistet werden kann. Ohne eine ausreichende Finanzplanung würde auch die Reform der auswärtigen Kulturpolitik ein wohl formuliertes Lippenbekenntnis bleiben.

Doch es geht nicht nur um die Finanzplanung, sondern auch um inhaltliche Richtlinien. Die methodischen Reformen in der Programmplanung der Goethe-Zentrale z.B. sagen noch nicht viel über die inhaltliche Konzeption. Für den Bereich der westlichen Industrieländer ist ein Grundkonzept leichter zu finden. Hier geht es um den Austausch von Informationen über den jeweiligen Stand der Kulturentwicklung, wobei unter Kultur die Gesamtheit der gesellschaftlichen Leistungen verstanden wird. Zurückgeschraubt hat man demgegenüber in den letzten Jahren den früher einmal sehr beliebten, weil Statistik aufbessernden repräsentativen Konzertbetrieb innerhalb der Goethe-Zweigstellen – und es gehört tatsächlich eher in den Bereich falsch verstandenen Mäzenatentums als in den Bereich ,,Information", heute noch in den

Goethe-Programmen für die westlichen Industriestaaten mit klassischer Musik aufzuwarten. Das gilt nicht mehr so unbedingt für die Länder der Dritten Welt. Auch dort sind solche Konzerte nur sehr bedingt Bildungshilfe, haben jedoch einen großen Reklamewert für die jeweiligen Zweigstellen. Sie finden immer wieder begeisterte Besprechungen in den jeweiligen Journalen des Landes und machen auf diese Weise zumindest auf die Existenz der Institute aufmerksam. In diesen Ländern allerdings soll im Vordergrund das Fachseminar mit Multiplikatoren stehen, wobei sich hier ein Grunddilemma unserer auswärtigen Kulturpolitik zeigt. Es geht um die unscharfe Aufgabenstellung, die zu einem Kompetenzstreit zwischen Auswärtigem Amt und Entwicklungsministerium und also nachfolgend auch zwischen Goetheinstitut z.B. und der Deutschen Stiftung für Entwicklungsländer geführt hat, der die Arbeit dieser Einrichtungen erheblich belastet. Wenn das Goethe-Institut Bildungshilfe betreiben will, wo berührt es da die Belange der Deutschen Stiftung für Entwicklungsländer und umgekehrt? Wie kann man von einer Programmplanung fortschrittliche Konzepte für die Länder der Dritten Welt erwarten, wenn sich Ministerialbürokratien nicht einig werden, wem die jeweiligen Aufgaben zu übertragen sind? Das wird in blamabler Weise deutlich in dem bereits zitierten Gutachten der Reformkommission, in dem unter dem Stichwort „Vermeidung mehrfacher Zuständigkeiten" anempfohlen wird: „Alle Musikveranstaltungen im Ausland sollten dem Goethe-Institut übertragen werden ..."[7], womit das Auswärtige Amt selbst dazu beiträgt, das Institut auf einen konservativen Kulturbegriff und eine ebensolche Funktion zu beschränken, anstatt die Aufgaben der Bildungs- und Emanzipationshilfe zu präzisieren.

Bildungshilfe — das bedeutet am Ort auch, daß eine genügend große Bibliothek ihre Besucher mit notwendigen Informationen versorgen kann. Die zentrale Beschaffungsstelle für die entsprechenden Bücher ist Inter Nationes, die sich allerdings nach den Wünschen der einzelnen Kulturinstitute richten müssen. Wie sehr die bisherige auswärtige Kulturarbeit auf den Sprachunterricht eingestellt war, zeigt nichts mehr als die Zweigstellen-Bibliotheken, in denen deutsche Belletristik und Arbeiten aus dem Bereich der Germanistik bzw. sonstigen Geisteswissenschaften vorherrschen — und das häufig noch in nicht übersetzten Ausgaben. Über den Wert solcher Bibliotheken für die Entwicklungsländer läßt sich ähnliches sagen wie über den Sprachunterricht. Sie bedienen nur eine verschwindende Minderheit mit für die Problematik dieser Länder weitgehend irrelevanten Informationen. Die Herder-Institute der DDR, in einigen Ländern eifrige, auf Abgrenzung bedachte

---

7 Bericht der Kommission für die Reform des Auswärtigen Dienstes. S. 48.

Konkurrenten der Goethe-Zweigstellen, warten dagegen mit einem erheblichen Potential an Fachliteratur aus dem naturwissenschaftlichen und technischen Bereich auf — und haben auch die entsprechenden Zielgruppen unter ihren Bibliotheksbesuchern vorzuweisen. Auch hier sieht man deutlich, wie wichtig es ist, sich möglichst schnell von dem tradierten Kulturbegriff zu lösen und die Phalanx der Geisteswissenschaften aufzubrechen, um den vielfältigen Bedürfnissen der Entwicklungsländer beim Aufbau ihrer Gesellschaften adäquater und effektiver entgegenkommen zu können.

Innerhalb der Reform auswärtiger Kulturpolitik nimmt das Goethe-Institut mit seinen 117 Zweigstellen einen wichtigen Platz ein. Seine Umstrukturierung ist in einigen Bereichen bereits deutlich, doch noch zu langsam und zwiespältig. Die eingefahrenen Gleise der Vergangenheit sind nur schwer zu verlassen, zumal die neuen in noch unbekannte Gebiete führen. Gewohnheiten sind auch hier mächtig — Gewohnheiten bis hin zu den noch häufig spürbaren Überlegenheitsgefühlen der „Kulturmissionare" gegenüber den Ortskräften in den Gastländern, die zwar kräftig in den Unterrichtsbetrieb eingespannt sind, sonst aber weitgehend rechtlos in Fragen der Programme, ungesichert auch in ihrer sozialen Stellung, weil sie mehr auf das Wohlwollen der Institutsleiter als auf sie absichernde Verträge vertrauen müssen. „Warum haben die Ortskräfte nicht schon früher über diese Probleme geschrieben?" meldet sich in der Gewerkschaftszeitung „andererseits", dem Organ der Arbeitsgruppe Goethe-Institut innerhalb der GEW, S. K. SARKAR aus Hyderabad zu Wort. SARKAR ist Lehrer an einem indischen Goethe-Institut, ist „Ortskraft". Auf die selbstgestellte Frage antwortet er: „Die Antwort ist: sie haben Angst. Der Vertrag, den die Ortskräfte mit dem G. I. abschließen müssen, ist äußerst einseitig. Das G. I. behält sich alle Rechte vor, der Arbeitnehmer hat keine Rechte, keine Sicherheit. Das G. I. hat vieles für uns Wesentliche der Willkür des Institutsleiters überlassen ..."[8]

„Jetzt sind Urlaubsgeld, Gewinnbeteiligung und Mitbestimmung Themen der Diskussion zwischen den Sozialpartnern", heißt es in dem bereits zitierten Sprachlehrbuch unter der Rubrik Informationen über das soziale Leben in der Bundesrepublik. Neben allen organisatorischen, methodischen und inhaltlichen Reformen in der auswärtigen Kulturpolitik wird die Glaubwürdigkeit der Bundesrepublik als Partner vor allem auch davon abhängen, wie sie ihre Fortschritte in solchen sozialen Fragen den anderen mitzuteilen weiß, nicht in nichtssagenden Verbalisierungen, sondern in der Anerkennung solcher Rechte auch bei den anderen, vor allem — und das liegt zunächst al-

---

8 S. K. Sarkar: Das Goethe-Institut in Indien aus der Sicht eines Inders. GEW — andererseits. 4 (1971), S. 8f.

lein in ihrer Macht — bei denjenigen, die als Vermittler mithelfen, den Erfolg einer auswärtigen Kulturpolitik zu gewährleisten. So ist denn auch das Problem der Ortskräfte an den Goethe-Zweigstellen insbesondere in der Dritten Welt kein marginales, sondern ein zentrales innerhalb des weiten Problemkreises Reform. Denn wie will man vom Schlagwort der Selbstdarstellung fortkommen und sich als Partner anbieten, wenn man nicht einmal den engsten Helfern bei diesem Prozeß der Neuorientierung und seiner Vermittlung zugesteht, daß aus dieser Partnerschaft für sie auch Rechte und nicht nur Pflichten entstehen. Auch da hat das Goethe-Institut eine Zukunft zu verspielen, was allerdings auf uns alle zurückfallen würde. Auch auswärtige Kulturpolitik ist eine brisante öffentliche Angelegenheit, deren Erfolge bzw. Mißerfolge allerdings in längeren Zeiträumen gemessen werden müssen.

Anschrift des Verfassers
Lothar Romain
7571 Neuweier bei Baden-Baden
Hauptstr. 3b

Auswärtige Kulturpolitik als Teil internationaler Gesellschaftspolitik

Die Suche nach einer adäquaten Rechts- und Organisationsform

von Albert Wassener

Die Frage nach einer adäquaten Rechts- und Organisationsform für die auswärtige Kulturpolitik in der Bundesrepublik ist logischerweise mit der nach den neuen Zielvorstellungen für diese Politik verknüpft. Dementsprechend hat sich die Diskussion über beides in den letzten zehn Jahren erkennbar in parallelen Schwingungen entwickelt. Der fast fluchtartigen Abwendung von der Vorstellung, Kulturpolitik im Ausland sei die subtilste Form der Staatspropaganda, entsprach der Gedanke, die Kulturinstitute des Bundes nicht mehr durch das Auswärtige Amt direkt, sondern durch beauftragte Träger- oder Mittlerorganisationen, wie das Goethe-Institut, Inter Nationes, DAAD, Deutsche Schulen betreiben zu lassen. Wie bei den meisten Pflichtbeiträgen zur Vergangenheitsbewältigung stand hinter dieser Absetzbewegung nur ein ziemlich vages Bewußtsein dafür, wie das Neue auszusehen habe, was man mit Kulturpolitik im Ausland, wenn nicht good will oder nationale Selbstdarstellung, eigentlich bewirken wolle. Die Folge war ein von katastrophalen Kompetenzkonfusionen strotzendes und bei allem guten Willen von juristischen Unklarheiten und politischen Ungereimtheiten nicht freies Delegationssystem, dessen trotzdem erhebliche Vorteile der zahlenden Öffentlichkeit schwer vorzurechnen waren, und dessen ebenso evidente Nachteile ein sachliches Überdenken außerordentlich erschwerten.

Die in den letzten zehn Jahren entwickelten Kurzformeln für Ziele und Bedeutung der Kulturarbeit im Ausland lassen das Bemühen erkennen, diese Politik der Delegationen an privatrechtliche Trägerorganisationen nachträglich in das Instrumentarium der traditionellen Außenpolitik einzugliedern, der Kulturpolitik darin eine verbesserte Position zu verschaffen, ohne jedoch dieses Instrumentarium selbst politisch gründlich zu überprüfen. Der damalige Leiter der Kulturabteilung des Auswärtigen Amtes, Dieter Sattler, der z. B. die Übertragung der Bundeskulturinstitute an den eingetragenen Verein Goethe-Institut durchgesetzt hatte, propagierte hierfür die Formel „Auswärtige Kulturpolitik = dritte Bühne der Außenpolitik". Sie wurde vom damaligen Bundesaußenminister Brandt[1] abgeändert. Darstellung wurde dabei zur tragenden Wirkung, aus der Bühne wurde die „dritte Säule der Außenpolitik".

1 Bundespressekonferenz vom 27. 6. 1967.

Im Gegensatz zu diesen beiden Formeln lassen die im Frühjahr 1970 formulierten und von der internen Diskussion in den Mittlerorganisationen stark beeinflußten Thesen Ralf DAHRENDORFS die Erkenntnis durchblicken, daß das Instrumentarium der Außenpolitik selbst einer kritischen Untersuchung unterworfen werden müsse. Hier wird die auswärtige Kulturpolitik „wie die Außenpolitik Teil einer internationalen Gesellschaftspolitik"[2].

Diese Formel, die die Praktiker der auswärtigen Kulturpolitik bei weitem am meisten befriedigt, ist dem glücklichen Umstand zu verdanken, daß ein namhafter Soziologe Staatssekretär im Auswärtigen Amt wurde und damit in dieser Behörde zwar nicht zum ersten Mal, aber doch zum ersten Mal auf so hoher Ebene und in so kompetenter Weise die Bedeutung gesellschaftlicher Prozesse für die langfristige außenpolitische Planung vor allem im Verhältnis zur Dritten Welt systematisch aufgegriffen wurde. DAHRENDORF beauftragte den Konstanzer Soziologen Hansgert PEISERT mit einem Gutachten zum Thema „Auswärtige Kulturpolitik der BRD[3], von dem bisher nur das Kapitel IV („Umfrage bei den Mitarbeitern in der auswärtigen Kulturpolitik"), bearbeitet von G. FRAMHEIN und U. SANDBERGER, öffentlich zugänglich ist. Dieses Gutachten, im einzelnen natürlich umstritten, belegt zum ersten Mal die Mißstände im Detail und erweist deutlich, daß mangelnde Konzeptionen für die auswärtige Kulturpolitik auf mangelnde Vorstellungen von einer zukünftigen Außen- und Gesellschaftspolitik zurückgehen.

Wie man weiß, standen sich der Staatssekretär DAHRENDORF und der politische Denker DAHRENDORF im Wege. Seine nicht ohne weiteres schlüssige Folgerung aus der Konzeption, daß auswärtige Kulturpolitik Teil einer internationalen Gesellschaftspolitik sein müsse, war die Forderung, die Befugnisse des Auswärtigen Amtes gegenüber den Trägerorganisationen eher noch zu verstärken und die Verantwortung für die Planung der internationalen Gesellschaftspolitik der Bundesrepublik in diesem Bundesministerium, dem des Staatssekretärs DAHRENDORF, zu konzentrieren.

Es scheint eine Ironie des politischen Schicksals, daß just an der Position des liberalen Staatssekretärs DAHRENDORF sich die Nachteile der kurzschlüssigen Kopplung von Regierungspolitik und kulturpolitischer Leitlinienerarbeitung erwiesen.

Hansgert PEISERT hat selbst beschrieben, woran die DAHRENDORFsche Konzeption scheiterte: „Dieses Konzept hatte einen schwerwiegenden Schön-

---

2 U.a. Vortrag anläßlich der regionalen Arbeitstagung der Goethe-Institute in Italien. Rom, 3. 3. 1970.
3 Hansgert Peisert: Auswärtige Kulturpolitik der BRD. Konstanz April 1971; im folgenden: „Peisert-Gutachten".

heitsfehler: Es war ausgegangen von einer auswärtigen Kulturpolitik der Bundesrepublik, nicht von der des Auswärtigen Amtes. Infolgedessen führte die entsprechende Kabinettsvorlage im Sommer 1970 zu Zuständigkeitsproblemen, die die Sachdiskussion erst gar nicht haben aufkommen lassen. Der Angelpunkt der Kontroversen liegt dabei in der Diversifikation der Thematik auswärtiger Kulturpolitik, wie sie aus der Erweiterung des Kulturbegriffs folgt. Hierdurch werden in zunehmendem Maße Arbeitsgebiete berührt, auf denen auch Fachressorts in dem internationalen Bereich tätig sind. Gerade im internationalen Bereich kollidieren diese Aktivitäten aber mit dem formal berechtigten Anspruch des Auswärtigen Amts nach Federführung auf dem Gebiet der auswärtigen Kulturpolitik. In der bisherigen Planungs- und Koordinierungspraxis der Kulturabteilung sehen die Partner in den Fachressorts — gleiches gilt für die Mittler-Organisationen — jedoch keine hinreichend überzeugende Sachkompetenz, selbst wenn sie die Notwendigkeit einer zentralen Planungs- und Koordinierungsinstanz für die auswärtige Kulturpolitik der Bundesrepublik anerkennen. Diese durch das Konzept virulent gewordene Zuständigkeitsproblematik war einer der Gründe für die Verzögerung der Veröffentlichung der Leitsätze, die erst Ende 1970 nachgeholt wurde, ohne daß die Kontroversen ausgeräumt worden wären"[4].

Die hier erwähnten „Leitsätze für die auswärtige Kulturpolitik" des Auswärtigen Amtes[5] zeigen denn auch gegenüber den ursprünglichen DAHRENDORF-Thesen eine erhebliche intellektuelle Ausdünnung und bringen praktisch ein *roll-back* auf scheinbar schon überholte Positionen. Zwar wird auf die maßgebende Bedeutung der BRANDTschen Regierungserklärung vom 28. 10. 1969 hingewiesen, in der es hieß, Kulturpolitik im Ausland müsse ein Bild dessen vermitteln, „was in dieser Zeit des Übergangs auch in Deutschland an geistiger Auseinandersetzung und fruchtbarer Unruhe tägliche Wirklichkeit ist"[6], zwar wird ein Kulturbegriff festgelegt, der dem tatsächlichen status quo entspricht („Kultur ist nicht mehr ein Privileg elitärer Gruppen, sondern ein Angebot an alle. Sie ist Teil des dynamischen Prozesses der Veränderungen in unserer Gesellschaft, der den Weg zur internationalen Zusammenarbeit aller gesellschaftlichen Gruppen vorzeichnet"[7]. Doch tauchen auch Formulierungen auf, die sehr nachdenklich stimmen.

---

4 Hansgert Peisert: Grundlagen zur Realisierung eines neuen Konzepts auswärtiger Kulturpolitik. Sprache im technischen Zeitalter 39—40 (1971), S.230.
5 Leitsätze für die Auswärtige Kulturpolitik. Bonn Auswärtiges Amt, Dezember 1970; im folgenden: „Leitsätze".
6 Leitsätze, IV.
7 Leitsätze, I.2.

Interessant ist, was mit dem Begriff „internationale Gesellschaftspolitik" geschieht. Die Leitsätze sagen hierzu: „Die neuen Aufgaben aus dem Bereich der zwischenstaatlichen Gesellschaftspolitik werden in erster Linie von den freien gesellschaftlichen Organisationen, wie Gewerkschaften, Kirchen, Frauenverbänden, Jugendorganisationen in eigener Verantwortung wahrgenommen. Da diese Arbeit für die Verständigung und internationale Zusammenarbeit besondere Bedeutung hat, wollen wir sie im Rahmen der gegebenen Möglichkeiten unter Respektierung der Unabhängigkeit dieser Organisationen unterstützen"[8]. Wer weiß, was beim Auswärtigen Amt der „Rahmen der gegebenen Möglichkeiten" bedeutet, wird nicht daran zweifeln, daß diese Formel einen tatsächlichen Verzicht auf internationale Gesellschaftspolitik als Teil der Außenpolitik bedeutet, von der Konzeption einer Außenpolitik als Teil der internationalen Gesellschaftspolitik ganz zu schweigen.

Die in den Leitsätzen aufgestellte Zielformel für die auswärtige Kulturpolitik heißt denn auch wieder „tragender Pfeiler der Außenpolitik"[9]. Sie dient der „internationalen Verständigung und Friedenssicherung"[10]. „Im internationalen Konzert ist das politische Gewicht der Bundesrepublik Deutschland neben ihren wirtschaftlichen Leistungen vornehmlich von ihren geistigen Leistungen abhängig"[11]. Weltoffenheit und Austausch werden gesucht, denn „Regierungen, die sich hinter nationalen Grenzen abkapseln möchten, ... laufen Gefahr, daß die Kultur ihres Landes hinter den weltweiten kulturellen Entwicklungen zurückbleibt"[12]. In solchen Formulierungen kehrt vieles vom alten Geist der nationalen Selbstdarstellung zurück. Eine Differenzierung der besonderen Schwierigkeiten der auswärtigen Kulturpolitik nach den Problem-Großräumen „Dritte Welt", „sozialistische Zivilisation" und „westeuropäisch-nordatlantische Zivilisation" wird nicht vollzogen.

Parallel zu dieser Schrumpfung des Einsichtspotentials läuft die Tendenz, die Zügelführung des Auswärtigen Amtes gegenüber den Mittlerorganisationen kürzer zu nehmen und nicht nur die Richtlinienkompetenz, sondern auch möglichst viele Planungskompetenzen bei diesem Ministerium noch mehr zu konzentrieren. Den Mittlerorganisationen soll faktisch nur noch die technische Ausführung überlassen bleiben.

Im Rahmen der allgemeinen Restaurationsbemühungen zeichneten sich dann im Laufe des Jahres 1972 sogar weitere Bewegungen ab, die als Vorbe-

---

8 Leitsätze II.4.
9 Leitsätze I.3.
10 Leitsätze I.4.
11 Leitsätze I.3.
12 Leitsätze I.4.

reitung zum Widerruf der BRANDTschen Regierungserklärung gedeutet werden konnten. Symptomatisch für diese Tendenzen dürften etwa die Äußerungen sein, die gerade bei einer Rundfunkdiskussion über Probleme der Rechtsform für die auswärtige Kulturpolitik gefallen sind[13]. Das Mitglied des CDU-Bundesvorstands, Berthold MARTIN, Vorsitzender des Unterausschusses für Auslandskulturarbeit im Auswärtigen Ausschuß des Bundestages, Herausgeber des „Jahrbuchs für Auswärtige Kulturbeziehungen" und des „Akademischen Dienstes – Kulturpolitische Informationen", betonte hierbei ebenfalls, daß die Übertragung kulturpolitischer Aufgaben an Trägerorganisationen erfolgt sei, weil deutlich gemacht werden solle, „daß der Staat nicht Subjekt der Kultur ist, sondern, daß er sie ermöglichen muß, ihr administrativ und finanziell beistehen soll, daß aber Kulturpolitik der freie Austausch von Gesellschaften sein muß, das Geben und Nehmen, das Hin und Her, wobei unterstellt wird, daß es nicht darum geht, einfach eine Regierungspolitik kulturell auszudrücken, sondern die Intentionen der gegenwärtigen Gesellschaft und Kultur und des Staates deutlich zu machen. Dabei kommt es darauf an, daß alle Teile der Gesellschaft zur Sprache kommen, d. h. daß sie freien Zugang zu diesem Transportband ins Ausland bekommen". MARTIN wendet sich aber gegen den seiner Ansicht nach unklaren Begriff „internationale Gesellschaftspolitik", u.a. weil er „nach der Geschichte, die das Wort Gesellschaftspolitik bei uns hat", irreführend sei. Etwas später wird die Tendenz dann klar: „Der British Council funktioniert als nicht-staatliche Organisation deshalb so hervorragend: Er hat ja angefangen damit, die aus der Kolonialverwaltung zurückkehrenden hohen Beamten zu verwenden. Das waren also, wenn Sie so wollen, fest in der britischen Geschichte und dem Staat ergebene Menschen, denen man keinen Vertrag über die Vertretung der englischen Kultur oder englischen Interessen anzudienen brauchte. Und das ist es, was bei uns ein bißchen deutlicher werden müßte ... Wir müssen Leute in den Organisationen haben, die um die deutsche Geschichte wissen, die um die Problematik unserer Gesellschaft wissen, die aber zu uns stehen, d. h. zur demokratischen Gesellschaft, deren Grundordnung im Grundgesetz festgelegt ist ..."

Die Sache ist gesagt, und so kann der Autor der Sendung, Horst THIEMER, die gewünschten Folgerungen ziehen: „Angesichts des von den Linksradikalen proklamierten langen Marsches durch die Institutionen gewinnt dieser Hinweis an Bedeutung, zumal die amtliche Definition der auswärtigen Kulturarbeit als „zwischenstaatlicher Gesellschaftspolitik" manche ihrer Aktivitäten decken dürfte. In dieser politischen Situation fragt es sich, ob es nicht eine gravierende Schwäche des Vertrages (gemeint ist der zwischen dem AA und

---

13 Deutschlandfunk, Kulturreport vom 28. 3. 1972, 14.05–14.22 h.

dem Goethe-Institut) ist, daß das Auswärtige Amt in ihm auf ein Vetorecht bei der Besetzung der bewilligten Planstellen ausdrücklich verzichtet."

Es tut hier nichts zur Sache, daß die amtlichen Zielvorstellungen für die auswärtige Kulturpolitik ja gerade auf die Gleichsetzung von auswärtiger Kulturpolitik und internationaler Gesellschaftspolitik verzichtet haben und den zitierten Sprechern dieser Sendung bewußt sein muß, daß die Vertreter der Mittlerorganisationen linksradikale, gar verfassungsfeindliche Ansichten weder vertreten noch vertreten können. Wichtig ist, daß hier offenkundig der Begriff „Gesellschaftspolitik" als Reizwort verstanden und benutzt wird, um innerhalb einer Diskussion über eine neue Rechtsform für die auswärtige Kulturpolitik gegen die Anwendung soziopolitischer Arbeitskriterien und Zielvorstellungen überhaupt zu argumentieren und dabei für eine Kulturpolitik zu plädieren, die als sozial wirkungsneutrales Transportband eine Art von kulturpolitischer Interessenvertretung der Gesellschaft, der gesellschaftlichen Gruppierungen und nicht zuletzt des Staates ist.

Wenn nicht alles täuscht, scheinen bei dieser Betrachtungsweise ganz essentielle Fakten außer Acht gelassen, über die, wie ein Blick auf die Literatur lehrt, die Ansichten kulturpolitischer Praktiker und soziologisch orientierter Fachleute übereinstimmen und die hier in gebotener Kürze wiederholt werden müssen:

1. Die Bundesrepublik betreibt, da der sozialistische Block noch kaum berücksichtigt wird, in zwei wesentlich verschiedenen Kulturbereichen institutionalisierte Kulturpolitik, nämlich in der Dritten Welt und im „Westen", den im wesentlichen kapitalistisch orientierten Gesellschaften europäischer Sprach- und Werttradition.

2. In beiden Gebieten richtet sich Kulturpolitik, wenn sie im Sinne der allgemeinen Zielvorstellungen des Impulsaustausches und des Spannungsabbaus langfristig effektiv sein will, an ganz verschiedene Zielgruppen, die allerdings eines gemeinsam haben: Sie stehen beide fremder Staatlichkeit äußerst skeptisch gegenüber.

3. Im „Westen" überdeckt ein dichtes Netz von bereits existierenden wirtschaftlichen, soziopolitischen, aber auch kulturellen Interdependenzen seit langem die Grenzen nationalsprachlicher Kulturen, und dies in einem Maße, daß nationale, staatliche oder gar mit einer jeweiligen Regierung identifizierbare Kulturpolitik zunehmend sinnlos wird. — Die kulturpolitisch ansprechbaren und, langfristig gesehen, politisch und gesellschaftlich relevanten Eliten des Westens identifizieren sich auch weitgehend nicht mehr mit einer bestimmten Nationalkultur und neigen sogar dazu, sich mindestens als Kulturträger und -produzenten nicht mehr mit dem Staat zu identifizieren, dessen mehr oder weniger loyale Bürger sie sind. (Angesichts dieses unbezweifelbaren irreversiblen Prozesses, scheint das Leitbild vom englischen Kolonialbeamten irgendwie inadäquat.) Offiziell unterstützte und geplante Kulturarbeit kann im Westen tatsächlich nur noch eine Funktion haben, wenn sie Identifizierungen mit unserem Staat hintanstellt, um die von unserer Gesellschaft ausgehenden Impulse ins Spiel zu bringen, und wenn sie hierbei zum Nutzen der Partnergesellschaften vor allem den Austausch solcher Impulse fördert, die ohne öffentliche Unterstützung nicht vermittelt werden könnten.

4. In der Dritten Welt wird die gesellschaftlich-politische Willensbildung langfristig von der Schicht der teilverwestlichten Intellektuellen getragen. Für diese Schicht ist Nationalismus ein wichtiger Faktor der Integration, der Selbstfindung, aber auch ein Filter bei der Bewußtseinsbildung auf dem Wege zu den selbstgewählten Zielen. Auswärtige Kulturpolitik kann in diesen Gesellschaften nur Hilfe bei der intellektuellen Selbstfindung sein und hat sich in diesem Sinne in den Rahmen der allgemeinen Entwicklungshilfe einzuordnen. Die Erfahrungen der erwähnten Zielgruppe erlauben es ihr aber noch nicht, das übernationale Interesse anderer Gesellschaften an einem internationalen Konfliktabbau als ehrlich gemeint zu erkennen. Jede Identifikation fremder Kulturpolitik mit fremder Staatlichkeit bedeutet noch Identifizierung dieser Kulturarbeit mit unmittelbaren, wirtschaftlichen und politischen Interessen eines fremden Staates.

Die Folgerung aus diesen Feststellungen kann nur sein, daß die auswärtige Kulturpolitik der Bundesrepublik tatsächlich als Teil einer, ganz unideologisch aufgefaßten, internationalen Gesellschaftspolitik, keinesfalls aber mehr als Politik der Regierung aufgefaßt werden kann, schon gar nicht als die eines einzelnen, wie immer gearteten Ministeriums. Daß sie als öffentliche Aufgabe der Gesellschaft der Bundesrepublik öffentlicher und politischer Kontrolle unterworfen bleiben muß, wird dabei keineswegs bezweifelt.

Es ist verständlich, daß derartige Gedankengänge den bisher mit auswärtiger Kulturpolitik befaßten Institutionen fremd bleiben müssen. Entsprechend sind die Reformansätze, die von diesen Institutionen ausgehen, vor allem bezüglich neuer Organisations- und Rechtsformen, von sehr begrenzter Tragweite.

Das Auswärtige Amt hat durch eine Reformkommission, deren Vorsitzender, der ehemalige Staatssekretär im Bundespräsidialamt, Hans von Herwarth, jetzt Präsident des Goethe-Instituts ist, eine außerordentlich umfängliche und detaillierte Untersuchung durchführen lassen, die auch die oben angesprochenen Aspekte berührt[14]. Sie zeigt das deutliche Bemühen, den auswärtigen Dienst an politische Erfordernisse der Gegenwart anzupassen und den traditionellen Apparat des Amtes, dem sich die Mitglieder der Reformkommission durch Vergangenheit und Neigung verpflichtet fühlen, zu konsolidieren. Die Frage nach der Aufgabe der deutschen Außenpolitik im Zeitalter der internationalen Institutionen, der europäischen Gemeinschaften, der Dritten Welt wird dabei berührt, führt aber ganz offenkundig zu keinen organisatorischen und personalpolitischen Konsequenzen von Bedeutung. Wie dies bei der Aufgabenstellung der Reformkommission zu erwarten war, werden die Grundaufgaben des Auswärtigen Dienstes nicht an-

---

14 Bericht der Kommission für die Reform des Auswärtigen Dienstes, Bonn, März 1971; im folgenden: „Bericht der Reformkommission".

getastet. Entsprechend ist auch an der Richtlinienkompetenz des Auswärtigen Amtes für die gesamte auswärtige Kulturpolitik festgehalten. Kulturpolitische Expertenarbeit soll weiterhin unter der Kontrolle eines Bundesministeriums delegiert werden, das seinerseits die Aufnahme von kulturpolitischen Experten in die eigene Bürokratie nur sehr bedingungsweise annimmt[15], immerhin aber verlangt, daß die Kulturreferenten der Botschaften mit analytischen Denkansätzen im Sinne moderner Sozialforschung vertraut zu machen sind[16]. Es ist angesichts derart systemimmanenter Kritik nicht erstaunlich, wenn man an anderer Stelle im Zusammenhang mit dem Vorschlag, das gesamte Ausstellungswesen dem Auswärtigen Amt zu übertragen, den klaren Satz liest: „Auswärtiges Amt und Auslandsvertretungen haben den besten Einblick in die gegenseitigen kulturellen Bedürfnisse und in mögliche politische Implikationen"[17]. Ein Ansatz dazu, die eventuelle Delegation von Aufgaben der auswärtigen Kulturpolitik an eine rechtlich anders konstruierte Institution zu überdenken, ist von dieser Seite natürlich nicht zu erwarten.

Gleiches gilt im wesentlichen auch für die verschiedenen Trägerorganisationen. Das Goethe-Institut etwa, die wichtigste dieser Institutionen, ist nicht in der Lage, ernsthaft zu einer Diskussion über eine denkbare neue Organisationsform für die auswärtige Kulturpolitik beizutragen. Das Institut befindet sich bekanntlich in einer mit fortschreitenden Jahren immer tiefer werdenden Krise, die es mehr und mehr unmöglich erscheinen läßt, daß es dort auch nur zu jenen internen Reformen kommt, die das Goethe-Institut in die Lage versetzen müßten, seiner Aufgabe als Delegationsträger nach den Erfordernissen der Leitsätze des Auswärtigen Amtes wirklich gerecht zu werden. Trotz vieler einzelner Ansätze zur Lösung der Probleme der Bedarfs-, Zielgruppen- und Strukturanalyse[18], hat eine jahrelange verfehlte Personalpolitik[19] und eine ineffiziente Struktur des Institutes selbst es verhin-

---

15 Bericht der Reformkommission, IV.7.1.
16 Bericht der Reformkommission, IV.7.4.
17 Bericht der Reformkommission, IV.2.3.1.
18 Vgl. zuletzt etwa: „Mitteilungen für die Mitarbeiter des Goethe-Instituts". Dokumentation V, Mai 1972.
19 Zu Problemen des Goethe-Instituts vgl. vor allem: „andererseits", Organ der Arbeitsgruppe Goethe-Institut in der Gewerkschaft Erziehung und Wissenschaft. Berlin Nr. 1 o.D. (1970); Nr.2 o.D. (1970); Nr.3 April 1971; Nr.4 Dezember 1971; Nr.5 Mai 1972; im folgenden: „andererseits". – Hier: M. Clemens u.a.: Sieben Feststellungen zur Personalpolitik des Goethe-Instituts. Nr.3, S.8. – D. Foehr: Zur Regionalisierung der Personalpolitik. Nr.3, S.12. – O. Hertkorn: Mittelfristige Personalplanung. Nr.3, S.13. – R. Schaffner: Selbstkritik der Dozenten. Nr.4, S.2. – A. Wassener: Wohin führt Führung. Nr.4, S.10. – Vgl. außerdem: A. Wassener: Die

dert[20], daß soziologische Denkweisen und Arbeitskriterien in dessen Arbeit wirklich eindrangen, die Probleme etwa der Dritten Welt systematisch analysiert und berücksichtigt wurden und die Notwendigkeit neuer Rechts- und Organisationsformen anerkannt wurde.

Wenn also auch die derzeitigen Institutionen kein grundsätzliches Überdenken des außenpolitischen Instrumentariums und der Rolle der Kulturpolitik erwarten lassen, so sind doch die Tendenzen unter den Mitarbeitern der Institutionen sehr stark, den derzeitigen Zustand der Dinge, vor allem die Politik der Aufgabendelegation an mehr oder weniger geeignete privatrechtlich organisierte Institutionen, abzuändern. Diese Tendenzen treffen sich in dem gemeinsamen Wunsch, höhere Effizienz durch Kompetenzstraffung zu erreichen und prallen vor allem über der Frage aufeinander, ob und wie eine Identifikation der offiziellen Kulturpolitik mit der Gesellschaft, dem Staat und der Regierung der Bundesrepublik herzustellen sei.

Im wesentlichen liegen drei Möglichkeiten vor:

1. Die bereits oben skizzierte und in dem Deutschlandfunk-Interview auch von dem derzeit maßgebenden Fachmann der Opposition vertretene Konzeption, die verständlicherweise auch die offizielle des Auswärtigen Amtes und der Trägerorganisationen ist. Nach dieser Konzeption bleiben die Richtlinien-, aber auch weitgehende Planungskompetenzen beim Auswärtigen Amt. Eine Straffung der delegierten Kompetenzen wird angestrebt und ist im einzelnen mehr oder weniger heiß umkämpft. Sofern eine Abstimmung des Außenressorts mit anderen Bundesressorts notwendig ist, geschieht dies über interministerielle Beschlußgremien[21]. Weitere Verbesserungen werden durch eine modernisierte Personalausbildung und eine auch durch den PEISERT-Bericht angeregte Fluktuation des Personals zwischen den Trägerorganisationen und dem Auswärtigen Amt erreicht. Im Ausland bemüht sich die offizielle Kulturpolitik der Bundesrepublik, wenn auch weitgehend vergeblich, nicht als eine Regierungspolitik in Erscheinung zu treten.

2. Gegen diese Konzeption, die praktisch dem status quo gleichkommt, wenden sich mehr intern als offiziell verschiedene Kreise im Auswärtigen Amt, vor allem zahlreiche Kulturreferenten an kleineren diplomatischen Vertretungen im Ausland. Sie wünschen eine direkte Übernahme der gesamten auswärtigen Kulturpolitik durch das Amt, vor allem aber die Übergabe der attraktiven Kulturarbeit im Ausland an die Vertretungen.

auswärtige Kulturpolitik der Bundesrepublik und ihre offiziellen Vertreter. Sprache im technischen Zeitalter. Nr. 39-40 (1971), S. 262 ff.
20 M. Clemens — K. Scharf: Eine neue Konzeption für die Institute im Inland. „andererseits". Nr.3, S.16 ff. — M. Mumme: Kritische Anmerkungen zu Konzeptionen und Vorstellungen der Geschäftsführung des Goethe-Instituts. „andererseits". Nr.3, S.20 ff. — E. Brandt: Sprachschule oder Kommunikationszentrale. „andererseits", Nr.4, S.6 ff. — E. Brandt: Die auswärtige Kulturpolitik der BRD — z.B. das Goethe-Institut in Japan. „andererseits". Nr.5, S.2 ff. — Arbeit und Stellungnahmen der Ausschüsse. „andererseits". Nr.4, S.18 ff. — Vgl. außerdem: Resolutionen zur Außenpolitik. Sprache im technischen Zeitalter. Nr.39—40 (1971), S.334 ff.
21 Bericht der Reformkommission 4.2.2.

Für eine derartige Rückkehr zum Bundeskulturinstitut sprechen die angeblichen und angeblich auf eine vergleichbare Konstruktion zurückzuführenden kulturpolitischen Erfolge der Franzosen, vor allem aber die angeblich erwiesene Unfähigkeit der Trägerorganisationen, vor allem der Goethe-Institute, sich modernen kulturpolitischen Erfordernissen anzupassen, schließlich auch die Notwendigkeit, zu einer strafferen Organisationsform zu kommen. Gegen diese Lösung sprechen die Nachteile eines zentralisierten bürokratischen Systems ohne direkte öffentliche Kontrolle und ohne Wirkungsaustausch mit nichtstaatlichen Stellen, außerdem der Zweifel, ob das Auswärtige Amt organisatorisch und personell in der Lage ist, eine solch große und anspruchsvolle Aufgabe allein zu übernehmen, ob die qualifizierten Mitarbeiter der Trägerorganisationen bereit sein werden, sich in den Apparat einer Ministerialbürokratie integrieren zu lassen und vor allem schließlich, ob eben auswärtige Kulturpolitik heute noch als Politik einer wie immer gearteten Regierung betrieben werden sollte.

3. Die dritte Möglichkeit, vor allem von Mitarbeitern des Goethe-Instituts, neuerdings auch von der *Arbeitsgruppe Goethe-Institut* der Gewerkschaft Erziehung und Wissenschaft offiziell diskutiert, ist die Herausnahme des gesamten Bereichs der auswärtigen Kulturpolitik aus der Zuständigkeit des Auswärtigen Amtes, überhaupt aus der alleinigen Verantwortung eines einzelnen Ministeriums und die Überführung dieses Bereichs in eine öffentlich, möglicherweise parlamentarisch kontrollierte Institution, einen „Deutschen Rat" nach dem Vorbild des British Council oder in eine Anstalt bzw. Stiftung des öffentlichen Rechts. Diese Möglichkeit muß, da sie als einzige bisher noch nicht praktisch erprobt worden ist, und bei einer eventuellen Realisierung zu sehr schwierigen juristischen Problemen und organisatorischen Änderungen führen muß, hier ausführlich behandelt werden.

Der Gedanke, die auswärtige Kulturpolitik durch eine Stiftung oder Anstalt des öffentlichen Rechts verwalten zu lassen, wird beim Goethe-Institut seit ca. 5—6 Jahren diskutiert, und erstmalig 1968 in einem von 32 Dozenten des Instituts unterzeichneten vertraulichen Memorandum, dem sogenannten „Leoni-Papier", kollektiv angesprochen. Die dabei angeführten Argumente tauchen in der weiteren Diskussion immer wieder auf: stärkere, direktere Kontrolle durch die politisch und kulturell relevante Öffentlichkeit, Heranziehung von mehr interessierten Instanzen und dadurch breitere Zustimmungs-Basis, Ausbruch aus dem Institutionsgetto Amt — Goethe-Institut, Konzentrierung der Kompetenzen in einer Großorganisation, Nichtidentifizierung mit einer Regierungspolitik.

Diese Grundkonzeption wurde in der Folge von der *Arbeitsgruppe Goethe-Institut* der Gewerkschaft Erziehung und Wissenschaft weiterverfolgt. Eine Test-Umfrage in dem Arbeitsgruppenorgan „andererseits"[22] ergab, daß über 90% der Antworten sich gegen die Beibehaltung der Aufgabendelegation an den eingetragenen Verein Goethe-Institut aussprachen und fast ebenso viele für die ernsthafte Prüfung der Möglichkeit, eine Anstalt

---

22 „andererseits". Nr. 1.

des öffentlichen Rechts zu gründen. Um der weiteren Diskussion die Abstraktheit zu nehmen, arbeitete der Verfasser 1971 einen als Diskussionsmaterial gedachten Entwurf eines „Bundesgesetzes über ein *Kulturinstitut der Bundesrepublik Deutschland,* Anstalt des öffentlichen Rechts" aus, der derzeit die Basis für weitere Erörterungen innerhalb der GEW-Arbeitsgruppe ist[23].

Da die Mehrheit der Dozenten des Goethe-Instituts in der Gewerkschaft Erziehung und Wissenschaft organisiert sind, mag es interessant sein, daß der Ausschuß „Kulturpolitische Fragen" der GEW-Arbeitsgruppe inzwischen als Empfehlung folgende Formulierung fand: „Sinnvoll ist Kulturarbeit nur, wenn sie eine Gesellschaft in allen ihren Aspekten und Richtungen, auch politisch, deutlich werden läßt und außerdem langfristig geplant ist. Aus diesem doppelten Grund sind Formen der Kontrolle und der Bewilligung von Mitteln zu finden, die eine Abhängigkeit der ausführenden Organe von der jeweiligen Regierung vermeiden"[24].

Der „Gesetzentwurf" des Verfassers sollte folgenden Aspekten Rechnung tragen:

1. Die auswärtige Kulturpolitik der Bundesrepublik sollte als internationale Gesellschaftspolitik nicht Regierungspolitik sein, aber ihren öffentlichen Auftrag auch nicht hinter rein privatrechtlichen Organisationsformen verstecken. Die Anstalt des öffentlichen Rechts gibt die Möglichkeit, sie öffentlicher, eventuell sogar parlamentarischer Kontrolle zu unterstellen und den sachlich zuständigen Ministerien die sachlich notwendigen Einwirkungsmöglichkeiten zuzusichern.

2. Das Prinzip der Delegation von Teilaufgaben an Einzelorganisationen ist eingeführt. Es muß aber eine Dachorganisation geschaffen werden, die dafür sorgt, daß nicht unzureichend durchdachte Aufgabenstellungen in unkoordinierter Weise an organisatorisch schlecht konstruierte Vereine vergeben werden. Die Anstalt des öffentlichen Rechts gibt die Möglichkeit, diese Koordinationsaufgaben der unzureichend vorbereiteten Ministerialbürokratie zu entziehen und sie Instanzen zu übertragen, die für eine langfristige Planung kulturpolitischer Arbeit im Ausland besser geeignet sind.

3. Das ganz überwiegende Leistungs- und Erfahrungspotential in der auswärtigen Kulturpolitik liegt bei den Mitarbeitern der Außenstellen der bisherigen Trägerorganisationen. Es hat sich erwiesen, daß von dort, nicht von den Zentralen, alle wesentlichen Anregungen für Reformen kommen. Eine wirksame Mitbestimmung der Mitarbeiter ist deshalb schon aus Effizienzgründen notwendig. Will sich die auswärtige Kulturpolitik der Bundesrepublik glaubhaft vorstellen, muß sie sich zudem in Formen vollziehen, die beispielhaft die Anwendung demokratischer Arbeitsweisen zeigen. Die Anstalt des öffentlichen Rechts gibt die Möglichkeit, eine solche ständige

---

23 Albert Wassener: Entwurf eines denkbaren Bundesgesetzes über ein „Kulturinstitut der BRD". Auszugsweise in: „andererseits". Nr.2.
24 „andererseits". Nr.4, Arbeit der Ausschüsse, S. 20.

Mitentscheidung der Mitarbeiter in die Statuten der Organisation einzubauen, ohne allein auf die unbefriedigenden Möglichkeiten des Personalvertretungsgesetzes zurückgreifen zu müssen.

Der „Gesetzentwurf" sieht deshalb eine Konstruktion vor, die in vielen Punkten den Statuten der Rundfunk- und Fernsehanstalten ähnelt, sich in wesentlichen Punkten aber von diesen unterscheidet. Vor allem schlägt er ein *Bundes*gesetz vor. Im folgenden seien die wesentlichen Paragraphen des Entwurfes zitiert und erläutert, um Möglichkeiten und Absichten eines solchen Vorschlages klarer zu machen.

§ 3: „Die Anstalt nimmt im Auftrag des Deutschen Bundestages und in Abstimmung mit den sachlich zuständigen Bundesbehörden die im folgenden näher ausgeführten Bereiche der auswärtigen Gesellschaftspolitik der Bundesrepublik Deutschland wahr."

§ 4: „Die Anstalt hat die Aufgabe, Ausländer im Ausland und bei ihren Aufenthalten in der BRD über die kulturellen Erscheinungen in der BRD, insbesondere auch über Tendenzen und Strukturen ihrer Gesellschaft, über den aktuellen Stand der Wissenschaft, Technologie und Kunst objektiv zu informieren, den Austausch von kulturellen Anregungen mit dem Ausland in diesem Sinn nach Kräften zu intensivieren und die Erlernung der deutschen Sprache durch Ausländer als Mittel dieser Bemühungen zu fördern. Die Anstalt handelt bei diesen Tätigkeiten stets gleichermaßen im Interesse der BRD wie der Gastgeberländer, in denen sie tätig wird."

Diese Formulierung der Aufgaben war zur Zeit der Veröffentlichung vom Stand der Diskussion bestimmt. Sie würde heute vielleicht etwas anders gefaßt werden, mag aber andeuten, in welcher Richtung Zielvorstellungen, die ja in ein parlamentarisch lesungsreif gemachtes Statut einfließen müssen, gefaßt werden könnten. Den Erfordernissen der Arbeit in der Dritten Welt scheint Rechnung getragen.

§ 5: „Unbeschadet weiterer und späterer Regelungen übernimmt die Anstalt mit ihrer Gründung die Aufgaben der folgenden, derzeit mit Aufgaben der auswärtigen Kultur- und Gesellschaftspolitik beauftragten Institutionen: Goethe-Institut, Inter Nationes, Deutscher Akademischer Austauschdienst, Institut für Auslandsbeziehungen ..."

§ 6: „Die Anstalt gestaltet ihre Organisation in Satzung und Geschäftsordnung in einer Weise, daß sich die demokratische Ordnung der BRD im Verhältnis der Mitarbeiter untereinander und im Arbeitsstil ihrer Organe dokumentieren kann ..."

Auch diese Formulierung ist im Detail vom Stand der Diskussion innerhalb des Goethe-Instituts beeinflußt, in der Grundtendenz aber davon unabhängig. Die Glaubwürdigkeit einer im Ausland, vor allem aber in der Dritten Welt arbeitenden deutschen Institution ist auch von ihrem Arbeitsstil abhängig. Will man ernsthaft im Ausland die kulturellen Aspekte einer demokratischen Gesellschaft präsentieren, müssen die mit einer solchen Vorstellung beauftragten Institutionen diese Gesellschaft spiegeln. Wie wenig dies tatsächlich der Fall ist, wie sehr im Gegenteil gerade das Goethe-Institut und viele seiner Vertreter im Ausland immer noch in Arbeits- und Lebensstil Leitbildern kolonialer Zeiten folgen, weiß jeder Eingeweihte mit Beispielen zu belegen, die trübe stimmen.

§ 7: „Die Organe der Anstalt sind: Der Institutsrat, der Verwaltungsrat, die Geschaftsführer, die Beiräte, der Mitarbeiterrat."

Die §§ 9—12 definieren den Institutsrat. Er ist die oberste Kontrollinstanz der Anstalt (in etwa dem Rundfunkrat entsprechend) und repräsentiert die politische Kontrolle. Er soll in Personalunion, nicht jedoch in juristischer Identität, aus den Mitgliedern des Bundestagsunterausschusses für auswärtige Kulturpolitik bestehen, fünf der sieben Mitglieder des Verwaltungsrates wählen (zwei weitere werden vom AA benannt) und in letzter Instanz über die vom Auswärtigen Amt getätigten Vetos entscheiden.

Die §§ 13—19 legen die Aufgaben des Verwaltungsrates fest. Er besteht aus sieben Mitgliedern, von denen zwei auf höchstens vier Jahre vom Auswürtigen Amt nominiert werden. Die übrigen fünf Mitglieder werden vom Institutsrat jeweils zwei Jahre nach der letzten Bundestagswahl auf vier Jahre gewählt, zwei davon aus einer vom Mitarbeiterrat aufgestellten Vorschlagsliste.

Wahltermine und Zusammensetzung des Verwaltungsrates sollen die Kontinuität der Arbeit und ein an die parlamentarischen Machtverhältnisse gekoppeltes Revirement erleichtern, zugleich aber dem Auswärtigen Amt als dem Ministerium, das im aktuellen politischen Einzelfall die unmittelbare politische Entscheidung trägt, eine direkte Vertretung ermöglichen. Auch die Mitarbeiter des Instituts, die ähnlich wie schon bei den Trägerorganisationen über das überwiegende Leistungs- und Erfahrungspotential verfügen, sollen auf dem Weg über ein Vorschlagsrecht zum Verwaltungsrat einen Einfluß auf dessen Besetzung nehmen können.

Bei einer entsprechenden Erweiterung des Verwaltungsrates wäre hier auch eine sachlich begründete und angemessene Vertretung des Entwicklungsministeriums, eventuell sogar des Wissenschaftsministeriums möglich.

§ 18: „Die gemäß § 13 vom Auswärtigen Amt in den Verwaltungsrat entsandten Mitglieder besitzen gegenüber allen Beschlüssen des Verwaltungsrats und gegenüber den Entscheidungen der Geschäftsführer ein aufschiebendes Einspruchsrecht, soweit diese gewichtige außenpolitische Konsequenzen haben können. Ist von dem Einspruchsrecht Gebrauch gemacht worden, entscheidet der Institutsrat nach Rücksprache mit dem Auswärtigen Amt in letzter Instanz."

Die §§ 20—23 definieren die Funktion der Geschäftsführer, im wesentlichen in ähnlicher Weise, wie die des Intendanten der Rundfunkanstalten. Allerdings wird dem Mitarbeiterrat bei wichtigen Ernennungen ein Einspruchsrecht zugestanden. Auch dies scheint notwendig, weil im Gegensatz zu anderen Institutionen im Bereich der auswärtigen Kulturpolitik das überwiegende konkrete Erfahrungspotential nicht bei den zentralen politischen und administrativen Instanzen konzentriert ist.

Die §§ 24—29 regeln die Arbeit der Beiräte. Auch hier hat der Mitarbeiterrat ein Vorschlags- und Einspruchsrecht. § 25 schreibt vor, daß die Mitglieder der Beiräte ausschließlich nach fachlichen Gesichtspunkten zu wählen sind und in der Lage sein müssen, ,,unvoreingenommen und in hohem Maße sachkundig" über den aktuellen Stand der Erscheinungen in dem betreffenden Sachbereich zu informieren. Die Adjektive dieses Paragraphen scheinen angesichts der derzeitigen Lage notwendig.

§ 26: ,,Die personelle Zusammensetzung der Beiräte muß eine angemessene Vertretung aller wesentlichen Tendenzen des betreffenden Fachbereiches garantieren."

Die §§ 27—29 definieren die aus den vorherigen Punkten schon erkennbare Funktion des Mitarbeiterrats:

§ 27: ,,Der Mitarbeiterrat besteht aus sieben Mitarbeitern der Anstalt, die verantwortlich mit Tätigkeiten im Sinne der Aufgabenstellung der Anstalt betraut sind. Er vertritt im Auftrag der Mitarbeiter und im alleinigen Interesse der Anstalt die besondere Arbeitserfahrung der Mitarbeiter und die daraus erwachsenden Zielvorstellungen. Er nimmt die Aufgabe wahr, Entscheidungen, die nach den Erfahrungen der Mitarbeiter unsachgemäß und unzweckmäßig sind, oder nach deren Ansicht die Wirksamkeit der Arbeit der Anstalt schmälern können, zu verhindern, und sachgemäße Entscheidungen anzuregen."

Wie sich aus den obigen Formulierungen entnehmen läßt, handelt es sich bei diesem Gremium nicht um eine Arbeitnehmervertretung im Sinne einer Interessenvertretung, sondern eher um einen Beirat mit besonderen Funktionen, dessen Aufgabe es ist, die Arbeitseffizienz zu erhöhen. Die Funktionen eines Personal- oder Betriebsrates werden dadurch auch nicht eingeengt.

In den §§ 30—33 wird die Arbeit der Neben- und Zweigstellen skizziert. Auch hier ist für ein Vetorecht der diplomatischen Vertretungen gesorgt.

§ 33: ,,Die zuständigen diplomatischen Vertretungen der BRD haben gegenüber Entscheidungen der verantwortlichen Mitarbeiter der Zweigstellen, Nebenstellen und Dozenturen im Ausland ein aufschiebendes Einspruchsrecht, insofern als diese Entscheidungen zu schwerwiegenden negativen außenpolitischen Konsequenzen führen können. Die endgültige Entscheidung trifft der Institutsrat nach Rücksprache mit dem Auswärtigen Amt."

Die abschließenden Paragraphen regeln finanzielle und Übergangsbestimmungen.

Gegen den Gedanken der Anstalt des öffentlichen Rechts und speziell gegen den obigen ,,Gesetzentwurf" sind, wie nicht anders zu erwarten war, eine Reihe von gewichtigen Argumenten vorgebracht worden, von denen man die juristischen gemeinhin besonders betonte.

Schon im Jahre 1967 war im Auftrag des Goethe-Instituts e.V. das bisher streng vertraulich behandelte sogenannte ,,Lerche-Gutachten" erstellt worden. Seine Absicht war es wohl, den Tendenzen innerhalb des Auswärtigen Amtes zu widersprechen, die sich gegen das System der Aufgabendelegation an einen *eingetragenen Verein* wandten. Obwohl das LERCHE-Gutachten bisher den Mitarbeitern des Goethe-Instituts nicht zugänglich war, ist doch bekannt geworden, mit welchen juristischen Argumenten es, wie es dem gegebenen Auftrag entsprach, die Vorteile des eingetragenen Vereins für die auswärtige Kulturarbeit verteidigt, und die Möglichkeiten der Gründung einer Anstalt oder Stiftung öffentlichen Rechts leugnet. Vor allem ist auch bekannt, daß das Gutachten in vielen Argumenten das Weiterbestehen des *eingetragenen Vereins* als Selbstzweck voraussetzt, seine eventuelle Auflösung also nicht ernsthaft in Erwägung zieht.

Es zitiert als Vorteil für den e.V., daß dieser den Schutz des Grundgesetzes genieße und somit nicht von dritter Seite aufgelöst werden könne. Es leugnet die Möglichkeit, eine Anstalt des öffentlichen Rechts zu gründen, weil dies nach bayerischen Landesgesetzen unmöglich sei, und vernachlässigt völlig eine Abwägung der eventuellen Konsequenzen im Ausland. Diese Grundhaltung macht das Gutachten für eine ernsthafte Untersuchung der juristischen Problematik weitgehend wertlos.

Wertvoller sind die Untersuchungen, die der Ausschuß „Rechtsform, Satzung, Geschäftsordnung" der Arbeitsgruppe Goethe-Institut der GEW, dem zwei Juristen angehören, im Auftrag der Mitgliederversammlung der Arbeitsgruppe und in Kenntnis des LERCHE-Gutachtens über die juristische Problematik des „Gesetzentwurfes" des Verfassers erarbeitet hat[25].

Eine in andererseits" erschienene Zusammenfassung behandelt die wesentlichen Argumente gegen die Anstalt des öffentlichen Rechts (und nicht nur gegen den „Gesetzentwurf" des Verfassers) und sei hier zitiert: „Eine ausführliche Stellungnahme des Kollegen Kurt SCHARF, der Volljurist ist, stellt fest, daß der Gesetzentwurf eine juristisch mögliche Konstruktion enthält und zwar aus folgenden Gründen:

1. Die auf Grund landesrechtlicher Normen bestehende Rechtslage braucht nicht geprüft zu werden, denn nach Artikel 31 GG bricht Bundesrecht Landesrecht. Der vorgelegte Gesetzentwurf geht aber von der Idee einer Bundesanstalt aus.

2. Bereits bestehende bundesrechtliche Regelungen interessieren, soweit sie nicht Verfassungsrang haben, deswegen nicht, weil das zu beschließende Gesetz ihnen gegenüber ein Spezialgesetz ist, oder ein „späteres" Gesetz wäre.

3. Der Gesetzentwurf ist daher lediglich auf seine Vereinbarkeit mit dem Grundgesetz zu prüfen. Nach Artikel 87, Abs. 3 GG steht es aber dem Bund frei, neue bundesunmittelbare Anstalten des öffentlichen Rechts zu schaffen, soweit ihm die Gesetzgebungskompetenz zusteht. Da der Gesetzentwurf als Aufgabe der zu errichtenden Anstalt

---

25 Zusammenfassung in: „andererseits". Nr. 4, Stellungnahmen und Arbeit der Ausschüsse. S. 19.

aber die auswärtige Kultur- und Gesellschaftspolitik der BRD nennt und die auswärtige Politik nach dem Grundgesetz Bundesangelegenheit ist, ist der Entwurf mit dem Grundgesetz vereinbar. Das von verschiedenen Seiten vorgebrachte Argument, der Entwurf verstoße wegen des darin enthaltenen Satzes: „Die Anstalt nimmt im Auftrag des Deutschen Bundestages ... Aufgaben wahr" gegen das Prinzip der Gewaltenteilung, trifft nicht zu, da der weitere Text des Entwurfes eindeutig erkennen läßt, daß dem Parlament lediglich die ihm zustehenden Kontrollfunktionen zugeteilt werden sollen.

Die Stellungnahme von Herrn SCHARF berührt im weiteren die Diskussion und Widersprüche in Lehre und Rechtssprechung und stellt dann fest, daß die Richtlinienkompetenz, was die politische Aufgabe der auswärtigen Kultur- und Gesellschaftspolitik angehe, wohl zu den Aufgaben der Bundesregierung gehöre, daß diese die konkrete Ausführung aber, ohne die vom Bundesverfassungsgericht aufgestellten Grundsätze zu verletzen, einer öffentlich-rechtlichen Anstalt überlassen dürfe. Außerdem spreche hier, ähnlich wie bei den Rundfunk- und Fernsehanstalten, ein wichtiger sachlicher Grund dafür, die Aufgaben des Instituts dem unmittelbaren Einfluß der Regierung zu entziehen und die demokratische Kontrolle anders sicherzustellen: Die politische Neutralisierung. Es sei für eine fruchtbare Kulturarbeit unerläßlich, daß die interessierten Ausländer das Gefühl haben dürfen, nicht einem kurzfristigen politischen Interesse der jeweiligen Regierung dienenden Organ, sondern einer weitgehend unabhängigen Einrichtung gegenüberzustehen."

Die Bedeutung dieser juristischen Problematik ist in der Diskussion gegenüber der Argumentation über die politischen Schwierigkeiten allzu sehr in den Vordergrund getreten. Der politischen Realisierung stehen nämlich ganz erhebliche Widerstände auf verschiedenen Ebenen entgegen.

Der hilflose und derzeit recht unübersichtliche Zustand der wichtigsten Trägerorganisation der auswärtigen Kulturpolitik, des Goethe-Instituts, hat unter dessen Mitarbeitern eine sehr weitgehende Resignation, mindestens Verunsicherung, ausgelöst. Einerseits verstärkt sich die Tendenz, angesichts der allgemeinen Stagnation dem derzeitigen Delegationsverhältnis und dem Fortbestehen des eingetragenen Vereins gegenüber einer eventuell drohenden direkten Übernahme in die totale und alleinige Verantwortlichkeit des Auswärtigen Amtes noch viele positive Seiten abzugewinnen, andererseits wird immer weniger geleugnet, daß das Amt in vieler Hinsicht progressiver reagiert als der Vorstand des Goethe-Instituts. Es sieht so aus, als seien unter diesen Umständen vorerst von den Mitarbeitern des Goethe-Instituts keine weiteren Reformanstöße zu erwarten.

Die zweite Ebene der politischen Schwierigkeiten wird mit dem Argument angeschnitten, ein öffentlich-rechtlicher Status für die auswärtige Kulturpolitik werde unter den derzeitigen Verhältnissen in der BRD zwangsläufig zu Proporzquerelen in den Kontroll- und Verwaltungsorganen führen. Oft wird in diesem Zusammenhang auf die jüngste Auseinandersetzung um das bayerische Rundfunkgesetz hingewiesen. Diese Argumentation geht allerdings an einigen wichtigen Tatsachen vorbei:

1. Ein Bundesgesetz über eine Anstalt des öffentlichen Rechts „Kulturinstitut der BRD" wird vom Bundestag erlassen. Das Parlament kann gesetzlich die Kräfteverteilung in den Gremien der Anstalt in jeder beliebigen Weise regeln, besser, aber auch schlechter als in den vergleichsweise herangezogenen Rundfunkstatuten. Die Überführung in eine öffentlich-rechtliche Anstalt soll aber vor allem eine breite politische Basis für die auswärtige Gesellschaftspolitik der BRD schaffen und die Richtliniengestaltung der Anstalt der Auseinandersetzung zwischen den politischen und gesellschaftlichen Kräften aussetzen. Es wäre Unsinn, eine auswärtige Kulturpolitik zu betreiben, die wesentlich progressiver, oder wesentlich restaurativer ist als die Gesellschaft unseres Staates selbst. Zudem mag darauf hingewiesen werden (vor allem progressive Außenstehende übersehen das oft), daß die Programmgestaltung der Rundfunkanstalten bei aller Kritik, die sie gelegentlich verdient, ein weit demokratischeres und lebhafteres Bild der intellektuellen Auseinandersetzungen in unserer Gesellschaft bietet als die Arbeit des Auswärtigen Amtes und des Goethe-Instituts dies kann. Die Frage scheint also hier nicht zu sein, ob die derzeitige Verteilung der politischen Kräfte in der Bundesrepublik diesem oder jenem Vertreter der auswärtigen Kulturpolitik gefällt, sondern, ob es möglich erscheint, daß die derzeitigen politischen Kräfte das Bewußtsein und den Willen entwickeln, ein Gesetz zu verabschieden, welches die auswärtige Kulturpolitik der Alleinverantwortung des Auswärtigen Amtes entzieht und einer öffentlich-rechtlichen Anstalt überträgt. Die Antwort scheint mir zu sein: Heute nicht, aber vielleicht in zehn oder fünfzehn Jahren.

2. Die Argumentation, es werde zu Proporz-Querelen kommen, übersieht, daß unter den kulturpolitisch engagierten Kreisen der Bundestagsparteien ein erstaunlich weitgehender Konsens darüber besteht, daß Kulturpolitik nicht mehr Kulturpropaganda, nicht mehr nationale Selbstdarstellung sein dürfe, daß gesellschaftspolitische Themen in den Vordergrund treten müssen, daß ein objektives Bild der deutschen Gesellschaft vorgestellt werden solle usw. Dieser Konsens ist eine politische Basis, die breit genug sein dürfte, um für die kulturpolitischen Aktivitäten im Ausland einen liberalen Handlungsspielraum zu ermöglichen, der vermutlich nicht viel kleiner ist als der derzeit bestehende. Es ist ein Faktum, das wiederum vor allem progressive Außenstehende oft übersehen, daß die Richtlinien- und Planungskompetenz für die derzeitige Kulturarbeit im Ausland nicht unwesentlich von Diplomaten, Vorstandsmitgliedern und leitenden Angestellten der Trägerorganisationen ausgeübt wird, die in ihrem politischen Standort keineswegs die politische Meinungsverteilung in der Bundesrepublik, noch weniger aber die politischen Tendenzen widerspiegeln, die in den kulturtragenden Schichten unserer Gesellschaft wirksam sind. Niemand wird leugnen können, daß das Auswärtige

Amt auch im Vergleich zu anderen Ministerien einen konservativen Überhang zeigt und daß etwa der Vereinsvorstand des Goethe-Instituts in seiner Mehrheit eher rechts der Mitte beheimatet ist.

3. Die Furcht vor Proporz-Schwierigkeiten läßt auch übersehen, daß eine öffentlich-rechtliche Anstalt, vor allem wenn sie nicht nur das Auswärtige Amt, sondern auch das Entwicklungsministerium und das Wissenschaftsministerium an Planung und Kontrolle beteiligt, einen Zufluß von Experten ermöglicht, der bisher nicht gegeben ist. Vor allem von einer Beteiligung des BMZ ist für die Kulturarbeit in der Dritten Welt viel zu erwarten.

Viel gravierender als die Argumentation mit der Furcht vor Proporzstreitigkeiten, die im Grunde eine Furcht vor politischer Auseinandersetzung ist, scheint die Problematik der Legislaturpraxis zu sein, die eine Verabschiedung eines Gesetzes über eine Bundesanstalt des öffentlichen Rechts auf absehbare Zeit unmöglich machen dürfte.

Allerdings: Politische Kräfteverhältnisse ändern sich. Auch das politische Bewußtsein innerhalb bestehender Parteien ändert sich. Ebenso, wie es vor 15 Jahren kaum zu erwarten gewesen wäre, daß CDU-Abgeordnete Kulturpolitik im Ausland anders, denn als eine geschickte Kulturpropaganda verstanden hätten, kann es in weiteren 15 Jahren möglich sein, daß sogar in der CDU das Wort „internationale Gesellschaftspolitik" nicht mehr als Reizwort aufgefaßt wird und aus dieser Einsicht Konsequenzen gezogen werden. *Man gestatte in diesem Zusammenhang die Wiederholung der klugen Banalität, daß Politik nicht nur die Kunst des Möglichen, sondern auch die Kunst ist, Notwendiges möglich zu machen.* Insofern kann die derzeitige Diskussion über eine neue Rechtsform für die auswärtige Gesellschaftspolitik nur vorbereitenden Charakter haben. Diesen allerdings sollte sie haben.

Anschrift des Verfassers
Albert Wassener
Biblioteca Germanica
Goethe-Institut
Palazzo Odescalchi
Via del Corso, 267
I – 00186 Roma (Italien)

Auswärtige Kulturpolitik und Kulturwandel

von Barthold C. Witte, Bonn

Die Bundesregierung hat, gestützt auf einen breiten Konsens zwischen den drei Fraktionen des Bundestages, seit 1969 die dritte Phase ihrer auswärtigen Kulturpolitik eingeleitet. Deren erste Phase begann um 1950, als es nach der Katastrophe von 1945 darauf ankam, der Welt das andere, bessere Deutschland zu präsentieren, das Land Kants, Goethes und Thomas Manns. Dieses Ziel war schon weit entfernt von der auswärtigen Kulturpolitik des Deutschen Reichs, die nach den Worten des Reichskanzlers Bethmann-Hollweg aus dem Jahre 1913 Funktion deutscher Weltpolitik in der Konkurrenz mit Frankreich und England sein sollte. Eine gewisse Kontinuität ergab sich freilich dadurch, daß die Pioniere der neuen auswärtigen Kulturpolitik dankbar alle vorhandenen institutionellen Anknüpfungspunkte nutzten, sei es drinnen durch Institutionen wie das Goethe-Institut, den Deutschen Akademischen Austauschdienst (DAAD) und das Stuttgarter Institut für Auslandsbeziehungen, sei es draußen in Gestalt noch vorhandener oder wiedergegründeter Schulen mit deutschem Hintergrund.

Man mag heute darüber streiten, ob das richtig war, vor allem im Hinblick auf den dadurch wiederbegründeten absoluten Vorrang der Förderung der deutschen Sprache im Ausland. Doch führte schon diese erste Phase über die vorhandene Erbschaft weit hinaus, etwa durch die Tätigkeit von Inter Nationes mit individuellen und massenwirksamen Informationsprogrammen, aber auch in der Förderung des wissenschaftlichen Austausches durch DAAD, Humboldt-Stiftung und Deutsche Forschungsgemeinschaft.

Die zweite Phase, etwa seit dem Ende der fünfziger Jahre, stand im Zeichen einer raschen weltweiten Ausdehnung der Programme, nicht zuletzt vor dem Hintergrund der innerdeutschen Auseinandersetzung mit der DDR. Mehr Kulturinstitute, mehr Schulen, mehr Stipendien fast von Jahr zu Jahr – aber damit wuchsen auch die Probleme und die kritischen Fragen. Die Frage nach der entwicklungspolitischen Relevanz der auswärtigen Kulturpolitik gehörte dazu, mehr und mehr auch der Wunsch, die gesellschaftspolitischen Bezüge zu verstärken. Im Vordergrund stand freilich die Absicht, der Welt das ganze Deutschland zu präsentieren, und zwar so, daß seine kulturelle und wissenschaftliche Bedeutung besonders sichtbar wurde, sozusagen als Gegengewicht zu der im Ausland vom „Wirtschaftswunder" und der Wiederbewaffnung der fünfziger Jahre induzierten vorwiegend wirtschaftlichen und militärischen Betrachtungsweise. Entsprechend formulierte noch die Regierungserklärung von 1965 die Ziele der auswärtigen Kulturpolitik.

Am Beginn der dritten Phase steht die Regierungserklärung von 1969. Sie setzte das Ziel, ,,anderen Völkern neben den unvergänglichen Leistungen der Vergangenheit ein Bild dessen zu vermitteln, was in dieser Zeit des Übergangs auch in Deutschland an geistiger Auseinandersetzung und fruchtbarer Unruhe tägliche Wirklichkeit ist". Auch wenn sich dieser Satz zunächst noch auf deutsche Selbstdarstellung bezog, bedeutet er doch einen entscheidenden Fortschritt, weil damit ein stärkerer Gegenwartsbezug und eine betonte Öffnung zur offenen, kritische Auseinandersetzung avisiert wurden. Ihm folgten die ,,Leitsätze zur auswärtigen Kulturpolitik" vom Dezember 1970, die den Austausch und die Zusammenarbeit im Bereich von Kultur, Wissenschaft und Gesellschaft in den Mittelpunkt stellten.

Auf dieser Basis wird es sinnvoll, einen Beitrag der deutschen auswärtigen Kulturpolitik zum weltweiten Kulturwandel zu erwarten. Zu hoffen ist, daß die 1971 vom Deutschen Bundestag eingesetzte Enquête-Kommission nach ihrem Zwischenbericht bald die endgültigen Resultate ihrer Bemühungen vorlegen und damit im Bundestag die Erkenntnis durchsetzen kann, daß dieser Beitrag eine notwendige Sache und eine große Aufgabe ist.

Wer von ,,Kulturwandel" spricht, muß definieren, was er damit meint. Kultur auf den Begriff zu bringen, ist freilich eine schwierige Aufgabe, besonders in Deutschland. Würde die Bevölkerung der Bundesrepublik darüber befragt, was Kultur sei, so käme vermutlich heraus, daß weithin noch immer die aus dem unpolitischen bürgerlichen Leben des 19. Jahrhunderts überkommenen Vorstellungen gelten. Für sie ist alles von kulturellem Belang, was der Erhebung des Individuums zum Wahren, Schönen und Guten dient, vorzugsweise außerhalb des häßlichen Alltags. Musik, bildende und darstellende Künste, Literatur und allenfalls noch zweckfreie Wissenschaft bilden dann die Bestandteile des ,,kulturellen Lebens"; in den Informationsmedien wird es dann auch ,,unter dem Strich" abgehandelt, im Feuilleton nämlich.

Demgegenüber besteht der wissenschaftliche Sprachgebrauch seit langem darauf, daß Kulturen das Ganze der Lebenswirklichkeit umfassen — also auch alle gesellschaftlichen Phänomene, die wirtschaftliche und technische Entwicklung, ja selbst die garstige Politik. Kulturen sind danach die konstitutiven Elemente der Universalgeschichte, die sich in Zeit und Raum voneinander unterscheiden, aber in Kooperation und Konflikt miteinander verbunden sind. Nach dieser, etwa von Alfred WEBER in seiner ,,Kulturgeschichte als Kultursoziologie" vertretenen Auffassung tendiert der Geschichtsstrom als zivilisatorischer Prozeß zunehmend dazu, den ganzen Erdball zu erfassen, erst recht seit dem Aufbruch der Europäer zur Weltbeherrschung im 15. Jahrhundert. Die „eine Welt" ist in solcher Sicht längst am Horizont erschienen, ja da und dort schon existent.

Auswärtige Kulturpolitik hatte es von jeher mit beiden Begriffen von Kultur zu tun. Häufig wird sie als die „dritte Säule" der auswärtigen Beziehungen neben Politik und Wirtschaft bezeichnet. Sie ist damit zwar nicht unpolitisch, sondern von vornherein als Instrument von Politik gedacht. Die von ihr gemeinten, zur Vermittlung bestimmten Inhalte erscheinen jedoch in dem hier verwandten Sinn von Kultur zunächst als „unpolitisch". So sind beispielsweise noch vor wenigen Jahren die Zuständigkeitsvereinbarungen zwischen der Kulturabteilung des Auswärtigen Amts und der Auslandsabteilung des Presse- und Informationsamts der Bundesregierung getroffen worden: Publikationen über Deutschland werden, wenn sie politischen oder wirtschaftlichen Charakter haben, vom Presseamt gefördert, während „kulturelle" Inhalte Sache des Auswärtigen Amts sind. Zu diesen gehört immerhin das gesamte Bildungswesen; wenn das gesellschaftliche Subsystem „Bildung und Wissenschaft" auf solche Weise zur Kultur gerechnet wird, hat dies freilich auch zur Folge, daß seine wirtschaftlichen und politischen Bedingungen und Wirkungen nicht immer sichtbar, gelegentlich sogar verschleiert werden.

Die negativen Folgen einer solchen Betrachtungsart sind inzwischen den Fachleuten bekannt. Weil und solange der unpolitische Kulturbegriff herrscht, werden die Probleme der auswärtigen Kulturpolitik im wesentlichen unter der Prämisse einer vorgegebenen Antinomie von Kultur und Politik erörtert. Von der einen Seite wird dann ein politikfreier Raum gefordert, weil Kultur nur in ihm gedeihen könne, von der anderen Seite hingegen Kultur ausschließlich unter dem Blickwinkel der politischen Verwertbarkeit gesehen. Interessanterweise ist diese Sehweise, die beide Sphären voneinander trennt, neuerdings von einigen linken Kritikern der bundesrepublikanischen Zustände höchst naiv und unreflektiert wieder aufgenommen worden — so wenn Wolfgang S. Freund jüngst in „Afrika heute" die französische auswärtige Kulturpolitik als lobenswertes Beispiel zitierte, weil sie „unter Hintanstellung politischer Zielvorstellungen ... um des kulturellen Kontaktes willen, der im Grunde ein menschlich-sozialer ist"*, durchgeführt werde.

Ob die Intentionen Frankreichs hier richtig gesehen sind, ist eine Frage für sich. Es geht vielmehr um den behaupteten Gegensatz von Kultur und Politik und um die Folgerung, internationale kulturelle Zusammenarbeit könne nur dort gedeihen, wo sie von politischen Zumutungen frei gehalten werde — weshalb übrigens nicht wenige der in diesem Felde Tätigen sehr viel

---

* W. S. Freund: „Kulturfunktionäre" und Kulturpolitik. Personalproblematik deutscher Kulturbeziehungen mit der Dritten Welt. Afrika heute 10,10 (1972). S. 203 f.

lieber von „Kulturarbeit" oder „Kulturaustausch" reden als von der „Kulturpolitik".

Unbestreitbar gibt es hier ein Spannungsverhältnis. Es wäre unredlich, dies zu leugnen oder die Schwierigkeiten bloß verbal dadurch zu beseitigen, daß Politik, Wirtschaft und alles übrige unter den weiten Kulturbegriff Alfred WEBERS subsumiert werden. Tatsache ist, daß in einem freien Lande wie der Bundesrepublik ein ständiger Konflikt zwischen der verfassungsrechtlich garantierten Autonomie des freien Geistes einerseits und dem Bedürfnis des Staates nach der Nutzung seiner Produkte andererseits ausgetragen werden muß.

Die Folgen dieses, der pluralistischen Gesellschaft eingeborenen Konflikts für die auswärtige Kulturpolitik sind sehr praktischer Natur. Zum Beispiel: Kann und soll sich ein Wissenschaftler, Schriftsteller oder Künstler, der seiner Regierung kritisch oder gar ablehnend gegenübersteht, von eben dieser Regierung als Aushängeschild ins Ausland schicken lassen? Und umgekehrt: Darf er draußen seiner Kritik nicht nur an der eigenen Regierung, sondern womöglich auch an der des Gastlandes freien Lauf lassen? Wie leicht ist da einer gleichzeitig ein Nestbeschmutzer und ein Interventionist! In beiden Fällen handelt es sich offenkundig um politische Probleme, und zwar mitten im sogenannten kulturellen Freiraum.

Mit der reinlichen Trennung von Kultur und Politik (oder ebenso von Kultur und Wirtschaft) kommen wir also nicht weit; allzu deutlich ist ihre Interdependenz. Es handelt sich aber doch um wesensmäßig Verschiedenes, und daher taugt auch der universale Kulturbegriff für unsere praktischen Zwecke zunächst wenig. Indes liefert er doch eine wichtige Erkenntnis. Wenn es nämlich richtig ist, daß „Kultur" im Sinne von Alfred WEBER stets den Nationalstaat europäischen Zuschnitts transzendiert und heute erst recht übernationale Züge angenommen hat, so tut sich mit dieser Feststellung ein neues Konfliktfeld auf: der Widerspruch zwischen dieser Kultur und der — nationalstaatlich verstandenen — Souveränität. Er begegnet uns allenthalben in der Praxis der auswärtigen Kulturpolitik, zumal in der „Dritten Welt", aber auch anderswo. In Westeuropa, wo er zum ersten Mal entstand und in der von Friedrich MEINECKE beschriebenen Alternative zwischen Weltbürgertum und Nationalstaat ausgetragen wurde, hat er an Gewicht verloren; im Fortgang der westeuropäischen Integration und der damit verbundenen zunehmenden Öffnung der bisherigen Nationalstaaten für unvermittelte, direkte zwischengesellschaftliche Zusammenarbeit verschwindet die alte Fragestellung — freilich um als gesamteuropäisches Problem in den Beziehungen zur unabhängig werdenden „Dritten Welt" erneut aufzutauchen.

Auswärtige Kulturpolitik lebt nun aber vom möglichst freien Austausch und der spontanen Begegnung. Was indessen uns Europäern als Bereicherung oder auch bloß als exotische Attraktion erscheint, stellt sich vielen Entwicklungsländern als Überfremdung dar. Gegen sie setzen sie sich zur Wehr; so wie der deutsche Nationalismus des frühen 19. Jahrhunderts durch FICHTE den „geschlossenen Handelsstaat" erfand, wird aus solcher Reaktion der „geschlossene Kulturstaat" als Idee und Praxis geboren. Dieser beteiligt sich zwar weiterhin am internationalen Austausch, vor allem im Sektor Bildung und Wissenschaft, indessen zu begrenztem Zweck, nämlich um den erwünschten Transfer von modernen produktionsorientierten Technologien als wichtiges Element beschleunigter wirtschaftlicher Entwicklung zustande zu bringen.

Zugleich aber wendet sich das noch unsichere nationale Selbstbewußtsein zunehmend gegen die Übernahme der mit diesen Technologien historisch verbundenen Verhaltensweisen, Ausdrucksformen und Wertsysteme. Das bedeutet z. B.: Ausländische Institutionen im eigenen Lande, etwa Schulen und Kulturinstitute, begegnen dem zunehmenden Verdacht, Träger eines kulturell verfremdeten Neo-Kolonialismus zu sein, während ausländische Stipendien für technisch-naturwissenschaftliches Studium in den hochentwickelten Ländern überaus begehrt und erwünscht bleiben. Der Abschluß von bilateralen Kulturabkommen dient dann mehr und mehr dem Zweck, den Fluß der Kenntnisse, Informationen und Meinungen in kulturellen, wissenschaftlichen und gesellschaftlichen Fragen entsprechend zu steuern und da und dort auch einzudämmen, statt ihn zu liberalisieren.

Unschwer ist vorauszusehen, daß die deutsche auswärtige Kulturpolitik sich mehr und mehr auf diese Tendenz wird einstellen müssen, die überdies einhergeht mit einer wachsenden Neigung vieler Entwicklungsländer zu staatlicher Lenkung der wirtschaftlichen, gesellschaftlichen und politischen Prozesse, also auch des internationalen Austauschs.

Für die neu konzipierte auswärtige Kulturpolitik im Zeichen ihrer „Leitsätze" vom Dezember 1970 sind das wenig günstige Voraussetzungen. Denn die von dem damaligen Parlamentarischen Staatssekretär im Auswärtigen Amt, Professor Ralf DAHRENDORF, eingeleitete Reorientierung zielte gerade umgekehrt darauf, das überkommene Regierungsmonopol im internationalen kulturellen Austausch zu durchbrechen und die unmittelbare Zusammenarbeit zwischen den Gesellschaften betont zu fördern. In diesem Sinne benutzte DAHRENDORF die Bezeichnung „Zwischenstaatliche Gesellschaftspolitik", die freilich zu manchen Mißdeutungen Anlaß gab und besser durch „internationale Zusammenarbeit gesellschaftlicher Gruppen" ersetzt wird.

Bei näherem Zusehen ergibt sich indessen, daß diese Zusammenarbeit auch von Entwicklungsländern überall dort gewünscht wird, wo sie für das „Nation Building" oder für die beschleunigte wirtschaftliche Entwicklung relevant ist. Beispiel Sport: Seitdem erkannt ist, in welchem Maß der Breiten- und Leistungssport in Afrika, Asien und Lateinamerika als wirksames Instrument zur Motivation breiter Schichten auf nationale Identifikation und auf leistungsbezogene Dynamik hin eingesetzt werden kann, verzeichnet das Auswärtige Amt einen raschen Anstieg der Projekt- und Programmwünsche. Ähnliches gilt für den Jugendaustausch, die Zusammenarbeit von Frauenorganisationen, die Tätigkeit der politischen Stiftungen und die internationale Kooperation von Kirchen und Gewerkschaften. Nicht alles ist freilich in jedem Land möglich und sinnvoll. Zur Theorie und Praxis der vielbeschworenen Partnerschaft mit den Entwicklungsländern gehört, daß staatliche Förderung solcher Zusammenarbeit nicht ohne oder gar gegen den Partner, also ohne oder gegen den Willen der Regierung des Partnerlandes, geleistet wird.

Gegen dieses Prinzip wenden engagierte Träger internationaler kultureller Zusammenarbeit häufig ein, daß es bestehende Herrschaftsverhältnisse in der „Dritten Welt" nur noch weiter stabilisiere, den Kontakt zu kritischoppositionellen Kreisen unmöglich mache, die rechtzeitige Zusammenarbeit mit den „Herren von morgen" verhindere und daher einer modernen, gesellschaftsbezogenen auswärtigen Kulturpolitik geradezu diametral entgegenstehe.

An dieser Kritik ist zweifellos richtig, daß die Kanalisierung der kulturellen Beziehungen durch die jeweilige Regierung eine freie Zusammenarbeit über die Grenzen hinweg im Sinne der kommenden „Weltinnenpolitik" häufig unmöglich macht. Es fragt sich auch, ob Regierungen stets weise oder nicht manchmal sogar gegen ihr eigenes Interesse handeln, wenn sie solcher Zusammenarbeit enge Grenzen setzen. Indessen ist hier der Punkt, an dem die außenpolitischen Bedingungen und Rücksichten wirksam werden, die eine Einmischung in innere Verhältnisse des Partnerlandes nicht zulassen. Nicht nur der Fortschritt ist unteilbar, sondern auch die Außenpolitik. Darum gibt es auch für die auswärtige Kulturpolitik bestimmte politische Grundsätze, die allgemein angewandt werden und nicht etwa selektiv, je nachdem, ob es sich um „fortschrittliche" oder um „reaktionäre" Länder handelt. Zu ihnen gehört der Respekt vor der Selbstbestimmung des Partners.

Im übrigen bleibt diese Diskussion doch sehr an der Oberfläche kurzfristiger Entwicklungen. Auswärtige Kulturpolitik rechnet mit langen Fristen und mit Sekundärwirkungen, die häufig der HEGELschen „List der Geschichte" ähneln. Deshalb ist es keineswegs ausgemacht, daß die Rechnung jener aufgeht, die den „technological transfer" wünschen und fördern, den ungesteuerten geistigen Austausch indessen scheuen. Auch und gerade die technologische Entwicklung ist Element des Kulturwandels, der als weltweiter Prozeß immer sichtbarer wird und nicht aufgehalten werden kann, schon gar nicht durch staatsbürokratische Sperren.

Das gilt nicht nur für die Entwicklungsländer, aber für sie in besonderer Weise. Denn sie haben im Zusammenprall mit der von Europa ausgegangenen technisch-industriellen Zivilisation die für sie lebenswichtige Frage zu lösen, ob sie dabei ihre historische Identität verlieren müssen oder zu einer Synthese von eigener Tradition und fremder Modernität gelangen können. In Lateinamerika mag sich dieses Problem angesichts der von der europäischen Einwanderung seit viereinhalb Jahrhunderten mitgebrachten Denk-, Ausdrucks- und Verhaltensweisen nicht in voller Schärfe stellen. In Asien, im arabisch-islamischen Raum und auch in Afrika ist dagegen die Auseinandersetzung in vollem Gang, wobei China ein besonders faszinierendes Exempel bietet.

Gibt es dazu einen spezifischen deutschen Beitrag? Die deutsche Wissenschaft hat ihn seit der vom Hitler-Regime über sie verordneten provinziellen Beschränktheit nur sporadisch erbracht, ganz im Gegensatz zu der stolzen Tradition von Alexander von Humboldt über Max Müller bis Frobenius, die in Festreden so gern beschworen wird. Gleichwohl gäbe es hier viel zu tun; eine Reihe meist jüngerer Wissenschaftler hat damit zum Glück schon begonnen. Als ein Beispiel unter vielen sei das interdisziplinäre Puebla-Projekt der Deutschen Forschungsgmeineschaft genannt, das auf ein kulturelles Gesamtbild einer bestimmten mexikanischen Region abzielt. Ein wichtiger, meist unterschätzter Aspekt solcher Unternehmungen ist die historische Perspektive. Viele Länder der Dritten Welt sind auf der Suche nach ihrer Identität dabei, ihre verlorene, kolonial überlagerte Vergangenheit wieder zu entdecken. Sie dabei zu unterstützen, hat guten Sinn; deshalb hat das Auswärtige Amt in diesem Jahr erstmals Maßnahmen der „Kulturhilfe für Entwicklungsländer" in sein Förderungsprogramm aufgenommen.

Der künftige deutsche Beitrag könnte also vor allem darin bestehen, mit der Hilfe zum „technological transfer" zugleich den kulturellen Dialog als Hilfe zur regionalen oder nationalen Identität zu verstärken. Der Bundesrepublik kann dabei nicht allein die — allmählich verblassende — Gloriole nichtkolonialer Vergangenheit seit 1918 zugute kommen, sondern vor allem ihre weltpolitische Position als ein wichtiges Industrieland, das indessen hegemonialer Gelüste unverdächtig, also wirklicher Partnerschaft fähig ist. Die Bildungs- und Wissenschaftshilfe für Entwicklungsländer und die auswärtige Kulturpolitik der Bundesrepublik enthalten schon jetzt Elemente solcher Aspekte. Sie werden aber noch besser aufeinander abgestimmt werden müssen, um ihre jeweils besondere Zielsetzung mit einem optimalen Verhältnis von Aufwand und Ertrag zu verwirklichen.

Für die auswärtige Kulturpolitik bedeutet dies eine klare Option zugunsten kultureller Vielfalt, gegen eine ,,Welt-Einheits-Kultur". Sie darf sich freilich nicht darin erschöpfen, den Glanz fremder Vergangenheiten aufzufrischen und diesen uns selbst wie der Welt zu präsentieren. Ebenso wenig wird sie sich unbesehen zum Instrument fremder Nationalismen machen lassen dürfen. Vielmehr geht es um Kulturwandel durch Austausch und Zusammenarbeit. Dieser Wandel betrifft die geistige und die materielle Kultur gleichermaßen; er schließt die gesellschaftlichen, wirtschaftlichen und politischen Bezüge mit ein. Er betrifft auch uns selbst: wenn es die auswärtige Kulturpolitik mit Austausch und Zusammenarbeit ernst meint, so wird sie auch uns selbst verändern.

Anschrift des Verfassers
Dr. Barthold C. Witte
Auswärtiges Amt
53 – Bonn

Zur Fortbildung von Fach- und Führungskräften aus Entwicklungsländern in der Bundesrepublik

von Hans Pakleppa, Köln

I. Ausländerausbildung und auswärtige Kulturpolitik

Das Studium oder Praktikum von Ausländern in Deutschland gab es schon, bevor sich die auswärtige Kulturpolitik oder Entwicklungspolitik hierfür interessierte; die Auslandsausbildung war schon immer ein wichtiges Medium zur gegenseitigen Anregung verschiedener Kulturen, zur Verbreitung neuer Ideen und zur Auslösung von Wandlungsprozessen. Man könnte dies, wie es Dieter Breitenbach in einem Vortrag über Reintegrationsprobleme ausländischer Studenten einmal getan hat, mit breitem historischem Pinsel ausmalen und Nachweise dafür bringen, wo Reformen und Revolutionen durch Absolventen einer Auslandsausbildung in Gang gesetzt wurden[1]. Dafür ist hier nicht der Platz; hier soll zunächst nur darauf hingewiesen werden, daß Ausländer auch auf eigene Initiativen, mit Förderung durch staatliche oder private Einrichtungen ihres Heimatlandes oder durch private Initiativen des Gastlandes, also etwa der Bundesrepublik, zum Studium oder Praktikum in ein anderes Land gingen und dies auch heute noch so ist. Neben den „Stipendiaten" im universitären oder außeruniversitären Bereich gibt es daher auch heute eine große Gruppe von „Nichtstipendiaten", die während ihrer Ausbildung in Deutschland und nach Rückkehr in ihr Heimatland der Beachtung durch die auswärtige Kulturpolitik wert sind: Gegenüber anderen Formen des Auslandsaufenthaltes, die man in einer Konsumentenhaltung über sich ergehen lassen kann, einem Besuch, der Teilnahme an einem Seminar oder einer Rundreise, stellt die berufliche Fortbildung in einem anderen Land größere Anforderungen: man muß nicht nur eine fremde Sprache sprechen, sondern sich auch mit einer fremden Gesellschaft, mit anderen Lebens- und Arbeitsgewohnheiten auseinandersetzen. Die Absolventen eines Studiums oder einer Berufsfortbildung in der Bundesrepublik sind daher nach Rückkehr in ihr Heimatland kritisch, urteilsfähig und sachverständig, wenn es um ihr früheres Ausbildungsland geht, und man sollte nicht unterschätzen, wie sehr bei diesen Rückkehrern der Wunsch lebendig ist, von den

---

[1] Dieter Breitenbach: Probleme der Reintegration ausländischer Studenten. In: Studentische Politik – Reintegration und Brain Drain. Forschungsinstitut der Friedrich-Ebert-Stiftung. 1 (1971), S. 28.

deutschen Institutionen und Personen in ihrem Heimatland als Partner akzeptiert zu werden.

II. Die Ausländerausbildung in der deutschen Entwicklungspolitik

Bei der Förderung des Ausländerstudiums und Ausländerpraktikums durch die auswärtige Kulturpolitik haben außenpolitische Wunschvorstellungen lange Zeit eine große Rolle gespielt. Hier sind Enttäuschungen nicht ausgeblieben. Man glaubte oft, durch die Vergabe von Stipendien ein bestimmtes außenpolitisches Wohlverhalten des Empfängerlandes erreichen zu können. Heute ist es jedoch sicher unstrittig, daß Stipendienprogramme — und dies gilt wohl allgemein für alle Programme der auswärtigen Kulturpolitik und Entwicklungspolitik — nicht als Prämie oder Anreiz für ein bestimmtes außenpolitisch erwünschtes Verhalten des Empfängerlandes geeignet sind.

Soweit von den Entwicklungsländern die Rede ist, liegt der Schwerpunkt bei der Förderung der Ausländerausbildung heute nicht mehr bei der auswärtigen Kulturpolitik, also im Auswärtigen Amt, sondern bei der Entwicklungspolitik, also beim Bundesministerium für wirtschaftliche Zusammenarbeit (BMZ). Dies hat eine allmählich stärkere Orientierung nach den bildungspolitischen Planungen und Zielvorstellungen der Entwicklungsländer selbst zur Folge gehabt, da man Fehlplanungen bei der Vergabe von Stipendien und die Bildung von Überkapazitäten ausgebildeter, jedoch nicht benötigter Fachleute vermeiden will. Nun ist das Wort „Bedarfsorientierung" leicht gesagt, aber schwer getan: auch in unserer eigenen Gesellschaft ist eine Harmonisierung von Bildungsangebot und Bildungsbedarf keineswegs gegeben, und Meinungsverschiedenheiten zwischen den Bildungsplanern und den Bildungspolitikern über den voraussichtlichen Bildungsbedarf etwa an Akademikern sind an der Tagesordnung. Man tut gut daran, sich vor pharisäischem Hochmut gegenüber den Entwicklungsländern zu hüten und von ihnen von oben herab eine bessere Planung und Ausnutzung ihrer Bildungsressourcen zu verlangen.

Trotzdem hat die Bedarfsorientierung der Bildungsplanung für die Entwicklungsländer eine besondere Dramatik wegen des Beschäftigungsproblems: Nach Berechnungen der Internationalen Arbeitsorganisation (ILO) müßten in der Zweiten Entwicklungsdekade, also von 1970—1980, für 226 Mio. Menschen zusätzliche Arbeitsplätze geschaffen werden. Allein in Indien werden in dieser Dekade insgesamt 170 Mio. Menschen 15 Jahre alt und streben damit also in den Arbeitsprozeß hinein, oder um ein anschaulicheres Beispiel zu bringen: Kürzlich berichtete die Frankfurter Allgemeine Zeitung, daß die

Indische Reservebank, vergleichbar unserer Bundesbank, 50 Stellen, davon 10 nur für eine vorübergehende Zeit, ausgeschrieben habe und sich hierauf 22.000 Bewerber, ausnahmslos Akademiker – und man kann vermuten: ausnahmslos arbeitslose Akademiker – beworben haben.

Da nicht nur in unserer Gesellschaft, sondern noch mehr in den Staaten der Entwicklungsländer die Mittel für Bildungsinvestitionen knapp sind und die entwicklungspolitische Bildungshilfe außerdem immer nur marginal sein wird und nur Impulse geben kann, sollen in der Entwicklungspolitik diejenigen Ausbildungsvorhaben Vorrang haben, die beschäftigungsfördernd und wachstumsfördernd sind oder – in schlichteren Worten gesagt – in übersehbaren Fristen den ausgebildeten Menschen eine Möglichkeit in Aussicht stellen, das gelernte Wissen und Können nun auch beruflich anzuwenden. Demgegenüber treten daher Programme der Bildungshilfe, die nicht bedarfsorientiert sind und keinen kurzfristigen beschäftigungspolitischen Effekt erbringen, wie etwa pauschale Alphabetisierungsprogramme, mehr und mehr zurück.

Hier soll nicht von der entwicklungspolitischen Bildungshilfe im ganzen gesprochen werden, sondern nur von den Programmen der Auslandsfortbildung: sie stehen heute nicht mehr isoliert für sich, sondern, im Idealfall, im Verbund mit anderen Projekten und Programmen. Es gibt heute einen Pluralismus der Instrumente und Programme der Bildungshilfe für Entwicklungsländer. Da ein großer Teil der Bildungshilfe in den Entwicklungsländern selbst, etwa durch Einrichtung oder Förderung von Schulen oder durch Entsendung von Beratern, geleistet wird, sollen durch Programme der Auslandsfortbildung nur noch Fach- und Führungskräfte in die Bundesrepublik entsandt werden, die ihre Grundausbildung im Heimatland bereits absolviert haben und klare Vorstellungen über ihre berufliche Position im Heimatland und die Anwendbarkeit der im Industrieland Bundesrepublik absolvierten Fortbildung haben. Ein Teil solcher Programme der Auslandsfortbildung ist „projektgebunden"; die Teilnehmer dieser Programme sollen die deutschen oder sonstigen ausländischen Experten ablösen und einen langfristigen Erfolg von Entwicklungsprojekten nach Abzug der ausländischen Leiter und Lehrer sichern helfen.

Die Bedarfsorientierung bei der Stipendienvergabe hat im außeruniversitären Bereich mehr Fortschritte gemacht als beim Ausländer*studium*: Man richtete bei den Organisationen für die entwicklungspolitische Ausländerausbildung Zentralstellen, Fachstellen und Fachreferate für bestimmte Ausbildungsschwerpunkte ein, und diese Fachstellen bemühen sich nun, den speziellen Ausbildungsbedarf der Entwicklungsländer zu erkennen und hierfür maßgeschneiderte Programme zu entwickeln. Im Grundsatzprogramm des BMZ wird hierzu angekündigt, daß erforderlichenfalls, entsprechend dem speziellen Fortbildungsbedarf der Entwicklungsländer, weitere Ausbildungseinrichtungen dieser Art geschaffen werden sollen.

Die Schaffung von Fachausbildungsstellen und die Anpassung der Ausbildung in Deutschland an den Bedarf und die Bedingungen in den Herkunftsländern der Ausbildungsgäste ist im Hochschulbereich jedoch viel schwieriger sicherzustellen; daher sieht es beim Ausländerstudium in der Bundesrepublik auch noch immer ziemlich trübe aus. Hier ist es noch nicht gelungen, die innerdeutschen Studieneinrichtungen mit den Bedürfnissen der Herkunftsländer zu harmonisieren. Eine radikale Lösung wäre die Einrichtung einer Ausländeruniversität, die jedoch neue Probleme, etwa der Ghettobildung, heraufbeschwören würde. Ein Fortschritt wäre vielleicht schon die Einrichtung von speziellen Studiengängen für bestimmte Studentengruppen an bestimmten deutschen Universitäten, wie es im Bildungshilfe-Programm des BMZ angeregt wird: „Im akademischen Bereich ist in Zusammenarbeit mit den Bundesländern und an Hochschulen die Bildung passender Fortbildungszentren und Programme unter Berücksichtigung vergleichbarer Einrichtungen in anderen Ländern in Prioritätsbereichen der Entwicklungsländer anzuregen"[2]. Man darf gespannt darauf sein, was hier zustande kommt.

Zu dem Pluralismus der Instrumente und Programme der Bildungshilfe gehört auch eine verstärkte „sur place"-Förderung in den Entwicklungsländern selbst, da hierdurch zahlreiche Schwierigkeiten, die mit der Ausländerausbildung in der Bundesrepublik auftreten, vermieden werden können. Man kann es den Stipendiaten ersparen, eine schwierige Sprache vor Beginn der eigentlichen Ausbildung erlernen zu müssen; man umgeht das Problem der Anerkennung der in Deutschland erworbenen Zeugnisse und Diplome im Heimatland. Das deutsche Bildungswesen unterscheidet sich ja sehr stark vom Bildungswesen vieler Entwicklungsländer, die ihre Bildungseinrichtungen häufig nach dem Vorbild der früheren Kolonialländer, also vor allem England und Frankreich, orientiert haben. Bei einer Ausbildungsförderung sur place, im Heimatland des Stipendiaten oder in seinem Nachbarland, läßt sich daher das „Äquivalenzproblem", die niveauadäquate Anerkennung seines im Ausland erworbenen Ausbildungsabschlusses, umgehen. Vielleicht kann die allmählich stärkere Multilateralisierung der deutschen Entwicklungshilfe auch auf diesem Gebiet weiterhelfen, da die UNESCO seit Jahren an einer vergleichenden Beschreibung der Studiengänge und Diplome arbeitet: die weltweiten Kontakt- und Informationsmöglichkeiten dieser multilateralen Fachinstitution könnten bei diesem komplizierten Geschäft vermutlich von der

---

2 „Grundsatzprogramm der Bildungs- und Wissenschaftshilfe" der Bundesregierung: Bulletin des Presse- und Informationsamtes der Bundesregierung, Nr. 3, 7.1.1972, S.22

deutschen Seite stärker als bisher genutzt werden. Wenn Stipendien „sur place" vergeben werden, dann muß aber für den Stipendiengeber auch Auswahl und Ausbildungserfolg beim Stipendienempfänger nachprüfbar sein. So naheliegend der Gedanke einer sur place-Förderung in den Entwicklungsländern selbst ist, so schwierig ist dann natürlich die Beantwortung der Frage, wer den Studienerfolg in diesen Ländern überprüfen soll. Man kann sich gut vorstellen, was „Inspektoren" für solche sur place-Programme alles falsch machen können. Man kann aber auch hier von anderen sur place-Stipendiengebern und ihren Erfahrungen lernen und sich bemühen, bereits gemachte Fehler zu vermeiden.

Eine andere, noch zu wenig beachtete Möglichkeit der Bildungsförderung in den Entwicklungsländern bildet das Medium des Fernunterrichts, der sich in vielen Entwicklungsländern einer großen Verbreitung erfreut und — angesichts der Massenhaftigkeit des Bildungsproblems und der Knappheit der vorhandenen Mittel — mit verhältnismäßig niedrigen Kosten und im Verbund mit anderen Medien vermutlich manche Lücken schließen könnte.

III. Von der „Betreuung" zur „Reintegrationsförderung"

Die in den sechziger Jahren sich vollziehende allmähliche Orientierung der staatlichen Förderung der Ausländerausbildung nach entwicklungspolitischen Kriterien, also insbesondere nach Kriterien des Bedarfs, der Arbeitswelt und sozialen Umwelt, hat auch Folgen gehabt im Bereich dessen, was man früher „Betreuung" nannte. Dieses autoritäre und paternalistische Wort wird heute sogar von ziemlich konservativen Leuten gemieden; um so überraschender ist es, daß in den Leitsätzen für die auswärtige Kulturpolitik noch immer von der „Betreuung von ausländischen Lernenden in der Bundesrepublik" als einem verbesserungswürdigen Bereich der auswärtigen Kulturpolitik gesprochen wird. Ist „Betreuung" überhaupt notwendig? In der Carl Duisberg-Gesellschaft (CDG), die bereits in den fünfziger Jahren vom Auswärtigen Amt einen Betreuungsauftrag für die außeruniversitären ausländischen Fortbildungsgäste erhielt und in diesem Aufgabengebiet viele Jahre als Betreuungsorganisation verstanden wurde — heute versteht sie sich eher als Bildungsorganisation —, benutzt man das Wort nicht mehr gerne und meint damit nicht nur das Wort, sondern in mancher Hinsicht auch die Sache. Bei dem Betreuungsauftrag ging man damals vermutlich von zwei Prämissen aus: Man hielt die deutsche Bevölkerung für ausländerungewohnt und glaubte, daß es vermittelnder und aufschließender Kontakte und Kontaktinstitutionen bedürfe, um den damals nach einer langen Zeit der Isolierung wieder in größeren Gruppen zur Ausbildung nach Deutschland kommenden Ausländern eine Anpassungs- und Integrationshilfe zu geben. Zum anderen sah man die Ausländer selbst wohl ein wenig als hilfsbedürftige „Exoten" an, denen man nicht nur beruflich und privat eine Hilfe bieten müsse, sondern denen man — dies war der Wunsch mancher Ämter — ein „Deutschlandbild" vermitteln sollte. Wenn damals Ausländern, etwa bei einer Podiumsdiskussion, das vorzügliche Miteinander von deutschen Arbeitgebern und Arbeitnehmern vorgeführt wurde, so bestand dabei sicher viel guter Wille, vielleicht ein wenig unterschwellige Selbstgefälligkeit, wahrscheinlich aber wurde in den wenigsten Fällen danach gefragt, was denn die ausländischen Zuhörer mit diesem Wissen in ihrem Heimatland eigentlich anfangen sollten.

Inzwischen ist die Bundesrepublik Deutschland vielleicht nicht gerade ein ausländerfreundliches, aber zumindest ein ausländergewohntes Land geworden; außerdem sind die ausländischen Fortbildungsgäste, zumindest die Stipendiaten aus Entwicklungsländern, inzwischen sorgfältiger ausgewählt, älter, qualifizierter und zumeist zu Hause schon in Beruf und Position — kurz, manche Anpassungshilfe früherer Jahre könnte heute überholt erscheinen.

Es gibt aber alte Schwierigkeiten, die unter veränderten Bedingungen fortbestehen: Heute wird ein ausländischer Student oder Praktikant wahrscheinlich nicht mehr wegen seiner Hautfarbe Erstaunen hervorrufen, aber trotzdem bei der Zimmersuche größere Schwierigkeiten haben als vor zehn Jahren: Vielleicht hält man ihn für einen Gastarbeiter, vielleicht für einen Studenten — Studenten sind nicht mehr ganz so beliebt wie früher —, wahrscheinlich kann er finanziell nicht mithalten. Hier sind dann sicher Hilfen notwendig, und es ist gar nicht so leicht, bei den vorhandenen Stipendiensätzen und den sonstigen finanziellen Förderungsmöglichkeiten in den Ballungsgebieten Wohnraum für Ausländer zu besorgen. Was für die Wohnraumbeschaffung gilt, gilt auch für andere „Betreuungs"-Maßnahmen: Vermittlung fachlicher und sprachlicher Weiterbildungsmöglichkeiten, Ausbildungsberatung, Rechtshilfe, Versicherungsschutz — dies alles ist sicher trotz veränderter Bedingungen und Auffassungen noch immer notwendig.

Was ist jedoch konzeptionell anders geworden? Die allmähliche Vertrautheit der deutschen Ausbildungsinstitutionen mit den Verhältnissen der Herkunftsländer hat auch ein größeres Verständnis für die eigentlichen Probleme der Anpassung und Entfremdung mit sich gebracht: Der Ausländer hat nicht so sehr Probleme der Anpassung an das Gastland als vielmehr Probleme der Reintegration in sein Heimatland; die außerfachliche Information und Diskussion hat sich daher verlagert von den innerdeutschen Anpassungsproblemen auf die vorbereitende Bewußtmachung der Bedingungen bei Anwendung des im Gastland erworbenen Wissens und Könnens im Heimatland. So wurde aus dem „Ausländerkreis" der CDG der „Internationale Kreis"; hier sollen die Ausländer nicht zur möglichst vollständigen Anpassung an die Gesellschaft des Gastlandes angeregt und zu Deutschen zweiter Klasse gemacht werden, vielmehr soll ihnen unter dem vorrangigen Ziel der Rückkehr in das Heimatland ein Distanzierungsinstrument gegenüber der Kultur und Gesellschaft des Gastlandes angeboten werden. Es soll ihnen auch die Möglichkeit gegeben werden, das während des Auslandsaufenthaltes auftretende Distanzierungserlebnis gegenüber der Kultur und Gesellschaft des Herkunftslandes bewußt zu machen und diesen Bewußtwerdungsprozeß zu artikulieren und aufzuarbeiten. Soll diese schwierige Aufgabe gelöst werden, dann müssen sich solche Einrichtungen und Veranstaltungen wie die Internationalen Kreise der CDG durch Offenheit und Flexibilität auszeichnen; denn: nicht die Wünsche und Zielvorstellungen der deutschen Gastgeber, sondern die Probleme und interessen der ausländischen Ausbildungsgäste müssen Ziel, Inhalt und Methodik der Bildungsarbeit von Stätten internationaler Begegnung von Ausländern mit deutschen Partnern bestimmen.

IV. Die Sozialwissenschaften und die Ausländerausbildung

In einer Zeitschrift, die von Soziologen für soziologisch interessierte Leser gemacht wird, sollte man vielleicht auch fragen, welchen Beitrag die Sozialwissenschaften leisten, um dieser Arbeit zu etwas mehr Klarheit und Systematik zu verhelfen. Die ersten Untersuchungen, die sich mit der Ausländerausbildung beschäftigten, waren stark individualpsychologisch orientiert und befaßten sich mit individuellen Anpassungsproblemen[3]. Es wurden zwar die subjektiven Anpassungsdispositionen der befragten Ausländer analysiert; hierbei wurde jedoch zu wenig die soziale Bedingtheit, der sozio-kulturelle Bedingungsrahmen solcher Aussagen berücksichtigt. Und seitdem man nicht mehr so sehr von der Anpassung an die deutsche Gastgesellschaft und von Anpassungsproblemen spricht, sondern von der Notwendigkeit der Rückkehr, der Förderung der Reintegration und der Auslösung von Wandlungsprozessen durch die Rückkehrer, spricht man vom „Neuerer"[4] oder vom

---

3 Vgl. dazu Rolf E. Vente: Entwicklungsländer, Entwicklungshilfe, Ausbildungshilfe. Schriften des Sozialwissenschaftlichen Studienkreises für internationale Probleme. Heft 2. Saarbrücken: Verlag der SSIP-Schriften 1966.
4 Vgl. dazu Detlef Kantowsky: Anpassung und Wandel — Probleme ausländischer Fach- und Führungskräfte nach der Rückkehr. Duisberg-Hefte — Schriften zur beruflichen Fortbildung im Ausland. Nr.9 (1970). Herausgegeben von der Carl Duisberg-Gesellschaft e.V., Köln. S. 35—42.

"Marginal Man"[5]. Hier gibt es dann manche Modelle, Entwürfe und Strategien: auf ziemlich hohem Abstraktionsgrad wird dargestellt, welche Probleme der Rückkehrer in seiner Marginalitätssituation durchzustehen hat, welche Schwierigkeiten und Chancen er hat, um als „Innovator" tätig zu sein. Als ich kürzlich bei einer Diskussion über brain drain-Fragen mit Studenten aus Entwicklungsländern das Konzept des Marginal Man, wie es von der amerikanischen Sozialpsychologie präsentiert wird, und des Innovators im Zusammenhang mit Überlegungen zur Reintegrationsförderung zur Diskussion stellte, stieß ich auf freundliches Unverständnis. Ein indischer Student warf mir den Ball zurück und meinte, was ich über Marginalität ausländischer Studenten gesagt habe, treffe genauso gut auf mich, den Referenten, zu, der als Entwicklungshilfefunktionär in seiner eigenen Gesellschaft Marginalitätscharakter habe und auch in seinem Verhältnis zu den Entwicklungsländern „marginal" sei. Solche Begriffsbildungen können — dies zeigte diese Replik — zu einem intellektuellen l'art pour l'art werden und sind oft bestenfalls geistvolle, verstehend-psychologische Spekulationen. Es nützt den Entwicklungsländern wirklich nicht viel, wenn man die Rückkehrer aus früheren Programmen der Auslandsausbildung etwa nach ihren Anpassungs- und Reintegrationsproblemen befragt und ihre Einstellung zum früheren Gastland analysiert. Dies ist sicher manchmal gut gemeint, oft aber nichts anderes als eine Spielart von Kulturimperialismus. Aufschlußreicher wäre es, wenn man die Rolle der Ausbildungsabsolventen aus der Sicht der Entwicklungsländer selbst analysieren würde, die Bedingungen und Möglichkeiten der Anwendung des Gelernten — und auch von Innovationen — im konkreten soziokulturellen Bedingungsfeld eines bestimmten Entwicklungslandes untersuchen würde, und dies möglichst in Zusammenarbeit mit einheimischen Sozialwissenschaftlern, die ja zur Brauchbarkeit der Fragestellungen sicher ein sachverständiges Urteil abgeben können.

V. Das Problem des „Brain Drain"

Die Ausbildung von Ausländern wird immer noch und immer wieder mit dem Vorwurf der „Entfremdung" und der mangelnden Rückkehrwilligkeit der ausländischen Gäste assoziiert. Das Problem des „Brain Drain", des Abzuges einheimischer Intelligenz in Länder mit höherem Lebensstandard

---

5 Vgl. dazu Klaus-Dieter Osswald: Das Konzept des Marginal Man in der Soziologie. Mitteilungen des Sozialwissenschaftlichen Studienkreises für Internationale Probleme e.V. Heft Nr.20/21. Kiel 1969. S. 2—16.

und besseren Studien- und Arbeitsbedingungen, ist nun tatsächlich geeignet, die Entwicklungshilfe fragwürdig erscheinen zu lassen: In deutschen Krankenhäusern trifft man auf den iranischen Oberarzt, und deutsche Ärzte gehen als Entwicklungshelfer in iranische Krankenhäuser. Man kann es dem Steuerzahler nicht verübeln, wenn er fragt, warum wir Entwicklungshelfer in diese Länder schicken sollen, wenn die Akademiker und Fachleute aus diesen Ländern lieber bei uns leben und arbeiten. Nun ist bei den meisten entwicklungspolitischen Stipendienprogrammen – wie vorhin erläutert wurde – das Problem der ausbildungsadäquaten beruflichen Betätigung nach Rückkehr weithin gelöst; sehr viel schwieriger ist dies aber bei den Studenten aus Entwicklungsländern, die vor ihrem mehrjährigen Studium im Ausland keine Möglichkeit haben, in ihrem Heimatland ihre künftige Berufstätigkeit vorzubereiten. Und außerdem – auch darauf wurde eingangs hingewiesen – steht der Gruppe der Stipendiaten aus Entwicklungsländern noch die große Gruppe der Nichtstipendiaten – sowohl Studenten wie Praktikanten – gegenüber: Wenn die Bundesrepublik nichts dagegen hat, daß Ausländer auch ohne staatliches Stipendium auf eigene Initiative hier studieren oder praktizieren, dann muß man sich – gleichgültig ob unter der Überschrift „Auswärtige Kulturpolitik" oder „Entwicklungspolitik" – auch darum kümmern, was die Ausländer mit der hier erworbenen Ausbildung und den in Deutschland absolvierten Prüfungen nun eigentlich anfangen können und wie man ihnen zu einer beruflich befriedigenden Rückkehr in ihre Heimatländer verhelfen kann. Zur Zeit werden von den hiermit befaßten Stellen einige Maßnahmen überlegt. Auf die Notwendigkeit einer Anerkennung der deutschen Ausbildungsabschlüsse in den Entwicklungsländern wurde bereits hingewiesen; sie käme den Nichtstipendiaten ebenso zugute wie den Teilnehmern staatlich geförderter Stipendienprogramme. Ob spezielle Studiengänge für Studenten aus Entwicklungsländern an deutschen Universitäten eingerichtet werden können, bleibt abzuwarten. Das BMZ fördert die Durchführung von Rückgliederungsseminaren, bei denen den Seminarteilnehmern durch kompetente Fachleute aus ihren Heimatländern Informationen über berufliche Möglichkeiten in bestimmten Branchen und Fachbereichen vermittelt werden sollen. Es wird überlegt, die berufliche Eingliederung durch Rückgliederungshilfen, etwa in der Form von Anlaufkrediten zur Gründung einer selbständigen Existenz oder Anschaffung von Maschinen und Werkzeug, zu erleichtern. Im Gespräch ist außerdem die Einrichtung einer zentralen Arbeitsvermittlungsstelle, die die bisher fehlende Transparenz zwischen den in Deutschland befindlichen Ausländern und den Arbeitsmärkten ihrer Heimatländer herstellen soll. Man wird abwarten müssen, wie weit diese Überlegungen realisiert werden und ob sie geeignet sind, das brain drain-Problem zumindest teilweise zu lösen.

Man würde jedoch sicher das Kind mit dem Bade ausschütten, wenn man nach einer oberflächlichen Beschäftigung mit diesem Komplex den Schluß ziehen würde, daß Ausbildung in den Entwicklungsländern am besten nur noch hinter hohen nationalen Mauern stattfinden solle, um brain drain und Entfremdung zu verhindern. Die Entwicklungsländer werden ja um so eher die Entwicklungshilfe entbehren können, je mehr sie als selbständige Partner an der weltweiten Arbeitsteilung teilnehmen. Dazu gehört auch die Partizipation an dem weltweiten Transfer von Wissen und Können; wenn Studenten und Praktikanten aus Entwicklungsländern in andere Länder gehen, sollte dies bald so selbstverständlich sein wie das Studium oder Praktikum von jungen Deutschen in England, Frankreich oder Amerika, oder von Franzosen und Engländern in unserem Land. Die jetzt noch geläufige Unterscheidung zwischen internationalem Kulturaustausch und Entwicklungspolitik wäre dann überflüssig, und niemandem wäre dies wahrscheinlich sympathischer als den Entwicklungsländern selbst. Gerade die auswärtige Kulturpolitik bietet ja ein Forum und eine Dimension, bei der sich die Partnerländer nicht nur in der Rolle eines hilfsbedürftigen Empfängers sehen müssen: Die auswärtige Kulturpolitik könnte eine Plattform sein, um gemeinsam und für längere Fristen zwischen den „Empfänger"-Ländern und den Ausbildungsländern Schwerpunkte und Programme von Ausbildung und Austausch festzulegen. Die so oft beschworene „Partnerschaft" und Gegenseitigkeit von Industrie- und Entwicklungsländern sollte ja auch dazu führen, daß junge Deutsche in Entwicklungsländern studieren und praktizieren können. Aus vielen Gründen fehlt ja der Bundesrepublik ein großer Kreis von Menschen mit interkulturellen Erfahrungen; so sehr die Bundesrepublik von ihren finanziellen und wirtschaftlichen Möglichkeiten her als mächtiges „Geberland" angesehen wird, so sehr scheint unser Land hinsichtlich seines Potentials an interkulturellen Erfahrungen, Leistungen und Möglichkeiten ein Entwicklungsland und Empfängerland zu sein.

Anschrift des Verfassers
Hans Pakleppa
(in: Carl Duisberg-Gesellschaft)
5 Köln 1
Hohenstaufenring 30—32

Auswärtige Kulturpolitik der Bundesrepublik Deutschland

von Hansgert Peisert, Konstanz

Im folgenden wird eine zusammenfassende Darstellung des Gutachtens zur auswärtigen Kulturpolitik der Bundesrepublik gegeben, das 1971 dem Auswärtigen Amt übergeben wurde. Neben der allgemeinen Orientierung über die behandelten Themen werden zu jedem Unterthema einige Ergebnisse oder Empfehlungen als Beispiele für konkrete Details gegeben.
Dem Gutachten liegt folgende Gliederung zugrunde:

Bestandsaufnahme

I   Der kulturpolitische Hintergrund für das Gutachten
II Auswärtige Kulturpolitik anderer Länder im Vergleich zur BRD
III Die Mittel für die auswärtige Kulturpolitik
IV Eine Umfrage bei Mitarbeitern in der auswärtigen Kulturpolitik

Planung

Vorbemerkung
V   Die Berücksichtigung von Länderprioritäten
VI   Mittelfristige Rahmenplanung
VII Strukturmodell zentraler Orte
VIII Deutsche Sprache
IX   Deutsche Auslandsschulen

Bestandsaufnahme

I   Der kulturpolitische Hintergrund für das Gutachten

Die auswärtige Kulturpolitik der Bundesrepublik befindet sich in einem merkwürdigen Dilemma. Vereinfacht könnte man sagen: Niemand ist prinzipiell gegen sie – sie wird als die „dritte Säule" der Außenpolitik apostrophiert –, ständig wird sie kritisiert: ändern tut sich nichts Wesentliches!
Diese Situation war auch zu Beginn der jetzigen Legislaturperiode gegeben. Ihren Ausdruck fand dies einerseits durch den Antrag der CDU/CSU-Fraktion zur Einsetzung einer Enquête-Kommission „Auswärtige Kultur-

politik", andererseits durch die Tatsache, daß das Auswärtige Amt — also die Regierungskoalition — die Arbeiten an einem Gesamtplan für die Auswärtige Kulturpolitik bereits aufgenommen hatte. Die Zielsetzungen beider Initiativen waren praktisch gleich. Der Gesamtplan wie auch die Enquête-Kommision sollten „Inhalt, Organisation und Finanzierung der bisherigen Auswärtigen Kulturpolitik überprüfen und gegebenenfalls entsprechende Reformvorschläge vorlegen" (vgl. Rede des Staatssekretärs Prof. DAHRENDORF am 28. 11. 1969 im Bundestag).

In diesem Zusammenhang ist auch das Gutachten zu sehen, das durch sozialwissenschaftliche Analysen und die Entwicklung von Planungsverfahren und -modellen wichtige Grundlagen für die Gesamtplanung des Auswärtigen Amts erarbeiten sollte. Die Ergebnisse des Gutachtens können ebenso im Zusammenhang der Arbeit der Enquête-Kommission gesehen werden, da diese einerseits auf einem Teil der Analysen aufbauen und andererseits sich mit konkreten Empfehlungen auseinandersetzen kann.

Das Auswärtige Amt selbst legte das Schwergewicht seiner Arbeit an dem Gesamtplan zunächst auf die Formulierung einer zeitgemäßen Konzeption. Das Ergebnis wurde Ende 1970 mit den 18 „Leitsätzen für die auswärtige Kulturpolitik" vorgelegt, wobei die lange Bearbeitungsdauer zu einem nicht geringen Teil von den Kompetenzproblemen herrührte, die bei diesem Thema, insbesondere zwischen dem AA, dem BPA, dem BMZ und dem BMBW aufzutreten pflegen.

Für das Gutachten ergaben sich aus der Vorarbeit an den „Leitsätzen" folgende Orientierungspunkte:

— Gute Beziehungen zwischen Staaten tragen zur Friedenssicherung bei.
— Kulturelle Beziehungen im weitesten Sinn stellen neben den wirtschaftlichen und außenpolitischen Beziehungen ein teils autonomes, teils mit einem oder beiden der anderen integriertes Element der zwischenstaatlichen Beziehungen dar.
— Für die Begründung auswärtiger Kulturbeziehungen bedarf es einer klaren Konzeption als Orientierungsmaßstab.
— Das Potential für die Herstellung und Pflege kultureller Außenbeziehungen ist begrenzt und muß daher ökonomisch und unter Ableitung von Prioritäten aus dem kulturpolitischen Konzept verwendet werden.
— Die staatliche Politik auswärtiger Kulturbeziehungen hat den Auftrag, unter Berücksichtigung der Konzeption und des zur Verfügung stehenden Potentials eine Strategie zu verfolgen, die mit den gegebenen Möglichkeiten den größtmöglichen Effekt verspricht.

II Auswärtige Kulturpolitik anderer Länder im Vergleich zur BRD

In diesem Kapitel wird die auswärtige Kulturpolitik der USA, Großbritanniens, Frankreichs und Italiens analysiert, um vor diesem Hintergrund die bisherige und künftig beabsichtigte Kulturpolitik der Bundesrepublik beurteilen zu können. Dabei läßt sich feststellen, daß der finanzielle Aufwand der Bundesrepublik im Vergleich zu den anderen Staaten beachtlich ist. Eine annäherungsweise Berechnung der 1968 zur Verfügung stehenden Mittel ergibt folgende Ansätze, wobei die Zahl für Frankreich auch die Mittel für die Maßnahmen der Bildungshilfe enthält:

Haushaltsmittel für auswärtige Kulturpolitik 1968

Frankreich	ca. 760.000.000,– DM (mit Bildungshilfe)
USA	291.015.000,– DM
BRD	223.044.000,– DM
Großbritannien	191.600.000,– DM
Italien	69.170.000,– DM

Als wichtigste Elemente kulturpolitischer Zielsetzungen, die in den untersuchten Ländern mit jeweils unterschiedlichem Gewicht auftreten, lassen sich folgende identifizieren: Übertragung der eigenen Kultur auf das Partnerland – Selbstdarstellung – Information – Austausch und Zusammenarbeit.

Für die Bundesrepublik wurde bei der Wiederaufnahme ihrer außenpolitischen Aktivitäten nach dem zweiten Weltkrieg „Selbstdarstellung" zum wichtigsten Ziel. Durch die Darstellung des „anderen Deutschland" nämlich desjenigen der Weimarer Republik, der Emigration und des Widerstands, wollte man ein positives – dem Nationalsozialismus entgegengesetztes – Deutschlandbild aufbauen. Daneben wurde teilweise auch ein traditionelles Ziel der Kulturpolitik wieder aufgenommen: die Pflege des deutschen Volkstums. Diese Zielsetzung gewann vor allem im Hinblick auf jene Regionen an Bedeutung, zu denen die Beziehungen durch den Krieg nicht oder kaum gelitten hatten. Besonders zu den deutschen Volkstumsgruppen in Lateinamerika und Südafrika wurde durch das Instrument der deutschen Auslandsschulen an die traditionelle deutsche Kulturpflege angeknüpft. Damit trat – mehr oder weniger unversehens – neben das Ziel „Selbstdarstellung" zum Teil auch wieder das alte Ziel „Übertragung eigener Kultur auf Partnerländer".

Mit den Leitsätzen zur auswärtigen Kulturpolitik treten nun andere Zielsetzungen in den Vordergrund wie zum Beispiel „Um Verständnis werbende Information" und „Austausch und Zusammenarbeit". Im Vergleich zur Außenkulturpolitik der vier anderen Staaten könnte die Bundesrepublik damit bei einer Verwirklichung ihres neuen Konzepts eine besonders zeitgemäße und zukunftsweisende Rolle spielen.

III   Die Mittel für die auswärtige Kulturpolitik

Der Vergleich mit anderen Ländern zeigte, daß die Mittel, die die Bundesrepublik für auswärtige Kulturaktivitäten aufwendet, nicht gering sind. Im Kapitel III wird die bisherige Entwicklung des Haushalts der Kulturabteilung und die Schwerpunktsetzung nach Medien und Ländern analysiert sowie schließlich eine Synopse aller außenkulturell wirksamen Aktivitäten der Bundesrepublik nach Partnerländern aufgestellt.

Die Entwicklung des Haushalts der Kulturabteilung von 1953 bis 1971 ist durch außerordentlich große Schwankungen gekennzeichnet, wie folgende Graphik zeigt.

Die Zuwachsraten der Mittel der Kulturabteilung, 1953–71[1]

(Jährliche Ursprungswerte und gleitende Fünfjahresdurchschnitte; Veränderungen jeweils gegenüber dem Vorjahr/der Vorperiode in %.)

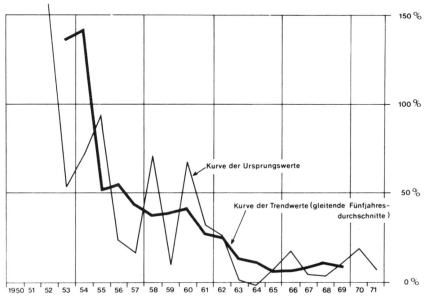

[1] S. Gutachten: Auswärtige Kulturpolitik der Bundesrepublik Deutschland. Konstanz 1971, S. 66.

Da die Begründung und Pflege außenkultureller Beziehungen mittel- bis langfristiger Vorbereitungen bedarf, folgt aus der bisher so unzuverlässigen Mittelzuweisung die dringende Empfehlung, künftig der Kulturabteilung verläßliche Zuwachsraten zuzubilligen, ohne die eine kontinuierliche und rational begründete Planung nicht möglich ist.

Ein weiterer Aspekt der Haushaltsanalyse gilt der Frage, inwieweit die Kulturabteilung in der Lage ist, mit ihrem Instrumentarium außenpolitische Konzepte elastisch zu begleiten. Voraussetzung hierfür ist ein ausreichender Anteil disponibler Mittel. Der Vergleich von disponiblen und gebundenen Mitteln zeigt, daß der Planungsspielraum der Kulturabteilung durch die institutionalisierten Aktivitäten, insbesondere die Auslandsschulen, seit 1962 laufend eingeengt wurde.

Der Planungsspielraum der Kulturabteilung, 1958–69[2]

(disponible und gebundene Mittel)

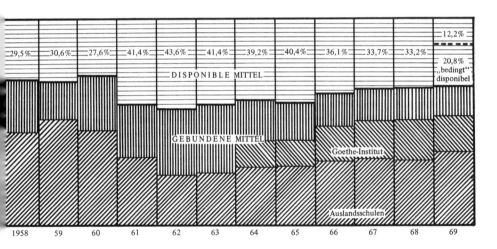

Die in der Graphik verdeutlichte Entwicklung zeigt, wie gering der Anteil disponibler Mittel für die Lösung neuer Aufgaben bereits geworden ist und wie damit zunehmend die Kulturabteilung zur kostenverwaltenden Behörde wird.

2 S. Gutachten, a.a.O. S. 78.

Die Mittelverteilung nach Mittlerorganisationen läßt eine starke Konzentration auf wenige Partner und Zuwendung von geringfügigem Ausmaß an eine Vielzahl von Empfängern erkennen. Mehr als 90 Prozent der Mittel werden nämlich vom AA selbst, der ihr nachgeordneten Zentralstelle für das Auslandsschulwesen, dem Goethe-Institut, dem DAAD, Inter Nationes und der A.v.Humboldt-Stiftung verausgabt. Eine grobe Aufgliederung der Mittel für 1969 nach Maßnahmen und Mittlerorganisationen zeigt die folgende Übersicht:

Maßnahmebereich	Mittlerorganisation	Mittel 1969 absolut	%
Auslandsschulwesen	Zentralstelle	118 Mill.*	41
Wissenschaftsaustausch	DAAD, Humboldt-Stiftung DFG	51 Mill.	18
Kulturaustausch und Sprache	Goethe-Institut	50 Mill.	17
„Sonstiges"	AA, unmittelbar, Inter Nationes, Börsenverein, etc. ...	70 Mill.	24
	insgesamt	289 Mill.	100

* einschließlich Baumaßnahmen

Die Schwerpunktsetzung nach Partnerländern durch das Auswärtige Amt wie auch durch Aktivitäten seitens der Bundesrepublik insgesamt, ist ein zentrales Thema dieses Kapitels. Grundlage hierfür ist die Zusammenfassung aller Mittel, die von staatlichen und nicht-staatlichen Institutionen im Sinne kultureller Repräsentanz im Ausland aufgewendet werden. Für 1969 ergibt diese Synopse einen Betrag von 910 Millionen DM, an dem das Auswärtige Amt mit einem Drittel beteiligt ist.

Von dem Gesamtbetrag lassen sich 612 Millionen DM oder 67 % nach Partnerländern aufteilen. Dabei zeigt sich, daß die Kritik an einem „Gießkannen-Prinzip" des Auswärtigen Amts unberechtigt ist. Das Auswärtige Amt setzt durchaus Schwerpunkte, dies bedeutet allerdings nicht, daß dies zugleich auch die politisch richtige Prioritätensetzung ist. Die nachfolgende Kurve zeigt den Verteilungsstil des Auswärtigen Amts gegenüber 135 Partnerländern. Zum Vergleich ist die Verteilungspraxis des Bundespresseamts mit

Auswärtige Kulturpolitik der Bundesrepublik Deutschland 123

Die kulturell wirksamen Auslandsaufwendungen der Bundesrepublik insgesamt, 1969

(Der nach Ländern aufteilbare Anteil ist schraffiert)

RESSORTS / INSTITUTIONEN	MITTEL absolut	relativ
Auswärtiges Amt	299.017.000.–	32,8 %
Bildung und Wissenschaft	141.437.000.–	15,5 %
Wirtschaftliche Zusammenarbeit	137.989.000.–	15,2 %
Presse und Informationsamt	66.993.000.–	7,4 %
Innern	59.000.000.–	6,5 %
Jugend, Familie, Gesundheit	30.670.000.–	3,3 %
Verkehr	9.350.000.–	1,0 %
Bildungshilfe der Bundesländer	60.135.000.–	6,6 %
Staatlich, insgesamt	804.591.000.–	88,3 %
Katholische Kirche	67.691.000.–	7,4 %
Evangelische Kirche	24.165.000.–	2,7 %
Wirtschaft, Gewerkschaften	14.282.000.–	1,6 %
Staatlich, nicht-staatlich, insgesamt	910.729.000.–	100,0 %

seiner ähnlichen Aufgabenstellung dargestellt sowie die Kurve des im Gutachten vorgeschlagenen Verfahrens einer systematischen Prioritätensetzung. Alle drei Kurven verlaufen sehr ähnlich, und sie zeigen wie den ersten zwanzig Ländern eine besonders bevorzugte Bedeutung beigemessen wird.

Der Verteilungsstil der Mittelvergabe nach Ländern [3]

(Konzentration der Schwerpunktsetzung)

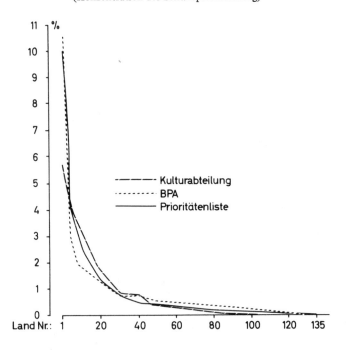

Wenn der Verteilungsstil auch durchaus der oft geforderten Prioritätensetzung entspricht, so zeigt allerdings eine Analyse der praktischen Schwerpunktsetzung — durch das AA wie auch durch die BRD insgesamt — eine erhebliche Diskrepanz gegenüber der eigentlichen außenpolitischen Konzeption der Bundesrepublik.

Die Mittelverteilung der BRD insgesamt ergibt sich als „zufällige" Summe der Mittelverteilung der verschiedensten Absenderinstitutionen, die je nach ihrer spezifischen Aufgabenstellung den einzelnen Partnerländern unter-

---

[3] S. Gutachten, a.a.O. S. 215.

schiedliche Bedeutung beimessen. Aus den Planungs- und Koordinationsaufgaben für die auswärtigen Kulturbeziehungen folgt hieraus für das Auswärtige Amt zweierlei:

— Den in der auswärtigen Kulturarbeit tätigen Personen und Institutionen müssen für ihre eigene Detailplanung synoptische Darstellungen und Informationen über die länderspezifischen Aktivitäten aller beteiligten Institutionen zur Verfügung gestellt werden. Unter diesem Aspekt ist die Funktion der Kulturabteilung als *Clearing-Stelle für Planungsinformationen* über kulturelle Repräsentanz und kulturelle Beziehungen der Bundesrepublik in der Welt zu bezeichnen. An die kompetente Informationsbereitstellung des Amts können sich seine außenkulturpolitisch begründeten *Planungsempfehlungen* an die Kollegialressorts und die Mittlerorganisationen anschließen.

— Die eigene länderspezifische Planung des Amts muß neben der *eigenen aktiven kulturpolitischen Strategie*, auch *Regulativ* sein *zu den Diskrepanzen*, die sich aus den praktizierten Schwerpunktsetzungen der BRD insgesamt gegenüber dem außenkulturpolitischen Konzept ergeben.

IV Eine Umfrage bei Mitarbeitern in der auswärtigen Kulturpolitik

Dieses Kapitel gibt das Ergebnis einer im Herbst 1970 durchgeführten schriftlichen Umfrage bei Mitarbeitern in der auswärtigen Kulturpolitik wieder. Dieses Vorhaben diente zwei Zielen. Einerseits sollten die Ansichten und Vorstellungen derjenigen, die unsere Kulturarbeit im Ausland realisieren, in die Bestandsaufnahme einbezogen werden und andererseits sollte dadurch zugleich illustriert werden, auf welche Weise das Auswärtige Amt die Sachkompetenz dieser „Praktiker" in einem systematischen Dialog für die Planung der kulturellen Aktivitäten nutzbar machen kann. Von den 442 angeschriebenen Personen beteiligten sich 404 (= 91 %) an der Umfrage.

Beteiligung an der Umfrage

	Diplomaten		Direktoren von Auslandsschul.		Direktoren von Kulturinstitut.		DAAD-Wissenschaftl.,-Lekt.		Insgesamt	
Soll	126	(100%)	103	(100%)	118	(100%)	95	(100%)	442	(100%)
Rücklauf bis 10.12.1970 „Auswertungssample"	117	(93%)	90	(87%)	107	(91%)	79	((83%)	393	(89%)
Rücklauf bis 25.1.1971	118	(94%)	92	(89%)	111	(94%)	83	(87%)	404	(91%)

Nicht nur dieser unerwartet hohe Rücklauf, sondern vor allem auch die Differenziertheit der Antworten zeigt das Interesse und Engagement der Befragten für ihr Aufgabengebiet.

Die Vorschläge der Befragten machen deutlich, daß in den Vorstellungen der überwiegenden Mehrheit der in der Kulturarbeit Tätigen die Elemente einer modernen Konzeption, wie sie in den Leitsätzen formuliert sind, bereits angelegt sind; sie zeigen zugleich, daß bisher über die Ziele und das, was das Auswärtige Amt in der auswärtigen Kulturpolitik eigentlich anstrebt sowie über die Aufgabenstellung der Praktiker im Ausland große Unsicherheit herrscht. Ein Kulturreferent drückt dies folgendermaßen aus:

„Unsere Kulturpolitik müßte viel klarer auf ein Ziel ausgerichtet sein. Erst wenn feststeht, was mit unseren kulturpolitischen Maßnahmen erreicht werden soll und kann, läßt sich die Zweckmäßigkeit und Wirksamkeit der angewandten Mittel beurteilen."

Ein DAAD-Wissenschaftler schreibt:

„Wenn man nicht weiß, wozu man eigentlich Kulturpolitik treibt (Selbstdarstellung? Public Relations? Ökonomische Gründe? Good Will? Verbreitung von Kultur?), dann dürfte es doch einigermaßen schwierig sein, Mittel und Wege zu diesen nicht existenten Zielen zu finden."

Diese Äußerungen stehen stellvertretend für den verbreiteten Eindruck einer konzeptionslosen Kulturpolitik. Diese Kritik wurde formuliert, bevor die Erarbeitung eines neuen Konzepts der auswärtigen Kulturpolitik fertiggestellt war, zumindest bevor die „Leitsätze für die auswärtige Kulturpolitik" vom Amt Anfang 1971 publiziert worden waren. Sie demonstriert wie notwendig es ist, daß die zentrale Planungsinstanz ihre konzeptionellen Überlegungen und Zielvorstellungen den Außenstellen deutlich macht. Hier ist mit den Leitsätzen ein Anfang gemacht. Daß dies nach langer Zeit der Abstinenz nur ein Anfang sein kann, liegt auf der Hand; als Aufgabe ergibt sich hieraus, im Dialog mit den Außenstellen, die neue Konzeption zu konkretisieren, wenn notwendig zu modifizieren und im Hinblick auf Regionen und Länder zu operationalisieren.

Drei Informationsbereiche wurden bei der Umfrage systematisch behandelt:

1. Personelle Situation der in der auswärtigen Kulturpolitik Tätigen;
2. Inhalte und Zielgruppen der auswärtigen Kulturpolitik;
3. Institutionelles System der auswärtigen Kulturpolitik der BRD.

Als wichtigste Aspekte zur personellen Situation (1.) lassen sich die folgenden nennen:

— Die Träger unserer auswärtigen Kulturpolitik kommen von der Ausbildung her zumeist aus dem Bereich der Philosophischen Fakultät. Bei dem Ziel, das Feld der Kulturarbeit zu erweitern, ist daher eine vermehrte Rekrutierung aus anderen Fachbereichen erstrebenswert.

— Die hohe Stellenmobilität der Befragten führt zu besonders hohen Investitionen, wenn die gerade in dem Bereich der auswärtigen Kulturpolitik so wichtige Vorbereitung und Einarbeitung in neue Aufgabengebiete ernst genommen wird.
— Informiertheit über kulturelle Entwicklungen in der BRD gehört zum Kern der Berufstätigkeit der Befragten. Häufige Informationsreisen und gezielte Informationsversorgung sowie Fortbildungsmöglichkeiten sind daher — gerade auch für die auf abgelegenen Posten Tätigen — von großer Wichtigkeit.

Zum Inhalt der auswärtigen Kulturpolitik (2.) werden als wichtigstes folgende Punkte hervorgehoben:

— Über Ziel und Konzeption der auswärtigen Kulturpolitik herrscht unter den Experten, insbesondere den „Generalisten" der Kulturarbeit (Diplomaten, Leiter von Kulturinstituten) eine Unsicherheit, die sich auf die aktive Ausgestaltung der Kulturarbeit hemmend auswirkt.
— Wichtigstes Kennzeichen einer inhaltlichen Umgestaltung ist die Einschränkung der Unverbindlichkeit traditioneller Kulturveranstaltungen und ihre Ergänzung durch zielgerichteten Austausch und Zusammenarbeit. Dies kommt insbesondere in der schwergewichtigen Bevorzugung des Ausbildungssektors, der Spezifizierung von Themen und Zielgruppen und der Betonung des entwicklungspolitischen Effekts zum Ausdruck.
— Eine „zielgerichtete" Kulturarbeit bedarf einer länderspezifischen Planung und Durchführung. Dies setzt einen besseren Informationsfluß zwischen den Institutionen in der BRD und den Außenstellen voraus.

Bezüglich des institutionellen Systems unserer auswärtigen Kulturpolitik (3.) werden vor allem vier Aspekte immer wieder berührt:

— Die allgemeine Unsicherheit über Zielsetzung und Konzeption wird durch das unverbundene Nebeneinander verschiedener Institutionen noch verstärkt.
— Die Auslandsschulen stehen aufgrund ihrer andersartigen Zielrichtung, die DAAD-Lektoren und Wissenschaftler aufgrund der formal nicht vorgegebenen Kommunikationsstruktur außerhalb des Zusammenhangs der auswärtigen Kulturpolitik. Letztere ist relativ leicht institutionalisierbar, die Veränderung der Zielsetzung der Auslandsschulen bedarf hingegen einer Umstrukturierung von großer Tragweite.
— In der teilweise gleichartigen Aufgabenstellung von Kulturreferat und Goethe-Instituten ist Konkurrenz und Konflikt angelegt. Die Differenzierung beziehungsweise Spezialisierung der Aufgaben der Kulturinstitute oder aber eine Zusammenfassung der Institutionen sind zwei der Möglichkeiten, die Doppelgleisigkeit zu beheben.
— Zielgerichtete Rekrutierung und Ausbildung des Personals ist eine der wichtigsten Bedingungen für die erfolgreiche Pflege internationaler Kulturbeziehungen.

Die Umfrage hat sich als Instrument für die Verbesserung des Dialogs während des Planungsvorgangs zwischen der Zentrale und den Außenstellen gut bewährt und eine entsprechende wiederholte Anwendung ist zu empfehlen. Dies setzt eine intensive Rückkoppelung mit den Befragten voraus, entweder in der persönlichen Diskussion auf häufigeren Regionalkonferenzen oder auf schriftlichem Wege, wie dies durch die Übersendung dieses Kapitels des Gutachtens an alle Beteiligten bereits eingeleitet wurde.

Planung

Irgendwo in der Mitte zwischen der extremen Ansicht, kulturelle Aktivitäten ließen sich überhaupt nicht planen und der Vorstellung von einer bis ins Detail vorprogrammierten Gesamtplanung, liegt der Ort für die Planungsaufgabe der Kulturabteilung. Im zweiten Teil des Gutachtens werden Instrumente und Verfahren für diese Aufgabe entwickelt und ihre Anwendung illustriert. Außerdem werden für zwei Bereiche — die deutsche Sprachförderung und die Auslandsschulen — langfristige Entwicklungskonzepte vorgelegt, die ihrerseits mit dem Planungskonzept verknüpft sind.

Bei der Entwicklung von Instrumenten und Verfahren für eine außenkulturpolitische Gesamtplanung standen zwei Forderungen im Mittelpunkt:

1. Das begrenzt vorhandene Potential für außenkulturelle Aktivitäten erfordert *Schwerpunktsetzung*.

2. Den Entscheidungen über Schwerpunktsetzungen müssen *systematische Planungsverfahren* zugrunde liegen.

Diese Akzente, die vom Auswärtigen Amt für das Gutachten als wesentlich angesehen wurden, wurden zu Beginn unserer Arbeiten auf diesem Gebiet auch in der Kommission für die Reform des Auswärtigen Dienstes berührt. In der Kommissionsdrucksache 19 rev.2 vom 27. April 1970 heißt es:

„Die für die auswärtige Kulturpolitik zur Verfügung stehenden Mittel sind begrenzt; ihr optimaler Einsatz setzt eine nach Regionen und Medien differenzierte Gesamtplanung voraus.

Diese sachliche Planung muß sich dann in der mittel- und langfristigen Finanzplanung niederschlagen. Es wird dann Aufgabe der Kulturabteilung sein, Kriterien für die Bedeutung einzelner Länder für die deutsche auswärtige Kulturpolitik zu entwickeln. Dazu gehört auch eine Art Meßlatte, an der der angemessene finanzielle Aufwand für ein Land oder eine Region im Rahmen der insgesamt zur Verfügung stehenden Mittel abgelesen werden kann."

In den Kapiteln V bis VII werden diese Forderungen in besonderer Weise berücksichtigt. Das Ziel des entwickelten Planungsverfahrens liegt darin, Entscheidungsvorgänge, die sich bisher eher unbewußt und unsystematisch vollzogen, durch Kennzeichnung ihrer Kriterien und deren schrittweisen Anwendung zu systematisieren und bewußt zu machen. Hieraus ergeben sich folgende Konsequenzen:

— Entscheidungen werden entpersonalisiert, rational begründbar, überzeugender.
— Entscheidungskriterien können auf ihre Angemessenheit hin überprüft werden.
— Politische und sachliche Kriterien des Entscheidungsverfahrens können besser voneinander unterschieden werden. Die Zuständigkeit ihrer Bearbeiter (Politiker — Beamte — Sachverständige) wird eindeutig.
— Die Planungsentscheidungen gewinnen an Kontinuität über längere Zeiträume.

- Eine mittel- und langfristige Finanz- und Medienplanung wird erleichtert, denn verbindliche Entscheidungskriterien ermöglichen zuverlässigere Planungsprognosen.
- Den Planungsbeamten stehen verbindliche Orientierungsmaßstäbe zur Verfügung.
- Die Fluktuation der Bearbeiter und die daraus folgenden Kommunikations- und Kontinuitätsmängel werden durch ein transparentes Planungsverfahren ausgeglichen.
- Die Kooperation mit den Kollegialressorts und den Mittlerorganisationen wird aufgrund eines durchschaubaren Planungsverfahrens und der zunehmenden Sachkompetenz der Kulturabteilung (Clearingfunktion etc.) verbessert.

Der Nicht-Sozialwissenschaftler wird auf den ersten Blick vielleicht den Ort vermissen, wo die Erfahrungen des langjährigen Praktikers, des Diplomaten und die richtungsweisenden Entscheidungen der Politiker in das Planungsverfahren einmünden. Diesem möglichen Mißverständnis sei von vornherein entgegengehalten, daß die vorgenommenen Quantifizierungen stets nur der Umsetzung von qualitativen Sachverhalten dienen und an keiner Stelle zu unkontrolliertem Eigenleben zu führen brauchen. Die Qualität des Planungsergebnisses setzt allerdings auch eine aktive Mitwirkung der „Praktiker" und „Politiker" im Rahmen der Gesamtplanung voraus und damit eine gewisse Anpassung an Methoden und Spielregeln systematischer Verfahren. Dabei können die qualitativen Prämissen der Spielregeln vom Praktiker und Politiker jederzeit seinen neuen Konzepten oder Erfahrungen angepaßt werden. In diesem Sinne stellen die nachfolgenden Verfahren und Konzepte Diskussionsgrundlagen dar, die in einem Gesamtzusammenhang stehen, dessen Einzelelemente und Verfahrensschritte zwar methodischen Begründungen und Gesetzen unterliegen, deren sachliche und politische Voraussetzungen aber im Detail wie im Ganzen überprüfbar und veränderbar sind.

V Die Berücksichtigung von Länderprioritäten

Im ersten Teil dieses Kapitels wird ein Verfahren entwickelt, durch das eine Prioritätenliste der Bedeutung von 135 Partnerländern für unsere außenkulturellen Aktivitäten erstellt wird. Das folgende Grobschema zeigt, auf welche Weise die Gewinnung von Prioritäten erfolgte. Dabei wurden systematisch Kriterien angewendet, die der Aufgabenstellung der Kulturabteilung entsprechen.

Bei der Auswahl der Indikatoren, die von ihrem Geltungsbereich für die 135 Partnerländer, ihrer Qualität und ihrer Zugänglichkeit abhängig ist, wurden drei Maximen berücksichtigt:

1. Welche weltpolitische *Bedeutung* hat ein Land unter dem Gesichtspunkt der Erhaltung des Friedens (INDEX I).

2. Welchen *absoluten Umfang* haben die *bilateralen Beziehungen* eines Landes zur BRD (INDEX II).

3. Welches *relative Gewicht* haben die *bilateralen Beziehungen* eines Landes zur BRD (INDEX III).

Das Verfahren führt in einem ersten Schritt für jedes Partnerland zu Richtwerten für die Allokation der zur Verfügung stehenden Mittel. In einem zweiten Schritt sollen diese Werte durch aktuelle, außenpolitisch begründete Entscheidungen variiert werden, wofür ein Dispositionsspielraum von ± 25 % der Richtwerte pro Land empfohlen wurde.

Die Methode zur Gewinnung einer Prioritätenliste

Grobschema

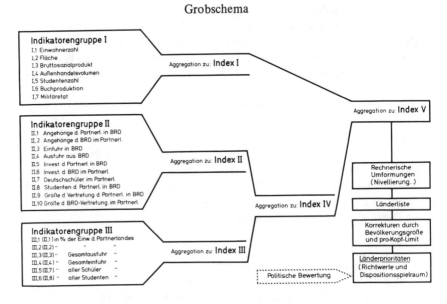

Die Gewinnung von Länderprioritäten stellt ein dynamisches Verfahren dar, dessen Ausgangsdaten auf dem laufenden gehalten werden müssen und die in begründeten Fällen austauschbar sind. Die Datenquelle für eine solche laufende Aktualisierung stellt die im Kapitel VI entwickelte Länderkartei dar.

Im zweiten Teil des Kapitels V wird die Praxis der länderspezifischen kulturellen Aktivitäten der Bundesrepublik insgesamt und des aktiven Anteils des Auswärtigen Amts aufgezeigt und mit der im Gutachten entwickelten systematischen Prioritätenliste verglichen. Aus den Abweichungen unterschiedlichen Grades lassen sich Empfehlungen an das Auswärtige Amt ableiten, um die Einschätzung bestimmter Länderbeziehungen, soweit diese sich in der praktizierten Förderung kultureller Beziehungen niederschlagen, von Fall zu Fall zu überprüfen.

Die Notwendigkeit für ein solches Planungsverfahren für die Kulturabteilung begründet sich u.a. aus der Sonderstellung dieser Abteilung, die als einzige im Auswärtigen Amt bedeutende Produktivmittel einsetzen kann. Die damit verbundene Allokationsaufgabe kann unter drei Gesichtspunkten gesehen werden:

– Die Kulturabteilung muß sich selbst über ihr Wirken und gegenüber der Öffentlichkeit bezüglich der sinnvollen Verwendung von mehreren hundert Millionen DM *Rechenschaft ablegen* können.

– In einer vorausschauenden Planung kultureller Außenaktivitäten muß die daraus folgende *mittelfristige Finanzplanung* begründbar werden. Nur wenn die einzuwerbenden Haushaltsansätze im Detail durch ein überprüfbares und logisches Planungskonzept plausibel gemacht werden können, kann der Zufälligkeit der bisherigen Haushaltsentwicklung entgegengewirkt werden.

– Bei der Realisierung der Planungen und während des Alltagsgeschäfts müssen laufend unvorhersehbare, kurzfristige Entwicklungen berücksichtigt werden. Auch bei diesen Entscheidungen ist es notwendig, einen *Orientierungsmaßstab* zu besitzen, um den Zufälligkeiten von nur-pragmatisch gefallenen ad hoc Entscheidungen *in Richtung einer konkreten Gesamtplanung* entgegenwirken zu können.

VI Mittelfristige Rahmenplanung

Im Anschluß an die Gewinnung der Prioritätenliste werden in diesem Kapitel die Möglichkeiten ihrer Anwendung für eine mittelfristige Planungsperiode (1972–1977) gezeigt. In einem ersten Schritt wird dabei der finanzielle Rahmen abgesteckt, an dem sich die mittelfristigen Länderplanungen orientieren können. Dabei werden drei verschiedene Zuwachsraten des Haushalts der Kulturabteilung – 5 Prozent, 10 Prozent und 15 Prozent – zugrunde gelegt. Die sich hieraus ergebenden Gesamtmittel werden auf die 135 Partnerländer der Bundesrepublik so verteilt, daß sich die Differenzen der bisherigen Verteilungspraxis gegenüber der Prioritätenliste bis zum Ende der angenommenen Planungsperiode in gleichen Abstufungen minimieren. Diese drei Modellrechnungen können natürlich unter Berücksichtigung anderer Randbedingungen jederzeit modifiziert werden.

Für die neueingerichteten drei Länderreferate liegt in der Kenntnis der Länderquoten ein Ausgangspunkt ihrer Planungsarbeit. Allerdings wird die systematische Planungsarbeit dieser an sich so wichtigen Referate durch ihre hoffnungslose Unterbesetzung erheblich eingeschränkt. So stehen beispielsweise für die Planung der kulturellen Beziehungen mit 96 Entwicklungsländern nur drei höhere Beamte, für 27 westliche Industrieländer nur zwei zur Verfügung.

Im zweiten Teil dieses Kapitels wird eine *Länderkartei* als Grundlage der künftigen Planungsarbeit entwickelt. Während der finanzielle Rahmen eher dem quantitativen Aspekt der Planungsaufgabe zuzuzählen ist, gilt die Summe der Informationen, die unter dem Sammelbegriff „Länderkartei" zusammengefaßt werden, eher der qualitativen Planungsaufgabe. Mit der Länderkartei ist formal gesehen eine Kartei gemeint, die für jedes der 135 Partnerländer alle jene Informationen enthält, die die Voraussetzung für die Planungs- und die Koordinationsaufgabe der Kulturabteilung bilden.

Unter zwei Gesichtspunkten ist eine solche Kartei als ein dynamisches Planungsinstrument anzusehen. Erstens ist das Instrument selbst nur ein Vorschlag, der sich in der Praxis bewähren und sich den wechselnden Anforderungen unterschiedlicher Aufgaben anpassen muß. Zweitens muß die Kartei stets auf dem laufenden gehalten werden; dabei sind drei Arten der Fortführung zu unterscheiden:

1. *Ersetzung* alter Informationen durch neue;
2. *Fortsetzung* alter Informationen (Trends);
3. gezielte *Primärerhebungen* (Umfragen etc.).

Damit wird die Länderkartei zugleich zu einem „Protokoll des Planungsprozesses" über die außenkulturellen Beziehungen zu einem Partnerland, aus dem die Begründungen für frühere Planungsentscheidungen rekonstruiert werden können. Zudem wird eine höhere Kontinuität der einzelnen Planungskonzepte möglich, da die sich im Auswärtigen Amt ständig ablösenden Bearbeiter sich anhand der Kartei schnell über die vorliegenden länderspezifischen Planungskonzepte und deren Realisierungsgrad informieren können. Diese schnelle Informationsmöglichkeit wird außerdem für die Vorbereitung von Regionalkonferenzen, von Inspektionsreisen und für die gezielte Themenauswahl für die häufigen Besuchergespräche in der Zentrale dienen können.

Langfristig gesehen könnte die Länderkartei die Grundlage für die Speicherung von Planungsdaten bieten, wie sie in einer interministeriellen Datenbank im Zusammenhang mit einer elektronischen Datenverarbeitungsanlage vorgesehen werden sollte. Dieses Ziel ist aus folgenden Gründen anzustreben:

1. Der Planungsprozeß gründet sich in zunehmendem Maße auf komplizierte *statistische Aufbereitungsverfahren*, die auf EDV-Anlagen rationeller ablaufen.
2. Das kurzfristige Abrufen komplexer *Informationen für Ländermonographien* ist für das Auswärtige Amt ganz allgemein eine sich ständig wiederholende Aufgabe, die weitgehend automatisiert werden könnte.
3. Die bei anderen Ressorts und Institutionen (Mittlerorganisationen) *verstreut vorliegenden Informationen könnten integriert* werden.

Die Länderkartei wurde in Zusammenarbeit mit dem BPA, dem BMZ und dem BMBW entwickelt. Bei dieser konkreten Aufgabe erwies sich die sonst so schwerfällige Kooperationsbereitschaft zwischen den Ressorts als ausgezeichnet. Würde die Länderkartei vom Auswärtigen Amt künftig mit einigem Geschick weiterentwickelt werden, dürfte kein Zweifel bestehen, daß die Partnerressorts auch weiterhin die notwendigen Informationen aus ihrem Aufgabengebiet hierfür zur Verfügung stellen würden. Voraussetzung ist allerdings, daß sie den Eindruck behalten, daß sie damit einen Beitrag für die Clearing-Funktion der Kulturabteilung hinsichtlich der Vielfalt der außenkulturellen Aktivitäten der Bundesrepublik leisten und von diesem Informationsergebnis selbst profitieren können. Die gleiche Kooperationsbereitschaft ist von den Mittlerorganisationen zu erwarten und seitens der Auslandsvertretungen, da durch das Gesamtergebnis auch ihre eigenen dringenden Informationswünsche erfüllt werden können.

Die Länderkartei könnte damit zur sachlichen Grundlage des Planungsdialogs zwischen dem AA und seinen in der auswärtigen Kulturarbeit stehenden Partnern werden. Neben den formalen Anspruch des Amts zur Planung und Koordinierung könnte so ein wesentliches Element sachlicher Autorität treten.

VII Strukturmodell zentraler Orte

In den beiden vorangegangenen Kapiteln wurde die Aufgabe der Schwerpunktsetzung unter dem Gesichtspunkt von Partner*ländern* behandelt. In diesem Kapitel tritt der Gesichtspunkt einer Konzentration auf kulturpolitisch wichtige *Orte* hinzu. Das Motiv für die Auswahl solcher zentralen Orte, die zu besonderen Kristallisationspunkten unserer kulturellen Aktivitäten ausgebaut werden sollten, liegt in der Notwendigkeit, mit begrenzten Mitteln in ökonomischer Weise den größtmöglichen Effekt zu erreichen. Dies ist am ehesten möglich, wenn kulturelle Aktivitäten in wichtigen Kulturmetropolen zentriert werden, die aufgrund ihrer höheren kommunikativen Bedeutung einen viel größeren Multiplikatoreffekt versprechen, als es bei weniger wichtigen Orten der Fall ist. Das heißt allerdings nicht, daß sich alle kulturellen Aktivitäten auf ein solches Netz zentraler Orte konzentrieren sollen. Es bedeutet nur, daß vor allem für jene Aktivitäten, die eines institutionellen Rahmens und damit langfristiger Investitionen bedürfen, die Standortfrage künftig unter dem Aspekt eines sinnvollen Netzes kulturell bedeutender Orte in der Welt geprüft werden sollte.

Als Kriterium für die Auswahl solcher zentralen Orte wurden Daten herangezogen, die als Indikatoren für kulturelle Bedeutung und weitreichende Ausstrahlung gelten können. Wie bei der Erarbeitung der Prioritätenliste können auch hier nicht immer die theoretisch besten Daten benutzt werden, sondern die Auswahl muß sich an der gegebenen Datenlage orientieren. Folgende Indikatoren wurden berücksichtigt:

1. Einwohner
2. Studenten
3. Auflagenhöhe der Tageszeitungen
4. Museen und Galerien
6. Internationale Konferenzen
7. Fluggäste.

Als Ergänzung zu diesem statistischen Verfahren wurden im Rahmen der schriftlichen Umfrage (Kapitel IV) die Praktiker auswärtiger Kulturarbeit über die ihrer Erfahrung nach wichtigsten Kulturmetropolen in verschiedenen Regionen befragt. Als dritter Auswahlgesichtspunkt wurde die Bedeutung der Partnerländer aufgrund der Prioritätenliste berücksichtigt. Viertens wurde auf eine regional ausgewogene Streuung der Orte geachtet.

Mit diesem gemischten Verfahren wurden 79 zentrale Orte in aller Welt ausgewählt, die ihrerseits in drei Klassen unterschiedlicher Bedeutung eingeteilt wurden. Das so gewonnene Netz kann an die bereits vorgegebene Struktur institutioneller kultureller Präsenz der Bundesrepublik anknüpfen. Das neue Konzept soll den weiteren Ausbau dieser Struktur, die zum Teil zufällig und ungeplant entstanden ist, an einer wünschenswerten Zielprojektion ausrichten. Dabei ist die empfohlene Auswahl als eine modifizierbare Diskussionsgrundlage zu verstehen.

Als Zielvorstellung für die Ausstattung zentraler Orte sind Modelltypen vorgesehen, die sich nach dem Baukastenprinzip wahlweise aus allen verfügbaren Elementen außenkultureller Aktivitäten zusammensetzen. Diese Elemente brauchen weder auf den Verantwortungsbereich des Auswärtigen Amts beschränkt zu sein, noch auch auf den öffentlichen Bereich. Folgende „Bausteine" lassen sich vorstellen:

Öffentlich geförderte Aktivitäten

– Kulturreferat
  (Kultur-, Presse-, Wissenschafts- und Sozialreferat; bzw. eine Dependance der Mission als Informationsstelle für diese Bereiche)
– Kulturinstitut, Kultur- und Informationszentrum
– Deutsche Bibliothek
– Ausstellungs- und Tagungsräume

- Deutscher Sprachunterricht (öffentlich gefördert oder kommerziell)
- Deutsch-Schule (entsprechend des im Kapitel IX entwickelten Typs)
- Germanistik-Lehrstuhl, germanistisches Institut
- Forschungsinstitut
- DAAD-Wissenschaftler
- DAAD-Lektoren
- DAAD-Zweigstelle
- Berater, Experten

Kommerzielle Aktivitäten

- Informationsbüro deutscher Firmen
- Zweigstelle der Außenhandelskammer
- Vertretung der Fremdenverkehrszentrale
- Lufthansa Stadtbüro, Reisebüro
- dpa-Büro
- Hotel
- Restaurant
- Buch-, Zeitungsladen
- Kino, Zimmertheater
- andere kommerzielle Aktivitäten mit deutschsprachiger bzw. europäischer Note.

Je nach der besonderen Situation ist aus diesen oder anderen Bausteinen ein Zentrum anzustreben, das der jeweiligen örtlichen Bedarfslage entsprechend zusammengesetzt ist. Es gibt also keinen Standardtyp und auch kein Standardprogramm für diese Zentren, sondern eine Vielzahl verschiedenartiger Zusammensetzungen. Diese örtliche Konzentration eines Teils unserer auswärtigen kulturellen Aktivitäten soll nicht nur den bilateralen Kulturbeziehungen gelten, sondern auch unter dem Gesichtspunkt *internationaler Zentren* verfolgt werden. Viele der oben genannten Elemente unserer Kulturpolitik bieten thematische und funktionale Ansatzpunkte für multinationale Zusammenarbeit.

Bei solchen internationalen Zentren, zum Beispiel einem Europa-Zentrum, ist nicht an Einheitslösungen gedacht, bei denen übernationale Gruppierungen mit „einer Stimme" — etwa abendländisch — sprechen sollen. Daß dies nicht zu erreichen ist und darüber hinaus auch sachlich nicht erstrebenswert ist, wird oft betont. Unberührt von diesem Einwand bleibt aber die Vorstellung von der Zusammenfassung multinationaler Kulturaktivitäten innerhalb eines losen äußeren Rahmens, in dem Programme koordiniert und aktuelle Themen diskutiert werden sowie Zusammenarbeit geplant und durchgeführt werden kann. Dabei bieten sich als Themen für Diskussion und arbeitsteilige Forschung beispielsweise die gemeinsamen zivilisatorischen Probleme der Gegenwart an (wodurch die realen gesellschaftlichen *Gemeinsam-*

keiten verschiedener Staaten deutlich werden), um sie unter Verwendung von länderspezifischen Erfahrungen und Kenntnissen im multinationalen Teamwork zu lösen (wodurch die *Vielfalt länderspezifischer Qualitäten* deutlich wird).

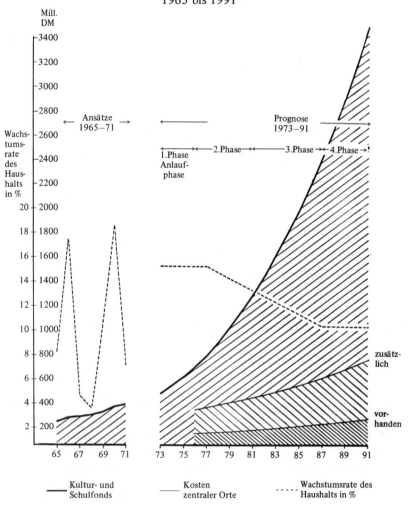

Die langfristige Entwicklung des Kultur- und Schulfonds und die laufenden Kosten eines wachsenden Netzes zentraler Orte, 1965 bis 1991[4]

4 S. Gutachten, a.a.O. S. 283

Im zweiten Teil dieses Kapitels wird die Realisierung eines solchen Konzepts für eine zwanzigjährige Aufbauperiode und bei Verwendung von 20 Prozent der Haushaltsmittel skizziert. Dabei wird an die heute vorhandenen, örtlich institutionalisierten Aktivitäten angeknüpft, die ein knappes Drittel der erforderlichen Ausstattung bereits abdecken würden. Die Graphik auf S. 20 zeigt die Entwicklung der Haushaltsmittel unter diesen Annahmen.

VIII Deutsche Sprache

Die beiden letzten Kapitel des Gutachtens widmen sich den bisher wichtigsten Bereichen unserer auswärtigen Kulturpolitik: Deutsche Sprachförderung und Auslandsschulen. In den neuen Leitsätzen des Auswärtigen Amts heißt es unter dem Stichwort „Überprüfung der Instrumente" zur Sprachförderung:

„Die deutsche Sprache ist Träger, nicht Ziel unseres Wirkens im Ausland. Es gibt traditionelle deutsche Sprachgebiete, in denen die Förderung des Deutschen verstärkt werden kann; in anderen Teilen der Welt dürfte es für die Ziele des Austausches und der Zusammenarbeit zweckmäßiger sein, sich der jeweils gebräuchlichsten Sprache als Kommunikationsmittel zu bedienen."

Entsprechend dieser Forderung wird zunächst versucht, das nachweisliche Interesse an deutscher Sprache in der Welt darzustellen. Dieser Interessenstruktur wird dann die bisherige Förderungspraxis des Auswärtigen Amts gegenübergestellt.

Als wichtigster Indikator für das vorhandene Interesse wird in der Regel das Ausmaß des Deutschunterrichts an ausländischen Schulen gesehen. Dies war auch die Grundlage des Berichts der Bundesregierung über „Die Situation der deutschen Sprache in der Welt" vom November 1967. Als weiterer Indikator wurde bei unserer Analyse noch die Anzahl von Angehörigen des jeweiligen Partnerlandes in der Bundesrepublik berücksichtigt.

Läßt man die Länder unberücksichtigt, in denen die BRD in den vergangenen Jahren aus politischen Gründen die deutsche Sprache nicht fördern konnte, so lassen sich 26 Länder erkennen, die ein besonderes Interesse an deutscher Sprache aufweisen. In 14 von diesen Ländern entsprach die Förderungsintensität des Auswärtigen Amts – sei es durch Maßnahmen des Sprachunterrichts, sei es durch das Auslandsschulwesen – diesen Interessen: Finnland, Schweden, Türkei, Portugal, Italien, Chile, Spanien, Griechenland, Norwegen, Frankreich, Süd-Korea, Großbritannien, Belgien, Indonesien. In 12 Ländern wurde das nachweisliche Interesse an deutscher Sprache bislang noch nicht entsprechend unterstützt: Paraguay, Südafrika, USA, Niederlande,

Dänemark, Island, Jugoslawien, Australien, Togo, Neuseeland, Irland, Madagaskar. Auf der anderen Seite förderte das Auswärtige Amt den Deutschunterricht in 12 Ländern, die anhand der genannten Kriterien kein besonderes Interesse nachweisen können: Kanada, Libanon, Argentinien, Brasilien, VAR (Ägypten), Mexiko, Iran, Marokko, Japan, Thailand, Indien, Pakistan.— Entsprechend dieser Ergebnisse werden für die künftige Sprachförderung Prioritäten empfohlen.

Im Zusammenhang mit Fragen der Sprachförderung wird automatisch die Zielsetzung der Goethe-Institute berührt. Am Anfang ihrer Entwicklung hatten sie als Institute „zur Pflege deutscher Sprache und Kultur im Ausland" in der Sprachförderung ihre Hauptaufgabe gesehen. Die nachdrückliche Absicht, bei der auswärtigen Kulturpolitik künftig eher die Sprache zu nutzen, die im Partnerland das vergleichsweise beste Kommunikationsmittel darstellt und die Erweiterung des Kulturbegriffs führen zu einer Veränderung der Zielsetzung der Kulturinstitute. Bei der Ausarbeitung eines langfristigen Arbeitsprogramms für die Kulturinstitute auf der Basis der neuen Leitsätze muß davon ausgegangen werden, daß die Institute sich künftig immer stärker auf die anspruchsvolle Aufgabe von *Kultur*-Instituten und Informationszentren und weniger auf die Sprachpflege konzentrieren.

Durch die Erweiterung des Kulturbegriffs wächst den Kulturinstituten ein neuer Themenbereich zu, der nun nicht mehr — wie die Themen des klassischen Kulturbegriffs — stark mit der Sprache korrespondiert. Damit entfällt auch die gewisse „Ökonomie", die sich bei der früheren Aufgabenstellung der parallelen Behandlung von Sprache und Kultur ergab.

Eine andere Themenerweiterung liegt in dem „Prinzip der Gegenseitigkeit", wodurch ebenfalls neue Aufgaben und zwar aus den Bedürfnissen und Wünschen des Partnerlandes folgen, für deren Behandlung in erster Linie thematische Sachkompetenz erforderlich ist. Die Sprache wird nur als Kommunikationsmittel wichtig, wobei entsprechend den neuen Leitsätzen die örtlich jeweils gebräuchlichste Sprache zu benutzen ist.

Aus der Veränderung der Programmgestaltung folgt außerdem ein anderes Rekrutierungs- und Weiterbildungskonzept für die Angehörigen der Kulturinstitute. Nicht mehr der Germanist und Sprachlehrer ist gefragt, sondern der *sprachgewandte* Sachkenner im kulturellen Themenbereich, dem Bereich der „culture" *und* „civilisation". Die Rekrutierung wird sich also auch auf andere Ausbildungs- und Berufsbereiche zu konzentrieren haben.

Um einerseits die Hinwendung der Kulturinstitute zu der erweiterten sowie neuartigen Aufgabenstellung, um andererseits die Ablösung der Sprachförderung im umfassenden Sinn als Hauptaufgabe zu gewährleisten, wird empfohlen, die Sprach- und Kulturaufgaben im Rahmen des Goethe-Instituts stärker voneinander zu trennen. Als äußeres Zeichen der neuen Konzeption wäre in diesem Zusammenhang an eine neue Benennung der Kulturinstitute gegenüber dem verdienten, aber nicht mehr sehr zukunftsträchtigen Namen: „Goethe-Institut zur Pflege deutscher Sprache und Kultur im Ausland" zu denken.

Der Gewichtsverlagerung und der stärkeren Trennung entsprechend müßten auch außerhalb der Kulturinstitute, aber in enger Kooperation mit ihnen, weitere Sprachinstitutionen, auch kommerzielle, berücksichtigt werden. Die Ausstattung der kulturellen Zentren in zentralen Orten mit deutschem Sprachunterricht kann daher wahlweise in der Form einer *Sprachkurs-Abteilung* eines Kulturinstituts, eines *Sprachkurses* in Verbindung mit einem germanistischen *Hochschulinstitut*, mit Hilfe von *DAAD-Lektoren* oder in Verbindung mit *privaten Sprachschulen* geschehen.

IX Deutsche Auslandsschulen

Zum deutschen Auslandsschulwesen heißt es in den Leitsätzen:

„Das bestehende Netz der deutschen Auslandsschulen, die in ihrer gegenwärtigen Zahl und Verteilung das Ergebnis ungeplanter Entwicklung sind, ist an dem Plan eines wünschenswerten Systems solcher Schulen zu messen."

Das deutsche Auslandsschulwesen ist ein weitgehend autonom gewachsenes System von Privatschulen, das aus örtlichen Aktivitäten ehemaliger deutscher Auswanderergruppen hervorgegangen ist. Es kann daher nicht als ein integrierter Bestandteil einer ausgewogenen Gesamtplanung kultureller Außenbeziehungen angesehen werden.

Um die Förderung des deutschen Auslandsschulwesens aus den Mitteln für auswärtige Kulturpolitik insgesamt beurteilen zu können, wäre hier die politische Entscheidung wichtig, inwieweit ehemalige deutsche Auswanderergruppen eine bevorzugte Zielgruppe der künftigen Außenkulturpolitik sind. Im Zusammenhang mit den deutschen Auslandsschulen wurde zu dieser Frage bislang noch keine eindeutige politische Stellungnahme bezogen.

Im Gutachten wird das Auslandsschulwesen zunächst einer differenzierten Analyse unterzogen, um es anschließend an einem „Plan eines wünschenswerten Systems solcher Schulen" zu messen, wie es in den neuen Leitsätzen gefordert wird.

Der Anteil des Schulfonds an allen Mitteln der Kulturabteilung schwankte nach dem zweiten Weltkrieg zwischen 25 Prozent und 50 Prozent, seit 1962 stieg er bis 1971 kontinuierlich von 25 Prozent auf etwa 40 Prozent an.

Der relative Anteil des Schulfonds an den Gesamtmitteln der Kulturabteilung, 1952–1971 [5]

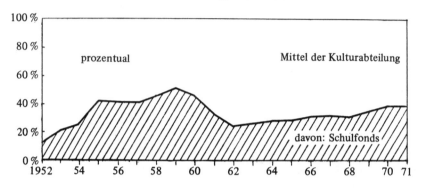

Insgesamt betrug der Schulfonds 1969 121 Millionen DM, wovon 33 Millionen für Bauinvestitionen bestimmt waren. Aus diesen Mitteln wurden 159 Auslandsschulen gefördert, mit denen weit mehr Schulen gemeint sind, so etwa die 99 Schulen in Paraguay, die im offiziellen Schulverzeichnis mit 13 Schulen geführt werden; ihre durchschnittliche Schülerzahl beträgt 35 Schüler. Darüber hinaus werden aus dem Schulfonds ein Lehrerseminar in Südamerika und 6 Europa-Schulen gefördert, sowie deutsche Lehrer an öffentliche Schulen entsendet; außerdem werden mehrere hundert Zuwendungsempfänger in aller Welt mit Schulbeihilfen bedacht, die zum Teil nur wenige hundert DM betragen.

Die 159 deutschen Auslandsschulen lassen sich vier Typen zuordnen:
1. Expertenschulen   (24 Schulen)
2. Kolonieschulen   (30 Schulen)
3. Begegnungsschulen   (82 Schulen)
4. Fremdsprachige Schulen (23 Schulen)

Die 24 Expertenschulen sind für Kinder deutscher Diplomaten und Experten bestimmt; 89 Prozent der Schüler sind deutschsprachig. Die 30 Kolonieschulen sind fast ausnahmslos Schulen für deutsche Volkstumsgruppen, daher findet sich auch bei ihnen mit 95 Prozent ein sehr hoher Anteil deutschsprachiger Schüler. In den 82 Begegnungsschulen ist der Anteil der deutschsprachigen und nicht-deutschsprachigen Schüler ausgeglichener; obwohl hierzu auch 21 Schulen gerechnet werden, die mehr als 80 Prozent der einen oder anderen Sprachgruppe aufweisen. Die 23 fremdsprachigen Schulen haben hingegen im Durchschnitt nur etwa 5 Prozent deutschsprachige Schüler,

---

5 S. Gutachten, a.a.O. S. 342.

so daß der Unterricht hier auch überwiegend in der Landessprache vermittelt wird.

Läßt man die Expertenschulen als Sonderfall unberücksichtigt, so wurden 1969 für die verbleibenden 135 deutschen Auslandsschulen 70 Millionen DM (ohne Baukosten) aufgewendet. Rund drei Viertel dieser Mittel entfallen allein auf 12 Länder.

	% – je Land	% – kumuliert
1. Chile	10,8	10,8
2. Spanien	10,5	21,3
3. Südafrika	7,0	28,3
4. Italien	6,8	35,1
5. VAR	6,8	41,9
6. Argentinien	5,5	47,4
7. Peru	5,1	52,5
8. Kolumbien	4,9	57,4
9. Türkei	4,8	62,2
10. Bolivien	4,6	66,9
11. Portugal	3,5	70,4
12. Griechenland	3,5	73,8

Dieser Prioritätensetzung bei den laufenden Zuwendungen entsprechen die Aufwendungen für durchgeführte und geplante Bauinvestitionen von 1960 bis 1975, die als Indikator für eine langfristige Prioritätensetzung gelten können. Von dem gesamten Bauvolumen werden in einer 15jährigen Planungsperiode 152 Millionen DM oder 57 Prozent in den sieben erstgenannten Ländern investiert.

Aus den anfangs genannten Gründen wird ein Teil der Schulen des gegebenen Auslandsschulsystems im Rahmen der zukünftigen auswärtigen Kulturpolitik keine aktive Rolle spielen können. Deshalb wird im zweiten Teil des Schulkapitels, unter Berücksichtigung einer sinnvolleren regionalen Verteilung, ein Typus von „Deutsch-Schule" entwickelt, der auch in Zukunft noch ein wesentliches Element unserer Kulturpolitik darstellen könnte.

Das Schwergewicht eines solchermaßen umstrukturierten Auslandsschulsystems würde Ende dieses Jahrhunderts auf öffentlichen Deutsch-Schulen in vielen Partnerländern liegen. Durch bilaterale Abkommen sollte gewährleistet sein, daß der Lehrplan zur Zweisprachigkeit mit Deutsch führt. Die Hochschulreife im Gastland wie auch in der Bundesrepublik bildet den Abschluß. Der Förderungsbeitrag des Auswärtigen Amts bezieht sich auf das spezifisch deutsche Element einer solchen Schule: Die Entsendung von Lehrkräften, die Finanzierung von deutschsprachigen Ortskräften, die Versorgung mit deutschsprachigen Lehrmitteln, die Organisation eines Schüleraustauschs, Studienaufenthalte für Lehrer in der Bundesrepublik und die bevorzugte Behandlung von Studienwünschen der Absolventen an deutschen Hochschulen. Grundstückskosten, Bauinvestitionen und laufende Betriebskosten sowie der nicht-deutschsprachige Unterricht sind Sache des Partnerlandes. In Orten, in denen es notwendig ist, eine deutsche Experten- oder Botschafterschule aufrechtzuerhalten, sollte eine Kombination aus der Deutsch-Schule und der Expertenschule angestrebt werden. Dabei müßte im Einzelfall geprüft werden, ob die Sekundarschüler der Expertenschule in die Klassenzüge der Deutsch-Schule integriert werden können, oder ob zusätzlich ein „Expertenzug" eingerichtet werden muß. In diesem Falle müßten natürlich alle für den Expertenzug zusätzlich auftretenden Kosten, in diesem Fall auch die der Bauinvestitionen und der Betriebsausgaben, von der Bundesrepublik getragen werden. Es dürften sich aber erhebliche Einsparungen einerseits und Qualitätsverbesserungen andererseits für die Expertenschulen ergeben, wenn sie an gut ausgestattete größere Schulen dieser Art angeschlossen werden könnten.

Das Ziel dieser Deutsch-Schulen sollte die zweisprachige Unterrichtung in möglichst vielen Partnerländern sein, um damit den Personenkreis auszubilden, der sich später einem Beruf zuwenden kann, dessen Ausübung überdurchschnittlich gute Deutschkenntnisse voraussetzt. Trotz der zunehmenden Verbreitung des Englischen als lingua franca zwischen anderen Sprachen verbleibt für jedes Land die Notwendigkeit, eine Gruppe von Sprachspezialisten zur Verfügung zu haben, die vom Dolmetscher bis zum Philologen in der Lage sind, jene anspruchsvollen Aufgaben zu lösen, die eine vollkommene Beherrschung der beiden Sprachen voraussetzen.

Die Förderung eines solchen Stammes von zweisprachigen Spezialisten in der deutschen und vielen anderen Sprachen bietet im übrigen die notwendige Voraussetzung, um künftig vielfältigere kulturelle Beziehungen — unabhängig von der Kenntnis der deutschen Sprache und damit sehr viel breiter gestreut — zu vielen Ländern aufbauen zu können.

Die Standortwahl für diese Deutsch-Schulen muß sich an zwei Forderungen ausrichten. Erstens müssen diese Schulen in wichtigen Kulturmetropolen liegen, in denen sich die vergleichsweise größte Nachfrage für eine anspruchsvolle zweisprachige Ausbildung erwarten läßt und in denen auch anschließend das größte Angebot für eine angemessene Weiterführung (Hochschulen etc.) und Anwendung vorhanden ist. Zweitens müssen die Schulorte eine möglichst breite regionale Streuung aufweisen, um möglichst viele Partnerländer und Sprachgebiete erreichen zu können.

Das in Kapitel VII entwickelte Netz „zentraler Orte" in aller Welt, in denen deutsche kulturelle Zentren bevorzugt gefördert werden sollten, kann für die Standortauswahl dieser Deutsch-Schulen zugrunde gelegt werden. In 34 der zentralen Orte sind bereits heute deutsche Auslandsschulen vorhanden, so daß der Ansatzpunkt für das hier entwickelte Konzept schon gegeben ist. In den übrigen 45 zentralen Orten ist die Gründung von Deutsch-Schulen allerdings nicht unbesehen vorzuschlagen, sondern es ist von Fall zu Fall zu prüfen, ob in einem potentiellen deutschen Kulturzentrum eine Deutsch-Schule einen sinnvollen Beitrag leisten kann.

Für die Umstrukturierung der bisherigen Auslandsschulförderung wird eine zwanzigjährige Planungsperiode skizziert, die sich an folgenden Gesichtspunkten orientiert:

— Die deutschen Auslandsschulen müssen *erwünschte und gleichberechtigte Elemente* des Bildungssystems des Partnerlandes sein.
— Aus Mitteln des Auswärtigen Amts sollten nur solche Schulen gefördert werden, die einen *aktiven Beitrag* im Rahmen einer aktiven Außenkulturpolitik leisten.
— *Experten und Botschaftsschulen* leisten keinen nennenswerten Beitrag zur Außenkulturpolitik, da sie eine andere Funktion erfüllen.
— Das gegebene Schulsystem ist zugunsten des empfohlenen Typs von „*Deutsch-Schulen*" in *vielen Partnerländern* und *zentralen Orten* umzustrukturieren.
— Besonders vorbildliche Schulen werden im Sinne von *Modellschulen* im Rahmen des Partnerlandes weiter gefördert.
— Trotz mäßiger Zunahme der absoluten Mittel für Auslandsschulen soll am Ende der Planungsperiode der Schulfonds *höchstens 20 Prozent der Gesamtmittel* der Kulturabteilung beanspruchen[6].

6 S. Gutachten, a.a.O. S. 384.

Anschrift des Verfassers
Prof. Dr. Hansgert Peisert
Universität Konstanz
775 – Konstanz
Eichhornstr. 9

Auswärtige Kulturpolitik, Friedenssicherung und Dritte Welt

von Uwe Simson, Köln

Die Durchdringung prinzipiell aller Bereiche des Lebens mit Wissenschaft ist Charakteristikum und Forderung der modernen Industriegesellschaft: auf dem Gebiet der auswärtigen Kulturpolitik ermöglicht das Gutachten von Hansgert Peisert und seinen Mitarbeitern[1] den entscheidenden Schritt von vielfältig determiniertem Pragmatismus zu rational begründbaren, subjektsunabhängigen Planungsentscheidungen.

Das Gutachten geht, auch wenn dies noch „mehr Forderung als Beschreibung" ist, von einer „Weltgesellschaft" aus, die ihre Konflikte im Rahmen einer „Weltinnenpolitik" löst[2]. „Weltinnenpolitik" läuft über eine verzweigte Infrastruktur von Beziehungen unterhalb der Regierungsebene[3], deren Interessenlinien quer zu den Grenzen der Nationalstaaten liegen, und erfordert die Verbindung dieser beiden Ebenen. Die auswärtige Kulturpolitik, von der Regierung betrieben, aber von der Gesamtheit der gesellschaftlichen Kräfte gespeist, kann durch ihre Stellung zwischen Regierungspolitik und „ungeplanten Realbeziehungen"[4] bei der Herstellung dieser Verbindung die entscheidende Rolle spielen und so der globalen Friedenssicherung dienen.

Die Aufgabe einer theoretischen Differenzierung zwischen industrialisierten Ländern und Entwicklungsländern hatte sich Peisert nicht gestellt; ich möchte hier versuchen, in Ergänzung zur Peisert-Studie einige Überlegungen zu der Frage zu formulieren, welche Konsequenzen sich aus diesem Konzept für die auswärtige Kulturpolitik in der Dritten Welt ergeben.

Orientiert sich Kulturpolitik am Ziel der weltweiten Konfliktbewältigung, und kann ferner angenommen werden, daß auf der Welt real auftretende Konflikte ihre Ursache, unmittelbar oder mittelbar, in gesellschaftlichen Strukturen (im weitesten Sinn) haben, so wird Kulturpolitik notwendigerweise zur Gesellschaftspolitik[5].

---

1 Hansgert Peisert: Auswärtige Kulturpolitik der Bundesrepublik Deutschland. Gutachten im Auftrag des Auswärtigen Amts. (Hektogr.) Konstanz 1971. 384 Seiten. Im folgenden kurz als „Peisert" zitiert.
2 Peisert. S. 24 ff.
3 Vgl. Johan Galtung: Über die Zukunft des internationalen Systems. Futurum. 1/4 (1970), und das dort über „INGO's" Gesagte.
4 Peisert. S. 27.
5 Allerdings in anderer Form, als es die „Leitsätze für die auswärtige Kulturpolitik" des Auswärtigen Amts, Dezember 1970, S. 10 darstellen.

Unter den Konflikten unserer Gegenwart und überschaubaren Zukunft nimmt der „Nord-Süd-Konflikt" die erste Stelle ein: er „wird zum zentralen Problem des letzten Drittels des 20. Jahrhunderts"[6]. Man kann, wie der Herausgeber der Zeitschrift „Die Dritte Welt", Wolfgang S. FREUND, in der Einleitung zur ersten Nummer der Zeitschrift sagt, davon ausgehen, „daß ein Überleben der Menschheit in ihrer jetzigen oder bald erreichten zahlenmäßigen Gesamtheit unmöglich wird, wenn dieses Problem innerhalb der nächsten Jahrzehnte nicht gelöst wird"[7].

Ausgangspunkt des Konflikts ist das „Entwicklungsgefälle", das die Welt der Industriestaaten von der Dritten Welt trennt und diese in den Zustand der „Unterentwicklung" verweist. Die Erklärung von Unterschieden in der Entwicklung geht heute von zwei Ansätzen aus, die von Karl MARX bzw. Max WEBER begründet wurden[8]. Die MARXsche Erklärung, die von der gegebenen (Herrschafts-)Struktur einer Gesellschaft als unabhängiger Variablen ausgeht, und der (vorsichtiger formulierte) WEBERsche Ansatz, bei dem die gesellschaftliche Integration über Normen und Werte läuft, legitimieren sich durch ihre je nach Problemstellung verschiedene Erklärungskraft. Unabhängig von der bezogenen theoretischen Position (bzw. ideologischen Option) ergeben sich jedenfalls unter der gegenwärtigen Fragestellung einer weltweiten Modernisierung für das Phänomen der „Unterentwicklung", das kraft dieser Fragestellung existiert, Kausalfaktoren gesellschaftlicher Art. Fragt man nach der Möglichkeit, mit den Mitteln kultureller Kontakte unterhalb der Regierungsebene zur Überwindung der Unterentwicklung und damit zur Beseitigung der Ursachen des Weltkonflikts zwischen Nord und Süd beizutragen, so ist es nur von zweitrangiger Bedeutung, ob man von ursprünglich ökonomisch bedingten, heute aber verselbständigten Traditionen spricht[9], oder auf die ökonomischen Folgen vorgefundener Werthaltungen hinweist. In beiden Fällen liegt ein Bereich vor, der für „Entwicklung" im hier gemeinten Sinn von anerkannter Relevanz ist und gleichzeitig der kulturpolitischen Einwirkung offensteht, deren Schlüsselrolle sich aus der Tatsache ergibt, daß die heute in der Dritten Welt stattfindende Entwicklung nicht endogen motiviert ist,

---

6 Michael Bohnet (Hrsg.): Das Nord-Süd-Problem. Konflikte zwischen Industrie- und Entwicklungsländern. München 1971. Einführung von M. Bohnet. S. 9.
7 Die Dritte Welt. 1-1 (1972), S. 9.
8 Vgl. die Erörterung dieser beiden Ansätze bei Dirk Berg-Schlosser: Politische Kultur. Eine neue Dimension politikwissenschaftlicher Analyse. München 1972. S. 13 ff.; außerdem: Gerhard Brandt: Industrialisierung, Modernisierung, gesellschaftliche Entwicklung, Anmerkungen zum gegenwärtigen Stand gesamtgesellschaftlicher Analysen. Zeitschrift für Soziologie. I-1 (1972), S. 5 ff.
9 Wie dies kritische Marxisten heute tun.

sondern auf das Einströmen okzidentaler Ideen zurückgeht. In beiden Fällen wird als Voraussetzung der Entwicklung eine tiefgreifende Veränderung des Bestehenden gefordert.

Gesellschaftlicher Wandel findet dabei grundsätzlich auf allen Gebieten des Lebens statt, und die Interdependenz der Elemente im sozialen Ganzen wirkt einem allzuweiten Auseinanderklaffen tendenziell entgegen bzw. engt den Spielraum dafür ein. Natürlich ist „cultural lag"[10] dort größer, wo es sich nicht um Phasenverschiebung zwischen Teilgebieten einer Kultur, sondern um den Zusammenstoß von zwei verschiedenen Kulturen handelt. „Cultural lag" tendiert aber nach OGBURN dazu, sich selbst aufzuheben, indem „die abhängige Variable die Anpassung vollzieht"[11]. Unter diesem Gesichtspunkt kann argumentiert werden, daß auf dem Umweg über die „politische Kultur"[12] – und hier wird ein normativer Ansatz in der Nachfolge Max WEBERS fruchtbar – auch die politische Struktur einer Gesellschaft veränderbar ist. Man mag dagegen einwenden, daß hier der Zeitdruck, unter dem die Entwicklung der Dritten Welt heute stattfindet, nicht entsprechend berücksichtigt wird; aber Kulturpolitik ist per definitionem auf langfristige, evolutionäre Abläufe festgelegt und verliert mit dem Wegfall dieser Prämisse ihren Sinn.

Mit „Evolution" ist hier die Art des Wandels, nicht sein Ziel angesprochen, das macht der Fall Chile klar. Wenn wir technische Verbesserungen, z.B. Maßnahmen der Produktivitätsverbesserung in der Landwirtschaft (Saatgut, Kunstdünger ...), gesellschaftlichen Reformen gegenüberstellen, z.B. einer Neuregelung des Besitzes an landwirtschaftlich nutzbarem Boden, so wird zweierlei klar: die bisherigen Entwicklungsbemühungen der Industriestaaten haben sich fast ausschließlich auf den ersten Komplex beschränkt – von „Entwicklung" kann aber erst gesprochen werden, wenn mit der Verbesserung von Techniken die Mobilisierung der bestehenden Sozialstrukturen Hand in Hand geht[13].

Notwendig sind, entsprechend der Größe der Aufgabe und der knappen Zeit, *radikale* Reformen. Das ist kein linksradikales Dogma, sondern diejenige Folgerung aus der Lage, die Wissenschaftler wie Gunnar MYRDAL ziehen[14].

---

10 William F. Ogburn: Die Theorie der kulturellen Phasenverschiebung (lag), abgedruckt in: William F. Ogburn: Kultur und sozialer Wandel. Neuwied und Berlin 1969. S.134ff.
11 William F. Ogburn.A.a.O., S. 135.
12 Vgl. Dirk Berg-Schlosser: Op. cit.
13 Die Einführung des „Wunderweizens" in Indien macht klar, daß verbesserte Produktionsmittel in der Hand einer kleinen besitzenden Schicht zur Festigung der traditionellen Strukturen beitragen.
14 Gunnar Myrdal: Politisches Manifest über die Armut in der Welt. Frankfurt 1970. S. 247.

Die historischen Fakten stützen diese Erkenntnis. Die größten Entwicklungserfolge zeigt heute das Land mit den radikalsten Reformen: die Volksrepublik China. Mit „Erfolg" ist dabei nicht irgend ein Satellit oder die chinesische Atombombe gemeint, sondern die Tatsache, daß 800 Millionen Menschen, deren Lebensumstände vor 30 Jahren den damaligen (und heutigen) indischen ähnlich waren, effizient organisiert an der Entwicklung ihres Landes arbeiten und dabei die ersten Hürden schon hinter sich haben. Die Frage, ob diese Menschen gesellschaftlich und geistig „vergewaltigt" wurden, kann sinnvollerweise nur derjenige stellen, der annimmt, ihre Lebensbedingungen hätten sich dadurch, insgesamt gesehen, verschlechtert, ihre Menschenwürde sei früher besser gewährleistet gewesen, oder man hätte dasselbe Ergebnis auf dem Weg rein „technischer" Reformen erreichen können. —

Für die Kulturpolitik, die ein Industriestaat in der Dritten Welt betreibt, lassen sich aus diesen Prämissen einige Folgerungen ableiten.

1. Kulturpolitik in der Dritten Welt ist Gesellschaftspolitik in einem ganz bestimmten Sinn. Während in einer entwickelten Gesellschaft die Austragung von Zielkonflikten im freien Spiel der Kräfte zur jeweiligen gesellschaftspolitischen Option führt, ist in einem Entwicklungsland die Variationsbreite dadurch drastisch eingeschränkt, daß die Grundoption „Entwicklung" vorgegeben ist[15].

2. Neben der Grundoption „Entwicklung" ist häufig auch die Entscheidung für einen bestimmten Weg der Entwicklung gegeben[16]. Politische und gesellschaftliche Institutionen, die den westeuropäisch-amerikanischen diametral entgegengesetzt sind, haben ihre besondere Leistungsfähigkeit für die Entwicklung unterentwickelter Länder bewiesen. Da Kulturpolitik heute nur „subsidiär", d.h. als Förderung von Bestrebungen, die im Gastland gegeben sind, denkbar ist, wobei die Auswahl nach den Kriterien der langfristigen Friedenssicherung erfolgt, darf Werbung für „unsere freiheitliche Lebensform" nicht mehr Sache der Kulturpolitik in Entwicklungsländern sein.

3. Zielgruppen kulturpolitischer Aktivitäten sind nach dem Kriterium eines möglichen Beitrags zur Veränderung ihrer Gesellschaft zu bestimmen. Auswärtige Kulturpolitik als Entwicklungspolitik und damit als langfristige Sicherung des Weltfriedens betreibt nur, wer sich an Schichten wendet, die die Erhaltung des status quo nicht zu ihrer alleinigen Lebensaufgabe gemacht haben. Mit „Intelligenzia" in der Definition Arnold Toynbees[17] ist die wünschbare Zielgruppe vorläufig umschrieben.

4. Die Inhalte des gelenkten Kulturkontakts müssen geeignet sein, einen Beitrag zum gerichteten gesellschaftlichen Wandel zu leisten. Wer z.B. in einem arabischen Land, das die Phase der Assimilationsbereitschaft längst hinter sich hat, ein vom abgewirtschafteten Establishment aus Gründen der Selbstdarstellung oktroyiertes, aus

---

15 Hiermit wird nur auf gesellschaftspolitischem Gebiet die Analogie zu dem gezogen, was in der wirtschaftlichen Entwicklungspolitik längst anerkannt ist.
16 Beispiele: Tansania, Tunesien vor Herbst 1969. Andere Länder „lavieren", wie Tunesien seit Herbst 1969.
17 Arnold J. Toynbee: Der Gang der Weltgeschichte. München 1970. 1. Band, S.516ff.

Tschechen und Bulgaren bestehendes Symphonie-Orchester unterstützt, der setzt auf das falsche Pferd.

Eine Konzeption für die Kulturarbeit in Entwicklungsländern, die sich als Entwicklungspolitik, somit als Gesellschaftspolitik mit kulturellen Mitteln begreift, und die auch die Inhalte der Vermittlung erfaßt, müßte u.a. diese Elemente enthalten. —

Nun stoßen sich aber Forderungen der Theorie in der Regel an Gegebenheiten der Realität. Von den Faktoren, die ein „reines" Konzept, wie es hier skizziert ist, beeinträchtigen dürften, möchte ich nur zwei nennen: die regierende Schicht in manchen Entwicklungsländern und die eigenen diplomatischen Vertretungen im Gastland.

In einigen Entwicklungsländern, und zwar nicht nur im entfernten Südamerika, konzentrieren sich die Anstrengungen der Regierungsschicht auf die Verhinderung der sozialen Entwicklung[18]. Kulturelle Aktivitäten, die sich nicht direkt an der Erhaltung des status quo orientieren oder wenigstens sozial unverbindlich bleiben (klassische Musik), werden daher auf erbitterten Widerstand stoßen. Hier hat eine entwicklungsbezogene Kulturarbeit trotzdem gewisse Möglichkeiten: sie kann den Spielraum ausnützen, der dadurch entsteht, daß das betreffende Regime ausdrückliche Maßnahmen gegen Manifestationen, die ihm unangenehm sind, nicht für opportun hält — sei es aus taktischen Gründen im Hinblick auf Leistungen, die der industrialisierte Partner auf anderen Gebieten erbringt, sei es im Hinblick auf die öffentliche Meinung des Westens, die trotz aller gegenteiligen Beteuerungen noch weithin als Bezugsrahmen dient[19]. Dieser Spielraum kann natürlich sehr gering sein. Im Grenzfall fällt er ganz weg: wenn eine als „Kulturarbeit" bezeichnete Aktivität oder neutraler: Präsenz in einem solchen Land weiterbesteht, so aus Gründen, die dem hier zugrunde gelegten Konzept der Kulturpolitik nicht immanent sind.

In eine ähnliche Richtung verweist der Konflikt, der, wie PEISERT[20] richtig sieht, zwischen Institutionen der Diplomatie und der auswärtigen Kulturpolitik strukturell angelegt ist. Die per definitionem *langfristigen* Ziele der Kulturpolitik[21] können mit den häufig kurzfristigen Intentionen der Diplomatie zusammenstoßen. Hier wird besonders das wirksam, was Walter LAQUEUR, ein eher konservativer Historiker, die „déformation professionelle"

---

18 Gunnar Myrdal. A.a.O., S. 255.
19 Man beobachte nur, wie regierungsfromme Zeitungen in unterentwickelten Ländern auch die belanglosesten Kommentare westlicher Medien zitieren, wenn sie nur „positiv" sind!
20 Peisert. S. 187 und andere Stellen.
21 „Leitsätze für die auswärtige Kulturpolitik" des AA. S.8.

der Diplomatie nennt, daß nämlich der Diplomat „allmählich annimmt, jede Regierung, die tatsächlich die Macht ausübt, sei nicht nur legal, sondern auch gut, vernünftig und achtenswert"[22]. Schärfer analysiert Gunnar MYRDAL: „In den entwickelten Ländern wird es offenbar als weise Politik empfunden, diplomatische Rücksichten auf die jeweiligen Machthaber zu nehmen und auf keinen Fall zu versuchen, ihnen die Reformen aufzuzwingen. Diese Haltung steht im Gegensatz zur Geschichte und zur gegenwärtigen Ideologie der entwickelten Länder. Sie mißt tatsächlich mit zweierlei Maß. Sie bedeutet eine Diskriminierung im übelsten Sinne; sie impliziert, daß die Anstrengungen, deren hervorstechende Eigenschaft es war, daß sie den entwickelten Ländern selbst von Nutzen waren, und deren Gesellschaften neu geprägt haben, im Hinblick auf unterentwickelte Länder für nicht ratsam gehalten werden"[23]. Es ist klar, daß eine solche Einstellung, die sich im übrigen aus der speziellen Aufgabenstellung der Diplomatie ergibt, zwar den einmal vollzogenen gesellschaftlichen oder politischen Wandel früher oder später anerkennt, dagegen Wandlungsprozesse, die noch im Gang sind oder sich erst abzeichnen, nicht adäquat erfassen kann. Das Dilemma läßt sich wohl nur dadurch beheben, daß für die auswärtige Kulturpolitik neue Organisationsformen gefunden werden, die diesen Arbeitsbereich aus der direkten Abhängigkeit von der Regierungspolitik lösen. Beim gegenwärtigen Stand der Dinge sind jedenfalls Konstellationen denkbar, in denen nur die Bereitschaft zum „kalkulierten Konflikt" eine eigenständige Kulturarbeit gewährleistet. Die eigentliche Gefahr – das muß erkannt werden – liegt für die Kulturarbeit nicht im „Anecken" (die Urangst der Diplomatie![24]), sondern darin, daß sie an der Realität vorbeigeht, damit belanglos wird und ihre Glaubwürdigkeit verliert. –

Was ich bis hierher versucht habe, in sehr allgemeinen Zügen zu skizzieren, ist eine auswärtige Kulturpolitik, die sich am Ziel der langfristigen Sicherung des Weltfriedens orientiert und aus diesem Grund in der Dritten Welt als entwicklungsbezogene Gesellschaftspolitik auftreten muß.

Unter der Prämisse der Friedenssicherung, die PEISERT seinem Gutachten zugrunde legt und die deshalb möglicherweise der auswärtigen Kulturpolitik der Bundesrepublik Deutschland als Leitvorstellung dienen wird, ist

---

22 Walter Laqueur: Mythos der Revolution. Deutungen und Fehldeutungen der Sowjetgeschichte. Frankfurt 1967. S. 135.
23 Gunnar Myrdal. A.a.O., S. 256.
24 Die Vorliebe derjenigen Diplomaten, die als Kulturreferenten tätig sind, für Sport als Inhalt des gelenkten Kulturkontakts (bei Peisert, S.155) ist wahrscheinlich so zu erklären, daß Sport als gesellschaftspolitisch neutral gilt.

eine andere Begründung für kulturpolitische Aktivitäten in der Dritten Welt nicht denkbar. Jeder Rückfall in überholte Muster der auswärtigen Kulturpolitik: politische Propaganda, Förderung des Außenhandels mit kulturellen Mitteln etc. würde dazu zwingen, diese Prämisse aufzugeben.

Anschrift des Verfassers
Uwe Simson
509 – Leverkusen-Schlebusch
Beethovenstr. 18

Zielgruppenfragen

Mehrsprachigkeit als Variable für den deutschen Sprachunterricht in Entwicklungsländern

von Wolfgang Slim Freund, Köln und Brühl

> „Das einzige, was ihr noch mangelt, sind Flüche und Beschimpfungen. Die Schuljugend bemüht sich zwar, diesen Mangel aus der Welt zu schaffen, muß aber schließlich immer wieder sich mit Lehnworten aus der in dieser Beziehung sehr reichen arabischen Schwestersprache begnügen."
>
> Mosche J. Ben-Gavriêl
> über die neuhebräische Sprache

> „Nach Tisch lese ich einige Aufsätze, in denen sich das Deutschlandbild dieser jungen Ägypterinnen darstellt. Mit Befremden und zugleich einer Rührung, die ich als töricht empfinde, entdecke ich: das ist ein romantisches Deutschland, das Deutschland der Brüder Grimm, der Kellerwald rauscht. Ja, ein Märchenland. Es gibt Schnee, Schwarzwaldtannen, Dome, versonnene Plätze, alte Brunnen. Und dann der Krieg, die Verwüstungen und die Wiedergeburt aus der Asche — Phoenix-Germania!"
>
> Stefan Andres, zu Besuch in der
> Deutschen Evangelischen Oberschule, Kairo

I

Die hier vorgelegte Abhandlung dient einem doppelten Ziel: Einmal möchte ich das Problem des Bi- und Multilingualismus als entwicklungssoziologisches Problem diskutieren. Zum zweiten ist mir darum zu tun, den Zusammenhang der theoretisch erscheinenden Fragestellung mit praktischen Aufgaben oder solchen, die es werden könnten, die deutsche auswärtige Kulturpolitik betreffend, herzustellen. Denn deren eine „Säule", der deutsche Sprachunterricht an Dozenturen des Goethe-Instituts und an deutschen Auslandsschulen, greift ja spürbar in das häufig mehrsprachige linguale Gefüge vieler Entwicklungsländer ein. So kreisen fast alle Beiträge in einer Veröffentlichung Walter Höllerers von 1971 zum Thema „Auswärtige Kulturpolitik" in zwar meist unklarer aber für äußerst wichtig genommener Form um dieses Phänomen des auswärtigen Deutschunterrichts[1].

Hier ist man auch sofort gezwungen, einem drohenden Mißverständnis vorzubeugen: Bi- und Multilingualismus in Ländern der Dritten Welt meint nicht „Landessprache(n) und lingua(e) franca(e) *plus deutsche Sprache*", sondern selbstverständlich nur jene Mehrsprachigkeit in Entwicklungsländern, die vor den Verbreitungsversuchen des Deutschen mittels der Goethe-Institute oder deutscher Auslandsschulen bereits bestanden hat. Es gibt kein einziges Entwicklungsland, in dem Deutsch als *lingua franca* irgendeine soziale Funktion erfüllte, es sei denn, man versteife sich auf die Weißen Südwestafrikas, die „Jeckes" von Haifa[2] oder eine Handvoll afrikanischer Veteranen der alten kaiserlichen Schutztruppe vor 1914, die heute noch Militärpensionen aus der Bundesrepublik beziehen.

Dieser an sich banale Hinweis ist um so dringender vonnöten, als in manchen Zirkeln auswärtiger deutscher Kulturbemühung häufig die Meinung sich kundtut, Deutsch als „Weltsprache" habe in Entwicklungsländern echte emanzipatorische Aufgaben wahrzunehmen. Dieses Theorem war Ende der fünfziger Jahre z.B. in Ägypten zu hören, wo von manchen Dozenten des Goethe-Instituts oder von Lehrern der in Kairo ansässigen deutschen Schulen – es gibt dort deren zwei – die Vermutung geäußert wurde, Deutsch wäre dazu bestimmt, die Verkehrssprachen Englisch und Französisch abzulösen, nachdem Ägypten im Jahre 1956 aufgrund des Suez-Krieges seine politischen Beziehungen mit England und Frankreich eingefroren hatte. Diese Hoffnung erwies sich als trügerisch; denn sie war durch keinerlei soziokulturelles Faktum abgesichert. Auch in Zeiten härtester politischer Konflikte mit den Mutterländern gallischer und angelsächsischer Sprechweise blieben Französisch und Englisch selbstverständliche Verkehrssprachen in Ägypten; das politische Fiasko der Russen am Nil von 1972 ist sicher unter anderem auch darauf zurückzuführen, daß die Militärexperten des Kreml zwar häufig gut Arabisch konnten, aber sicher unfähig waren, jenen *small talk* und eine bestimmte Art des *bavardage* zu betreiben, die auf Kairoer Empfängen üblich sind.

---

1 Vgl. Walter Höllerer (Hrsg.): Auswärtige Kulturpolitik. Heft 39/40 (1971) Sprache im Technischen Zeitalter. Stuttgart 1971. 339 Seiten. Hierzu auch meine Rezension in KZfSS 1 (1973).
2 Die israelische Hafenstadt Haifa wurde im wesentlichen von deutschen Emigranten während der 30er Jahre aufgebaut. „Jeckes" ist die ironische Bezeichnung für deutsche Juden in Israel. Diese genießen dort den Ruf, ihrer deutschen (kulturellen) Vergangenheit auf eine Weise sentimental nachzuhängen, daß ihnen sowohl das Erlernen der neuhebräischen Sprache wie auch die existentielle Integration in das orientalisch-mediterrane Gesamtbild Israels besonders schwergefallen sind.

Die Deutsch-Euphorie vor 10 bis 15 Jahren ist in Ägypten spurlos verdampft. Vor den Schwierigkeiten unserer Grammatik ging vollends in die Brüche, was ohnehin keinerlei linguistisches und soziales Fundament besessen hatte.

Diese Skizze illustriert einen Sachverhalt deutlich: die sprachlichen Strukturen eines Landes bilden und verändern sich nicht unter dem Druck kurzatmiger politischer Programme und Handlungen. Sie unterliegen vielmehr langfristigen historischen, linguistischen und im weitesten Sinne (der das Wirtschaftliche einbeziehet) soziologischen Gesetzen, von denen Politiker im Allgemeinen nichts wissen, da sie glauben, in ihren Entscheidungen nur dem Tagesgeschäft verpflichtet zu sein. Jede politische Entscheidung — etwa im Bereich der deutschen auswärtigen Kulturpolitik —, die auf Beeinflussung von solchen langatmenden Gesetzen drängt, ist deshalb konzeptuell ein Irrtum: sie disqualifiziert sich nicht nur als intolerant — was allenfalls ein oberflächliches, gefühlsträchtiges Urteil wäre —, sondern als dumm und losgelöst von jedem genaueren Wirklichkeitsverständnis.

Fatal wird solcher politischer Willensakt vor allem dann, wenn die konkrete politische Macht zur scheinbaren Verwirklichung gleich mitgeliefert ist; das verdeutlicht sich ausgezeichnet an der Entscheidung des libyschen Obersten Ghaddafi, das öffentliche Zeigen lateinischer Schriftzeichen in Libyen zu verbieten, in der Hoffnung, damit der nationalen Selbstfindung des libyschen Volkes einen Dienst zu erweisen. Andererseits fährt Libyen wirtschaftspolitisch einen prowestlichen Kurs aus dem verstehbaren Wunsche heraus, seine Erdölprodukte in den kapitalistischen Ländern Westeuropas gewinnträchtig zu verkaufen; und deswegen korrespondiert man in den libyschen Handelskontoren genau so auf Englisch und Italienisch, wie man es schon vor dem sprachlichen Autarkie-Dekret Ghaddafis getan hatte. Die Piloten der libyschen Luftwaffe schließlich gehen mehr und mehr dazu über, sich auf Französisch über technische Details zu verständigen, da die *Mirage*-Lieferungen Frankreichs und das damit verbundene Schulungsprogramm durch französische Berater die Verwendung dieser Sprache für die betreffenden Piloten miteinschließt.

Natürlich hat Ghaddafi, der ja selbst britischer Militärschüler war und einigermaßen anglophon ist, empfunden, daß Mehrsprachigkeit in einem Lande wie Libyen ein problematischer Zustand ist. Diese Erkenntnis, für sich genommen, war richtig, seine daraus entwickelte Maßnahme indessen losgelöst von jeder tieferen Einsicht in das Phänomen. Er glaubte, ein Problem, das langfristigen sozialen und kulturellen Transformationsregeln unterworfen ist, mit dem Säbel lösen zu können — für einen Offizier auch wieder verständlich.

II

Wenn man die im sozialwissenschaftlichen Bereich bislang geführte Diskussion über Multilingualismus (ich verwende hier die Termini *Bilingualismus, Multilingualismus, Zweisprachigkeit* und *Mehrsprachigkeit* ziemlich synonym. Ich halte das für tragbar, da die Unterscheidungen, welche in den Begriffen liegen, numerischer und nicht grundsätzlicher Natur sind) kritisch betrachtet[3], so fällt ein besonderer Umstand auf: die innerhalb eines bestimmten Territoriums vorgefundene Mehrsprachigkeit wird fast immer so gesehen, als ob die darin praktizierten Sprachen gewissermaßen gleichwertige Größen seien. Natürlich wird unterschieden nach Gebrauchs-, Situations- und Schichtungsmerkmalen, wie etwa bei der Verwendung des Fran-

---

3 Vgl. Dieter Fröhlich: Multilingualismus und der Aufbau der Nation. In: René König, Günter Albrecht, Wolfgang Freund, Dieter Fröhlich (Hrsg.): Aspekte der Entwicklungssoziologie (Sonderheft 13 (1969) der KZfSS). Köln und Opladen 1969. S. 472–490. Sodann Rolf Kjolseth und Fritz Sack (Hrsg.): Zur Soziologie der Sprache (Sonderheft 15 (1971) der KZfSS). Köln und Opladen 1971. 396 Seiten. Hierin besonders folgende Beiträge:
Robert Hurel: Einige Notizen zu theoretischen Modellen der Mehrsprachigkeit, mit besonderem Bezug auf die westafrikanische Situation (120–127);
Nina Alekseevna Katagoščina: Die Rolle sozialer Faktoren bei der Formierung und Entwicklung von Schriftsprachen (128–135);
Jean Ure: Eine Untersuchung des Sprachgebrauchs in Ghana (136–156);
Clive Criper: Sprachliche Komplexität und Mobilität in Uganda (147–172);
M. H. Abdulaziz Mkilifi: Triglossie und suaheli-englischer Bilingualismus in Tansania (173–191);
Joshua A. Fishman: Ein Mehrfaktoren- und Mehrebenenansatz zum Studium von Sprachplanungsprozessen (206–213);
Albert Verdoodt: Erster Bericht der internationalen Untersuchung über zweisprachige Universitäten und Hochschulen (276–290).
Aus dem Bereich Nordafrikas, der nachfolgend häufig exemplarisch beleuchtet wird, sind einige Arbeiten über Mehrsprachigkeit bemerkenswert:
R. Hamzaoui, Z. Riahi, H. Ounali: Quelques aspects du bilinguisme en Tunisie. Cahiers du C.E.R.E.S., série linguistique No. 3. Tunis 1970. 218 Seiten.
Taoufik Rabah: La perception de l'environnement chez l'adulte analphabète tunisien. Revue Tunisienne de Sciences Sociales (RTSS). 8–25 (1971), S. 193–224.
Gilbert Grand-Guillaume: Un aspect du bilinguisme à Nedroma (Algérie). RTSS. 8–26 (1971), S. 163–175.
Schließlich mehrere Arbeiten in RTSS. 8–27 (1971):
Ridha Boukrâa: Notes sur "culture et pauvreté". Le cas d'une cité populaire à Jendouba (185–203);
Hichem Skik, Mohammed Habib Ounali: Une tentative d'analyse du vocabulaire de l'arabe parlé en Tunisie (173–177);
Alya Baffoun, Taieb Baccouche: L'enseignement au Hoggar (extrême sud algérien) (205–232).

zösischen und Arabischen im Libanon[4]. Auch bei einer Analyse der Mehrsprachigkeit bei Studenten und Oberschülern der Stadt Tunis zeigt sich deutlich, daß der Gebrauch der einen oder der anderen Sprache, beziehungsweise eines Gemisches aus beiden, davon bestimmt wird, ob die Betreffenden im Unterricht sprechen, dies unter sich in der Freizeit tun oder zu Hause mit ihren Eltern reden. Der soziale Augenblick entscheidet darüber, ob Französisch, Hocharabisch, Dialektarabisch oder ein Mischmasch aus allen greifbaren Sprachelementen praktiziert wird[5]. Auch das besprochene Thema zwingt mitunter die Verwendung einer Sprache auf: der Modernität zugewandte Themen werden eher auf Französisch als auf Arabisch erledigt, während ein Gespräch über der eigenen Tradition zugehörige Dinge — beispielsweise eine Heiratsvereinbarung, diskutiert mit älteren Familienangehörigen — sicherlich auf Arabisch, d. h. für den Fall Tunis auf Dialektarabisch geführt wird. Es kann auch nicht übersehen werden, daß die Klassenzugehörigkeit der Sprechenden die linguale Prioritätenliste mitverfestigen hilft. So werden Tunesier oder Libanesen, die — im eigenen Lande oder in Frankreich — frankophone Ober- und Hochschulen besucht haben und aufgrund dieser Ausbildung berufliche Führungspositionen bekleiden, auch in außerberuflichen Lebensbereichen vorwiegend Französisch sprechen: das westliche Idiom avanciert zur magisch-ideologischen Formel, mit Hilfe derer man den erreichten sozialen Status zu artikulieren vermag und gleichzeitig seinen Fortbestand beschwören zu können glaubt. Doch möchte ich zurückgreifen auf die eingangs erwähnte Merkwürdigkeit. Man behandelt Mehrsprachigkeit gewissermaßen additiv, d. h. es gibt eben Länder, in denen ,,Arabisch und Französisch", ,,Arabisch und Englisch", ,,Hindi, Urdu und Englisch", ,,Englisch und Afrikaans", ,,Kisuaheli und Englisch", ,,Arabisch, Berberisch und Französisch" gesprochen werden, um einige in der Wirklichkeit vorkommende Kombinationen zu geben. Im Bereich der soziolinguistischen Forschung möchte ich kurz Robert Hurel zitieren, der Folgendes feststellt:

,,Die Forschung ist noch in ihren allerersten Anfängen. Sie versucht, Antworten zu geben auf eine Reihe fundamentaler Fragen von unmittelbarer Bedeutung für Erziehungsplaner und Politiker auf den für Emotionen anfälligen Gebieten der Sprache, der Kultur und der Bildung. Die vielleicht wichtigste Frage dreht sich um die offizielle Anerkennung und den Gebrauch von afrikanischen Sprachen (Hurel diskutiert hier im Rahmen westafrikanischer Beispiele, d. Verf.) und den Sprachen der ehemaligen Kolonialmächte im

---

4 Sélim Abou: Enquête sur les langues en usage au Liban. Beyrouth 1961. Ders.: Le bilinguisme arabe-français au Liban: Essai d'anthropologie culturelle. Paris 1962.
5 R. Hamzaoui, Z. Riahi, H. Ounali: Quelques aspects ... vgl. Anm. 3.

Bereich der Erziehung. In welchem Ausmaß behindern oder fördern linguistische, ethnische oder andere „traditionelle" Affinitäten den Prozeß der Nationbildung; welchen Einfluß haben sie auf das Verhältnis von Minoritäten zur politischen Führung auf nationaler Ebene; welche Auswirkungen haben sie für die Verwirklichung nationaler Ziele? In den meisten westafrikanischen Staaten trifft man auf eine sehr komplexe sprachliche Situation, die sich oft einer präzisen und direkten Analyse entzieht. Die Ursachen dafür liegen in der ungewöhnlich hohen Zahl sprachlicher Gebilde, dem Fehlen einer umfassenden und aktuellen statistischen Information über diese Situation, die darüber hinaus einen sehr im Fluß befindlichen Kontext darstellt."[6]

Auch hier wird jenem meist felsenfesten Vorurteil nicht widersprochen, daß alle Sprachen in jeweiligen Gesellschaften quasi säulenhaft nebeneinander stünden, in ihrer gesellschaftlichen Rolle allenfalls durch quantifizierbare Phänomene voneinander abgehoben. Aber es wird meiner Kenntnis nach nirgendwo ernsthaft geprüft, ob denn die in einer Gesellschaft vorkommenden zwei, drei oder mehr Sprachen in ihrer *qualitativen Ausdrucksfähigkeit* untereinander identisch seien oder ob dem eben nicht so sei. Natürlich gibt es die sprachstrukturalistischen Arbeiten von Benjamin Lee WHORF, der anhand von Sprachvergleichen bei nordamerikanischen Indianern gezeigt hat, wie sehr das Phänomen Sprache ein Produkt der realen und magischen Umwelt ist, deren Inhalte in die Sprache eindringen und sie semantisch strukturieren[7]; gerade diese Erscheinung habe ich schon mehrfach diskutiert, etwa zuletzt bei meiner Bemühung, für die Rückständigkeit der arabischen Sprach- und Bildungssituation eine sprachstrukturalistische Erkärung zu finden[8]. Doch ist das alles Stückwerk — und jeder Korrektur bereitwillig geöffnet — vor der entscheidenden Frage, ob alle Sprachen der Menschheit von ihrer jeweiligen Gesamtstruktur her wirklich dieselbe Ausdrucksfähigkeit *in nuce* besitzen — ein Axiom, das mir Bassam TIBI vehement entgegenhält[9] — oder ob die Dinge ganz anders liegen: daß nämlich einige Sprachen anderen evolutiv „davongelaufen" sind und ein linguales Instrumentarium bereitstellen, das von nicht allen Sprachen mehr erreicht werden kann. Man erspare mir

---

6 Robert Hurel: op. cit., S. 120.
7 Benjamin Lee Whorf: Language, Thought, and Reality. Cambridge (Mass.) 1949. Dtsch.: Sprache, Denken, Wirklichkeit. Reinbek bei Hamburg 1963.
8 Wolfgang S. Freund: Unterentwicklung in strukturalistischer Sicht. In: René König, Günter Albrecht, Wolfgang Freund, Dieter Fröhlich (Hrsg.): op. cit., S. 517–551. Ders.: Religionssoziologische und sprachstrukturelle Aspekte des Entwicklungsproblems in der islamischen Welt. Internationales Jahrbuch für Religionssoziologie. 7 (1971), S. 105–126.
9 Bassam Tibi: Sprachentwicklung und sozialer Wandel. Die Diskussion über Sprache und Kultur im arabischen Orient. Die Dritte Welt. 1–4 (1972), S.518–548.

hier gnädig den Vorwurf eines subtilen Sprachrassismus'; ich weiß mich fern von jedem sprachlichen Erwählungsmythos; denn wenn meine Vermutung zuträfe — was ich nicht beweisen kann; ich halte das Beharren auf der Frage aber für sehr wichtig —, dann kann eine Erklärung für das mögliche Vorhandensein qualitativ „effizienterer" Sprachen nur in Richtung realer Faktoren aus Geschichte, Politik, Wirtschaft, Sozialstruktur, Religion und (Bildungs-) kultur gesucht werden, die eine solche qualitative Potenzierung bestimmter Sprachen verursacht hätten. Am Beispiel des Arabischen versuchte ich zu zeigen[10], wie eine Sprache — selbst einmal jener qualitativen Sprachenelite zugehörig gewesen — aufgrund solcher Bedingungen inhaltlich — man gestatte mir den Ausdruck — verkommen ist.

Hier wird unter Option für denselben Mechanismus das Problem lediglich andersherum gestellt: wie eine Sprache aufgrund ebensolcher, aber günstig konstellierter Faktoren sich sensibilisiert, d. h. ihre semantischen Möglichkeiten kontinuierlich verbessert.

Ich vermute, daß dies möglich ist, weil mir nämlich ansonsten nicht einzuleuchten vermag, daß bestimmte Sprachen — aller politischen Neukonstellationen zum Trotze — in bestimmten Regionen sich hartnäckig weiterbehaupten. Man nehme etwa den Gebrauch des Französischen im Libanon: natürlich stehen objektive historische Gründe dafür, daß die (christlichen) Maroniten des Landes — seit Jahrhunderten unter die geistliche und später auch politische Schutzherrschaft Frankreichs gestellt, neben ihrer arabischen Sprachbeherrschung, die jener der Moslems des Libanon und Syriens nicht nachsteht, auch frankophon sind. Heute ist diese libanesische Frankophonie — gesehen im Spiegel des erwachten arabischen Nationalismus' und der damit neu belebten kulturellen Landschaft des Nahen Ostens — objektiv gesehen eine linguistische Absurdität, ein intellektueller Luxus, der im Libanon selbst — geschweige denn in seinen Beziehungen mit den arabischen Nachbarländern — keinerlei soziale Funktion besitzt. Und dennoch halten die zur Frankophonie gebrachten Teile der libanesischen Bevölkerung am Französischen fest, ja bemühen sich auch eifrig, dieses Element sprachlicher und damit kultureller „Entfremdung" qua entsprechender Schulen ihren Kindern weiterzugeben. In Beirut erscheinen heute drei französischsprachige Tageszeitungen[11], die eifrig gelesen werden. Selbst so eindeutig frankophone Länder wie Tunesien und Algerien haben dies nicht zu bieten, vor allem nicht in derselben druck- und redaktionstechnischen Aufmachung.

---

10 Wolfgang S. Freund: Religionssoziologische und sprachstrukturelle Aspekte ..., op.cit.
11 L'ORIENT-LE JOUR, ES-SAFA, LE SOIR.

Wenn aber ein derart offensichtliches Absurdum – wie das Französische im Libanon – in einem Lande fortbesteht, dann kann dies nur bedeuten, daß die davon Betroffenen – sprich: die auch-französischsprachigen Libanesen – vom Wert dieses Absurdums für sich selbst überzeugt sind. Dieser Wert ist nicht allein dadurch erklärbar, daß mit der Kenntnis des Französischen ein intellektueller Zugang zur geistigen und wissenschaftlichen Welt des Westens –„La France-Mère"– erhalten bliebe (eine Begründung, mit der in Tunesien häufig in Sachen franko-arabischen Bilingualismus' operiert wird); denn die Libanesen emigrieren zwar gerne (es leben mehr Libanesen im Ausland als im Libanon selbst), aber gar nicht so sehr in authentisch frankophone Länder, sondern meistens nach den Vereinigten Staaten und Lateinamerika. Brasilien etwa ist ein ausgesprochener Schwerpunkt der libanesischen Emigration. Von diesen objektiven Migrationsfakten her läge die Pflege des Englischen, Portugiesischen und Spanischen für Libanesen viel näher als das Festhalten am Französischen. Das Faszinat muß also viel eher – ich komme auf meine Vermutung zurück – *in der französischen Sprache selbst* liegen als in irgendwelchen äußerlichen, greifbaren Bedürfnissen. Ein bißchen möchte ich mich auf diesem – zugegebenerweise glatten – Terrain noch weiterwagen und Folgendes postulieren:

Die französische Sprache, so wie sie heute lebt, ist sicherlich die konsequenteste linguistische Fortführung der antik-mediterranen Sprachrationalität des Lateinischen. Kein Romanist wird hier Einspruch erheben, sondern mit Erich AUERBACH[12] das Argument bestätigen. Die analytische Formulierungskunst lateinischer Redner, Juristen und Philosophen findet sich wieder in der durchaus kongenialen Spracharithmetik der französischen Klassiker. Und bis heute gilt das Prinzip in Diplomatie und Internationalem Recht: *Une traduction en français devient une explication*. Dieses Wissen um potentielle geistige Klarheit, die sich hinter einer korrekten Beherrschung des Französischen verbirgt, ist für denkende Menschen ein Attraktivum ersten Ranges. Die Libanesen, durch ihre soziale, politische und kulturelle Sonderstellung im nahöstlichen Gesamtgefüge in ihrer nationalen Existenz permanent bedroht[13], haben sicherlich erkannt oder erfühlt, daß ihre prekäre Rolle – zwischen Orient und Okzident – nur in permanenter Selbstanalyse durchgestanden werden kann. Hierzu bedarf es eines linguistischen Artikulierungsinstrumentes, das hohen semantischen Anforderungen im Sinne der *ratio* (nicht

---

12 Erich Auerbach: Introduction aux études à la philologie romane. Frankfurt am Main 1949, 2. Aufl. 1960.
13 Theodor Hanf: Erziehungswesen in Gesellschaft und Politik des Libanon. Bielefeld 1969. Hierzu auch meine Rezension in KZfSS 22/4 (1970). S. 804–806.

etwa im Sinne einer vokabularen Vielfalt: diese Aufgabe würde das Arabische, das über hundert Termini für „den Löwen" bereithält, um nur ein Beispiel zu geben, meisterlich erfüllen) zu genügen hat: der französischen Sprache.

Ich wiederhole: bei der Analyse von Multilingualismen – wo auch immer: ob es sich um den Sprachenstreit in Belgien, die Schweiz oder um den Konflikt „Französisch contra kongolesische Stammesdialekte" handelt, ändert an der theoretischen Problematik wenig – genügt es meines Erachtens nicht festzustellen, daß bestimmte Gruppen bestimmte Sprachen sprechen und dies unter bestimmten Bedingungen tun, sondern *die Sprache selbst* muß in die Analyse mithineingenommen werden. Die Tatsache, daß in Beirut – ich komme auf mein libanesisches Exempel zurück, da ich es für signifikant halte – ein franko-arabischer Bilingualismus herrscht und kein russisch-arabischer (obwohl das zaristische Rußland die Christen der Levante auch jahrhundertelang beschützt hatte) oder deutsch-arabischer, ist wichtig. Denn wenn man daran die Frage knüpfen will, was denn in solcherart bilingual geformten libanesischen Köpfen vorgeht, dann muß man eben auf die semantischen Inhalte des Französischen und Arabischen rekurrieren. Man muß auch die Frage aufwerfen, welcher Art die linguistischen Interaktionen und Rückkoppelungsprozesse zwischen diesen beiden Sprachen sind, wie das Arabische das Französische umzubilden vermag bzw. umgekehrt[14].

Eng damit verknüpft ist die Überlegung, daß die Verwendung der einen Sprache möglicherweise die Entfaltung der anderen blockiert (und damit das freie, assoziierende, sprich: schöpferische Denken lähmt), daß via Bi- und Multilingualismus neue *Schattensprachen* entstehen, im Augenblick der historischen Übernahme erstarrte Gebilde, die kein Leben mehr – oder nur ein verlangsamtes – in sich tragen und auch kein neues zu zünden vermögen: diesen Verdacht hege ich häufig in Nordafrika, wenn ich mir die zwar französischsprachigen aber steif gewordenen Wendungen nationaler *cadres* anhöre, die im Wissen um den *modernity appeal*, der vom Französischen auszustrahlen scheint, zwar französische Vokabeln und grammatisch offensichtlich korrekte Sätze aneinanderreihen, aber – gekappt vom permanenten innerfranzösischen Sprachzeugungsprozeß – den Lebenszustand des Französischen nicht mehr zu kennen scheinen, geschweige denn zu repro-

---

14 Dieser Fragenkomplex wird in allen unter Anmerkung 3 zitierten französischsprachigen Arbeiten (C.E.R.E.S. und RTSS) auf die eine oder andere Weise angesprochen.

duzieren vermögen[15]. Beispielsweise kennt das Französische der Nordafrikaner kaum die gängigen Schimpfwörter Frankreichs (vgl. BEN-GAVRIËLS Eingangsglosse zu dieser Arbeit); nur wer das *vocabulaire spontané* einer Sprache nuancenreich beherrscht – wozu die Welt der Schimpfwörter und Flüche par excellence gehört –, ist in ihr wirklich zu Hause.

Und das tunesische Dialektarabisch verharrt im Banalen, wie wir an anderer Stelle gezeigt haben[16]. Es hat sogar den Anschein, daß der permanente Zwang zur Zwei- oder gar Mehrsprachigkeit die dynamische Entfaltung einer einzigen Sprache, geschweige denn mehrerer gleichzeitig, im betreffenden Individuum entscheidend behindert. Bei Tunesiern, um bei einem Exempel zu bleiben, welches ich aus jahrelanger Anschauung kenne, ist man häufig erstaunt, wie mangelhaft die postulierte Zweisprachigkeit in der Praxis wirklich beherrscht wird. Das idealtypische Konzept wird in der Mehrzahl der Individualfälle ersetzt durch eine äußerst beschränkte Kenntnis der linguistischen Möglichkeiten *beider* Sprachen, d. h. des Französischen und des Arabischen. Der Vorgang erinnert an ein Phänomen, das man häufig bei Kindern beobachten kann, die zwei- oder mehrsprachig aufwachsen: bis zum Alter von 4–5 Jahren wirkt die auf das Kind drückende Mehrsprachigkeit (*fiktives Beispiel*: Vater Deutscher, Mutter Tunesierin; *Verkehrssprache Vater-Mutter*: Französisch; *Verkehrssprache Vater-Kind*: Deutsch; *Verkehrssprache Mutter-Kind*: Arabisch) sprachhemmend, d. h. das Kind lernt später sprechen als Kinder, die einsprachig aufwachsen; das geschieht aus einem plausiblen Grunde: ein Kindergehirn ist in seiner Aufnahmekapazität begrenzt. Nehmen wir an, daß es im Alter von 4 Jahren 1000 Vokabeln zu speichern vermag. Im Falle der Einsprachigkeit – der Normalfall in Europa – werden diese 1000 Vokabeln in der einen Muttersprache erworben, die für das Land gegeben ist. Im Falle von Mehrsprachigkeit indessen – unsere tuniso-deutsche Familie sieht Dreisprachigkeit vor – verteilt sich das Vokabular auf drei Sprachen, nach einem Intensitätsschlüssel, wie sehr jede der drei Sprachen auf das Kindergehirn einwirkt. Theoretisch wird unser Beispiel-Kind anstelle von 1000 Vokabeln in einer Sprache 333 Wörter in jeder der von ihm aufgenommenen drei Sprachen absorbieren. Natürlich ist das – wie schon gesagt – Arithmetik; in Wirklichkeit wird das Kind vielleicht 450 Vokabeln auf Deutsch, 300 auf Arabisch und 250 auf Französisch internalisiert haben – nach dem Grade der Intensität, mit dem die drei Sprachen auf es einwirken konnten. Für alle

---

15 L'ACTION und LA PRESSE, die in Tunis erscheinenden französischsprachigen Tageszeitungen, sind voll von derartigen Sprachanachronismen. Eine Fundgrube sind dabei in erster Linie die Leitartikel in L'ACTION, dem Parteiblatt Tunesiens.
16 Wolfgang S. Freund: Erziehung in Tunesien. Versuch einer geistigen Positionsanalyse. Zeitschrift für Kulturaustausch. 2 (1969), S. 131–136.

drei Sprachen bleibt die reduzierte Ausdrucksmöglichkeit — verglichen mit dem einsprachigen „Normalkind" — aber bestehen.

Was hier für den Wortschatz gesagt wird, gilt natürlich auch für den Erwerb phonetischer und grammatikalisch-syntaktischer Kenntnisse. Die gesamte Sprachlogik wird bei einem solchen, auf Mehrsprachigkeit angewiesenen Kinde zunächst einmal einem ungeheuren Stress unterworfen. Die Gefahr, daß ein derartiger Mensch mit mangelhaften Kenntnissen in mehreren Sprachen — also ohne den Besitz einer wirklichen Muttersprache — alt wird, ist real. In Ägypten etwa, wo in den Städten Kairo, Alexandrien und Port Said die Mehrsprachigkeit noch ausgeprägter ist als in Nordafrika (gängige Verständigungsvehikel: Englisch, Französisch, Arabisch, Italienisch, Griechisch, Türkisch und Armenisch), bin ich häufig Menschen begegnet, die durch ihre Vielsprachigkeit einen europäischen, d. h. meist einsprachigen Observanten ungeheuerlich beeindrucken, im Grunde aber keine der von ihnen praktizierten Sprachen so beherrschen,wie ein Engländer Englisch, ein Franzose Französisch, ein Iraker Arabisch oder ein Italiener Italienisch sprechen würde.

Dem ist entgegenzuhalten, daß es in allen Ländern — ein- und mehrsprachig ausgerichteten — Menschen gibt, die mehrere Sprachen perfekt beherrschen[17], d. h. auf einem Niveau, welches demjenigen der Sprach-Einheimischen völlig entspricht, ja dieses häufig durch „Sprachreinheit" — d. h. das Fehlen jeglicher dialektalen Unstimmigkeiten — noch übertrifft. Und daß Menschen aus multilingualen Ländern hier bessere Startchancen haben, zu solch qualifizierter Polyglossie zu gelangen, als Menschen aus Ländern mit einer einzigen Nationalsprache, leuchtet ein. Man darf aber nicht übersehen, daß derartige Menschen die Ausnahme von der Regel bilden und vor allem kein ideologisches Material in Sachen Wildwuchs von Multilingualismus hergeben: ihnen ist es qua Milieu, Erziehung und gewollter Eigenformung (gezielte mehrsprachige Lektüre, Reisen etc.) gelungen, den statischen Kapazitätszustand ihres Sprachgehirns zu durchbrechen und diese Sprachkapazität in eine völlig neue dynamische Phase zu katapultieren, so daß die Mehrsprachigkeit plötzlich nicht mehr lähmend auf die Entfaltung einer oder mehrerer Sprachen wirkt, sondern im Gegenteil — befördernd. Durch geplante Spracherziehung ist so viel Grundwissen über Sprachaufbau und Wortbildung erworben worden, daß sich die „Regionalkenntnisse" — d. h. die Beherrschung mehrerer Sprachen in einem Menschen — gegenseitig nicht

---

17 Quasi „idealtypisches" Beispiel für solche Befähigung ist Professor Murad Kamil, Ordinarius für vergleichende Sprachwissenschaft an der Universität Kairo (Cairo University). Murad Kamil beherrscht etwa 40 Sprachen perfekt.

mehr paralysieren nach den Regeln eines RAPOPORTschen Nullsummenspiels[18], sondern vielmehr zueinander hochschaukeln. Ein Schüler, ursprünglich mit dem Ballast einer elternhaus- oder landesbedingten Mehrsprachigkeit befrachtet, kann durchaus – wenn eine intelligente Sprachpädagogik sich seiner bemächtigt – alle in ihm verankerten Sprachen zur perfekten Beherrschung entfalten: aber der Weg ist lange und mühsam. Für den „Erziehungs-Normalfall" in multilingualen Ländern der Dritten Welt eignet er sich nicht. Ich leite aus diesen Überlegungen zwei Thesen ab:

1. Der gewissermaßen „natürliche" Multilingualismus – d. h. der aufgrund äußerer Umstände an Menschengruppen herangetragene und von diesen erduldete – ist in Entwicklungsländern ein Massenphänomen, das für die langfristige geistige Emanzipation dieser Massen mehr Probleme als Vorteile beinhaltet. Das euphorische Gerede vieler Erziehungsplaner in der Dritten Welt von den Bildungschancen, resultierend aus einem meist qua Kolonialismus erworbenen Bi- oder Multilingualismus ist elitäre Ideologie Frantz FANONscher drittweltlicher Bildungsbürger.

2. Der „qualifizierte" Multilingualismus – ob aus ursprünglicher Einsprachigkeit oder „natürlicher" Polyglossie hervorgehend, bleibt sich gleich – ist ein gesteuertes Erziehungsprodukt, das meiner Ansicht nach immer nur begünstigten Minderheiten zuteil werden kann. In der Dritten Welt sind solche Minderheiten fast immer identisch mit der unter 1. zitierten FANONschen Bourgeoisie. Da aus dieser Schicht wiederum die Planifikatoren für die „Anderen", d. h. die Masse der Elenden, hervorgehen, ist es ganz natürlich, daß diese Planifikatoren ihre eigenen Wertvorstellungen unkritisch verallgemeinern.

Für die meisten Entwicklungsländer bleibt Multilingualismus, soweit vorgegeben, eine „natürliche", keinesfalls „qualifizierte" Angelegenheit. Die Mehrsprachigkeit verharrt im Stadium der geistigen Belastung des Menschen und gerät im Regelfall nicht in das soeben skizzierte Stadium der gegenseitigen Hochschaukelung. Der Mutationssprung von bi- und multivokabularer Quantität in bi- und multilinguale Qualität unterbleibt. Man kann dieses Verharren in der „Belastung" auch mit sehr konkreten Faktoren begründen:

Das Beispiel ist erneut Tunesien. Bereits vor Jahren hatte ich einmal im Zusammenhang mit Ausführungen zur Erziehungsproblematik dieses Landes auf die intellektfeindliche Strukturierung und Ausstattung der tunesischen „Normalwohnung" verwiesen[19]: mangelnde räumliche Möglichkeit zur indi-

---

18 Etwa Anatol Rapoport: Tolstoi und Clausewitz. Zwei Konfliktmodelle und ihre Abwandlungen. In: Ekkehart Krippendorff (Hrsg.): Friedensforschung. Köln/Berlin 1968. S. 87–105.
19 Wolfgang S. Freund: op. cit. (Anm. 16), S. 134.

viduellen Absonderung von Studien- oder auch nur Lesewilligen paart sich mit individuumsfeindlicher Ausleuchtung der Wohnräume am Abend: erhellt wird nicht die Stelle im Zimmer, wo ein Einzelner sich befindet, arbeitet und deshalb Licht benötigt (Stehlampe, Bürolampe), sondern oben an der Decke hängt ein mit schwachen Birnen bestückter Kronleuchter, der seinen Kaufpreis allenfalls bei Tageslicht verrät und abends den Gesamtraum in ein diffuses Licht taucht, welches genau jene Atmosphäre verbreitet, die in Gendarmerie-Stuben herrscht: Auszuleuchten ist die Ansammlung aller vorhandenen Menschen, nicht der begrenzte, individualisierte Raum eines Einzelnen.

Dies ist die *Aura* jener Welt Tunesiens, wo abends oder eine halbe Nacht lang im Ramadan Arabisch gesprochen wird. Nur das Orale ist von Bedeutung[20], Geschriebenes hat in solcher Atmosphäre keinen Platz (OSTERLOH, soeben zitiert, würde hier von der mangelnden Verzehrbarkeit des geschriebenen Wortes gesprochen haben).

Französisch indessen ist die Sprache des Lichts, des Arbeitsplatzes am Tage, der schriftlichen Dienstanweisungen, der *notes de service*. Auf Französisch korrespondieren tunesische Individuen, auf Arabisch kommunizieren diffuse Gruppen miteinander – und mehrere immer gleichzeitig: es gibt keine auf Dialektarabisch geführte Diskussion zwischen zwei Gesprächspartnern inmitten Dritter, die schweigend zuhören würden; denn die Ausrichtung des Gespräches ist eine andere: es verläuft nicht von Person A zu Person B oder umgekehrt, sondern es stellt sich eine Art von Wortakkord ein, den alle Sprechenden und Hörenden gleichzeitig produzieren, aufnehmen und auch sofort wieder weitergeben.

Ich berühre hier mein Eingangsargument, daß verschiedene Sprachen auch unterschiedliche Kommunikationsmerkmale aufweisen; und es gibt keinen einleuchtenden Grund dafür anzunehmen, daß sich in einem Kopf, wo Französisch und Arabisch auf diese segmentäre Weise[21] wie die soeben beschriebene, zusammenfinden, das Ganze nicht lähmend auf den Gesamtintellekt auswirkte.

Das gesprochene Arabisch – dialektal verformt – produziert keine intellektuellen Dynamisierungsprozesse, sondern banalisiert das Denken jener, die es praktizieren, mehr und mehr, da die Sprache selbst – aufgrund ihrer

---

20 Karl-Heinz Osterloh: Vorindustrielle Verhaltensweisen aus historisch-psychoanalytischer Sicht. Die Dritte Welt. 1–3 (1972), S. 335–356.
21 Das Konzept der „segmentären Gesellschaften" geht zurück auf Emile Durkheim: De la division du travail social. 8. Aufl. Paris 1967.
Vor wenigen Jahren ist es in entwicklungssoziologischer Weise aufgegriffen worden durch Christian Sigrist: Regulierte Anarchie. Olten und Freiburg / B. 1967.

derzeitigen, historisch bedingten Unfähigkeit, sich zu regenerieren — banal geworden ist[22].

Das gelesene und geschriebene Französisch am Arbeitsplatz und im Umgang mit entsprechenden Kollegen leitet auch keinen intellektuellen Dynamisierungsprozeß ein, da es ja nicht als gesamtgesellschaftliches Verständigungsinstrument begriffen, sondern als rein technisches Hilfsmittel gesehen wird, um klar begrenzte Vorgänge effizient zu erledigen. Hinzu kommt die de-facto-Abtrennung der Frankophonen vom sprachlichen Mutterland Frankreich, eine Quelle allseitiger Frustrationen, die Ridha BOUKRÂA gerade in einer Untersuchung über tunesische industrielle Führungskräfte sehr deutlich veranschaulicht hat[23].

Beide Sprachen — in anderen Ländern können es drei sein und mehr — unterliegen sozialer, örtlicher, zeitlicher und intellektueller Segmentierung; die beiden Kraftfelder interferieren nicht. Eine „Verdichtung" (Emile DURKHEIM) multilingualer Bezüge findet nicht statt. Es entstehen im Gegenteil regelrechte geistige Segmente, und keinerlei Energie wird mitgeliefert, daß diese sich zueinander hin öffnen.

III

An dieser Stelle bietet sich nun die Gelegenheit, auf die Rolle der deutschen Sprachvermittlung in zwei- und mehrsprachigen Ländern der Dritten Welt einzugehen. Ich habe versucht zu zeigen, daß der „natürliche" Bi- und Multilingualismus in den Entwicklungsländern fast immer eine ungeheure geistige Belastung für die Betroffenen darstellt. Die voreilige Vision von den Sprachgenies der Dritten Welt (ein gern geübtes Vorurteil lautet etwa folgendermaßen: die Bewohner kleiner Länder sind sprachtalentierter als solche großer Staaten, weil das Bedürfnis, mit den „Großen" zu kommunizieren, sie zur Mehrsprachigkeit treibt) ist ein Trugbild. Deren Bi- und Multilingualismus ist im Grunde mit echter Aphasie, d. h. der Unfähigkeit, durchstrukturiert denken und dann auch sprechen zu können — genau so wie Roman JAKOBSON den Begriff bei Kindern geprägt und verwendet hat[24] —, gekoppelt.

22 Roman Ossipowitsch Jakobson: Kindersprache, Aphasie und allgemeine Lautgesetze. 2. Auflage. Frankfurt am Main 1969; und Wolfgang S. Freund: Unterentwicklung in strukturalistischer Sicht. Op. cit., besonders S. 536—539.
23 Ridha Boukrâa: Les attitudes des cadres supérieurs de la nouvelle industrie tunisienne. Die Dritte Welt. 1—4 (1972), S. 498—517.
24 „Aphasie" leitet sich vom griechischen Verbum „pháskein" = sprechen ab; á-phasia ist also das Nicht-Sprechen, die Sprachlosigkeit, die Sprachstörung im Jakobsonschen Sinne.

Und diese „Sprachlosigkeit", eingebettet in oberflächliche „Mehrsprachigkeit", ist etwas Fürchterliches; denn sie hindert die davon befallenen Menschen daran, mittels Denken und Sprechen ihre sozialen, wirtschaftlichen und auch politischen Bezüge zu erfassen, zu definieren und zu ordnen[25]: der Rekurs auf Banales wird zwingend.

In solcher Atmosphäre steht das kulturpolitische Bemühen der Bundesrepublik Deutschland, an den Zweigstellen des Goethe-Instituts sowie an Auslandsschulen in der Dritten Welt Deutschunterricht erteilen zu lassen. In der Tat, die statistischen Erfolgszahlen – gerade im Bereich des Goethe-Instituts – sind beeindruckend[26]. Ich habe im Herbst 1972 junge libanesische Studenten – multilingual par excellence – vor den Einschreibesekretären des Beiruter Goethe-Instituts Schlange stehen sehen. Sie erinnerten mich an Lämmer, welche – ahnungslos, was da mit ihnen geschieht – zu ihrer Schlachtbank schreiten:

Denn die Möglichkeit, daß alle diese libanesischen Deutschlernenden gerade mit Hilfe einer Sprache, die in ihrem soziokulturellen Alltagsuniversum nicht die geringste Funktion besitzt, jene Kulturanomie[27], der sie ohnhin per-

---

[25] Hier setzen die revolutionären Alphabetisierungsversuche des Brasilianers Paulo Freire an: vermittelt werden die Begriffe des sozialen Universums der Verelendeten; vgl. hierzu Paulo Freire: Educação como Prática da Liberdade. Rio de Janeiro 1967/69. Frz.: L'éducation: Pratique de la liberté. Paris 1971. Auf deutsch erschien das zweite Buch von Paulo Freire: Pädagogik der Unterdrückten. Stuttgart/Berlin 1971.

[26] Zur Illustration mögen nachfolgende Zahlen dienen. Sie stammen aus dem Jahre 1970 und geben die Schülersumme aus 1. und 2. Unterrichtshalbjahr wieder. Die der Gesamtliste entnommenen Länder erscheinen mir typisch für Mehrsprachigkeit:
Goethe-Institut (Hrsg.): Jahrbuch 1970. München 1971. Hier S. 103 ff.:

Land	Schülerzahl
Marokko	2361
Algerien	730
Tunesien	1846
Ägypten	2996
Libanon	2195
Indien	6047
Hongkong	1028
Thailand	2053
Kongo-Kinshasa (heute Zaire)	770

In Indien gab es, das sei hier zusätzlich angemerkt, 1970 sieben Unterrichtsstätten des Goethe-Instituts, und zwar in Bangalore, Hyderabad, Kalkutta, Madras, New Delhi, Poona und Rourkela. Welchen realen Bedürfnissen Indiens dieser Zustand entspricht, sei hier lediglich als Frage formuliert! Vgl. auch G. Lechner: Hier. S. 255 Anm. 2.

[27] Maria Mies: Kulturanomie als Folge der westlichen Bildung – dargestellt am Beispiel des indischen Erziehungssystems. Die Dritte Welt 1,1 (1972), S. 23–38. Dies.: Warum Deutsch? Hier: S. 262–281.

manent ausgesetzt sind, überwinden könnten, ist gleich null. Im Gegenteil: durch Anhäufung nutzlosen Detailwissens im Bereich des Vokabularen und der Grammatik einer zusätzlichen Fremdsprache wird der kulturanomische Zustand weiterverstärkt. (In diesen Zusammenhang gehört auch die Überlegung, daß die humanistisch gebildeten Kreise Europas — also jene, die in ihrer Gymnasialzeit mit sozial funktionslosem Griechisch und Latein gefüttert worden waren — häufig identisch sind mit denjenigen Menschen, die den Anschluß an die technologische Modernität aufgrund der ihnen aufgezwungenen Kulturentfremdung am deutlichsten verpaßt haben: das Argument gilt nicht für Ausnahmemechanismen unterworfene Eliten der Wissenschaft und Literatur, sondern für Normalabsolventen des humanistischen Gymnasiums, die sich später in Normalberufen zu bewähren hatten.)

Die Regel- und Ausgangsbedingung für Deutschunterricht in Entwicklungsländern — wobei im Zentrum meiner Aufmerksamkeit das Goethe-Institut mit seinen Sprachprogrammen für Halbwüchsige und Erwachsene steht — ist folgende:

1. Die deutsche Sprache erfüllt in Ländern der Dritten Welt kein gesellschaftliches Bedürfnis.

2. Von einer ökonomischen Notwendigkeit für Menschen aus Entwicklungsländern, Deutsch zu lernen, kann gleichfalls nicht gesprochen werden.

3. Einen edukativen Notwendigkeitsaspekt für Deutschunterricht gibt es in der Dritten Welt auch nicht. Deutsch ist nicht Latein, welches — trotz der gerade angemerkten Bedenken gegenüber unserer klassischen Bildung — ganze Menschheitskulturen zum logischen Denken hatte erziehen können.

4. Sprachpädagogisch (im Sinne der Beseitigung einer autochthonen Anomielage) ist Deutsch für Entwicklungsländer nicht nur nutzlos, sondern darüber hinaus vielleicht sogar schädlich.

Allerdings können durch solchen Deutschunterricht eine Reihe von Faktoren bei den Deutschlernenden heraufbeschworen werden, wobei zu nennen wären:

A) Die Erweckung falscher Bedürfnisse bzw. die Verstärkung bereits vorhandener; das sind solche, die mit den Entwicklungsnotwendigkeiten des betreffenden Landes nicht harmonieren:

— Da ergibt sich zuvorderst der Wunsch, der eigenen sozioökonomischen (Elends)-Wirklichkeit zu entfliehen, um als potentieller „Brain Drainer"[28]

---

28 Der Begriff „Brain Drain" oder auch „Exode des compétences" wurde Anfang der sechziger Jahre zum ersten Mal durch den iranischen Sozialwissenschaftler Ehsan Naraghi geprägt und verwendet: es handelt sich dabei um die Abwanderung der akademischen Intelligentsia aus Entwicklungsländern in westeuropäische und nord-

in der Bundesrepublik berufliche Karriere zu machen. Meist wird eine Mischung aus Emigration, Fortbildungstrip, Ferienreise und Gastarbeitertum via BRD anvisiert (Schlüsselwort: *un stage en Allemagne*), wobei der Hauptakzent weniger auf geplanter Leistung, sondern auf dem diffusen Wunsche nach Flucht aus einer Unheilssituation (SAVRAMIS) im eigenen Lande liegt.

— Gerade aus arabo-islamischen Ländern führt der Weg durchs Sprachlabor des Goethe-Instituts häufig weiter — ins deutsche Ehebett. Das ist dann — um dem Definitionismus der Wissenschaft Genüge zu tun — eine Intimflucht aus der eigenen Unheilssituation. Ein tunesischer Kollege hat mir den Sachverhalt — natürlich auf Französisch —, losgelöst von der rein deutschen Problematik, etwas feuilletonistisch folgendermaßen definiert: ,,On aimerait bien évoluer du 'cache-cache' de notre moral traditionnel vers un comportement de 'couche-couche' avec nos amies européennes!"

— Ein Blick in die Sprach-Lehrbücher des Goethe-Instituts zeigt deutlich, daß es dort — jenseits aller grammatikalischen und vokabularen Übungen — von Indoktrinierungsmechanismen in Richtung auf die Wohlangebrachtheit einer heilen Industriewelt, wo Kunst und Disziplin herrschen, nur so wimmelt. Ich zitiere wahllos[29]:

,,Die Straßenbahn fährt schnell, die Eisenbahn fährt viel schneller als die Straßenbahn, aber die Autos, Motorräder und Autobusse fahren am schnellsten." (S. 10)
,,Nur ein Haus ist sehr hoch, das Schiller-Theater." (S. 10)
,,Mein Anzug ist alt; ich muß einen neuen haben." (S. 43)
,,Die Raucher müssen in das Abteil für ,,Raucher" steigen." (S. 74)

---

amerikanische Industrieländer. Das Phänomen wird seit vier Jahren — international vergleichend — grundlegend untersucht durch UNITAR (New York) in Zusammenarbeit mit dem ,,Bureau of Applied Social Research" der Columbia University. Auch in der Bundesrepublik wurden im Rahmen dieser Forschung 1500 Studenten aus Entwicklungsländern befragt. Das gewonnene Fragebogenmaterial lagert derzeit in einem Panzerschrank des Forschungsinstituts für Soziologie der Universität Köln, wohin es Anfang 1971 geraten war, nachdem extremistische Studentengruppen die Einstellung der Studie und die Vernichtung der zurückgelaufenen Fragebogen (etwa 1000) gefordert hatten.
,,Brain Drain" in der Bundesrepublik ist zu einer Art Schlüsselwort für die Risikohöhe geworden, mit der empirische Sozialforschung an deutschen Universitätsinstituten heute belastet ist.
29 Hans Schulz und Wilhelm Sundermeyer. bearbeitet von Dr. Bernhard Thies: Deutsche Sprachlehre für Ausländer. Grammatik und Übungsbuch. München 1960. — Dieses Buch erschien 1968 in der *dreißigsten Auflage!!!* Die hier geäußerte Kritik gegen die indoktrinierenden Inhalte der Sprachlektionen muß in vollem Umfange aufrechterhalten werden, obwohl heute andere Lehrbücher (,,Braun/Nieder/Schmöe") die Szenerie beherrschen.

„Der geniale Mensch besiegt alle Schwierigkeiten." (S. 139)
„Vor dem Klavier steht der Klaviersessel." (S.184)
„Er ließ Fabriken bauen; er wollte die Industrie heben." (S. 202)
„Das alte Deutsche Reich hatte fast neunhundert Jahre Könige oder Kaiser." (S. 244)
„Die warme Suppe gibt dem armen Bettler neues Leben." (S. 249)
„Die Eltern schenken dem Kind Spielsachen und Bücher." (S. 249)

Da die meisten Deutsch-Schüler in der Dritten Welt aber aus sozialen Schichten kommen, deren materielle Armut — für uns — unvorstellbar ist und wo Begriffe wie „Auto", „Schiller-Theater", „genialer Mensch" und „Klavier" völlige Leerformeln sind, werden so in diesen Menschen mittels „harmloser", stark verkitschter („das Moralin läuft aus den Beispielsätzen", sagte bereits unser Griechisch-Lehrer) Sprachübungen, die insofern wirklich harmlos sind, als sie meist Alltäglichkeiten des bürgerlich-industriellen Environments zur Übung heranziehen, Bedürfnisse geweckt, deren Befriedigung aber — gemessen an den realen wirtschaftlichen Möglichkeiten fast aller Entwicklungsgesellschaften — praktisch ohne Chance auf Verwirklichung bleibt. Wenn man mittels Themen wie „Auto", „neuer Anzug", „Klavier" und „Spielsachen" Deutsch lernt, so lernt man eben nicht nur Deutsch, sondern zeugt auch gleichzeitig den Wunsch mit, ein Auto besitzen, neue Anzüge machen lassen und den eigenen Kindern Spielsachen kaufen zu können. Da die Erfüllung dieser Wünsche aber fast immer ausbleibt, entsteht beim Betroffenen Frustration, Entfremdung: und zum Haß auf die eigene Gesellschaft, die ihm diese Dinge vorenthalten muß, gesellt sich die Haßliebe zu Deutschland, dessen Vertreter begehrenswerte Dinge vorzeigen, diese aber so hoch hängen, daß niemand auf Anhieb drankommt.

Das Wirtschaftswundertrauma ist geboren, dies in einer Welt — nämlich der unterentwickelten —, wo nichts zu einem solchen Wunder treibt. Im Einzelfall glaubt man dann, die Obsession durch Arbeit in Deutschland, Ehe mit einer Deutschen entschärfen zu können. Solche Einzelgeretteten sind für ihr Ursprungsland und dessen Probleme verloren, und für die Masse der via Sprachunterricht mit Deutschland in Berührung Gekommenen ist das auch keine Lösung. Denn die überbevölkerte Bundesrepublik ist alles andere, nur kein Einwanderungsland und Heiratsparadies für „Exoten" — weder von ihrer ökologischen Struktur her, noch gesehen aus der Sozialpsychologie ihrer Bewohner!

B) Die durch autochthonen Bi- und Multilingualismus bereits vorhandene kulturelle Anomie wird durch das Element des Deutschen lediglich verstärkt. Es ist so, als ob man einem Gericht, das bereits aus konträren Zutaten zusammengerührt wurde und die Geschmacksnerven kränkt, noch ein weiteres Gewürz beigebe, das die bestehende Kakogustie nicht nur nicht aufhebt, sondern um ein dissoziierendes Element bereichert.

Vorausgesetzt, daß die Schüler der Dritten Welt an den dortigen Dozenturen der Goethe-Institute ihre Sprachkurse mit einigem Eifer betreiben, so entwickelt sich für die Betroffenen ein weiteres kulturelles Segment, nämlich das der „deutschen" Bezüge, welches — ohne irgendeine weiterführende emanzipatorische Dynamik zu vermitteln — zusätzliche Sprach- und Denkkapazität zu blockieren imstande ist. Um die Sache erneut am arabischen Exempel zu demonstrieren:

Junge Menschen, mit einer „Muttersprache" ausgestattet, die sich nicht schreiben und lesen läßt (dem Dialektarabischen), mit einer „Nationalsprache" in den Schulen künstlich versehen, die sich nicht sprechen läßt (dem Hocharabischen) und auf eine Verkehrssprache gegenüber „modernen" Daseinsbezügen angewiesen, die einmal dem eigenen geistigen Habitus fremd und sodann noch meist politisch diskriminiert ist (d. h. die Sprache der ehemaligen europäischen Kolonialherren, Englisch oder Französisch), gehen ein zusätzliches linguales Engagement ein, das in einer existentiellen Sackgasse endet, von beschriebenen Einzelfällen wie Emigration, Heirat mit einer Deutschen etc. abgesehen.

Dieser Zustand ist die Regel; er findet sich wieder in Indien, Schwarzafrika, aber auch in Lateinamerika und Südostasien. Die Unterrichtung des Deutschen an Goethe-Instituten der vorwiegend bi- und multilingualen Entwicklungsländer ist ein Aufwand, der erstens entwicklungspädagogisch nichts zu leisten vermag und zweitens für die Unterrichteten aus den beschriebenen Gründen hintergründig gefährlich werden kann. Daraus müßte die Erkenntnis abgeleitet werden, jede Form des deutschen Sprachunterrichts in derartigen Ländern einzustellen. Daß ich nun in dieser harten Form nicht plädiere, könnte als Inkonsistenz ausgelegt werden. Ich werde aber versuchen, diese meine Haltung nachstehend zu begründen.

IV

Um Mißverständnissen vorzubeugen: den andauernden unstrukturierten Deutschunterricht an etwa 40 Goethe-Instituten multilingualer Entwicklungsländer[30] halte ich für kulturpolitischen Unfug, der raschestens abzustellen

---

30 1970 bestanden 111 Außenstellen des Goethe-Instituts in der ganzen Welt, hiervon 60 in Entwicklungsländern, wobei die 15 Dozenturen Griechenlands, Spaniens und Portugals nicht dem Entwicklungsländerkonto zugeschlagen werden. Es ließe sich im-

wäre. Diese Länder haben mit ihren jeweiligen Sprachproblemen derartig zu ringen, daß jede Komplizierung der ohnehin verworrenen Verhältnisse nicht zu verantworten ist. In den vielzitierten „Leitsätzen für auswärtige Kulturpolitik" des Auswärtigen Amtes wird diese Problematik als solche nicht einmal erwähnt. Es sei denn, man deute aus Sätzen wie dem folgenden profundes Verständnis für die Sprachprobleme der Dritten Welt: „Dabei ist darauf zu achten, daß die Aufgabe Verständigung und Zusammenarbeit lautet, daß also alles zu vermeiden ist, was als Einmischung in die inneren Angelegenheiten anderer Länder erscheinen könnte."[31]

Der andauernde unreflektierte deutsche Sprachunterricht im hier analysierten Zusammenhang ist eine solche „Einmischung in die inneren Angelegenheiten anderer Länder": und zwar in die *innersten*, d. h. in die sich formenden Strukturen kollektiven und individuellen Selbstbewußtseins.

Demgegenüber postuliere ich, daß in stark reduziertem Maße deutscher Sprachunterricht an Dozenturen der Goethe-Institute in multilingualen (aber auch einsprachigen) Entwicklungsländern sinnvoll sein kann. Die theoretische Forderung an ein solches Sprachprogramm müßte lauten: der Deutschlernende muß in die Lage gebracht werden, diese neue Sprachkenntnis intellektuell zu dynamisieren, um seine ursprüngliche Anomie, in welcher er sich befindet, zu überwinden. Damit dies geschehen kann, dürften nur solche Menschen zum Erlernen der deutschen Sprache zugelassen werden, die ein grundsätzliches existentielles Bedürfnis hierfür nachweisen können. Das heißt in der Praxis, daß es sich nur um Kursanwärter handeln kann, die Deutschkenntnisse für ihren Berufsweg entscheidend benötigen; und so reduziert sich das potentielle Sprachkurs-Publikum auf drastische Weise; etwa folgende Berufsgruppen in Entwicklungsländern sollten Zugang zu qualifizierten Deutschkursen erhalten:

— Studenten und Hochschullehrer der Germanistik oder anderer Fächer, wozu deutsche Sprachkenntnisse benötigt werden;

— Tourismusfachleute sowie Hotel- und Gaststättenpersonal in Ländern, die bedeutenden deutschen Tourismusverkehr aufzuweisen haben (Marokko, Tunesien);

— Gastarbeiter und Praktikanten für die Bundesrepublik mit Arbeitsvertrag; kein Gastarbeiter oder Praktikant — vor allem aus Entwicklungsländern wie Tunesien, Marokko und der Türkei — sollte nach Deutschland einreisen

merhin die Ansicht vertreten, daß diese drei genannten Länder — obwohl Europa zugehörig — eigentlich einen Teil der Dritten Welt bilden.
39 der 111 Außenstellen des Goethe-Instituts liegen eindeutig in Entwicklungsländern, wo offizielle oder verkehrsmäßige Mehrsprachigkeit herrscht (Quelle der Zahlen vgl. Anm. 26).
31 *Leitsätze für die Auswärtige Kulturpolitik*: In: Walter Höllerer (Hrsg.), op. cit. (Anm.1), S. 185–191, hier: S. 186, § 1.4.

dürfen, ehe der Nachweis eines Intensivkurses am Goethe-Institut vor Ort nicht geführt ist. Die Kosten hierfür hätten staatliche Stellen, der Arbeitgeber oder beide einvernehmlich zu tragen.

— Diplomaten, Journalisten, Geschäftsleute, Zoll- und Postbeamte, die auf den Umgang mit deutschsprachigen Schriftsätzen oder Menschen angewiesen sind.

Auf eine theoretisierende Formel gebracht, heißt das Folgendes: Jede Kollektivindikation für Deutschunterricht in bi- und multilingualen Entwicklungsländern scheint mir nicht nur sinnlos, sondern für den geistigen Emanzipationsprozeß der davon Berührten geradezu gefährlich zu sein. Das gilt im Grunde auch für einsprachige Entwicklungsländer.

Die Individualindikation ist indessen zu rechtfertigen, wenn sie sich aus einem echten beruflichen Bedürfnis der Interessenten herleitet. Diese Unterscheidung bei der Annahme von Kursteilnehmern zu treffen, scheint mir einer der wichtigsten Reformpfeiler bei den Bemühungen um Neugestaltung der Auslandsarbeit des Goethe-Instituts zu sein. Es genügt dabei auch keineswegs, „berufsspezifische" Sprachkurse zusätzlich einzurichten, wie dies im seit Jahren tönenden Reformatorenchor des Auswärtigen Amts, des Goethe-Instituts und mit dem Thema befaßter Wissenschaftler zu hören ist. Es muß auch dafür gesorgt werden, daß die nicht berufsspezifisch motivierten Aspiranten zu solchen Deutschkursen erst gar nicht zugelassen werden.

Mag man bis hierhin mit mir einig gewesen sein — was ich auch bezweifle —, so ist ganz sicher, daß jetzt der Protest anhebt; denn die Maßnahme der „Aussperrung" von unklar motivierten Deutsch-Schülern werden die Einen als Diskriminierung und damit als neokolonialistische Attitüde brandmarken, und die Andern werden an die Kasse des Goethe-Instituts denken, die sich nicht unbedeutend aus den Kursgebühren der Kursteilnehmer regeneriert; d. h. mit anderen Worten: die weiterbestehende Finanzstruktur des Goethe-Instituts sorgt ganz automatisch dafür, daß jeder Institutsleiter *coûte que coûte* daran interessiert ist, seine Klassenzimmer zu füllen. An Entfremdung und seine Rolle als Erfüllungsgehilfe für soziokulturelle Anomie denkt dieser Institutsleiter wahrscheinlich zu allerletzt. Auch die lokalen Journale im jeweiligen Tätigkeitsort bescheinigen dem Goethe-Institut seine „wichtige Rolle im Geistesleben unserer jungen Nation" (etwa so liest sich das meistens) in Funktion zum quantitativen Volumen der Sprachkurse; d. h. die autochthonen Journalisten, in der Regel selbst chronische „Kulturanomiker" (ich erlaube mir die Medizinalisierung eines eher anthropologischen Begriffs; denn ich spreche hier eigentlich von einer Krankheit), partizipieren eifrig, häufig auch ermuntert durch Zuwendungen aus irgendwelchen „grauen Kassen", an diesem Spielchen.

Doch die quantitative Erfolgsbilanz trügt; ich versuchte zu zeigen warum. Man kann einem Krebskranken — wieder gestatte ich mir eine medizinische Metapher — einige Zeit lang mit Antibiotika, Vitaminen und Kräftigungsmitteln aller Art über die Runden helfen. Der letale Ausgang der Therapie ist aber unabwendbar, solange die Behandlung nicht spezifisch am Geschwür selbst einsetzt.

Die bi- und multilinguale Sprachensituation in Ländern der Dritten Welt gleicht vielfach solchen Geschwüren. Sie bildet das krankhafte Gewebe, auf dem die Emanzipation der betroffenen Menschen nicht wachsen kann, vielmehr langfristiger Zersetzung ausgesetzt ist.

Nur das Wissen um die Wirklichkeit dieses Sachverhaltes kann bei den Planern unseres — deutschen — Beitrages zum Bi- und Multilingualismus in Entwicklungsländern dazu führen, daß die Dinge in neuem Licht gesehen werden:

Der affektive Wunsch, ,,Contergan-Deutsch" ein bißchen überall auf der Welt gesprochen zu hören, hat zurückzutreten vor der Frage, ob das hemmungslose Abreagieren dieser Begierde, qua Goethe-Institut und deutsche Auslandsschulen, nicht ein genauer Beitrag zu jener Verhaltensweise ist, welche in den ,,Leitsätzen für die Auswärtige Kulturpolitik" so edelmütig denunziert wird:

,, ... daß also alles zu vermeiden ist, was als Einmischung in die inneren Angelegenheiten anderer Länder erscheinen könnte"[32].

Man könnte diese Überlegungen auch mit einem handfesten Zynismus abschließen: Deutschunterricht in der Dritten Welt hat nur dort Sinn, wo er bewußt ,,kulturimperialistisch" betrieben wird, d. h. wo erreicht wird, daß die so Eingedeutschten zu wirklichen Deutschen werden, indem sie ihr Heimatland verlassen und nach Deutschland emigrieren. Bertrand RUSSELL würde scharfsinnig anmerken, daß man die unvernünftigsten Ziele dann erreichen kann, wenn man sie mit vernünftigen Methoden, d. h. mit solchen, welche die bestmögliche Verwirklichungsstrategie darstellen, verfolgt.

Nicht einmal solch perfide Minimalleistung scheint mir indessen beim andauernden Deutschunterricht in der Dritten Welt normalerweise gegeben zu sein.

Anschrift des Verfassers
Dr. Wolfgang S. Freund
D – 504 Brühl
Roisdorfer Str. 4

[32] Dto.

Die deutsche auswärtige Kulturpolitik aus der Sicht der Entwicklungsländer

von Samuel Kodjo, Bochum

I. Allgemeine Vorbemerkungen

Wird vergegenwärtigt, daß die auswärtige Kulturpolitik eines Staates früher oder später im Bezugsland verschiedene prognostizierbare Wirkungen auslöst – dafür wird auch diese Art Politik konzipiert und eingesetzt –, die dem betreffenden Staat als Akteur bestimmte Vorteile nicht nur kultureller, sondern auch wirtschaftlicher, politisch-diplomatischer und ideologischer Art zu verschaffen vermögen, so ist von der Seite des Bezugslandes her die strenge Trennung von Kulturpolitik und Außenpolitik aus praktischen Gründen unzweckmäßig. Die Untrennbarkeit von Kultur und Politik einerseits, von Wirtschaft, Technik, Wissenschaft, Ideologie, Sozialstruktur, Attitüden, Handlungsweisen und dgl. mehr andererseits, wird auch anhand der systembezogen-funktionalistischen Kulturtheorie bewiesen. Es heißt demnach, daß eine Trennung dieser Elemente zwecks Formulierung von Teilpolitiken nur gedanklich vorgenommen werden kann. Sie soll nur eine institutionelle Arbeitsteilung und Spezialisierung ermöglichen.

Wer also auswärtige Kulturpolitik betreibt, betreibt auch demzufolge trotz der speziellen Einrichtungen, über die sich diese Politik abwickelt, gegenüber dem Bezugsland eine globale Gesellschaftspolitik. Wie nun diese globale Politik faktisch aussieht, hängt zweifellos von den Intentionen, Zielen und Zielprioritäten des Akteurs ab. Wer im Namen des internationalen Kennenlernens seinen Lebensstil und seine Gedankengüter in Anschluß an den nationalen Drang nach Repräsentation und der positiven Selbstdarstellung in fremden sozialen Umgebungen zur Schau ausstellt, prädisponiert Menschen über gewisse sich aus dieser Schau ergebende Kettentransformationen im menschlichen Bereich zur Aneignung des gezeigten Lebensstils und der propagierten Ideen und Denkkategorien.

In diesem breiten theoretischen Rahmen muß die deutsche Kulturpolitik in den Entwicklungsländern beurteilt und bewertet werden. Diese Kulturpolitik hat weitere Aspekte, da sie nicht losgelöst von bedeutenden internationalen Strömungen und Gegenströmungen zum Einsatz gelangen kann. Insofern muß sie als das zwingende Ergebnis laufender Anpassungen an die weltpolitischen Konstellationen aufgefaßt werden. Besonders nennenswert sind in diesem Zusammenhang etwa der Ideologiekampf zwischen Kapitalismus und Sozialismus und die Angst westlicher Industrienationen, daß die Entwicklungsländer mit dem Kommunismus sympathisieren und infiltriert werden könnten. Zu diesen Industrienationen, die sich berechtigt oder unberechtigt die kühne Aufgabe gesetzt haben, den Kommunismus überall auszumerzen, gehört auch naturgemäß die Bundesrepublik Deutschland, die aufgrund ihrer besonderen geographischen Lage heute mehr vor der kommunistischen Infiltration zu fürchten hat. Es liegt deshalb im vitalen Interesse der BRD, in enger Zusammenarbeit mit anderen Industrienationen mit relativ gleicher politischer Ideologie das ,,bogey of communism" bis in die Entwicklungsländer hinein zu verfolgen. Das Mittel hierzu ist u.a. die auswärtige Kulturpolitik, die insbesondere in ihrem kollektiven Einsatz das bewirkt, was als Kulturimperialismus angeprangert wird. Die kollektive auswärtige Kulturpolitik westlicher Industriewelt übernimmt sodann die tragende Funktion, die kommunistische Ideologie weltweit zu konterkarrieren und womöglich auf weltweiter Ebene zu entthronen, indem sie Dinge bietet, die die Entwicklungsländer als ,,weiche Staaten" an die Wertvorstellungen des Westens ketten sollen. So wie ,,la charité bien ordonnée commence par l'amour de soi-même", so auch müssen die Ziele der auswärtigen Kulturpolitik in der vorteilhaften Lösung der Frage ,,how to win friends and influence people, win people to the own way of thinking, and 'sell' oneself and one's ideas", kulminieren.

Betrachtet man weiterhin die Fähigkeit, intensive und kontinuierliche auswärtige Kulturpolitik zu betreiben, in direkter Abhängigkeit zur ökonomisch-technologischen Potenz eines Landes, so dürfte sich das Grundziel der deutschen auswärtigen Kulturpolitik der ,,gegenseitigen Verständigung und Zusammenarbeit" in Anbetracht der weitgehenden ökonomisch-technischen Schwäche der Entwicklungsländer beachtlich verwässern. Es besteht eine dichotomische Zusammenarbeit, in der eine polarisierte Meinungsführerschaft de facto gegeben ist. Das ist die natürliche Folge des umfassenden Gefälles zwischen Dritter Welt und Industriewelt. Wenn demnach über die auswärtige Kulturpolitik der Frieden in der Welt unter Beachtung des Grundprinzips der ,,Nichteinmischung in die nationalen Angelegenheiten der Entwicklungsländer" gesichert werden soll, so geschieht dies primär und gewöhnlich unter strenger Wahrung bestimmter politisch-ideologischer Interessen der Mächtigen als Weltmeinungsführer.

II. Die deutsche auswärtige Kulturpolitik in den Entwicklungsländern: ihre Vor- und Nachteile

Mit dem Ziel im Auge, über und durch Völkerverständigung und weltweite Zusammenarbeit den Frieden in der Welt zu sichern, betätigt sich die deutsche auswärtige Kulturpolitik im akademischen und künstlerischen Bereich einerseits und auf dem Gebiet der Verbreitung der deutschen Sprache und der Unterstützung deutscher Schulen im Ausland andererseits.

Als nennenswerter, allein im Bereich der politischen und ökonomischen Emanzipation liegender Vorteil dieser kulturpolitischen Engagements der BRD gilt in den Augen des Verfassers einzig der Umstand, daß die bisherigen Außenkontakte der Länder der Dritten Welt eine Umschichtung erfahren müssen. Insbesondere Länder mit einer kolonialen Vergangenheit und mit einer Schar von stringenten kolonialbedingten Bindungen könnten im Auftreten der BRD die Möglichkeit finden, ihre Außenbeziehungen zu diversifizieren und sich dadurch von ihren bisherigen einseitigen Liaisons zum Teil zu befreien. Ein weiterer Aspekt dieses Vorzugs könnte darin gefunden werden, daß die Entwicklungsländer unter Erfüllung gewisser Voraussetzungen von den Entwicklungserfahrungen der BRD profitieren könnten. Nicht zuletzt kann die Errichtung von deutschen Kulturzentren in den Entwicklungsländern je nach der Reichweite ihrer Kapazität Effekte einkommensmäßiger, beschäftigungsmäßiger und devisenmäßiger Art auslösen.

Diese Vorteile müssen allerdings weitgehend am Tatbestand relativiert werden, daß die BRD als Mitglied der EWG und anderer internationaler Organisationen gegenüber weiteren Mitgliedsstaaten derselben Vereine Konzessionen machen muß, die auch die Freizügigkeit in der Konzipierung und Implementierung der deutschen auswärtigen Kulturpolitik speziell in Entwicklungsländern mitbestimmen und regulieren. Bedenkt man noch, daß Deutschland auch an der Berliner Konferenz an der Jahreswende 1884/1885 teilgenommen und so seine positive Stellung zur damaligen Kolonialbewegung abgegeben hat, und darüber hinaus, daß in den oben erwähnten Weltorganisationen auch Kolonialmächte vertreten sind, so dürfte die Relativität der eben skizzierten Vorteile evident sein.

Die Nachteile der bundesrepublikanischen Kulturarbeit speziell in rückständigen Gebieten scheinen überwiegender zu sein als die Vorteile aus den gleichen Engagements.

Zunächst ist redlich zu klären, ob und inwieweit die Zukunftsperspektiven dergestalt trüb sind, daß die Sicherung des Friedens auf Erden nicht ohne die zwingende Berücksichtigung der Entwicklungsländer als fast unmöglich erscheint, weiterhin ob und inwiefern von den jungen Staaten Konfliktstoffe von eminenter internationaler Bedeutung ausgehen, weshalb man dort auch die internationale Friedenspolitik ansetzen muß. Letzten Endes muß nachgewiesen werden, ob Entwicklungsländer die Hauptproduzenten von atomaren Waffen sind und ob sie als solche die ursächlichen militärischen Agitatoren in der Welt sind. Sofern diese Kernfragen bewußt bagatellisiert werden und daher keine zufriedenstellende Antwort erhalten, muß zumindest theoretisch konstatiert werden, daß der Verfolgung der weltweiten Friedenspolitik eine Reihe von Alibiaspekten anhaften muß.

Den gleichen Trugschluß erhält man, wenn man sich der Analyse der einzelnen Tätigkeitsbereiche der deutschen Kulturpolitik in der Dritten Welt zuwendet. In allen politischen Verlautbarungen zur deutschen Kulturpolitik wird das Wort Austausch ohne jegliche Differenzierung pauschal postuliert. Dieser Austausch, versteht man darunter „feedback" und Rückkoppelung im interkulturellen Kontakt, kann allerdings nicht in der Entwicklung von Außenbeziehungen zwischen der BRD und den Ländern der Dritten Welt nachgewiesen werden. Dieser Kontakt wickelt sich in seiner gedanklichen Erscheinungsform unilinear ab.

Sicherlich ist die Pflege von kulturellen Beziehungen mit Menschenbewegungen in beiden Richtungen verbunden. Dies sieht man am Hin und Her von Studenten, Diplomaten, Unternehmern, Touristen, Entwicklungsexperten und -helfern, Politikern, Künstlern usw. Das ist jedoch der physisch wahrnehmbare Aspekt, der in der hiesigen Diskussion über umfassend-globale kulturelle Zusammenhänge eine geringere Rolle spielen dürfte. Kultur umfaßt viel mehr als vereinzelte Individuen bzw. Gruppen, die hin und her pendeln. Sie umfaßt Institutionen, Technologien, Organisationsformen, Denkkategorien und Handlungsmaximen, Wertvorstellungen, Attitüden, Sprache usw. mit ihren jeweiligen Inhalten und Botschaften in interkulturellen Verflechtungen. Auf diese Gesichtspunkte der Kulturen in Kontakt kommt es besonders in der Evaluierung des Stellenwerts der deutschen Kulturwerbung in den Entwicklungsländern an.

Als einzeln, nicht organisiert auftretende Individuen oder Gruppen können Repräsentanten der Entwicklungsländer in der BRD nur in informell begrenztem Rahmen ihre jeweiligen Heimatkulturen vertreten. Wenn sich auch die BRD grundsätzlich nicht gegen fremde exotische kulturelle Darbietungen ausgesprochen hat, so gibt es verschiedene Barrieren für die freizügige Werbung für ausländische Kulturen und Zivilisationen auf deutschem Boden. Zunächst ist der Streß, der dem sozioökonomischen System der BRD immanent ist, zu erwähnen, unter dem Ausländer in der BRD genauso wie ihre Bürger zu stehen haben. In diesem Streß liegt es z. T. begründet, daß der Ausländer entschieden mehr mit okkupationalen als mit kulturellen Problemen im Gastland konfrontiert werden muß. Daneben kommen die in der BRD gewöhnlich über Schule und die herkömmlichen modernen Massenmedien vermittelten Einstellungen zu den Kulturen primitiver Völker in Betracht, die eine geistige Atmosphäre induzieren, in der es keine allzu große Begeisterung für Fremdkulturen gibt. Ferner muß die Stellung von Repräsentanten der Entwicklungsländer in der BRD am kulturellen Fundus dieser Vertreter kritisch geprüft werden. Es ist eine bekannte Tatsache, daß die repräsentationsfähigen Menschen der Entwicklungsländer nahezu ausnahmslos nach fremden, insbesondere okzidentalen Vorstellungen gebildet worden sind, so daß sie schlechthin als ein weitgehender Prototyp des Europäers oder des Nordamerikaners betrachtet werden dürften. In dieser Eigenschaft können sie trotz aller Vorbehalte und trotz ihrer Eliteposition ihre Heimatkulturen traditioneller Art nicht ohne tiefe Verzerrungen und Mißinterpretationen repräsentieren. Es muß demnach ein Kontaktumstand vorliegen, in dem trotz wirksamer Sprachschwierigkeiten relativ gleiche Wertvorstellungen zum Ausdruck gebracht werden. Es gibt daher keinen Austausch im engeren Sinne, sondern vielmehr eine Reproduktion von Dingen, an denen sowohl Deutsche als auch Ausländer teilhaben.

In umgekehrter Richtung tritt die BRD in den einzelnen Gebietsteilen der Dritten Welt mit speziellen feststrukturierten Institutionen auf, die aufgrund ihrer finanziellen, technischen und personellen Ausstattung täglich mit ihrer Aufgabe der kulturellen Darbietungen über die BRD befaßt sind. Daß hier mit mehr Erfolg als im Falle von Ausländern in der BRD zu rechnen ist, dürfte nicht zuletzt darauf zurückzuführen sein, daß schon in den Entwicklungsländern eine säkulare soziale Atmosphäre herrscht, in der die Eingeborenen kein Vertrauen zu ihren Eigenkulturen haben können. Das ist die Folge von früheren kulturellen Entwicklungen, die nicht von exogenen, kompakt und umfassend wirkenden Interferenzen abstrahiert werden können. Diese Sachlage beschreibt man mit Ausdrücken der Akkulturation, der kulturellen Entfremdung und des sozial-kulturellen Vakuums, alles Dinge, die auf die fehlende innere Ordnung in den Entwicklungsländern hinweisen. Diese fehlende kulturelle Selbstidentität und sozio-politische Ordnung sind für weitere erfolgreiche exogen-heteronome Einflußnahmen außerordentlich günstig.

Die Zentrierung der deutschen auswärtigen Kulturarbeit auf die intentionale Propagierung der deutschen Sprache und Kunst und auf die Förderung von deutschen Schulen in den Entwicklungsländern legt die Frage nahe, wie damit schon den Bezugsländern geholfen wird, sich trotz Kontaktes kulturell zu erkennen und sich kulturell zu realisieren. Das Ergebnis der Friedenspolitik hängt von der Art und Weise ab, wie zu dieser Frage Stellung genommen wird.

Oben wurde auf die Verbindungen der deutschen Kulturarbeit im Lichte der internationalen Verflechtungen hingewiesen. Unter Berücksichtigung dieser Verflechtungen dürfte behauptet werden, daß jedes Entwicklungsland, in dem fremde Kulturarbeiten institutionell vorgenommen werden, von allen Seiten her kulturell überfallen wird. Die Konsequenz für das Entwicklungsland ist unter Beachtung früherer heteronomer kultureller Entwicklungen eine stärkere kulturelle Verzettelung und Verwirrung, die die Originalität in Entscheidungen und Handlungen lahmlegen. Hieraus läßt sich eine Reihe weiterer Konsequenzen ableiten, von denen die folgenden wichtig sein können. Verzettelung im kulturellen Bereich impliziert schon per se eine vorherige Aushöhlung der traditionell überlieferten Orientierungsmaßstäbe und den Versuch, die zurückgedrängten Maßstäbe durch andere zu ersetzen. Diese bietet u.a. die BRD anhand ihrer Penetrationspolitik in den Entwicklungsländern in stillschweigender Konnivenz mit Kolonialmächten, die für die weitgehende Zerschlagung und Zerrüttung der traditionellen Eingeborenenkulturen ihrer jeweiligen Kolonien besonders taktvoll gesorgt haben. Insofern nimmt es nicht Wunder, wenn die deutsche Kulturpolitik in den Entwicklungsländern auf die ausschließliche Bekanntmachung deutscher historischer Leistungen und Wertgehalte beschränkt bleibt. Da eine solche Politik sich nicht grundsätzlich mit den örtlichen Kulturen auseinandersetzt, liegt ein Monolog im Kulturkontakt vor, was den nur politisch beabsichtigten Austausch von Gedankengütern zu einem Lippenbekenntnis werden läßt. Die Verzettelung der Entwicklungsländer durch von allen Seiten her planlos und vereinzelt vorgenommene Kulturarbeiten hat aber eine hohe politische Relevanz, was den „nation building"-Prozeß in solchen Ländern anbelangt. Aus diesen Arbeiten gehen in der Regel besonders wirksame insidiöse Kräfte hervor, die die sozio-politische Willensbildung in den Bezugsländern erschweren.

Diese wenigen Ausführungen – man könnte sie vertiefen – haben nicht zum Ziel, das kulturpolitische Auftreten der BRD in jungen Staaten undifferenziert zu verpönen. Sie sind dafür gewidmet, die Notwendigkeit klar zu machen, Dinge bei ihrem Namen zu nennen. Zwischen der BRD und den Entwicklungsländern gibt es ebenso wenig Interessengleichheit wie kulturelle Zusammenarbeit und kulturellen Austausch. Es gibt nur eine deutsche auswärtige Kulturpolitik, die bestrebt ist, die BRD in die Entwicklungsländer mit eintreten zu lassen. Daß damit die verfolgten Absichten und Ziele sich nur wenig auf die besonderen vitalen Wünsche der Entwicklungsländer projizieren lassen, dürfte unbestritten bleiben. Dies zu erkennen, ist schon ein Fortschritt in der künftigen Gestaltung von Außenbeziehungen der BRD mit den jungen Staaten der Dritten Welt.

Die deutsche auswärtige Kulturpolitik aus der Sicht der Entwicklungsländer 181

III. Vorschläge zu einer Verbesserung

Unter Respekt vor der Souveränität der BRD kann man die Forderung nicht erheben, daß die BRD ihre historischen Beziehungen zu Kolonialmächten und weiteren expansionsfähigen Industrienationen unterbindet und aufgibt. Auch ist es wenig zweckmäßig und gar unzumutbar, der BRD zu verbieten, ihre historischen Leistungen nach außen zu dokumentieren. Die optimale Regelung dieses Problemkreises hängt scheinbar von der politischen Strategie der Entwicklungsländer weitgehend ab, welche dem Auftreten der BRD Rahmenbedingungen unter Beachtung der Reziprozitätsklausel vorzuschreiben hat.

In der Einsicht jedoch, daß die Entwicklungsländer außer ihren Führungsschichten — das muß auch bedeutend relativiert werden, da es qualifizierte Dolmetscher gibt — keine deutsche Sprache und keine ausgesprochen deutschen Schulen sowie keine deutsche Kunst im derzeitigen Stand der Dinge dringend brauchen, um sich zu emanzipieren und ihrer spezifischen Lebenssituation Herr zu werden — die deutsche Kultur hat ähnlich wie die Kultursysteme der Entwicklungsländer auch ihre signifikanten exportfähigen Nachteile —, dürfte die minimale Forderung gestellt werden, daß die BRD zukünftig Grundlagenforschung in enger Zusammenarbeit mit Wissenschaftlern der Entwicklungsländer betreibt. Schon in der Schule weiß man in den Entwicklungsländern genug über die BRD, so daß die kulturellen Darbietungen über die BRD auf ihr Mindestmaß reduziert werden können. Was die Entwicklungsländer aktuell dringend benötigen, scheint weniger eine noch intensivere Projizierung ihrer Menschen in andere Kulturkreise als vielmehr zuverlässige Informationen über das zu sein, was ihre Existenz sowohl von innen als auch von außen her konditioniert und determiniert. In diesem Sinne soll sich die Grundlagenforschung mit den gesamten lokalen Verhältnissen, Kräften und Problemen in ständiger Verbindung mit internationalen Entwicklungen befassen. Es leuchtet wohl ein, daß allein diese Arbeit der Politik der Völkerverständigung, der zwischenstaatlichen Zusammenarbeit und des Friedens zugrunde gelegt werden kann.

Einzig im Falle des Vollzugs einer Ausbildung in der BRD erweist sich das Erlernen der deutschen Sprache und der dazu gehörigen Kultur als relevant. Auch hier sind deutsche Schulen und Goethe-Institute besser und effizienter in der BRD domiziliert als in den Entwicklungsländern.

Anschrift des Verfassers
Priv. Doz. Dr. Samuel Kodjo
Ruhr-Universität Bochum
Institut für Entwicklungsforschung und -politik
463 — Bochum-Querenburg
Postfach 2148

Medien und Maßnahmen

Der kulturpolitische Bezugsrahmen für Hörfunksendungen nach Ländern der Dritten Welt – dargestellt an den Sendungen der DEUTSCHEN WELLE für Afrika

von Hans Dieter Klee, Köln

In einer ständig sich wandelnden modernen Welt müssen altvertraute Vorstellungen neu durchdacht werden. So auch die Aufgaben und Methoden von Rundfunksendungen für das Ausland. Die nachfolgende Untersuchung will dazu Denkansätze geben.

Die Entwicklung des politischen Geschehens zu einer Art Weltinnenpolitik durch wachsende politische und ökonomische Abhängigkeiten weist gegenseitige Verflechtungen und Verpflichtungen auf, die ihre Darstellung in Hörfunksendungen für das Ausland finden müssen.

Daraus ergibt sich das politische Motiv für Sendungen in die Dritte Welt. Dieses Motiv hat drei Bezugspunkte:

Die Öffentlichkeitsarbeit und Informationspolitik;
Die auswärtige Kulturpolitik;
Die Entwicklungspolitik.

Wenden wir uns zunächst dem ersten Bezugspunkt zu. Aufgabe ist eine Selbstdarstellung als indirekte Sympathiewerbung, nicht im Sinne plumper Propaganda über Größe und Ruhm des Heimatlandes in Vergangenheit und Gegenwart, sondern als Spiegelbild der geistigen Auseinandersetzungen, der gesellschaftspolitischen Wandlungen und Entwicklungen auch in ihren fragwürdigen oder gar negativen Erscheinungsformen. Es darf sich also nur um eine kritische Selbstdarstellung handeln. Anderenfalls entsteht ein unglaubwürdiges Bild, das falsche Eindrücke und falsche Erwartungen beim Hörer weckt (Revolution of rising expectations).

Dr. Samuel Kodjo aus Togo hat dies sehr kritisch und treffend formuliert. „Wer im Namen des internationalen Kennenlernens seinen Lebensstil und seine Gedankengüter im Anschluß an den nationalen Drang nach Repräsentation und der positiven Selbstdarstellung in fremden sozialen Umgebungen zur Schau stellt, prädisponiert Menschen zur Aneignung des gezeigten Lebensstils und der propagierten Ideen und Denkkategorien"[1]. Eine weitere Aufgabe soll im Rahmen der Thematik unserer Untersuchung nur kurz erwähnt werden:

---

1 Dr. Samuel Kodjo: Die deutsche auswärtige Kulturpolitik aus der Sicht der Entwicklungsländer. Entwicklung und Zusammenarbeit. 5 (1972), S. 21. Ausführlicher hier: S. 175–181.

Es ist erwiesen, daß in vielen Ländern der Dritten Welt die Informationsbreite für den interessierten Leser oder Hörer eingeengt ist. Die Kenntnis seines eigenen Landes, seines Kontinents und des Weltgeschehens weist Informationslücken auf. Diese Lücken können durch Hörfunksendungen aus dem Ausland ausgefüllt werden.

Unser zweiter Bezugspunkt ist die auswärtige Kulturpolitik. Er führt hin zum kulturpolitischen Bezugsrahmen, dem zentralen Gegenstand dieser Untersuchung.

Inhalt, Ziel und Methoden der auswärtigen Kulturpolitik sind in den vergangenen Jahren vielfältig aber auch zwiespältig und widersprüchlich definiert worden. Es sei hier auf die Wiedergabe dieses weiten Spektrums verzichtet und nur auf eine Diplomarbeit von Eva M. MARISCHEN verwiesen, in der viele dieser Äußerungen zusammengetragen wurden[2]. Zum Verständnis der Konzeption von Hörfunksendungen nach Afrika muß jedoch der zugrunde liegende Kulturbegriff dargelegt werden.

Kultur wird hier im sozial-anthropologischen Sinne verstanden. Dies bedeutet eine Abkehr von alten elitären Kulturbegriffen. Man kann Werner Ross zustimmen, der 1971 in einem Vortrag in der Deutschen Welle davon sprach, daß der elitäre Charakter der europäischen Kultur abgebaut werde. Die moderne Ethnologie lehrt uns, daß kulturelle Gehalte nicht aus ihren sozialen Funktionszusammenhängen herausgerissen werden dürfen[3]. Kultur wird verstanden „als ein Komplex von Gefühls-, Denk- und Verhaltensweisen, die für eine Vielzahl von Menschen bezeichnend sind und von ihnen gewohnheitsmäßig getragen werden"[4]. Kultur ist gesellschaftliche Lebensform[5].

---

2 Eva M. Marischen: Das Publikum der Goethe-Institute in Rom und Tunis. Unveröffentlichte Diplomarbeit. Forschungsinstitut für Soziologie. Köln 1971.
3 Hartmut von Hentig weist in diesem Zusammenhang zurück auf die griechische Polis: „daß Kultur sich mit dem Aufkommen der Technik, im 19. Jahrhundert also, immer mehr von dem zu lösen schien, was man die Lebensgrundlagen nennen möchte — vielleicht zum erstenmal in der Geschichte der Menschen.
Im Athen des 5. Jahrhunderts v. Chr. war eine Tragödie des Sophokles nicht ein Stück ‚Kultur', sondern ein unablösbarer Teil des Lebenszusammenhangs, den man Polis nannte, so unablösbar wie der Fischmarkt oder der Volksgerichtshof oder der Bau eines Tempels oder eine Kriegserklärung". H. von Hentig: Creator, Die Entdeckung eines neuen Kulturprinzips. Merkur XXI. Jahrgang, Heft 7 (Juli 1972), S. 602.
4 Richard F. J. Behrendt: Soziale Strategie für Entwicklungsländer. Frankfurt 1965. S. 110.
5 „Kultur ist die Gesamtheit der Lebensform einer Bevölkerung, einschließlich der sie tragenden Geistesverfassung, insbesondere der Werteinstellung." W. E. Mühlmann: Kultur, Stichwort in: W. Bernsdorf (Hrsg.): Wörterbuch der Soziologie. 2. neubearb. und erweiterte Ausgabe. Stuttgart 1969. S. 598.

Die bisherige Trennung zwischen den „geheiligten Werten der Kultur" als „Hort des Schönen und Edlen" und der Zivilisation als Bereich des Materiellen, Technischen, Organisatorischen fällt, der allgemeine Lebenszusammenhang wird wiederhergestellt.

Wir stimmen Richard THURNWALD zu, daß nicht eine bestimmte Zivilisationsausrüstung, sondern deren sozialpsychische Handhabung Kriterium für Besitz von Kultur ist[6]. Die ethnologische bzw. sozial-anthropologische Betrachtungsweise erweitert den Kulturbegriff und führt uns zum Verständnis des kulturpolitischen Bezugsrahmens für die Hörfunksendungen nach Afrika.

Die Leitsätze für die auswärtige Kulturpolitik der Bundesregierung sagen: „Sie [die Kultur] ist ein Teil des dynamischen Prozesses der Veränderungen in unserer Gesellschaft, der den Weg zur internationalen Zusammenarbeit aller gesellschaftlichen Gruppen vorzeichnet. Das bedeutet eine beträchtliche Ausdehnung und weitere Differenzierung unserer Kulturarbeit im Ausland"[7]. Die auswärtige Kulturpolitik soll Bindeglied zu anderen Völkern sein. Die Bemühungen um die Beziehungen zu fremdländischen Kulturen werden mit Recht nunmehr stärker in die Zielsetzung einbezogen. Darum fordern auch die Leitsätze nicht nur Information über unsere Kultur, sondern ebenso Austausch und Zusammenarbeit.

Da die Worte „Austausch" und „Zusammenarbeit" im politischen Leben unserer Republik allzuoft in ihrer Alibifunktion und als Lippenbekenntnis gebraucht werden, soll hier freimütig auf die vorgegebene Beschränkung und die Problematik der interkulturellen Berührungen in und mit dem Afrika-Programm der Deutschen Welle eingegangen werden.

---

[6] Richard C. Thurnwald: Beiträge zur Analyse des Kulturmechanismus. In: Wilhelm Emil Mühlmann und Ernst W. Müller (Hrsg.): Kulturanthropologie. Köln/Berlin 1966. S.362.

[7] Leitsätze für die auswärtige Kulturpolitik. Auswärtiges Amt. Bonn. Dezember 1970, S. 5–7. Den gleichen Grundsatz betont der Zwischenbericht der Enquête-Kommission Auswärtige Kulturpolitik des Deutschen Bundestages, wenn er feststellt:
„Für die auswärtige Kulturpolitik der 70er Jahre sind neben anderen die folgenden außenpolitischen Entsicklungstendenzen von Bedeutung:
Verstärkte Bereitschaft der Bundesrepublik zur partnerschaftlichen Zusammenarbeit mit Entwicklungsländern."
Ferner heißt es:
„Alle deutschen Aktivitäten müssen danach beurteilt werden, ob sie einen Beitrag zur Entwicklung des Gastlandes leisten." (Deutscher Bundestag 6. Wahlperiode, Drucksache VI/515.) – Auf die partnerschaftliche Konzeption scheint sich mittlerweile auch das Präsidium des Deutschen Musikrates einzurichten. Auf einer Tagung am 17. 11. 1972 in Bonn schlug es vor, an die Stelle der bisher geübten Eingleisigkeit kultureller Auslandsarbeit echte Partnerschaft treten zu lassen, die sich durch eine ausgeglichene Bilanz des Kultur-Austausches auszuweisen und zu legitimieren habe.

Auftrag der Deutschen Welle sind Sendungen für das Ausland[8]. Dementsprechend richtet sich das Afrika-Programm nach Afrika und nur dorthin (von rein technisch bedingter Streuung des Sendestrahles einmal abgesehen). Die Afrika-Redaktion kann darum nicht ein Scharnier für kulturelle Begegnungen sein. Zwar arbeiten in ihr fast regelmäßig mehr als 50 Afrikaner im redaktionellen Stab, es findet also eine innerredaktionelle Begegnung von Menschen verschiedener Kulturen statt. Außerdem setzt die Redaktion frei honorierte, nicht unter Vertrag stehende Afrikaner als Korrespondenten in Afrika ein und hält engen Kontakt mit afrikanischen Rundfunkstationen, praktiziert z.T. Zusammenarbeit auf der Grundlage von Kooperationsverträgen, beherbergt Afrikaner als Korrespondenten ihrer Heimatstationen für ihre Heimatländer in Köln sowie Praktikanten. Dies alles sind gewiß nicht unerhebliche Ansätze zur Zusammenarbeit im engen Rahmen des vom Gesetz gestellten Auftrages.

Ein Austausch im Sinne einer Weitergabe afrikanischer Kulturbeiträge an die deutsche Öffentlichkeit ist der Deutschen Welle jedoch nicht möglich. Für diese kulturpolitisch bedeutsame Aufgabe muß z.B. an die Deutsche Afrika Gesellschaft, die Entwicklungsländer-Kommission von ARD (Arbeitsgemeinschaft der öffentlich-rechtlichen Rundfunkanstalten der Bundesrepublik Deutschland) und ZDF (Zweites Deutsches Fernsehen), sowie andere Institutionen verwiesen werden. Selbstverständlich schließt dies kollegiale und vermittelnde Hilfestellung für die afrikanischen Partner oder auch die Mitwirkung von Redaktionsmitgliedern der Deutschen Welle als Autoren in der deutschen Publizistik nicht aus.

Die Einsicht in die kulturpolitische Relevanz des Afrika-Programms zwingt zu besonders sorgfältiger Reflektion über zeitgemäßen und angemessenen Inhalt und seine Darstellung in der Sendung.

Wie informiert man Hörer fremder Kulturen über die unsere? Gehen wir davon aus, daß es sich bei dem afrikanischen um einen im Kern eigenständigen Kulturbereich handelt (und aufgrund der neueren ethnologischen und kulturanthropologischen Forschung müssen wir das), so ergibt sich das Gebot:

---

8 Gesetz über die Errichtung von Rundfunkanstalten des Bundesrechts vom 29. November 1960. Bundesgesetzblatt Jahrgang 1960, Teil I, S. 862 ff.:
§ 1: Errichtung, Name, Aufgabe: (1) Zur Veranstaltung von Rundfunksendungen für das Ausland wird eine gemeinnützige Anstalt des öffentlichen Rechts mit Namen „Deutsche Welle" errichtet. Die Sendungen sollen den Rundfunkteilnehmern im Ausland ein umfassendes Bild des politischen, kulturellen und wirtschaftlichen Lebens in Deutschland vermitteln und ihnen die deutsche Auffassung zu wichtigen Fragen darstellen und erläutern. (2) Die Anstalt ist rechtsfähig und hat das Recht der Selbstverwaltung.

1. Kulturmission muß unterbleiben

Mit der Kolonisierung ist in Afrika durch Diffusion eine Übernahme ursprünglich weitgehend fremder Kulturelemente erfolgt. Inwieweit diese Akkulturation unfreiwillig durch Überlagerung oder freiwillig vollzogen wurde, braucht hier nicht im einzelnen erörtert zu werden.

Einiges spricht für die Anwendung der „Wellentheorie" THURNWALDS: nach anfänglich ablehnender Haltung zeigt sich eine Bereitschaft zur Anpassung, der schließlich die Besinnung auf die eigene traditionelle Kultur folgt[9]. Mit manchem Vorbehalt kann in der Afrikanisierungspolitik, der Suche nach der Identität, der african personality, in der Authentizitätspolitik afrikanischer Länder eine solche Besinnung auf dem afrikanischen Kontinent gesehen werden. Um so mehr ist jeder kulturelle Neokolonialismus abzulehnen, würde er doch die Kulturanomie nur verstärken[10]. Damit soll nicht Akkulturation fürderhin abgelehnt werden, ist sie doch wegen der mannigfachen Beziehungen und Interdependenzen gar nicht zu vermeiden. Entscheidend aber ist, passiv imitative Akkulturation zugunsten aktiv-synkretistischer Akkulturation zu verhüten[11]. Es geht vor allem darum, daß Afrika zeitgenössische Eigenkulturen entwickelt bzw. zum Ausdruck bringt. Eine Reproduktion kultureller Fremdeinflüsse, wie Samuel KODJO sie mit Recht beklagt, ist nicht wünschenswert[12].

2. Neue Ansatzpunkte der interkulturellen Kommunikation müssen gefunden werden

Das gegenwärtige Dilemma der Kommunikation mit Afrikanern, soweit sie nicht verwestlicht sind, läßt sich am deutlichsten an einem Beispiel aufzeigen. In einer Diskussion mit afrikanischen Rundfunkdirektoren über Austausch von Informationen, „News Flow" etc., bemerkte einer der afrikanischen Teilnehmer, der große Unterschied oder gar das große Mißverständnis

---

9 Richard C. Thurnwald: Die Psychologie der Akkulturation. In: Wilhelm E. Mühlmann und Ernst W. Müller, Kulturanthropologie. Köln/Berlin 1966. S. 325 f.
10 Vgl. Maria Mies: Kulturanomie als Folge der westlichen Bildung. Entwicklung und Zusammenarbeit. 5 (1972), S. 19.
11 Vgl. Richard F. Behrendt: Soziale Strategie für Entwicklungsländer. Frankfurt 1965. S. 250 ff.
12 Samuel Kodjo: Die deutsche auswärtige Kulturpolitik aus der Sicht der Entwicklungsländer. Entw. und Zusammenarbeit. 5 (1972), S. 22.

zwischen Afrika und Europa liege in der Beurteilung dessen „was wichtig ist"[13].

Diese einfache Formulierung drückt wahrscheinlich das ganze Elend gutgemeinter aber falsch verstandener Entwicklungshilfe, und Kultur- sowie Informationspolitik aus. Sie trifft den mit missionarischem Eifer betriebenen Kulturexport gewiß wohlmeinender Funktionäre, die sich als Gralshüter abendländischen Geistes verstehen. Heißt es wirklich aller Tradition absagen und zugleich den Fortschritt rundweg verteufeln, wenn man sich in unseren gesegneten Breiten auch stets die Frage neu stellen muß, was wichtig ist? Ist unsere Art der Lebensführung mit unserem humanistischen Ideal identisch? Erkaufen wir nicht den technischen Fortschritt teuer mit Reizüberflutung, Lärm, Umweltverschmutzung und Konsumdenken?

Roy PREISWERK hat eine besonders kritische Sonde an unsere Weltanschauung und ihre Auswirkungen auf die Dritte Welt gelegt. Es sei hier auf die zahlreichen „Ismen" hingewiesen, die er als Hauptmerkmal der westlichen Weltanschauung von den Wertsystemen anderer Völker unterscheidet. PREISWERK zeigt eindringlich, daß der westliche Anthropozentrismus und der aus ihm erwachsende Ethnozentrismus, die nicht nur den Menschen schlechthin, sondern den weißen Menschen als „Maß aller Dinge" bezeichnen, zum Vorurteil des Überlegenseins führe. Der westliche Rationalismus, die Vorherrschaft des chronometrischen Zeitbegriffs und der Glaube an den Alphabetismus erschweren oft den Zugang zum Verständnis zum Beispiel afrikanischer Wertsysteme.

Unstreitig wohl begegnet der Weiße dem Afrikaner immer noch allzuoft in wohlgemeinter Absicht paternalistisch und verletzt damit das Selbstbewußtsein des Partners stärker, als wenn technische Überlegenheit und Bildungsunterschiede nüchtern, sachlich zum Ausdruck kämen. Wer die kulturelle Tradition afrikanischer Völker auch nur ein wenig kennt, der versteht, daß in der Begegnung mit Europa auf diesem Gebiet die Verschiedenartigkeit elementarer Wertvorstellungen aufbricht. PREISWERKS Analyse führt zu einer den Ausbreitungstheorien diametral entgegengesetzten Entwicklungskonzeption, welche die Anpassung der westlichen Modernitäten an die bestehenden kulturellen Gegebenheiten voraussetzt[14]. Diese Einstellung unterscheidet sich immer noch wesentlich von der wenigstens allmählich Allgemeingut ge-

---

13 Noch nicht veröffentlichte Tagungsmaterialien der Internationalen Konferenz „Afrikanischer Rundfunk in den 70er Jahren", veranstaltet vom 26. Juni bis 5. Juli 1972 von der Deutschen Stiftung für Entwicklungsländer in Berlin.
14 Roy Preiswerk: Entwicklungshilfe als Kulturbegegnung. Freiburg, ohne Jahr, vermutlich 1972, S. 35.

wordenen Erkenntnis, europäische Modelle seien nicht ohne weiteres auf Afrika übertragbar. PREISWERK denkt nur konsequent weiter.

Versteht man die kulturpolitische Relevanz von Rundfunksendungen innerhalb des auf den vorhergehenden Seiten entwickelten politischen Bezuges, dann können sie zur Entkolonialisierung des Bewußtseins in den Ländern der Dritten Welt beitragen und zur Auseinandersetzung mit traditionellen Orientierungsmaßstäben führen.

Falsch verstandene, unadaptierte Modellvorstellungen werden vermieden. Ein neues und ausgewogenes Verhältnis zur Natur und zur Welt wird gewonnen, die jüngst noch von Laurent ANKUNDE in „Jeune Afrique" geforderte Entmystifizierung von Natur und Welt wird gefördert, der Weg zur Selbstidentifizierung in den Ländern der Dritten Welt begünstigt[15].

PREISWERKS Schlußfolgerung ist der intensiveren Erforschung wert: „Oft gründen sich die Errungenschaften dieser Völker auf Vorstellungen und Kategorien, die in unserem kognitiven Begriffsrahmen gar nicht vorhanden sind"[16].

Wenden wir uns nun dem dritten Bezugspunkt von Hörfunksendungen in die Dritte Welt zu. Es sei für diese Untersuchung offen gelassen, ob man wie D. DANKWORTT nur einen Teil der auswärtigen Kulturpolitik zur Entwicklungshilfe rechnet oder gar schon mit W. S. FREUND fordert, daß Kulturpolitik in der Dritten Welt nichts anderes heißen kann als geistige Entwicklungshilfe mit kulturellen Mitteln[17].

Auswärtige Kulturpolitik kann Entwicklungshilfe leisten, wie Uwe SIMSON in seinen zehn Thesen zur Kulturarbeit in Entwicklungsländern dargelegt und u.a. formuliert hat: „Gegen die eigentlichen Entwicklungshindernisse, die auf geistigem Gebiet liegen: falsche Vorstellungen über die ‚entwickelte' Welt, über die eigene Gesellschaft und über den Prozeß der Entwicklung, gegen diese ‚Krankheiten' ist ein gleichzeitig rationales und historisches Denken das einzige Heilmittel. Die Vermittlung eines solchen Denkens ist die wesentliche Aufgabe der Kulturarbeit in Entwicklungsländern; Kulturarbeit wird so zur Entwicklungshilfe"[18].

---

15 Laurent Ankunde: Philosophie et sous-développement. Jeune Afrique. No. 594 vom 27. Mai 1972. S. 5.
16 Roy Preiswerk: Entwicklungshilfe als Kulturbegegnung. Freiburg, o. J., vermutlich 1972, S. 44.
17 D. Dankwortt: Die Organisation der deutschen Entwicklungshilfe. Bonn 1968. S. 9.
 W.S. Freund: Von Humboldt zur Dritten Welt. Europa Forum. 3 (1970), S. 234.
18 Uwe Simson: Zehn Thesen zur Kulturarbeit in Entwicklungsländern. Mitteilungen des Goethe-Instituts, Dokum. III, März 1971, S. 3 ff.

Ziehen wir ein vorläufiges Resümee. Aus der in der bisherigen Untersuchung gewonnenen kombinierten Aufgabenstellung für Rundfunksendungen in die Dritte Welt können sich neben den gewünschten Ergebnissen der Öffentlichkeitsarbeit und Informationspolitik zwei weitere für das zukünftige Verhältnis zu den Entwicklungsländern bedeutsame und für das gegenseitige Vertrauen besonders tragfähige Erfolge herausschälen:

1. Angehörige fremder Kulturen werden besser und objektiver über die unsrige unterrichtet. Durch den kulturpolitischen Bezug der Sendungen werden die Nahtstellen, die Berührungspunkte zwischen den Kulturen deutlicher gemacht, das Verständnis füreinander über das Wissen voneinander gefördert.

2. Die Sendungen können einen zwar nur bescheidenen, aber partiell wirksamen entwicklungspolitischen Beitrag leisten, indem sie das Selbst- und das Weltverständnis der Hörer erhellen helfen.

Was bedeutet dies nun für die Praxis? Wie müssen Hörfunksendungen für Afrika zum Beispiel beschaffen sein, die sich an dem nun gewonnenen Grundkonzept orientieren wollen?

Ausgangspunkt ist die Frage nach dem Zielpublikum. Trotz fortschreitender Alphabetisierung und Einschulung dominiert in Afrika immer noch das gesprochene Wort in den Massen der Bevölkerung. Der sogenannte Durchschnittshörer bescheidenen Bildungsstandards soll mit seiner Begriffswelt verständlichen Programminhalten angesprochen werden. Dem Hörer fremde Begriffe müssen entweder verdeutlicht oder in seine Begriffssprache übertragen, fremde Bezugssysteme erklärt werden. Spezifische Eigenheiten lokalen oder auch linguistischen Charakters sind bei jeder Textadaptation, vor allem in afrikanischen Verkehrssprachen wie Swahili oder Amharisch zu berücksichtigen.

Bildungssendungen im engeren Sinne sind grundsätzlich problematisch. Sie zielen im Zweifel am umweltorientierten Bildungsbedürfnis vorbei, weil sie nur effizient sein könnten, wenn sie in engster Verbundenheit mit dem jeweiligen lokalen Milieu entstünden und sich in das nationale Bildungsmodell des Zielgebietes einpassen würden. Außerdem setzt sich die ausländische Station rasch dem Verdacht aus, neokoloniale Kulturmission betreiben und Zielvorstellungen vermitteln zu wollen, die dem Entwicklungsstand des Landes nicht angemessen sind oder gar der nationalen Bildungspolitik zuwiderlaufen.

Bevorzugtes Zielpublikum ist jedoch nicht die Masse der Bevölkerung, sondern die von Jahr zu Jahr wachsende Zahl der Multiplikatoren in den Führungsschichten und unter den jungen Intellektuellen. Ihnen als opinion leaders oder zukünftigen Führungskräften fällt eine bedeutsame Rolle als Bindeglied zwischen traditionellem und modernem Kommunikationssystem zu.

Inwieweit sich Zielpublikum und Nutzungspublikum decken, konnte bisher mangels der finanziellen Mittel für umfassende Feldstudien nur partiell durch Hörerumfragen ermittelt werden.

Geht man davon aus, daß der bevorzugte Hörer ein kritischer Hörer ist, so ergeben sich folgende Forderungen an das Programm:

1. Die Bundesrepublik Deutschland muß ohne Schönfärberei dargestellt werden.

Der Hörer wird das vermittelte Deutschlandbild nur rezipieren und verarbeiten, wenn es nicht lediglich ein exotisches Erlebnis vermittelt, sondern die Beziehungen zwischen der politischen und kulturellen Realität Deutschlands und seinem eigenen Bezugssystem, seiner Umwelt hergestellt werden. Der Hörer soll über marginale Erlebnisreize hinaus ernsthaft und auf Dauer interessiert sein.

Die Einbeziehung afrikanischer Themen in die Sendungen ist deshalb besonders wichtig. Es wäre falsch, den Hörer mit Informationen über das ferne Deutschland zu überschwemmen. Er würde davon allenfalls erdrückt, verwirrt, gelangweilt. Er würde unweigerlich abschalten. Zwar soll die Berichterstattung über unser Land möglichst umfassend erfolgen, entscheidend jedoch ist die Dosierung. Eine radiophon gut gemachte informative Sendung von nur zehn Minuten Dauer, die das Interesse des Hörers findet, ist weit wirkungsvoller als eine Dauerberieselung mit deutschen Themen, die das Bewußtsein des Hörers gar nicht trifft. Der Hörer wird nur dann zuhören, wenn er erwarten kann, daraus einen Nutzen zu ziehen oder wenn ihn die Sendung besonders anregend unterhält.

Werden afrikanische und deutsche Themen miteinander verbunden oder afrikanische Bezugspunkte in ein deutsches Thema eingeschlossen, so kann mit größerem Recht erwartet werden, daß der Hörer wirklich zuhört, weil er mit seinen eigenen Problemen, seiner eigenen Umwelt angesprochen ist. Selbstverständlich darf dieses Prinzip nicht zu gekünstelten, bei den Haaren herbeigezogenen Themenverknüpfungen führen.

Wenn im ersten Teil unserer Untersuchung von Informationslücken in Afrika die Rede war, so hat diese Feststellung eine praktische Folgerung. Das Afrika-Programm der Deutschen Welle kann derartige Lücken zu schließen versuchen. So ist es für den anglophonen Hörer Westafrikas durchaus von Interesse, mehr über Vorgänge im anglophonen Ostafrika zu erfahren, oder gar für den anglophonen Hörer Ostafrikas zum Beispiel, mehr über das francophone Westafrika zu hören. Wir wissen, daß die geographische Weite des Kontinents und erst recht die Sprachbarrieren die afrikanischen Völker mehr übereinander in Unkenntnis lassen als man gemeinhin annimmt.

Das Programm der DW unterstützt so einen noch unzureichenden newsflow und erfüllt eine Komplementärfunktion gegenüber afrikanischen Rundfunkstationen, die diese wegen mangelnder Reichweite und einer leider immer noch fehlenden afrikanischen Nachrichtenagentur nicht ausreichend erfüllen können. Das Afrika-Programm selbst zieht aus der Einbeziehung afrikanischer Themen einen indirekten Nutzen. Die Glaubwürdigkeit vermittelter Informationen und Kommentare kann vom Hörer am ehesten an Themen seiner eigenen wenigstens teilweise überschaubaren und vergleichbaren Umwelt gemessen werden. Dies dient dem goodwill des Programms.

2. Dem Hörer soll über die Einzelinformation hinaus die von ausländischen Sendern an sein Bewußtsein herangetragene sekundäre Umwelt verständlich gemacht werden.

Alle nicht spezifisch für den afrikanischen Hörer geschriebenen Manuskripte müssen sowohl in der Begriffssprache wie auch im Inhalt adaptiert werden, Kenntnis von Daten oder Zusammenhängen darf nicht ohne weiteres vermutet werden. Ein vom Hörer nicht oder mißverstandenes Manuskript, mag es in noch so löblicher Absicht geschrieben sein, bedeutet verschenkte Sendezeit. Es genügt deshalb nicht die Übersetzung allein.

Soll die message den Hörer wirklich erreichen, bedarf es der Hand eines Redakteurs, sie zu formulieren. Dies stellt hohe Anforderungen an den redaktionellen Mitarbeiterstab der Redaktion, die nicht leicht zu erfüllen sind, da der Redakteur möglichst über Erfahrung nicht nur als Journalist, sondern auch in und mit Afrika verfügen sollte. Die schon erwähnte Mitarbeit von afrikanischen Redakteuren gehört auch aus diesem Grunde zu den Prinzipien der Redaktion und kommt ihr sehr zustatten.

Für den nicht-afrikanischen Mitarbeiter, der Sendungen nach Afrika erstellen soll, ist es unerläßlich, daß er Afrika aus eigener Anschauung kennt und eigentlich in regelmäßigem Abstand von einigen Jahren in das Zielgebiet der Sendungen reisen soll. Die gewiß nicht unerheblichen Reisekosten sind auf Dauer durch Qualitätszuwachs der Programme zu rechtfertigen. Eine cost-benefit-Analyse kann aufzeigen, daß nur wenige ausgestrahlte Sendungen, die am Verständnis des Hörers vorbeigehen, eine fühlbare finanzielle Fehlausgabe sind.

Leider ist kommunikationstheoretisch noch nicht ausreichend erforscht und gewürdigt, inwieweit es über das Vehiculum der gemeinsam benutzten Weltsprache hinaus besonderer Verständigungs- und Verständniskriterien bedarf. So ist der Praktiker weitgehend auf eigene Erfahrungen angewiesen. Einigen, wenn auch nicht ausreichenden Aufschluß über Hörergewohnheiten und Hörerverhalten gibt das Feed-back aus Afrika selbst, das sich in der zahlreichen Hörerpost, den regelmäßigen Hörerwettbewerben und den Umfrageergebnissen der Hörerforschung ausdrückt.

Es muß allerdings noch einmal darauf hingewiesen werden, daß die zur Verfügung stehenden Mittel für die Hörerforschung nicht ausreichen. Gemeinsam mit der Voice of America und der British Broadcasting Corporation durchgeführte Umfragen bringen nur teilweise befriedigende Ergebnisse.

Auch erscheint es dem Praktiker notwendig, daß sich die Wissenschaft in diesem Zweig der Kommunikationsforschung mehr noch als bisher um einen besonderen wissenschaftstheoretischen Ansatz und die Erarbeitung spezieller auf Hörer in der Dritten Welt zugeschnittenen befragungstechnischen Kriterien bemüht. Sind doch das Bewußtsein und die psychische Einstellung z.B. afrikanischer Testpersonen von europäischen nicht unwesentlich verschieden. Zu diesem Problem könnten sowohl spezielle soziologische wie kulturanthropologische Untersuchungen neue und bedeutsame Erkenntnisse beitragen.

3. Um das breit gefächerte Spektrum des Hörerinteresses abzudecken, darf das Programm nicht einseitig auf bestimmte Programmsparten beschränkt bleiben.

Zwar nimmt alles, was unter dem Oberbegriff „Aktuell" erfaßt werden kann, einen besonders großen Raum ein. Während des täglichen 12-Stunden-Programms nach Afrika werden zwanzigmal zwischen 5 und 10 Minuten Nachrichten ausgestrahlt. Aktuelle Magazine mit Berichten, Kommentaren, Interviews, Reportagen aus Politik, Wirtschaft und kulturellem Leben bilden zweifelsohne das Rückgrat der Sendungen. Dennoch dürfen Sport, spezielle Programme für weibliche Hörer, Jugend- und Musiksendungen nicht fehlen.

Da dem Hörer das Empfinden für und der Zugang zur europäischen Musik weitgehend fehlen, ist europäische Konzert-, Opern- und Chormusik nur in verschwindend geringem Umfang verwendbar. Nur ein zahlenmäßig sehr kleiner Kreis afrikanischer Hörer kann z.B. für Musikportraits oder Einführungen in die „klassische" Musik gewonnen werden. Gerade in diesem Bereich trifft wohlmeinende Kulturmission allzu oft auf taube Ohren.

Die Verwendung afrikanischer Folklore und vor allem afrikanischer Popmusik gehört wegen des offenkundigen Hörerinteresses zum unerläßlichen Repertoire der Programme. Gewiß erscheint es auf den ersten Blick paradox, daß ein deutscher Sender afrikanische Musik nach Afrika sendet. Auf dem Hintergrund des in unserer Untersuchung erarbeiteten kulturpolitischen Bezugsrahmens gilt jedoch auch für den Bereich der Musik, daß eine Überfütterung des Hörers mit unserem eigenen Kulturgut allenfalls Abwehrreaktionen und nicht etwa Aufnahmebereitschaft erzeugt.

Die afrikanische Musik hingegen reizt den Hörer nicht nur zum Hören, sondern sie schafft zusätzlich eine ihm vertraute Atmosphäre.

4. Besonders schwierig ist es, den verschiedenen Hörerschichten Afrikas angemessene Programmformen zu finden, zumal die Hörergewohnheiten sowohl regional wie nach Alter, Bildungs- und Sozialstatus des Hörers verschieden sind.

In Afrika besteht zwar wegen der langen oralen Tradition grundsätzlich eine große Bereitschaft zur Aufnahme auditiver Informationsübermittlung, doch schafft der Rundfunk keinen Primärkontakt, sondern Unmittelbarkeit bei gleichzeitiger Unerreichbarkeit des Sprechers. Der Berichtende bleibt anonym und kann nicht unterbrochen oder gefragt werden. Der auf Dialog abzielenden Grundhaltung des Afrikaners wird nicht entsprochen. Die Flüchtigkeit des gesprochenen Wortes führt leicht zu Fehlinterpretationen des Gehörten.

Aus dieser Problemstellung ergeben sich unter anderem folgende Grundsätze für die Programmform:

Einsatz vertrauter Sprach- und Stimmcharakteristika durch afrikanische Sprecher; klare, präzise, gegenständliche Sprache mit möglichst kurzen bildhaften Sätzen;

Vermeidung eines allzu dynamischen Programmablaufs, besonders bei aktuellen Magazinsendungen mit raschem Themawechsel;

Größtmöglicher Abbau der Anonymität; Personalisierung des sendenden Programmteams bei gleichzeitiger Vermeidung von Persönlichkeitskult;

„Human Touch" bei der Ansprache des Hörers; er und vor allem er muß sich angesprochen und wenn möglich einbezogen fühlen;

Versuch, durch Spielszenen, Rundgespräche und dramatische Formelemente eine Gruppenatmosphäre zu schaffen.

Die Musik dient als Anreiz, Auflockerung, Kennung.

5. Die afrikanischen Sprachen nehmen im Programm mit 40 % einen bewußt großen Raum ein. Das Angebot an Programmen ausländischer Rundfunkstationen in Swahili, Hausa und Amharisch ist nicht so reichhaltig wie das in Englisch und Französisch. Die Chance der Deutschen Welle, aufmerksam gehört zu werden, ist deshalb groß. Die Redaktion glaubt, die Erfahrung gemacht zu haben, daß auch Afrikaner höheren Bildungsniveaus die Sendungen in ihrer Muttersprache als weniger fremd empfinden und gerne hören, insbesondere solche Hörer, die versuchen, ihren einheimischen Sprachen gegenüber den europäischen Gewicht zu geben. Außerdem haben Sendungen in Englisch oder Französisch oft den Beigeschmack der „Frankophonie" oder „Anglophonie". Dieser Beigeschmack fällt bei den Sendungen in afrikanischen Sprachen weg. Mit Sendungen in vernakulären Sprachen erreicht man im übri-

gen Hörerschichten, die aufgrund mangelnder Ausbildung einer fremden Sprache nicht mächtig sind. Darüber hinaus findet ein fortschreitender Afrikanisierungsprozeß auch im Bereich der Sprachen statt. Im Streben nach Authentizität und Selbstbewußtsein werden afrikanische Verkehrssprachen, wie etwa das Swahili, durch eine gezielte Sprachenpolitik zu Nationalsprachen aufgewertet und erlangen damit wachsende Bedeutung als soziokulturelle Kommunikationsmittel.

Der Qualitätsanspruch, der an die Programme gestellt werden muß, erfordert einen hohen Sprachstandard in den afrikanischen Sprachen. Die Mitarbeit von Linguisten in der Redaktion oder als Berater ist erforderlich. Nicht selten entscheidet die sprachliche Qualität einer Sendung darüber, ob sie ,,ankommt" oder nicht.

In der Afrika-Redaktion wurde deshalb z.B. ein Swahili-Language-Komitee gebildet, das sich besonders bemüht, die sprachliche Qualität der Sendungen ständig zu verbessern. Der Respekt vor dem afrikanischen Hörer erfordert solche Bemühungen, wenn man kulturpolitische Aufgaben ernst nimmt.

Leider ist die Zahl deutscher Redakteure, die eine der afrikanischen Verkehrssprachen beherrschen, noch viel zu gering. Es zeigt sich im Grunde das gleiche Übel wie im Auswärtigen Amt, den Goethe-Instituten und anderen Instituten und Organisationen. Einerseits greift die Erkenntnis, daß die Beherrschung einer afrikanischen Verkehrssprache keine Luxus ist, nur zögernd Platz. Andererseits scheut man zurück vor der langwierigen und kostspieligen Investition, die ein Erlernen dieser Sprachen an den Universitäten – sofern überhaupt Lernmöglichkeit geboten wird – und die Vervollkommnung im afrikanischen Land selbst erfordern.

Meinen wir es alle mit unseren Beziehungen zu Afrika ernst, so muß auch auf diesem Sektor in den nächsten Jahren wesentlich mehr und Gründlicheres geschehen.

Fassen wir zusammen:
Die ethnologische bzw. sozial-anthropologische Betrachtungsweise erweitert den Kulturbegriff und führt zum Verständnis des kulturpolitischen Bezugsrahmens für Hörfunksendungen nach Afrika. Orientierungshilfe geben auch die neuen Leitsätze für die auswärtige Kulturpolitik des Auswärtigen Amtes. Kulturmission muß unterbleiben. Neue Ansätze der interkulturellen Kommunikation müssen gefunden werden. Auch Hörfunksendungen können zur Entkolonialisierung des Bewußtseins der Hörer beitragen.

Wie die auswärtige Kulturpolitik können auch Hörfunksendungen Entwicklungshilfe leisten, weil sie die Nahtstellen und Berührungspunkte zwischen den Kulturen verdeutlichen, das gegenseitige Verständnis fördern helfen, das Selbst- und Weltverständnis des Hörers erhellen können.

Da der bevorzugte Hörer ein kritischer Hörer ist, muß ein Deutschlandbild ohne Schönfärberei vermittelt und die Beziehung zwischen der politischen und kulturellen Realität Deutschlands und seinem eigenen Bezugssystem und seiner Umwelt dargestellt werden. Deshalb werden auch rein afrikanische Themen neben bilateralen Bezügen in die Sendungen einbezogen. Dem Hörer muß über die Einzelinformation hinaus die an ihn herangetragene sekundäre Umwelt verständlich gemacht werden. Das Programm muß dem Hörerinteresse entsprechend trotz bestimmter Schwerpunkte breit gefächert sein. Den afrikanischen Hörern angepaßte Programmformen sind erforderlich.

Eine wachsende Bedeutung gewinnen die afrikanischen Verkehrssprachen. Intensiveres Kennenlernen Afrikas durch deutsche Journalisten, spezifisch am afrikanischen Hörer orientierte Hörerforschung, stärkere Bemühungen um die Erlernung afrikanischer Verkehrssprachen in der Bundesrepublik sind erforderlich, um die kulturpolitisch relevanten Aufgaben erfüllen zu können.

Anschrift des Verfassers
Hans Dieter Klee
Deutsche Welle
5 Köln
Hohenzollernring 62

Soziologische und sozialpsychologische Erwägungen über Struktur und Funktionen der audio-visuellen Kommunikation in den Entwicklungsländern

von Alphons Silbermann, Köln

Im folgenden geben wir eine knapp gefaßte Analyse der audio-visuellen Kommunikation vom Gesichtspunkt ihrer *Struktur* und ihrer *Funktionen* in den Entwicklungsländern. Dabei gedenken wir, uns von Erwägungen humanistischer Art fernzuhalten, so wie sie in großen Mengen zu dem vorliegenden Thema auf Kongressen und Tagungen mit Emphase vorgetragen werden.

Positivistisch denkend, können wir uns bei dieser Analyse *nur auf Tatsachen* beziehen, das heißt, auf Forschungs- und Erfahrungsberichte, wie sie uns aus den Entwicklungsländern vorliegen. Zweifellos ist es äußerst schwierig, die vielen Faktoren, die bei der Evolution der Entwicklungsländer eine Rolle spielen, allesamt und auf einmal zu erfassen. Es muß daher nach einem Prinzip der *Arbeitsteilung* vorgegangen werden, das wiederum seinerseits nach Koordination verlangt. Beide, Arbeitsteilung und Koordination, können nur dann jedoch zu einem gültigen Resultat führen, wenn eine klare Vorstellung darüber besteht, aus welchen Variablen sich jenes Syndrom zusammensetzt, das wir schlechthin als die Kommunikation in den Entwicklungsländern bezeichnen wollen. Da sich diese Kommunikation – zumindest auf dem Gebiet der Erziehung – am günstigsten mit Hilfe eines Instrumentariums herstellen läßt, welches kurz genannt als die audio-visuellen Mittel bezeichnet wird, gilt es, das Problem der Kommunikation und deren Mittel im gegenseitigen Zusammenhang zu analysieren. Um hier eine Systematik zu schaffen, wird sich die vorliegende Darstellung hauptsächlich mit dem Hinweis auf Variablen beschäftigen, die sich auf den aktuellen Vorgang einer audio-visuellen Kommunikation auswirken.

Soziologisch und sozialpsychologisch gesprochen, befinden wir uns hierbei auf dem Gebiet der *sozialen Beeinflussung* von seiten der Produzenten der audio-visuellen Kommunikation und auf dem Gebiet des *kollektiven Verhaltens* von seiten der Konsumenten der audio-visuellen Kommunikation. Auf beiden Gebieten hat die Sozialforschung sowohl durch Experimente als auch durch Beobachtung bereits gültige Resultate erarbeitet, die sich in ihrer Mehrzahl jedoch nicht auf die Entwicklungsländer beziehen. Wenn wir auch im Prinzip der Ansicht sind, daß sich die Erfahrungen, die in einem Kulturkreis gemacht worden sind, nicht als Ganzes auf einen anderen Kulturkreis übertragen lassen, so erscheint es uns dennoch sinnvoll, Ergebnisse auf diesem Gebiet, die außerhalb der Entwicklungsländer erarbeitet worden sind — zumindest was ihre Tendenzen betrifft — in unsere Analyse miteinzubeziehen. Dadurch erreichen wir einen Hinweis auf die diversen Variablen, die eine Kommunikation bestimmen, gleichzeitig aber auch den Nachweis für unsere Behauptung, daß die bisher in den Entwicklungsländern erarbeiteten wenigen Forschungsergebnisse äußerst begrenzt und unzureichend sind.

A. Der Kommunikator

Wenn nach dem Wert einer Aussage gefragt wird, wenn also gefragt wird, wer es denn eigentlich ist, der über Presse, Rundfunk oder Fernsehen zu Mitgliedern der Gesellschaft spricht, so geht es der Wissenschaft darum festzustellen, wer die Menschen sind, die hinter den Medien bzw. hinter deren Kommunikationen stehen. Man hat nur einen Augenblick an alle die Anstrengungen zu denken, die von den Massenmedien unternommen werden, um die Erziehung zu beeinflussen, und man erkennt, wie notwendig es ist, dem Kommunikator mehr als mit verallgemeinernden Feststellungen in die Nähe zu kommen. Jedoch ist es gerade die Tatsache, daß gewisse Kontrollmechanismen Zustimmungen geben oder Ablehnungen bezeugen können, nur weil ihnen die hinter den Inhalten oder Sendungen stehenden Motive nicht passen, die uns auf die Bedeutung der Erkenntnis des Kommunikators verweisen. Natürlich ist es nicht immer einfach, die Motivationen oder die Diktate, die hinter dem Kommunikator stehen, zu erfassen. Daher konnte es der soziologischen Forschung auch nicht länger genügen, den Kommunikator bzw. die Kommunikatoren nach allen möglichen Richtungen hin *isoliert* zu betrachten, d. h. ohne Beachtung der Beziehungen zwischen dem Mitteilenden und seiner sozialen Umgebung. Eine solche Betrachtungsweise ist nicht neu, wird jedoch gerade bei der Beurteilung von Kommunikatoren, die in den Entwicklungsländern tätig sind, leicht übersehen. Es muß daher darauf hingewiesen werden, daß dieser ganze Komplex, bestehend aus Ideen, Ideologien, Glaubenssätzen, Philosophien und anderem mehr, der letzten Endes die Perspektiven der sozialen Wirklichkeit bestimmt, die sich ein Kommunikator zu eigen gemacht hat, daß dieser ganze Komplex von sozialen Determinanten nicht ignoriert werden kann.

Robert K. MERTON[1] hat es unternommen, die zahlreichen Elemente, die hier eine Rolle spielen, zu klassifizieren und hat damit eine Handhabe geliefert, durch die sich die strukturellen Zusammenhänge aufzeigen lassen, die

---

[1] Robert K. Merton, Social Theory and Social Structure. Glencoe 1949.

das Verhalten des Kommunikators berühren und beeinflussen. In dieser Liste finden wir — um hier einige Elemente stichwortartig zu nennen — sozialer Status, Gruppenzugehörigkeit, Produktionsweise, Konkurrenz, Konformismus, Machtverteilung, Kontrollgruppen, berufliche Rolle und Generationszugehörigkeit aufgezählt, alles Elemente, die es zu beachten gilt, wenn man Rolle und Einfluß des Kommunikators in den Entwicklungsländern im breiten Rahmen des sozialen Systems erkennen will. Doch noch ein weiteres sehr wesentliches Moment ist bei der Erkenntnis des Kommunikators zu beachten, und zwar ist dies das Element der Rückbeeinflussung oder Rückwirkung vom Empfänger einer Mitteilung auf den Kommunikator (feedback). Diese Rückbeeinflussung ist vielfach ausgesprochen indirekt und undeutlich. Jedoch läßt sie sich durch Sondierungen, die von Zeit zu Zeit die Reaktionen der Empfänger registrieren, erfassen. Schon hier wird es erkenntlich, daß der *Kommunikator als Teil eines sehr ausgedehnten sozialen Systems* in Erscheinung tritt; denn er sendet seine Mitteilungen in Übereinstimmung mit den Erwartungen und Aktionen anderer Personen und Gruppen innerhalb des gleichen Systems.

Diese hier nur andeutungsweise dargestellte soziologische Situation erklärt, warum der Kommunikator gerade in den Entwicklungsländern einer äußerst verantwortungsvollen und schwierigen Aufgabe im Rahmen der Unterweisung, Aufklärung und Belehrung gegenübersteht. Bereits die äußere Erscheinung des Sprechers — sei es, daß er von Angesicht zu Angesicht den zu erziehenden Gruppen gegenübersteht, sei es, daß sein Bild auf dem Bildschirm erscheint — ist durch eine Fülle von Aspekten mehr oder weniger deutlich strukturiert und definiert, und löst bei den Angesprochenen unterschiedliche Einstellungen aus, die diese günstig oder ungünstig für eine Kommunikation einnehmen können. Hinzu kommt noch, daß, wie wir aus zahlreichen Experimenten wissen, die Einstellung zum Kommunikator von ausschlaggebender Bedeutung ist für die Bereitschaft, eine Kommunikation oder eine Anregung zu übernehmen oder abzulehnen, d. h. soziologisch gesprochen, eine Botschaft zu *internalisieren*. Ralph LINTON stellte daher die These auf[2], daß bei der Einführung neuer Kulturwerte in Entwicklungsländern die Position der Neuerer in der Gesellschaft für den Erfolg der Neuerung von großer Bedeutung ist. Richard N. ADAMS überprüfte diese Hypothese[3] in einer Forschung in Muquiyauo im Hochland von Peru. Er konnte feststellen, daß tatsächlich die Neuerungen, die langsam in der armen und abgelegenen

---

2 Ralph Linton, The Study of Man. New York 1936.
3 Richard N. Adams, Personnel in Culture Change: A Test of a Hypothesis. Social Forces. Dezember 1951. S. 185—189.

Hochlandgemeinde Fuß faßten, nahezu ausschließlich von prominenten und beliebten Mitgliedern der Gemeinde eingeführt worden waren. Zusätzlich sei vermerkt, daß auch in westlichen Ländern durch zahlreiche Kleingruppenexperimente die Bestätigung dieser Hypothese erbracht werden konnte.

Besonders muß in diesem Zusammenhang betont werden, daß eingeborene Persönlichkeiten, die uns als glaubwürdig erscheinen, noch längst nicht diesen gleichen Status in ihrem eigenen Land einnehmen. So kann es sehr wohl der Fall sein, daß in Europa ausgebildete Kommunikatoren gegenüber ihren Landsleuten dem Vorurteil der auswärtigen Beeinflussung unterliegen. Wenn nämlich Eingeborene eine längere Zeit in westlichen Ländern gelebt haben, ist es unvermeidlich, daß sie trotz aller Wiederanpassungsversuche gewisse Haltungen, Gesten und Manieren aus dem fremden Land mit sich bringen, die jederzeit die Verbindung zwischen ihnen selbst und ihren Empfängern stören können. Dabei sprechen wir in diesem Zusammenhang keineswegs von im fremden Lande adaptierten Ideologien, sondern nur von puren Äußerlichkeiten. Schon dieser hier angebrachte Hinweis soll dazu dienen, darauf aufmerksam zu machen, daß bei der Beschäftigung von Kommunikatoren darauf zu achten ist, daß diese Eingeborene sind und ihren Integrationsgrad in ihrem eigenen Lande beibehalten haben müssen. Praktisch können also Kommunikatoren zwar in Europa ausgebildet werden, dürfen aber keinesfalls ihre Tätigkeit im eigenen Lande sofort nach der Rückkehr dorthin aufnehmen, sondern müssen *erst wieder in die dortige Gesellschaft reintegriert werden*. Dieser Prozeß der Reintegration, der an Ort und Stelle stattzufinden hat, erhält noch seine besondere Bedeutung dadurch, daß der Kommunikator unweigerlich der Präger von Motiven ist. Diese Frage nach der Bedeutung der unterstellten Motivationen eines Kommunikators ist von seiten der Pädagogik bereits ausgiebig behandelt worden. Soweit es die soziologische Forschung betrifft, liegen hierzu keine schlüssigen Ergebnisse vor. Der Genauigkeit halber verweisen wir jedoch im folgenden auf diesbezügliche Untersuchungen, die sich allerdings nicht alle in Entwicklungsländern abgespielt haben. Um der hier angerührten Motivationsfrage nachzugehen, müßten Experimente, insbesondere solche sozialpsychologischer Art, in den betreffenden Ländern durchgeführt werden.

Der Erfolg der Neuerer als Kommunikatoren ist jedoch nicht ausschließlich ihrer sozialen Position zuzuschreiben. Auch ihre Glaubwürdigkeit ist in diesem Zusammenhang von großer Bedeutung. Dieser in zahlreichen amerikanischen Kleingruppenexperimenten erarbeitete Faktor hat sich auch bereits in den Entwicklungsländern als gültig erwiesen. So startete in Malaya der Hohe Kommissar ein umfangreiches Programm von Lehr- und Aufklärungsfilmen gegen den Kommunismus. *Bekannte und glaubwürdige Persönlichkeiten* erklärten und kommentierten diese Filme vor, während und nach der Vorführung, wodurch sich das Programm als außerordentlich erfolgreich erwies. Es erhöhte in unerwartetem Maße die Widerstandskraft gegen die Infiltration kommunistischer Ideologien. Nicht zuletzt kann dieser Erfolg der persönlichen Glaubwürdigkeit der Kommentatoren zugeschrieben werden, obwohl diese Vermutung nicht durch eine Untersuchung erhärtet wurde. Lehrfilm-Vorführungen in Trinidad erwiesen sich dann als besonders erfolgreich, wenn vom Auditorium anerkannte Experten diese Filme kommentierten und in anschließenden Diskussionen die Eindrücke vertieften. Die gleichen Erfahrungen machte man in Ghana, wo es darum ging, die Produktion von Kakao zu demonstrieren. Peter DU SAUTOY berichtet[4], daß dem lokal produzierten Kommentar zum Film und den ihm vorhergehenden Still-Aufnahmen der Hauptteil des Erfolges zuzuschreiben war. Aus einem Bericht von Norman F. SPURR[5] entnehmen wir, daß ein zum Film im Eingeborenendialekt gesprochener Kommentar, und zwar durch eine anwesende Person und nicht vom Tonband, den beiden Filmen über Hygiene zum erwünschten Erfolg (Schutzimpfungen) verholfen hat. In Niger erklärten die Eingeborenen: „Wir waren überzeugt, daß die Radioclubs in Ordnung sind, nachdem wir im Radio eine Ansprache von Monsieur Boubou HAMA (einer beliebten und geschätzten Persönlichkeit) gehört hatten"[6]. Andere eingeborene Anhänger der Radioclubs erklärten – und hier macht sich wiederum, wenn auch unter umgekehrten Vorzeichen, der Einfluß der Autoritäten bemerkbar –: „Was uns entmutigt hat, ist, daß sich die Autoritäten der Gemeinde nicht einmal für die Gedanken und Reaktionen der Klubs interessieren. Ich hab' mir gesagt – nun, da ich selbst keine Autorität bin – hab' ich nicht mehr den Mut, einen Fortschritt zu unterstützen, der doch keine moralische Hilfe von den Autoritäten erhält"[7].

Fernerhin spielt auch die *Einstellung des Kommunikators* zu seinen Zuhörern eine wichtige Rolle. Ein Sprecher mag noch so sehr seine eigentlichen, vielleicht etwas verächtlichen Gefühle für die Leute aus dem „Busch" verhüllen, aufgrund der Empfindsamkeit und der immer wieder feststellbaren starken Beobachtungsgabe der Eingeborenen werden diese nur allzu bald spüren, was der Vortragende von den Angesprochenen eigentlich denkt, ob er

---

4 Peter du Sautoy, The Organisation of a Community Development Programme. London 1962.
5 Norman F. Spurr, Experience with two Films in Tanganyika. The Health Education Journal. 13/1. London.
6 Synergie-Roc, Analyse d'interviews réalisées au Niger auprès de différentes catégories de personnes concernées par les radio-clubs du Niger. Paris 1964. S. 25.
7 Ibid., S. 49.

sich mit ihnen identifiziert oder nicht. Die sich hieraus ergebende Einstellung der Zuhörer ist für den Erfolg einer sozialen Beeinflussung zweifellos mitbestimmend.

Betrachten wir nunmehr die Rolle des Kommunikators im *Gesamtzusammenhang* des Prozesses der sozialen Beeinflussung, gehen wir hinweg von Aspekten seiner Person, dann ergeben sich im Rahmen der Aufklärungs- und Erziehungsarbeit in Entwicklungsländern Probleme, die *unmittelbar mit seiner Position* verbunden sind. Rein theoretisch gesehen haben ja die Kommunikatoren „nur" die eine Aufgabe, mit Hilfe gewisser Medien, sei es über den Bildschirm, sei es als Kommentatoren zu Stummfilmen, jedoch stets in unmittelbarem Kontakt mit den Eingeborenen neue Ideen und neues Wissen zu verbreiten. Wenn dieser Übermittlungsvorgang zunächst ohne wesentliche Erschütterungen und Beeinträchtigungen der bestehenden sozialen Struktur vor sich gehen soll, dann bedeutet dies, daß die Erzieher, die in einsamen Dorfgemeinden, Siedlungen und Stammeszentren ziehen, weder mit dem inneren noch mit dem äußeren Anspruch auf Führungspositionen auftreten dürfen, die sie vielleicht aufgrund einer gewissen Ausbildung glauben verdient zu haben. Erfahrungsgemäß fällt den Kommunikatoren die Bescheidung auf diese *Rolle des reinen Ausbilders* häufig sehr schwer. Tragen die Kommunikatoren jedoch Führungskonflikte in die bis zu ihrem Auftreten mehr oder weniger traditionell-stabilen Dorfgemeinden, so kann dies weitreichende Folgen haben: Denn insofern die Kommunikatoren gewissermaßen als die Nahtstelle zwischen den sich entwickelnden und den entwickelten Kulturen anzusehen sind, kann ein solcher Konflikt über Jahre hinweg zu einem Ausschluß der Zuträger des modernen Gedankengutes führen.

Wie delikat diese Situation ist, mag aus einigen Äußerungen von Angehörigen Nigerischer Radioclubs über die Diskussionsleiter hervorgehen, Kommunikatoren, die — wie Nachforschungen ergaben — keineswegs mit einem Führungsanspruch auftraten:

— „Der Animateur betreibt eine eigene Politik."
— „Die ‚Intellektuellen' glauben, daß der Animateur ein Geheimagent ist."
— „Manchmal hat man den Eindruck, der Animateur beeinflußt die Leute mit seinen Fragen (im Sinne einer bestimmten Politik)."
— „Der Animateur darf sich nicht so überlegen zeigen. Er muß sich wie ein Bauer geben."

Wie aus einer Befragung der Animateure bzw. Diskussionsleiter hervorging, wurde die Problematik ihrer Position am deutlichsten von den Animateuren selbst empfunden. In ihren Aussagen spiegelt sich ein tiefes Unbehagen, das sich aus der Position des Animateurs in bezug auf die Autoritäten der lokalen Gemeinden ergibt. Es ist nicht nur interessant festzustellen, daß die angedeutete Problematik der Position des Kommunikators von diesen selbst durchaus gesehen wird, sondern weist auch auf das Verhältnis des Kommunikators zur lokalen Autorität hin, die es also als erstes im Sinne der vorgesehenen Unternehmen zu bearbeiten gilt, d. h. die völlig auf die Seite der Erzieher zu bringen ist.

B. Die Kommunikation

Wenn sich zahlreiche Untersuchungen auf die Kommunikation selbst kapriziert haben, so bedeutet dies, daß sie den *Inhalt* von Botschaften aller Arten zu erfassen wünschen. Eine solche Analyse kann nach zwei Richtungen hin unternommen werden: in Richtung der Struktur des Inhalts oder in Richtung der Funktion des Inhalts. Soweit es die Struktur des Inhalts betrifft, handelt es sich dabei um formale Fragen, solche des Aufbaus einer Botschaft, deren Fassung, deren Länge und deren Plazierung, wobei kein Zweifel darüber bestehen kann, daß die *Struktur der Kommunikation* einen bedeutsamen Einfluß auf deren Wirkungen hat. In dieser Untersuchungsrichtung liegen einige Erkenntnisse vor, von denen jedoch die wenigsten in den Entwicklungsländern erarbeitet worden sind und daher dort nicht notwendigerweise Gültigkeit besitzen. So stellte beispielsweise Herbert I. ABELSON[8] fest, daß wenn die Zuhörer günstig gestimmt und vorteilhaft für den Kommunikator eingenommen sein sollen und auch keine unmittelbare Gegenbeeinflussung stattfinden soll, es dann wirkungsvoller ist, wenn nur die positiven Argumente zu einem Standpunkt gebracht werden. Sind hingegen die Zuhörer kritisch oder gar widerspenstig eingestellt, so sollte man ihnen auch die Gegenargumente präsentieren. Zum Abschluß einer Kommunikation bewirkt ein in aller Deutlichkeit gezogener Schluß einen stärkeren Meinungswandel als eine „offene" Mitteilung, bei der man es den Empfängern selbst überläßt, den Schluß zu ziehen. Drohungen sollten soweit wie möglich vermieden werden; denn falls zu deutlich und zu stark ausgedrückt, lösen sie einen starken Widerstand aus.

Des weiteren untersuchte man — allerdings ohne Bezugnahme auf die spezielle Situation in den Entwicklungsländern — Fragen wie:
— Soll man, sofern Pro- und Contra-Argumente vorgetragen werden, von den marginalen Argumenten fortschreiten zu den wichtigeren oder umgekehrt, oder soll man erst die Pro- oder erst die Contra-Argumente vortragen?
— Sind emotionale Argumente wirksamer als sachliche?

---

8 Herbert I. Abelson, How Opinions and Attitudes are Changed. New York 1962.

— Ist ein Vortrag bestimmter Länge besonders wirksam?
— Soll man Argumente häufiger wiederholen?

Zu dem Problem der häufigen *Wiederholung von Argumenten* meinen Trevor und Greece SHAW[9], daß sich in diesem Zusammenhang zahlreiche Regierungen Afrikas vor ein ernsthaftes Problem gestellt sehen, weil kommunistische Länder konsequent und in wohlgezielten Dosen bestimmte afrikanische Staaten mit ihrer Propaganda überfluten und so versuchen, ihnen ihre Ideologie einzuhämmern. Damit soll keineswegs gesagt werden, daß die fortlaufende Wiederholung von Argumenten unbedingt ihre „Verinnerlichung" beim Empfänger bewirkt. Dennoch lehrt die Erfahrung, daß die Wiederholung — wohlgezielt und vor allem nach Erzeugung einer gewissen, positiven Aufnahmebereitschaft — eine ungeheure Wirkung zu haben vermag. Leonhard W. DOOB[10] unternahm in diesem Zusammenhang in Nigeria (Zaria und Kaduna) den Versuch, in Schulklassen zu ermitteln, ob es einen Unterschied macht, wenn man das Ergebnis einer Überlegung an den Anfang oder an das Ende stellt. Dabei zeigte es sich, daß Kinder das Ergebnis besser aufnehmen und behalten, wenn die Schlußfolgerung der Überlegung *vorausgeht*. Angesichts der in dieser Untersuchung verwerteten, recht oberflächlichen Methode möchten wir jedoch einschränkend darauf hinweisen, daß uns das Ergebnis von DOOB nicht durchaus schlüssig erscheint.

Was die *Dauer einer Kommunikation* betrifft — einer Filmvorführung z. B. — finden wir in nahezu allen Erfahrungsberichten, die sich mit dieser Frage beschäftigen, den Hinweis, daß Kurzfilme von 10 bis 20 Minuten wesentlich wirksamer sind als längere Filme. Diese Beobachtung ist deswegen einleuchtend, weil zu beachten ist, daß Afrikaner im Umgang mit Filmen noch recht ungeübt sind, ihre Aufmerksamkeit und Spannung also einer Fülle von kleinen Einzelheiten und Details widmen, die der „erfahrene" Beobachter aufnimmt und verarbeitet, ohne sich darum besonders mühen zu müssen. Dieser „Mangel" ist zu beachten, d. h. die im Umgang mit Filmen Ungeübten sind vor der Vorführung auf die perzeptiven Gegebenheiten einer filmischen Darstellung einzuarbeiten bzw. zu konditionieren[11]. Wie groß die Aufmerksamkeit und Spannung ist, mit der Eingeborene Filme betrachten, geht schon allein aus der Tatsache hervor, daß sie vielfach Erläuterungen während des Filmes überhaupt nicht wahrnehmen.

---

9 Trevor and Greece Shaw, Through Ebony Eyes: Evangelism through Journalism in West Africa. London 1956.
10 Leonhard W. Doob, Communication in Africa. A Search for Boundaries. New Haven 1961.
11 Alan C. Holmes, A Study of Understanding of Visual Symbols in Kenya. London 1963.

All das, was bisher zur *formalen Struktur* einer Kommunikation ausgeführt wurde, beruht auf Beobachtungen, die eher impressionistischen als wissenschaftlich erforschten Charakter tragen. Richtig angewandt, dienen auf den Inhalt ausgerichtete Untersuchungen dazu, sowohl die Charakteristiken der Kommunikatoren und die der Empfänger als auch die Beziehungen zwischen diesen beiden Gruppen zu erfassen. Dabei, so möge man verstehen, besitzen die Elemente gleiche Werte, die sich dann im Rahmen einer geplanten Erziehungs- und Kulturpolitik als sehr wesentlich auswirken.

Worum es im Grunde genommen geht, ist, eine *Trennung zu errichten zwischen der Kontrolle über den Zutritt von kulturellen Inhalten in die Medien und der Kontrolle über bevorzugte Behandlung in Fragen der Verteilung dieser Inhalte.* Dabei genügt es keineswegs, schlechthin von einem demokratischen Muster der Planung oder von Planung für Freiheit zu sprechen. Es müssen den für die Programme der Medien Verantwortlichen Mittel und Wege an Hand gegeben werden, um diese *Trennung zwischen Zutritt und Verteilung von Inhalten* auch durchführen zu können, und zwar so, daß dieser Vorgang nicht bei einer Geschmackskontrolle endet. Diese Mittel und Wege gibt es heute, und es sei uns der Hinweis gestattet, daß wir selbst eine diesbezügliche Forschung für den französischen Staatsrundfunk durchgeführt haben, bei der wir derartige Möglichkeiten entwickelt und angewandt haben[12].

Aber seit dieser Zeit sind schon wieder eine Anzahl neuer Erkenntnisse an uns herangetreten, und so hat Karl RÖSSL-MAJDAN eine Arbeit unter dem Titel „Rundfunk und Kulturpolitik"[13] vorgelegt, die in diesem Zusammenhang nicht unerwähnt bleiben darf. Aufgrund programmistischer Methoden und Erfahrungen legt er dar, wie mit einfachen Mitteln Kulturdaten und eine Kontrolle der eigenen Kulturpolitik des Mediums, die allein eine konkrete Produktionsplanung ermöglichen, erreicht werden können. Dabei unterbreitet er eine dreidimensionale Erfassung der Kulturprodukte nach Form, Inhalt und sozialem Ziel und kommt von hier aus zu einem analogen Prinzip bei der Erforschung der Wirkung dieser Produkte auf das Publikum. Erreicht wurde hierdurch eine über den Inhalt hinausgehende Basis für die sogenannte Motivforschung.

Soweit wir es übersehen können, ist der inhaltsanalytischen Bearbeitung von in den Entwicklungsländern benutzten Dokumenten bzw. Botschaften bis heute nirgends irgendwelche Aufmerksamkeit geschenkt worden. Daher rührt es auch, daß sich viele Produzenten von Dokumenten, insbesondere von Filmen, bei der eingeborenen Bevölkerung der Lächerlichkeit ausgesetzt

---

12 Alphons Silbermann, Musik, Rundfunk und Hörer. Köln und Opladen 1959.
13 Karl Rössl-Majdan, Rundfunk und Kulturpolitik. Köln und Opladen 1962.

haben; von der Unwirksamkeit dieser Produkte gar nicht zu sprechen. Wir halten es für außerordentlich notwendig, darauf hinzuweisen, daß ohne eine systematisch durchgeführte Inhaltsanalyse bereits bestehender oder zu schaffender Dokumente aller Art die Wirksamkeit dieser Dokumente auf ein Minimum reduziert bleibt, was einer groben Verschwendung von investierten Geldern gleichkommt. Es heißt eine Selbstverständlichkeit zu unterstreichen, wenn wir sagen, daß ein einziges, dem Inhalt nach falsch ausgerichtetes Dokument auf die Dauer in den Entwicklungsländern mehr Schaden anrichten kann als zehn medien- und inhaltsgerechte Dokumente wiedergutmachen können. Daher plädieren wir mit aller uns zur Verfügung stehenden wissenschaftlichen Kraft dafür, daß zunächst einmal *ein repräsentatives Sample von bestehenden Dokumenten (Druckwerke, Filme, Rundfunkdokumente usw.) durch eine wissenschaftliche Stelle einer systematischen Inhaltsanalyse unterworfen wird*, um weitere Fehlleistungen in der Zukunft zu verhüten.

C. Die Medien

Der Struktur der Massenmedien selbst sind viele Studien gewidmet. Sie weisen stets darauf hin, daß sich, was Einzelheiten betrifft, das eine Medium nicht kurzerhand mit dem anderen vergleichen läßt. Dieser Hinweis ist auch hier, wo es um die Struktur und Funktionen der Medien in den Entwicklungsländern geht, notwendig, um nicht in den alten Fehler zu verfallen, die Erkenntnis dessen, was für das eine Medium gilt, unverändert auf das andere zu übertragen. Zwar bestehen gewisse und vor allem gewisse prinzipielle Ähnlichkeiten zwischen den diversen modernen audio-visuellen Mitteln, jedoch ist jedes so spezifisch strukturiert und ausgerichtet, daß Betrachtungen, die sich ihnen in Bausch und Bogen widmen, von der Hand zu weisen sind. Man hat sich bei der Anwendung audio-visueller Mittel zur Erziehung und Information in den Entwicklungsländern darüber im klaren zu sein, daß das Fernsehen weder die Presse ist, noch der Film, noch der Rundfunk.

Es ist hier nicht unsere Aufgabe, mit Einzelheiten über die Struktur der diversen Medien aufzuwarten. Wohl gilt es jedoch darauf hinzuweisen, daß die Struktur der Medien zwar beständig sein kann, jedoch ihre Funktionen vielfältig und auswechselbar sind. Das heißt: Jedesmal, wenn man sich der Betrachtung von Funktionen und Wirkungen von Medien zuwenden will, hat dieser Betrachtung eine Analyse der Struktur der Medien vorauszugehen.

Bevor wir hierzu übergehen können, muß in diesem Zusammenhang derjenige Vorgang dargetan werden, der den Funktionen und Wirkungen zugrunde liegt. In der soziologischen Lehre von der Massenkommunikation bezeichnet man ihn als den *Kommunikationsprozeß*. Wenn wir davon ausgehen, daß Kommunikation ein Prozeß ist, durch den sich Individuen Bedeutungen übermitteln, dann darf wohl gesagt werden, daß dieser Prozeß für Existenz und Organisation der Gesellschaft fundamental und lebensnotwendig ist.

Um nun die Vielfalt des Kommunikationsprozesses zu verstehen und damit gleichzeitig die unterschiedlichen Beziehungen und die Dynamik, die er herzustellen in der Lage ist, denke man als Grundlage an eine Dreiheit, bestehend aus dem Ereignis, dem Medium und dem Publikum. Sie läßt sich grafisch wie ein Dreieck darstellen, bei dem die Spitze, die das Ereignis darstellt, nach oben gerichtet ist. Medium und Publikum beziehungsweise Kommunikator und Empfänger, wie man sie auch zu nennen pflegt, bilden die linke und die rechte Ecke des Dreiecks. Wenn jetzt ein Ereignis stattfindet – gleich, ob es sich um ein Tagesgeschehen, einen Bericht oder die Wettervorhersage handelt – oder wenn ein Ereignis hergestellt wird – wobei es sich um eine Musikaufnahme, ein Theaterstück oder einen Roman handeln kann –, was immer das Ereignis auch sei, das stattfindet, es schaltet sich dann zwischen ihm und dem Empfänger das Medium ein, wie ein Mittler zwischen dem Ereignis und uns, dem Publikum. Der Weg vom Ereignis zum Publikum besteht also immer aus einer Dreiheit. Dabei ist aber die durch das Medium vermittelte Beziehung zwischen dem Ereignis und dem Publikum und deren Dynamik nicht immer die gleiche. Die Stärke der Beziehung kann außerordentlich unterschiedlich sein.

Da nicht alle Modelle des Kommunikationsprozesses hier dargetan werden können, müssen wir uns darauf beschränken, zusammenfassend festzustellen, daß nach dem heutigen Stand der Forschung das soziologische Modell des Kommunikationsprozesses in dreifacher Weise gesehen wird. Erstens als eine Interdependenz von Kommunikator und Empfänger; zweitens als ein Glied, das zu einer ganzen Kette von Kommunikationen auf dem Wege von hin und zurück gehört; und drittens als Teil eines totalen Musters von sich dauernd in Bewegung befindlichen Interaktionen. Trotz oder, besser gesagt, gerade wegen dieses sicherlich sehr wertvollen Modells ergeben sich dann Schwierigkeiten, wenn es sich nun darum handelt, die Wege der Kommunikation zu verfolgen, soweit sie sich als Einfluß auswirken, d. h. insoweit spezielle Inhalte wie Leitbilder, ideologische Verhaltensmuster oder Kaufanzeigen zur Diskussion stehen. Hier erhebt sich nämlich für die soziologische Forschung das Problem, auf welcher Ebene sich der Kommunikationsprozeß abspielt. Dies insbesondere, wenn der Kommunikationsinhalt nicht aus der Mitteilung einer rein faktischen Information besteht.

Angesichts der Bedeutung dieses Kommunikationsprozesses im Rahmen der Anwendung audio-visueller Mittel zur Information und Erziehung in den Entwicklungsländern ist es wesentlich, ihm die größte Aufmerksamkeit zuzuwenden. Viele der mißglückten Versuche, mit Hilfe audio-visueller Mittel erzieherische Resultate in den Entwicklungsländern zu erzielen, sind darauf zurückzuführen, daß entweder gar kein Kommunikationsprozeß entstanden ist oder aber nicht genügend vorbereitet worden ist. So spiegeln zahlreiche in den Entwicklungsländern durchgeführte Forschungen und Erfahrungsberichte die Tatsache wider, daß dort die meisten Eingeborenen im Umgang mit audio-visuellen Medien noch völlig ungeübt sind und Schwierigkeiten in der zweidimensionalen Wahrnehmung aufweisen[14].

Wenn auch Arthur FRENCH beklagt, daß umfangreichere, exakte Studien über die Frage fehlen, was Afrikaner in Bildern, ob bewegt oder unbewegt, eigentlich sehen, so ist es doch eine inzwischen allenthalben bekannte Tatsache, daß Afrikaner aufgrund mangelnder Erfahrung anders sehen, als wir es gewohnt sind. Um der Anwendung audio-visueller Medien wahrlich hilfreich zur Seite zu stehen, wird es nötig sein — ausgehend von den bereits durchgeführten Experimenten und den vorliegenden Erfahrungsberichten —, die unterschiedlichen Reaktionen auf fotografische Darstellungen und Filme jedesmal *erneut zu untersuchen*, sobald eine neue Seher-Gruppe mit den Mitteln konfrontiert wird. Gegen diesen Vorschlag sprechen keineswegs die bereits erzielten Resultate. Im Gegenteil: in ihren Einzelheiten bestätigen sie unser Verlangen, wenn wir z.B. die ermutigenden Unternehmen betrachten, bei denen mit Hilfe des Fernsehens Lesen und Schreiben unterrichtet worden sind. So wurde im Auftrag des „Ministère de la Coopération" an der Elfenbeinküste ein Experiment organisiert, in dessen Rahmen Analphabeten mit Hilfe des Fernsehens im „Circuit fermé" das Lesen beigebracht werden sollte. Es gelang im Jahre 1963/64, etwa 35 Arbeitern (zumeist keine 30 Jahre alt) aus etwa 55 Analphabeten mit Hilfe des Fernsehens innerhalb von sechs Monaten ein mehr oder weniger fließendes Lesen beizubringen. Auch aus Niger, wo man (ebenfalls im Auftrage des „Ministère de la Coopération") dabei ist, Kindern mit Hilfe des Fernsehens im „Circuit fermé" Lesen und Schreiben beizubringen, liegen hoffnungsvolle Berichte vor. Allerdings handelt es sich bei beiden Berichten um pure Berichterstattung; genauere wissenschaftliche Vor- und Anschlußuntersuchungen wurden bisher nicht durchgeführt. In diesem Zusammenhang sei auch auf den Einsatz von Filmen zur Erläuterung und Verdeutlichung von Arbeitsabläufen hingewiesen. So ver-

---

14 Siehe hierzu Arthur French, Visual Aids in East Africa. London 1957; Alan C. Holmes, A Study of Understanding of Visual Symbols in Kenya. A.a.O.; u.a.m.

suchte man in Guinea, Eingeborenen durch Filmdarstellungen zu zeigen, wie bestimmte Arbeiten einfacher und zeitsparender verrichtet werden können. Die Methode bestand darin, daß dem in Zeitlupentempo aufgenommenen gewohnten Arbeitsablauf ein rationellerer gegenübergestellt wurde. Wenn uns auch berichtet wurde, daß die Afrikaner den Sinn der Darstellung recht schnell begriffen, so bereitete das Verständnis des Zeitlupentempos jedoch zunächst große Schwierigkeiten. Diese Erfahrung kehrt in der einen oder anderen Form in fast allen Forschungsberichten wieder: Ein *Verständnis von Bilddarstellungen* (Filmen) ist den Eingeborenen zunächst nur dann möglich, wenn die Kamera in möglichst einfacher Bildstruktur genau in Form und Inhalt das wiedergibt, was auch das menschliche Auge in der gleichen, und zwar in der afrikanischen Umgebung wahrnimmt, mit anderen Worten, Filme einer stehenden und ohne Tricks beobachtenden Kamera. Einschnitte, Überblendungen, Großaufnahmen und Bewegungsabläufe, die aus einer sich bewegenden Kamera resultieren, werden von den Eingeborenen nicht verstanden. Unnötig, noch einmal zu betonen, daß dieses Unverständnis lediglich auf mangelnde Erfahrung zurückzuführen ist, der durch *Konditionierung* abgeholfen werden kann.

Schwierigkeiten bereitet natürlich auch das Verständnis gedanklicher Zusammenhänge, die nicht unmittelbar und zusammenhängend im Film dargestellt sind. Umgekehrt beeinflußt die Aussage des Films um so nachhaltiger, wenn diese unkompliziert, von allen nebensächlichen Details befreit, zusammenhängend und realistisch an das Erlebnisfeld des Zuschauers angepaßt ist[15].

Ein ebenfalls beachtlicher Problembereich ergibt sich aus der Frage nach dem *Verhältnis visueller und auditiver Kommunikation.* Norman SPURR, der ca. vier Jahre (1945–1948) mit den Filmen „Weaving in Togoland", „Steel" und „Mr. English at Home" durch Nigeria zog, kam zu folgendem Ergebnis: Stummfilme mit einem durchgehend verständlichen Handlungsablauf werden besser verstanden als fortlaufend kommentierte Filme. Den meisten Afrikanern fällt es noch schwer, gleichzeitig zu hören und zu sehen. Wenn sie mit aller Aufmerksamkeit einem gefilmten Handlungsablauf folgen, verstehen und erfassen sie keine Erläuterungen mehr. Diskussionen und Erläuterungen vor und nach dem Film tragen jedoch ganz erheblich zu seiner Wirkung bei, eine Erfahrung, die sich in zahlreichen Berichten bestätigt findet. Insbesondere Erläuterungen *nach* dem Film erwiesen sich als besonders

---

15 Siehe hierzu M. J. Campbell, Audio-visual Aids in Local Government Training in Nigeria. In: Visual Education. London 1964; Peter du Sautoy, op. cit.

wirksam, da sie Diskussionen auslösten, die in starkem Maße zur An- und Übernahme neuer Ansichten und Wertungen beitrugen.

Was nun musikalische Untermalungen angeht, so scheinen sie wahrgenommene Filmeindrücke zu vertiefen, da Musik und insbesondere stark rhythmisierte Musik in allen afrikanischen Kulturen eine große Bedeutung besitzt, worauf von seiten der Ethno-Musikologie stets wieder hingewiesen wurde. Wie Lord HAILEY in seiner Studie zu recht schreibt[16]: „Musik begleitet alle Tätigkeiten der Afrikaner, von der Wiege bis zum Grab." Die im afrikanischen Alltag eng verwurzelte Musik stellt ein nicht zu unterschätzendes Erlebniselement dar, das in starkem Maße die Aufnahmebereitschaft des Afrikaners vertieft. Das will nicht heißen, daß die mit der Musik vermittelten Eindrücke und Erlebnisse von anhaltender Dauer sind: Es werden Eindrücke aufgenommen, die nicht notwendigerweise eine Verhaltensveränderung hervorrufen. Um hier zu gültigen Ergebnissen vordringen zu können, wird die Hilfe von Ethno-Musikologen vonnöten sein. Nicht unerwähnt bleibe in diesem Zusammenhang, daß beispielsweise die Nguru (Tanganjika) mit ihren Kindern Lieder singen, die den Moralkodex ihrer Gesellschaft enthalten. Diese Gesänge werden häufig mit Figurenspielen (Figuren aus Ton oder Holz) verbunden, d. h. die Kinder lernen Verhaltensregeln über Lieder (auditiv) und Figurenspiele (visuell).

Wie unklar es um die Erkenntnis des Kommunikationsprozesses bestellt ist, kann daran ersehen werden, daß nach gewissen Erfahrungen Farbfilme besser ankommen als schwarz-weiße, während P. MORTON-WILLIAMS feststellte[17], daß Farben nur eine geringe Bedeutung haben. Er führte in vier völlig verschiedenen Bevölkerungsgruppen in Nigeria 35 Schwarz-weiß- und Farbfilme vor und beobachtete, daß die Eingeborenen den Unterschied überhaupt nicht wahrnehmen. Eine „echte" Kommunikation setzt voraus, daß der Sprecher seine Gedanken in Symbolen (Wort, Bild oder Geste) zum Ausdruck bringt, die der Empfänger verstehen kann. Diese „Verständlichkeit" ist bei den Massenmedien in besonderem Maße erforderlich; denn hier ist es nicht möglich, wie etwa bei einem persönlichen Gespräch, Unklarheiten, die man in dem laufenden Gespräch sieht oder erspürt, unmittelbar zu berichten und zu ergänzen. Gerade hier begegnen die Massenmedien in den Entwicklungsländern einer Vielfalt von Problemen.

Da ist zunächst einmal die Tatsache, daß es in Afrika eine Vielzahl kleiner und kleinster ethnischer Gruppen mit eigenen Sprachen gibt. Die Zahl der Sprachen, nicht nur in Afrika überhaupt, sondern auch innerhalb einzel-

---

16 Lord Hailey, An African Survey − Revised 1956. London 1957, S. 67.
17 P. Morton-Williams, Cinéma in Rural Nigeria. Zaria 1953.

ner Territorien ist fast unübersehbar. Da werden beispielsweise in Nigeria zwar hauptsächlich nur drei Sprachen von etwa 70 % der Bevölkerung gesprochen, jedoch ist es bekannt, daß in ganz Nigeria mindestens 80 Sprachen gesprochen werden, vermutlich gar weit mehr. Durch diese Sprachen-Vielfalt sind die Massenmedien in ihren Funktionen entscheidend eingeschränkt: anstelle von Massen können nur kleine Gruppen erreicht werden. Die Vielfalt der Sprachen weist zu gleicher Zeit auf die Vielfalt der herrschenden kulturellen Hintergründe hin, mit denen zu rechnen ist, wenn die Medien die ihnen zugewiesenen Aufgaben erfüllen sollen. Ohne Beachtung des sich bereits durch die Sprache manifestierenden kulturellen Hintergrunds verliert jedes Kommunikationsmedium seine Wirkungskraft.

Zur Behebung dieser fundamentalen Schwierigkeit wird von vielen Seiten die Schaffung einer Einheitssprache vorgeschlagen und die ausschließliche Benutzung derselben für die Aufgaben der Massenmedien. Jedoch ist man sich dessen bewußt, daß hierdurch auf die Dauer bestimmte Bevölkerungsgruppen zu Minoritäten gestempelt werden müssen. Um sich die Auswirkungen einer derartigen Minoritätenschaffung zu verdeutlichen, erinnere man sich an die Diskussionen, die dieserhalb in Belgien ausgefochten werden und dort zu einer nationalen Krise geführt haben. Vielfach versucht man, dieses Problem in den Entwicklungsländern dadurch zu umgehen, daß man die Sprache ehemaliger Kolonisatoren (Englisch, Französisch) als Landessprache wählt. Erbringt dieser Entscheid vielleicht auch den Vorteil einer innen- und außenpolitischen Integration und eine schnellere Anpassung an die Errungenschaften westlicher Länder, so ist hiermit jedoch der große Nachteil verbunden, daß die Eingeborenen persönlicher Ausdrucksmöglichkeiten beraubt werden und darüber hinaus mit dem allmählichen Entschwinden einheimischer Sprachen gewisse Kulturgüter verlorengehen[18].

Abschließend zu diesem Abschnitt sei nochmals darauf hingewiesen, daß eine *genaue Kenntnis des Kommunikationsprozesses* erst die Struktur und Funktionen der Medien erkennen läßt und aus den Kommunikationsmitteln eine wahre Hilfe für die Entwicklungsländer erstehen wird. Dies um so mehr, da die neuen Kommunikationstechniken in der Säkularisierung der modernen Gesellschaften bereits eine große Rolle gespielt haben und weiterhin eine vitale Rolle spielen werden; da sie beigetragen haben und weiterhin beitragen werden zur Minderung sozialer Isolation und zur Entwicklung breiterer kultureller Anschauungsweisen und Auffassungen; da sie einerseits eine Abnahme der primären Formen menschlicher Assoziation hervorgerufen

---

18 Siehe hierzu u.a. Hugh Dalziel Duncan, Language and Literature in Society. New York 1961, mit ausführlicher Bibliografie.

haben, jedoch auch auf der anderen Seite ein Wachstum sekundärer, d.h. neuer Formen der Assoziationen, um die es ja auch in den Entwicklungsländern geht, bewirkten. All dies steht nicht im Gegensatz zu der Erkenntnis, daß die neuen Mittel der Kommunikation, so wie alle sozialen Handwerkszeuge, auf die verschiedensten Weisen angewandt werden können.

D. Der Empfänger

Da die Massenkommunikation auf ein relativ großes, heterogenes und anonymes Publikum ausgerichtet ist, steht jedes Massenkommunikationsmedium einem *theoretischen Publikum* gegenüber. Wenn eine Mitteilung oder eine Information konzipiert wird, so weiß der Kommunikator nicht von vornherein, wer sein Publikum sein wird. Hinzu kommt noch, daß es doch eigentlich *die* Hörer, *die* Beschauer oder *die* Leser gar nicht gibt, sondern nur *den* Hörer, *den* Beschauer oder *den* Leser, da der Mensch, wenn er liest, hört, oder sieht, allein ist, selbst, wenn er sich in der Umgebung von anderen befindet oder durch diese beeinflußt wird. Das heißt, *der* Hörer, *der* Leser und *der* Beschauer ist und bleibt ein vereinzeltes Individuum, selbst innerhalb einer Kleingruppe.

Dementsprechend ändert sich also auch unsere analytische Anschauungsweise: Befragen wir den Empfänger, so haben wir es mit dem Individuum zu tun, nähern wir uns der Problematik von der Seite des Kommunikators, so ist es die Masse, der wir unsere Aufmerksamkeit zuwenden. Um hier tiefer vorzudringen, hatte sich die Massenkommunikationsforschung weiteren Elementen der Kommunikation zuzuwenden, solchen, wie wir sie teilweise bereits bei der Behandlung des Kommunikators vorgetragen haben. Dementsprechend haben sich diverse Untersuchungskomplexe herausgebildet, die den Empfänger unter sehr unterschiedlichen Aspekten betrachten. Bei allen diesen geht es darum, eine klare Basis für das *Verhalten* der Empfänger angesichts des einen oder anderen audio-visuellen Mittels zu finden. Hierzu war es notwendig, die Untersuchungen über den Empfänger weitgehend einzuengen, d. h. ihn nicht länger als Masse schlechthin zu betrachten. Dabei benutzte man Erfahrungen, die auf anderem Gebiet mit Hilfe der Sozialpsychologie, genauer gesagt mit Hilfe der *Sozialpsychologie des kollektiven Verhaltens*, gewonnen werden konnten.

Einer der Aspekte, um die es sich in diesem Zusammenhang handelt, läßt sich als die Eigenschaft der zu beeinflussenden Person bezeichnen. Bereits seit langem wurde in zahlreichen Experimenten untersucht, welches die Eigenschaften einer Person sind, die diese einer sozialen Beeinflussung besonders bzw. weniger zugänglich machen. So stellte man beispielsweise fest:

1. Daß das *Intelligenzniveau* in erheblichem Maße die Wirksamkeit einer sozialen Beeinflussung bestimmt. Beispiel: Die intelligentesten Studenten zeigten sich am wenigsten durch demagogische Ansprachen beeindruckt. Aufklärungsfilme sachlicher Art erwiesen sich bei Personen höherer Intelligenz am wirksamsten.

2. Daß Personen mit einem starken *Bedürfnis nach sozialer Anerkennung* leichter zu beeinflussen sind als „autonome" Personen.

3. Daß das *Alter* des Empfängers aus verschiedenen Gründen Auswirkungen auf die Aufnahmebereitschaft des Empfängers hat. Diese Erkenntnis war Ausgangspunkt einer Untersuchung in Afrika, bei der das Verhalten von Erwachsenen und jugendlichen Schülern verglichen wurde[19]. Man ging von der Erwartung aus, daß Erwachsene eher als Jugendliche die Vorteile begreifen, die ihnen ihre Studien bringen, und daher auch schneller und nachhaltiger lernen. Es zeigte sich jedoch erwartungsgemäß, daß die Aufnahmefähigkeit der Erwachsenen gering war, da die Kurse zumeist erst nach der Tagesarbeit stattfinden, wenn der einzelne von der Arbeit bereits ermüdet ist. Des weiteren ließ sich aufzeigen, daß Erwachsene abends mehr oder weniger erfüllt sind von den Sorgen und Problemen des Alltags und daher weniger im Unterricht aufgehen als Kinder. Ohne zu verallgemeinern, erscheint die Wirksamkeit dieser beiden Variablen beachtenswert.

4. Daß überhaupt *Persönlichkeitsvariablen aller Arten* bei der sozialen Beeinflussung zu beachten sind. Soweit es die Auswirkungen bestimmter Persönlichkeitsvariablen auf die individuellen Reaktionen Eingeborener in den Entwicklungsländern auf die Einführung von Neuerungen betrifft, wurde versucht, diese zu kategorisieren. Unterschiedliche Reaktionen wurden festgestellt bei:
— dem Andersdenkenden
— dem Gleichgültigen
— dem Abtrünnigen
— dem Ressentimentgeladenen
— dem Skeptiker
— dem Unzufriedenen.

Diese Erkenntnis über Beeinflussungsgrade erscheint uns besonders dort bedeutsam, wo man — wie in den Entwicklungsländern — auf *Multiplikatoren* angewiesen ist, d. h. auf Personen, denen man die Weitervermittlung neuer Ideen anvertrauen kann. Hierbei ist besondere Vorsicht am Platze. Denn

---

19 Adult Education Groups and Audio-Visual Techniques. Paris 1958.

selbst wenn es beispielsweise gelingt, einen „notorischen" Skeptiker für neue Ideen zu gewinnen, so wird er sich dennoch schlecht zum „Weiterträger" eignen, da seine Zuhörer nur allzubald seine immer wache Skepsis fühlen werden und so auch ihrerseits den vorgetragenen Ideen mit Zurückhaltung begegnen. Sehr ähnlich ist es um die Gruppe der Unzufriedenen bestellt und deren Funktion als Weiterträger. Da Neuerungen häufig von Personen und Gruppen übernommen werden, die sich davon Vorteile erhoffen, und abgelehnt werden von solchen, die glauben, bestimmte Traditionen verteidigen zu müssen, kann dadurch der Versuch der Einführung neuer Ideen in Entwicklungsländern eine eigene Dynamik gewinnen, die, wenn sie nicht genau kontrolliert und gelenkt wird, schnell in verheerende Fehlschläge ausarten kann.

Wohl der entscheidendste Faktor für den Erfolg jedweder sozialen Beeinflussung ist das *Vorhandensein eines Motivs*, sich eine Kommunikation anzuhören, sie zu überdenken und sie zu internalisieren. Ohne ein solches Motiv, und sei es auch noch so „abwegig" in bezug auf den Inhalt einer Kommunikation, ist ein Organismus nicht aufnahmebereit. Erst wenn Motive in Form von Wunschvorstellungen erweckt werden oder vorhanden sind, richtet sich das Verhalten auf äußere Gegebenheiten und somit auf Stimuli, die eine Verhaltensveränderung hervorrufen können. Welche Auswirkungen die Unkenntnis der vorherrschenden und leitenden Motivation hat, möge folgendes Beispiel veranschaulichen: In Bétare-Oya, Kamerun, hatte ein amerikanischer Priester eine Schule eröffnet. Als Unterrichtssprache wählte er einen einheimischen Dialekt. Unter seinen Schülern befanden sich einige Söhne einheimischer Funktionäre, die diese Sprache bereits mehr oder weniger gut kannten. Den übrigen Kindern war diese Sprache völlig fremd. Sie waren von einem anderen Stamm. Nach wenigen Wochen hatten mit Ausnahme der Funktionärssöhne alle Kinder die Schule verlassen. Sie wollten Französisch lernen, um einen Posten in der Verwaltung zu erlangen. Fast alle Erfahrungsberichte aus den Entwicklungsländern gehen auf die eine oder andere Weise auf dieses Problem ein. Typisch für viele sagte der Pädagoge C. CHICOT anläßlich einer Konferenz über die Erfolge und Probleme eines von ihm geleiteten Fernseh-Experiments an der Elfenbeinküste[20], daß die entscheidende Schwierigkeit der Unterrichtung nicht so sehr im pädagogischen Bereich, d. h. im Bereich spezieller Unterrichtsmethoden liegt, vielmehr im Bereich der *Motivation*, d. h. im Wecken und Wachhalten eines Interesses an der Unterweisung. Hierzu seien – so forderte der Autor – unbedingt viel genauere und sorgfältigere soziologische und sozialpsychologische Studien er-

---

20 C. Chicot, Une expérience d'alphabétisation par la TV en circuit fermé. Vanves 1964.

forderlich, um aus den Besonderheiten der Struktur des Landes, des Gebietes, aus dem kulturellen Milieu und den Notwendigkeiten, die sich für die zukünftige Entwicklung des Landes ergeben, *motivierende Variablen* abzuleiten und diese sowohl in das Lehrprogramm als auch in ein Werbeprogramm einzuarbeiten.

Wenn wir davon sprachen, daß selbst „abwegige" Motive die Voraussetzung einer wirksamen sozialen Beeinflussung sein können, so lag hier der Schwerpunkt auf „können". Eine wahrhaft wirksame und erfolgreiche Beeinflussung wird man nur in jenen Situationen erwarten dürfen, wo ein mehr oder weniger *enger Zusammenhang besteht zwischen Motivation und empfangener Kommunikation*. Denn ein besonderes Merkmal einer Motivation ist, daß sie selektiv wirkt, d. h. sowohl das Selektionsempfinden als auch die soziale Spontaneität erweckt, die beide zusammen Faktoren der Motivation sind. Nur bestimmte Ereignisse, Objekte oder Verhaltensweisen erscheinen dem Menschen wünschens- und erstrebenswert. Daraus ergibt sich, daß das, was wahrgenommen und behalten wird, zu einem großen Teil von der Motivation abhängt. Hoffnungen, Ängste, Wünsche und Antriebe können die Wahrnehmungen aufs stärkste verzerren[21].

Noch zwei weitere Beispiele mögen zu erkennen geben, wie wichtig die genaue Kenntnis der Motivation ist. In Ghana hatte man einen Erziehungsfilm mit Ashanti-Bauern über Methoden des Kakaoerntens gedreht. Da dieser Film bei den Ashantis sehr erfolgreich war, führte man ihn später auch an verschiedenen Orten in Kamerun und an der Elfenbeinküste vor. Hier jedoch waren die Vorführungen ein Fehlschlag; denn entgegen aller Erwartung zeigten sich die Bauern in Kamerun und an der Elfenbeinküste an dem belehrenden Teil des Films völlig uninteressiert, da ihnen alles, was in diesem Teil gezeigt wurde, bereits bekannt war. Beeindruckt waren sie nur von dem ihnen völlig Unbekannten, so vor allem von den seltsamen und „exotischen" Kostümen der Ashanti-Bauern[22]. A. M. KITTERMASTER[23] stellte in Nord-Rhodesien nach einer Radio-Kampagne fest, daß Sendungen, die nicht unmittelbar in den Interessenbereich der Zuhörer einbezogen sind, nicht erfaßt und aufgenommen werden. Nur eine von 12 Personen nahm den Inhalt von Sendungen auf, die nicht unmittelbar den Erfahrungs- und Interessenbereich der Empfänger berührte.

Wenden wir uns nun der *Empfängersituation* zu. Versteht man unter Situation bzw. Situationsanalyse die Erfassung der Beziehungen zwischen

---

21 Vgl. Franz Josef Stendenbach, Soziale Interaktion und Lernprozesse. Köln 1963.
22 Entnommen aus Document V der „Fondation d'Epinay".
23 A. M. Kittermaster, Northern Rodesia-Listener Research 1953. Community Development Bulletin. No. 2/1953.

Individuum und sozialer Umwelt, so fallen hierunter sowohl geistig-seelische Einstellungen, motivische Reaktionsbereitschaft als auch — generell gesprochen — das sozial-kulturelle Milieu bzw. *der apperzipierende Hintergrund, auf den eine Botschaft fällt.* Natürlich können wir im Rahmen dieser Darstellung nicht *alle Elemente* der Empfängersituation beleuchten und beschränken uns daher auf diejenigen, die uns am Vordergründigsten für unsere Problemstellung erscheinen und sich überdies durch Erfahrungen in den Entwicklungsländern dokumentieren lassen. Sprechen wir zunächst über die Gruppensituation des Empfängers, oder, noch deutlicher ausgedrückt, über *Bedeutung und Auswirkungen des Gruppeneinflusses auf die soziale Beeinflussung.*

Die vielfältigen Experimente in dieser Hinsicht haben eine Anzahl von Ergebnissen aufgezeigt, die sich im Anschluß an Herbert J. ABELSON[24] wie folgt zusammenfassen lassen:

— Die Werte, Meinungen und Ansichten einer Person werden weitestgehend von der Gruppe beeinflußt, der diese Person angehört und angehören möchte[25].
— Die Gruppe überwacht wirksam ein Verhalten entsprechend den Gruppennormen[26].
— Je stärker eine Person einer Gruppe verbunden ist, um so weniger wird sie von gruppenabweichenden Normen (Meinungen) beeinflußt[27].
— Meinungen, die Personen „öffentlich" vertreten haben, sind schwieriger zu wandeln als heimlich gehegte Ansichten[28].
— Gruppendiskussionen erleichtern einen Meinungswandel[29].

Zu diesem letzten Punkt, nämlich dem der Gruppendiskussionen, seien zwei Studien besonders hervorgehoben, da sie in bezug auf Erfahrungen, die man in Entwicklungsländern gesammelt hat, von Bedeutung sind. Und zwar

---

24 Herbert J. Abelson, How Opinions and Attitudes are Changed. New York 1962.
25 Siehe hierzu E. Katz u. P.F. Lazarsfeld, Personal Influence. Glencoe 1955; u.a.m.
26 Siehe hierzu E. Katz u. P. F. Lazarsfeld, op. cit.; J. Moltz u. D. L. Thistlethwaite, Attitude Modification and Anxiety Reduction. Journal of Abnormal and Social Psychology, 1955; u.a.m.
27 Siehe hierzu H. H. Kelley u. E. H. Volkart, The Resistance to Change of Group-anchored Attitudes. In: Am. Sociol. Review, 1952; H. H. Kelley u. C. L. Woodruff, Members' Reactions to Apparent Group Approval of a Counternorm Communication. Journal of Abnormal and Social Psychology, 1956.
28 Siehe hierzu E. M. Hobart u. C. I. Hovland, The Effect of Commitment on Opinion Change Following Communication. American Psychology, 1954; u.a.m.
29 Siehe hierzu K. Lewin, Studies in Group Decision. Dorwin Cartwright und Alwin Zander (Hrsg.), Group Dynamics. Evanston 1953; A. J. Marrow u. J. R. P. French jr., Changing a Stereotype in Industry. Journal of Social Issues, 1945; u.a.m.

stellten C. I. HOVLAND et al.[30, 31] fest, daß die an Ansprachen und Filmvorführungen anschließenden Gruppendiskussionen einen wesentlichen Einfluß auf die Wirksamkeit der sozialen Beeinflussung hatten. Diese Einsicht in die Wirksamkeit der Gruppendiskussion zur Meinungsbeeinflussung hat in Frankreich schon seit vielen Jahren in zahlreichen Radio- und Téléclubs einen Niederschlag gefunden. Das mag dazu geführt haben, daß auch im französisch sprechenden Afrika diese Radioclubs zu finden sind. Der in der Literatur bekannteste Versuch einer breit angelegten Aufklärungs- und Erziehungskampagne, bei der mit Hilfe kleiner Diskussionsgruppen die nach gemeinsamem Radioempfang gehörte Sendung ausgiebig diskutiert wurde, ist in Indien durchgeführt worden. Zur Einführung neuer Arbeits- und Organisationsmethoden in der Landwirtschaft unternahm auf Anregung und mit finanzieller Unterstützung der UNESCO die indische Regierung über „All India Radio" im Frühjahr 1956 ein Experiment, wobei sie mit Hilfe der genannten Radiostation spezielle Rundfunkprogramme zusammenstellte und Organisatoren aussandte, die die Bauern aufforderten, sich zu kleinen Hörergruppen zusammenzuschließen. „Farm-Forum-Gruppen" von je etwa 20 Hörern wurden in 150 Dörfern organisiert, für die eine spezielle Serie von 20 halbstündigen Programmen zusammengestellt wurde, je zwei pro Woche und über eine Zeitspanne von zweieinhalb Monaten[32].

Die folgenden Punkte sollten ermittelt werden:
1. Wieviel Wissen läßt sich vermitteln?
2. Wie reagieren die Teilnehmer der Gruppen auf die verschiedenen Programme? (Hier ist erläuternd hinzuzufügen, daß das auf die Übermittlung neuer Einsichten und Kenntnisse landwirtschaftlicher Methoden abgestellte Experiment auch unterhaltende und belehrende Randprogramme vorgesehen hatte.)
3. Wie funktionieren die Gruppen?
4. Wie verlaufen die Diskussionen?
5. Wie sind die Auswirkungen im tatsächlichen Verhalten der Bauern?

Die Ergebnisse der Forschung zeigen:
1. Alle Hörergruppen haben sehr viel aus den Programmen gelernt.
2. Die Anregungen aller Programme wurden nicht nur mit Interesse aufgenommen, sondern auch beraten und in die Tat umgesetzt.

---

30 C. I. Hovland et al., Experiments on Mass Communication. Princeton 1949.
31 C. I. Hovland et al., Communication and Persuasion. New Haven 1953.
32 Die Untersuchung dieses Experiments findet sich bei Paul Neurath, Aus der Rundfunkarbeit in Indien. In: Friedrich Ebert-Stiftung (Hrsg.), Der Beitrag der Massenmedien zur Erziehungsarbeit in den Entwicklungsländern; und in: P.O.Q., 1960.

3. Die Gruppen wuchsen zu einer geschlossenen Einheit zusammen. Mit Überraschung stellten die Forscher fest, wie wenig sich die sonst im Dorf so wichtigen Cliquen und deren Ansichten in den Diskussionen bemerkbar machten. Nach den ersten Wochen begannen sogar viele Gruppen, auch andere als nur die in den Rundfunkprogrammen berührten Themen zu behandeln: die Gruppen erlangten eine gewisse Autonomie unabhängig von den Rundfunkprogrammen.

4. Die Diskussionen bereicherten nicht nur das Wissen der Gruppenteilnehmer, sondern beeinflußten auch nachhaltigst ihr Verhalten.

Nicht zuletzt aufgrund der guten Erfahrungen, die man mit dem soeben beschriebenen Experiment der „All India Radio" gemacht hatte, begann die gleiche Rundfunkanstalt, wiederum auf Veranlassung der UNESCO, ein Experiment der „Sozialen Erziehung mit Hilfe des Fernsehens". Es wurden Fernseh-Klubs gegründet, in denen man aufklärende und erziehende Sendungen erläuterte und diskutierte. Auch dieses Experiment erwies sich als erfolgreich. Eine Kontrolluntersuchung, die drei Monate nach den jeweiligen Sendungen durchgeführt wurde, ergab eine anhaltende und wirksame Beeinflussung durch das Fernsehen in Verbindung mit Diskussionen.

Film- und Fernsehvorführungen zu Zwecken der Erziehung und Aufklärung werden in Entwicklungsländern zunehmend mit anschließenden Diskussionen verbunden. R. G. LADKIN[33] wies aufgrund von Erfahrungen bereits frühzeitig darauf hin, daß Filmvorführungen *allein* nur einen sehr geringen Einfluß ausüben. Erst die anschließenden Gruppendiskussionen bewirken einen Meinungswandel der Empfänger. Der Hohe Kommissar von Malaya startete eine Filmkampagne im Kampf gegen den Kommunismus (s. oben). Die Filme wurden chinesischen, indischen und malayischen Zuschauergruppen vorgeführt und anschließend ausführlich diskutiert. Neben der erhofften Wirkung einer außerordentlichen Stärkung gegen die Infiltration kommunistischer Ideologien erwiesen sich insbesondere die anschließenden Diskussionen noch unter zwei weiteren Gesichtspunkten als sehr wirkungsvoll:

1. Sie förderten die Integration der drei in Malaya bestehenden Subkulturen;

2. sie förderten den „Gemeinsinn" im Sinne gemeinsamer Standards in den Kommunen und Gemeinden[34].

---

33 R. G. Ladkin, Health Education in Baganda. In: Colonial Cinema, 1951.
34 Vgl. A. D. C. Peterson, The Use of the Film in Promoting Mutual Understanding. Overseas Quarterly. 4/3.

Die Wirkungen derartiger Gruppendiskussionen werden verständlich, wenn man sich die direkten Auswirkungen solcher Gruppendiskussionen vor Augen führt: Widerstände des Einzelnen zu einem Meinungswandel werden verringert, wenn er sieht, daß auch die übrigen Gruppenmitglieder ihre Ansicht ändern; denn ein „beschlossener" Meinungswandel übt eine gewisse *soziale Kontrolle* auf die Gruppenmitglieder aus. Ohne hier noch auf weitere derartige sozialpsychologische Faktoren einzugehen, sei nur noch darauf hingewiesen, daß es von der besonderen Kultur und auch von der Zusammensetzung der Gruppe abhängt, in welchem Ausmaß bzw. ob überhaupt diskutiert werden kann. Die Normen und Bräuche, die Gruppendiskussionen in Afrika zulassen, sind außerordentlich unterschiedlich. Sie reichen von größter Biegsamkeit – z. B. in der Tanala Gesellschaft[35] – bis zu größter Starrheit – z. B. bei den Ewes[36]. In diesem Zusammenhang ist insbesondere darauf hinzuweisen, daß Kinder in den meisten afrikanischen Gesellschaften in Gegenwart Erwachsener zu schweigen haben. Überdies hemmt die Gegenwart bedeutender Persönlichkeiten vielfach die Diskussionen.

So wirksam Gruppenbeziehungen in Form von Diskussionsgruppen den Vorgang einer sozialen Beeinflussung, besonders den einer Unterrichtung und Belehrung, zu unterstützen vermögen, so beachtlich und wirksam sind Gruppenbeziehungen aber auch im umgekehrten Sinne, d. h. in der Härtung oder Hervorrufung eines Widerstandes gegen den Vorgang einer sozialen Beeinflussung. Da Menschen in Gruppen leben, arbeiten und spielen, entspringen ihre Erfahrungen und Erlebnisse meist solchen Gruppenzusammenhängen wie der Familie, dem Freundeskreis u.a.m. Und da die meisten Wertungen, Meinungen und Normen, nach denen sie ihr Verhalten ausrichten, Normen sind, die sie im täglichen Umgang eben mit diesen Gruppen teilen, werden diese zu *Gruppennormen*. Daher ist es außerordentlich schwierig, beim Einzelwesen einen Wandel dieser Normen gegen die bestehenden Gruppennormen zu erreichen. Möglich ist dies nur, wenn die gesamte Gruppe oder einige ihrer Mitglieder gemeinsam handeln. Steht man hier bereits einer großen Schwierigkeit gegenüber, so gilt es in diesem Zusammenhang noch ein zusätzliches Problem anzuführen: Viele der bestehenden Werte einer Gesellschaft sind keineswegs ersichtlich, sondern lassen sich erst nach sorgfältiger und gründlicher Untersuchung ermitteln. Um die weitreichende Wirkung der Normen und Werte einerseits und die Implikationen für den „Erzieher" andererseits zu verdeutlichen, sei hier ein typisches Beispiel angeführt. So könnte man sowohl aus praktischen als auch aus sanitären Gründen versucht

---

35 Siehe hierzu Ralph Linton, The Tanala: A Hill Tribe of Madagascar. 1933.
36 Siehe hierzu Diedrich Westermann, Die Glidyi – Ewe in Togo. 1935.

sein, in Indien die heiligen Kühe aus dem Stadtbild zu entfernen. Bei einem Inder aber würden die hierfür sprechenden Argumente zunächst auf Unverständnis stoßen, da die Kühe in seinem Wertsystem eine bestimmte Position einnehmen. Das heißt: Der Versuch einer sanitären Aufklärung betrifft bei dem Inder nicht einfach eine Verhaltensnorm, sondern ein ganzes Wertsystem. Dieses altbekannte Beispiel ließe sich ohne Mühe durch zahlreiche ähnlich gelagerte vervollständigen, jedoch soll es hier als Hinweis dafür genügen, daß, wenn man z.B. neue Ackerbaumethoden einzuführen gedenkt, es nicht nur eine neue Methode beinhaltet, sondern gleichzeitig den Wandel eines ganzen Wertsystems.

Vielen Europäern und Mitgliedern internationaler Organisationen bereitet die Sicht und das Verständnis dieser subkulturellen Wertvorstellungen große Schwierigkeiten. Sie übersehen, daß die gleiche Selbstverständlichkeit, mit der sie die soziale Wirklichkeit im Rahmen ihrer Vorstellungen und Wertungen strukturieren, auch bei den Eingeborenen gegeben ist, nur daß sich diese Selbstverständlichkeit auf andere Vorstellungen und Wertungen bezieht. So zeigt uns ein Beispiel eine Gruppe von Missionaren, die versuchte, Afrikanern das Biertrinken, das Tanzen und das Tragen von Perlen abzugewöhnen. Dabei wurde übersehen, daß die Afrikaner keinen Zusammenhang zwischen Bier, Tanz und Perlen auf der einen Seite und Religion und Moral auf der anderen sehen. Bier war in der betreffenden Gesellschaft nichts anderes als ein Nahrungsmittel und führte nur selten zu Trunkenheit; Perlen waren ein Kleidungsstück und hatten keinerlei religiöse Bedeutung; und der Tanz hatte nichts mit Moral zu tun. Die Eingeborenen reagierten daher schon aus diesem Grunde ablehnend auf die Bekehrungsversuche der Missionare, und zusätzlich, weil sie von den für sie sinnvollen und guten Gewohnheiten nicht ablassen wollten[37]. Typisch in diesem Zusammenhang ist auch die Erfahrung von Nelida, einer Angestellten des Gesundheitsdienstes in einer Landgemeinde Perus. Sie hatte die Aufgabe, Haushaltungen der kleinen Stadt Molinos aufzusuchen und den Hausfrauen gewisse hygienische Kenntnisse beizubringen. Da kein Kanalisationssystem bestand und das Wasser sehr schlecht und verunreinigt war, konnte dem Auftreten von Typhus und solchen Krankheiten, die durch schlechtes Wasser verursacht werden, nur dadurch begegnet werden, daß das Trinkwasser abgekocht wurde. So einfach und gewöhnlich uns das Problem des Wasserabkochens erscheint, so vielfältig waren die Probleme, denen die Erzieherin begegnete. Zwar gab es in Molinos einige wenige Personen, die bereits ihr Trinkwasser abkochten; als sich aber die Angestellte des Gesund-

---

37 Vgl. Eugene A. Nida, How the Word is Made Flesh: Communicating the Gospel to Aboriginal Peoples. Princeton 1952.

heitsdienstes mit diesen Frauen unterhielt, mußte sie erkennen, daß die Vorstellung der Verunreinigung des Wassers nicht das geringste mit dem Abkochen zu tun hatte, daß vielmehr bestimmte magische Vorstellungen diese Frauen infolge bestimmter Erkrankungen zum Abkochen, d. h. für sie zum „heiß machen" veranlaßten. Jene Frauen aber, die täglich das Wasser „heiß machten", obgleich niemand von der Familie krank war, stempelten sich zu Außenseitern. Da ein Gesunder in Molinos kein gekochtes Wasser trinkt und abgekochtes Wasser in Molinos mit Kranksein in Verbindung gebracht wird, lernen die Leute von Molinos schon von frühester Kindheit an, das „heiße" Wasser zu verabscheuen. Dementsprechend wurden die vorerwähnten Frauen, die sich über das Wasserabkochen zu Außenseitern gestempelt hatten, nach Möglichkeit von der Dorfgemeinschaft gemieden. Diese Erfahrung erscheint uns so aufschlußreich, daß es uns erlaubt sei, aus dem diesbezüglichen Bericht auszugsweise zu zitieren: „Wir haben gesehen, daß ein so gewöhnliches Problem wie das Kochen von Wasser von kulturellen Normen abhängt ... Dies weist darauf hin, daß selbst die größten Selbstverständlichkeiten irgendeines Aktionsprogrammes, wenn man sie näher untersucht, mit völlig unerwarteten kulturellen Aspekten in Zusammenhang stehen können und Bedeutungen besitzen, die für Erfolg oder Mißerfolg des Programms entscheidend sein können ... In allen Kulturen sind weder die Sitten noch die Menschen nach außen abgeschlossene Inseln. Glaubensüberzeugungen, Sitten und Gebräuche sind Teile eines kulturellen Systems; sie hängen mit anderen Überzeugungen zusammen, stützen diese und werden ihrerseits von ihnen getragen. Dieses Prinzip, das in einer ‚ruhigen' Gesellschaft nicht so leicht erkennbar ist, wird verdeutlicht, sobald ein Aktionsprogramm die Gesellschaft ‚stört'. Es genügt nicht, daß die Leute, die das Programm durchführen, die einzelnen Sitten und Gebräuche der Gemeinde kennen. Sie müssen auch wissen, wie diese untereinander verbunden sind. Sonst laufen sie Gefahr, fremdartige, seltsame oder ‚unlogische' Sitten als zufällig oder als Launen unwissender Menschen zu betrachten. Man darf auch nicht glauben, daß neue hygienische Gewohnheiten einfach den vorhandenen angefügt oder daß alte gleichsam ‚subtrahiert' und neue ‚addiert' werden können. Der Versuch, in Los Molinos auch für die Gesunden gekochtes Wasser einzuführen, beleuchtet dieses Problem.

Der Gesundheitsdienst möchte, daß die Leute das Wasser kochen, bevor sie es trinken, und glaubt, daß diese Gewohnheit einfach hinzugefügt werden kann. Irgendwo zwischen dem Wasserholen und dem Wassertrinken sollte eine neue Handlung eingefügt werden, nämlich das Kochen. Sicher bedeutet dies nicht, daß die Gemeinde ihr Leben völlig ändern oder tiefverwurzelte Gewohnheiten aufgeben muß, ja man braucht dafür nicht einmal Geld auszugeben. Man legt den Leuten nur nahe, das Wasser zu kochen, bevor sie es trinken. Doch, wie gesagt, ist das Wasserkochen kein so einfaches Problem und vor allem kann es den schon bestehenden Gewohnheiten nicht einfach hinzugefügt werden, weshalb man die relativ enttäuschende Reaktion nicht einfach auf Apathie, Unwissenheit oder Starrköpfigkeit zurückführen darf. Daß die Hausfrauen das Trinkwasser kochen und daß auch gesunde Leute gekochtes Wasser trinken sollten, sind Fragen, die viele Faktoren berühren, nämlich die Ökologie der Gruppe, die wirtschaftlichen und sozialen Unterschiede, die kulturellen Überzeugungen und das Verhalten."[38]

E. Die Wirkungsanalysen

In unserer Darstellung der einzelnen Bereiche haben wir bereits an mehreren Stellen auf die Auswirkungen der Beeinflussungsversuche mit Hilfe der audio-visuellen Medien hingewiesen. Jedoch bei allen diesen auf Experimenten basierenden Hinweisen handelt es sich nahezu ausschließlich um mittelbare Reaktionen, d. h. um Effekte, von denen man nicht weiß, ob sie *anhaltend* sein werden. Untersuchungen über einen beharrlichen Verhaltenswandel aufgrund der Beeinflussung mit Hilfe audio-visueller Mittel gibt es kaum. Ausdrücklich erwähnt wird die Überprüfung eines langfristigen Verhaltenswandels in den All India Radio- und Fernseh-Experimenten, wobei die Tatsache, daß sich bei diesen Experimenten ein anhaltender Verhaltenswandel abzeichnete, fast ausschließlich den Diskussionsgruppen zugeschrieben wurde und nicht direkt den Massenmedien. Diese Erfahrung deckt sich mit den Beobachtungen der Feldforscher in Afrika: *Filmvorführungen allein, ohne Diskussion und ohne Kommentar, bewirken keinen langfristigen Verhaltenswandel.* Erst Erläuterungen, Aussprachen und insbesondere ausführliche Diskussionen bewirken einen kurz- und langfristigen Verhaltenswandel. Als besonders wirksam bei der Stabilisierung eines Verhaltenswandels erwiesen sich die Gruppendiskussionen. Denn erstens konnten in diesen Gesprächen neue Gruppennormen geboren bzw. bestehende gewandelt werden; zweitens stabilisierte die Gruppe über die neu geschaffenen Gruppennormen durch eine mehr oder weniger strenge soziale Kontrolle diesen Verhaltenswandel bei den einzelnen Gruppenmitgliedern.

---

38 Edward Wellin, Water Boiling in a Peruvian Town. In: Benjamin D. Paul (Hrsg.), Health, Culture, and Community. New York 1955; deutscher Text: Wasserkochen in einer peruanischen Stadt. In: Peter Heintz (Hrsg.), Soziologie der Entwicklungsländer. Köln/Berlin 1962.

Überhaupt ist die Frage der *sozialen Kontrolle* bei allen Überlegungen und insbesondere bei der Feststellung von Wirkungen von beachtlicher Bedeutung. Nehmen wir die Kinder einer kleinen afrikanischen Dorfgemeinde, die mit Hilfe eines besonderen Schulprogramms ausgebildet wurden und nunmehr neue Möglichkeiten sehen zu denken, zu fragen und zu überlegen. Was geschieht, wenn diese Kinder abends zu ihren Eltern heimkehren, die diesen „Neuerungen" noch fernstehen? Schon allein um ihr Selbstbewußtsein zu sichern und ihre Position zu behaupten, werden die Eltern eine feindliche und abwertende Einstellung zur Schule und zu dem Gelernten einnehmen, wie eine Anzahl von Erfahrungsberichten schon gezeigt hat. Damit werden sowohl die Kinder als auch die Eltern in eine Konfliktsituation geführt, die früher oder später durch eine wie immer geartete soziale Kontrolle zur Abkehr von der Schule führt oder zur Trennung von den Eltern bzw. dem Elternhaus. Um diesen Schwierigkeiten vorzubeugen, hat man in Niger beispielsweise zu Beginn des Versuchs der Unterrichtung von Kindern mit Hilfe des Fernsehens viel Zeit darauf verwandt, die Eltern aufzuklären und gibt diesen fortlaufend die Möglichkeit, am Unterricht teilzunehmen. Auf diese Weise hat man versucht, die Konfliktsituation zu umgehen oder zumindest die soziale Kontrolle zum Vorteil der Erziehungsunternehmen zu nutzen.

Sowohl über das Problem der sozialen Kontrolle als auch über die Probleme der Wirkungen der audio-visuellen Medien kennen wir ungezählte, auf die westlichen Länder ausgerichtete Untersuchungen und Zusammenstellungen. Es erhebt sich die Frage, ob wir aus diesen Forschungen für die Entwicklungsländer irgendwelche Hinweise beziehen können. Bei den meisten dieser Zusammenstellungen fällt es auf, daß, wenn auch der Frageansatz vieler empirischer Untersuchungen sehr interessant ist, die Ergebnisse jedoch meist mit der Bemerkung versehen sind: „Um zu einer genaueren Aussage zu kommen, sind weitere Studien erforderlich." Nicht zuletzt trägt zu dieser Einschränkung der Untersuchungen die Tatsache bei, daß sich manche Wirkungen erst nach langer Zeit beobachten lassen und auch dann kaum als die Auswirkungen eines einzigen Mediums feststellbar sind. Wenn derlei Untersuchungen für unsere Zwecke nur von sehr begrenztem Interesse sind, dann schon darum, weil die Forschungen in westlichen Ländern von der Voraussetzung ausgehen, daß das Fernsehen als sozio-kulturelle Institution zu einem Bestandteil der Kultur geworden ist, sei dies als Werkzeug der Information, der Belehrung oder der Unterhaltung. Mithin untersuchen die meisten Forschungen die Auswirkungen der Institution Fernsehen in rein funktioneller Richtung, also z.B. Fragen wie „Fernsehen und Kriminalität", „Fernsehen und Freizeitgestaltung" u.a.m. Die Funktionen des Fernsehens, so wie sie in den westlichen Ländern heute erkannt werden, sind jedoch vollständig andere als diejenigen, die sich in den Entwicklungsländern aufweisen lassen. In den westlichen Ländern ist das Fernsehen (ebenso wie die Presse, der Film oder der Rundfunk) eine strukturierte Institution unter vielen, die von der Gesellschaft mit gewissen Funktionen ausgerüstet wurde, um Bedürfnisse eben dieser Gesellschaft zu befriedigen. In den Entwicklungsländern soll mit Hilfe des Fernsehens und der anderen Medien, die allesamt noch nicht strukturiert sind, erst einmal aus vielen kleinen, sozial und kulturell unzusammenhängenden Gruppen eine Gesellschaft geboren werden.

Insofern sich westliche Untersuchungen ausschließlich auf die Wissensbereicherung durch das Fernsehen beziehen, sind sie für die Entwicklungsländer von gewissem Interesse. Und wenn sich aus diesen Untersuchungen entnehmen läßt, daß das Fernsehen sowohl zur Wissensbereicherung als auch zur Information erheblich beiträgt, sich jedoch hindernd auswirken kann auf das Denkvermögen und die Denkleistungen im aktiv-dynamischen Sinn, dann ist dieser Hinweis für den Einsatz der audio-visuellen Medien als Aufklärungs- und Erziehungsinstrument in den Entwicklungsländern insofern von Interesse, als sich darin indirekt die Erfahrung bestätigt, die wir bereits in den vorausgegangenen Erörterungen mehrfach unterstrichen haben, nämlich, daß Filme erst dann wirklich aufgenommen und verarbeitet werden und Wirkungen im Verhalten der Betrachter hervorrufen, wenn das Geschaute und Gehörte mit Hilfe von Diskussionen oder ähnlichem durchgearbeitet und erarbeitet wird.

So groß auch in den westlichen Industriegesellschaften die Flut der empirischen Untersuchungen über die Auswirkungen der audio-visuellen Medien auf das Verhalten von Erwachsenen und Kindern ist, so selten sind entsprechende Forschungen in den Entwicklungsländern. Zwar konnten wir einige Forschungen und Erfahrungsberichte zitieren, die über die mehr oder weniger erfolgreiche Anwendung, über die Schwierigkeiten und die Probleme audio-visueller Medien in den Entwicklungsländern berichten, aber bei der überwältigenden Mehrheit der zitierten Berichte handelt es sich um keine eigentlichen Forschungen, vielmehr um kurze Erfahrungsberichte, um Impressionen, die nur flüchtige Eindrücke widerspiegeln, ohne dabei sonderlich ins Detail zu gehen. Gerade der zuletzt erwähnte Mangel fällt immer wieder auf und dürfte sich wohl aus der Tatsache erklären, daß es einfacher ist, Eindrücke oder Begebnisse in verallgemeinernden Formen wiederzugeben, als genaue Beobachtungsergebnisse festzuhalten. Die wahrlich wissenschaftlich fundierten Forschungen unter den vorliegenden Berichten lassen sich praktisch an einer Hand abzählen. Und auch diese Forschungen sind nur von sehr begrenztem Aussagewert, da es ihnen an einer einheitlichen Sprache im wissenschaftlichen Sinne mangelt und weil die Berichte in den unterschiedlichsten und oft kaum miteinander zu vereinbarenden Bezugsrahmen verfertigt worden sind. Hier macht es sich am deutlichsten bemerkbar, daß die meisten Experimente, auch solche, die von angesehenen Organisationen wie der UNESCO z.B. lanciert wurden, ohne gewissenhafte Planung sofort gestartet wurden, nachdem die Finanzierung gesichert war. Vor diesem blinden Eifer kann nur auf das Eindringlichste gewarnt werden.

Anschrift des Verfassers
Prof. Dr. Alphons Silbermann
Institut für Massenkommunikation
der Universität zu Köln
D – 5 Köln 41
Berrenratherstr. 138

Kultur-Ausstellungen in Entwicklungsländern.
Einige Überlegungen zur kulturpolitisch organisierten interkulturellen Ästhetikvermittlung

von Axel Schmalfuss, Köln

> „Wenn du die Kunst genießen willst, mußt du ein künstlerisch gebildeter Mensch sein."*

I. Vorbemerkung

Der Titel sollte ursprünglich anders gelautet haben, die Arbeit anders angelegt sein: „Kulturausstellungen in Entwicklungsländern. Eine medienkritische Analyse, vollzogen an den Ausstellungstournées des Goethe-Intituts, des Instituts für Auslandsbeziehungen und von Inter Nationes." Wie jedoch – und ich frage nicht nur die Institute – soll eine medienkritische Analyse (Kritik kann ja auch positiv sein!) durchgeführt werden, wenn die betreffenden, zur Institution gewordenen Assoziationen sich bis auf eine Ausnahme weigern, nötiges Dokumentationsmaterial zu liefern? Das „Institut für Auslandsbeziehungen" sei hier als Ausnahme aufgeführt. Mir wurden auf meinen Wunsch hin die Tätigkeitsberichte von 1965 bis 1970 (der Tätigkeitsbericht von 1969 ist vergriffen) zugesandt, wofür ich mich freundlichst bedanke. Das Goethe-Institut und Inter Nationes verweigerten meine Anforderungen nach Informationsmaterial mit dem Hinweis, ich solle mich ans Institut für Auslandsbeziehungen wenden bzw. diese Berichte seien nur Ausländern zugänglich. Es ist offensichtlich, daß hier Planung und „Kontrollverzicht" zusammenfallen.

Nun wird man jedoch, mit der unterlassenen Themenstellung konfrontiert, vor ein mehrfaches Dilemma gestellt: Einerseits geht es nicht, von einer Liste vollzogener oder geplanter Kunstausstellungen ausgehend, eine medienkritische Analyse zu unternehmen. Dazu sollte man die Ausstellungen auch gesehen haben. Andererseits vermag und mag ich es nicht, irgendwelche objektiven Qualitätsstandards zur Be- und Verurteilung von Kunstwerken aufzustellen. Persönliche Präferenzen sind natürlich vorhanden, sie sollten jedoch nicht die Kritik bestimmen. Ihre untergründige Beeinflussung, selbst bei der Formulierung theoretischer Aussagen, kann aber keiner Kontrolle unterliegen.

---

* Marx-Engels Werke. Berlin 1968. Ergänzungsband, 1. Teil, Seite 567.

Damit ist grob die Ausrichtung dieser Arbeit aufgezeigt: Die auf einige Aspekte beschränkte Theorie von Kunstausstellungen in Entwicklungsländern.

II. Kunst in intrakultureller Sicht

Ob in Literatur- oder Musiksoziologie, ob in der Soziologie der bildenden Künste, man ist sich seit den Anfängen der Soziologie darüber klar und einig, daß es sich bei der Analyse der Kunst mit ihrer analytischen Dreiteilung in Produzent, Produkt und Rezipient um die Untersuchung von „faits sociaux" und nur darum handelt. Ob die Betrachtungen wertfrei oder wertbetont, marxistisch, positivistisch oder kritisch-rational ausgerichtet sind, alle Vertreter dieser Richtungen stimmen mehr oder weniger deutlich darüber überein, daß die Kunst dem Überbau bzw. der Ideologie zuzurechnen sei, daß sie jedoch (und daher) von der Basis, der ökonomischen Gesellschaftsformation, der geschichtlichen Existenz, vom Sozialen abhängig ist. „Die gesellschaftlichen Bedingungen sind dabei eine Struktur mit Dominanten, nicht mehr, aber auch nicht weniger"[1]. Allein von der Ökonomie auszugehen als von etwas nicht weiter Ableitbarem und Gegebenem, verwandelt die Einsicht in ökonomische Prozesse in ihr Ergebnis (Karel Kosík), führt zur Fetischisierung der Ökonomie[2].

Es ist höchste Zeit, kooperative Forschung zu unternehmen: Physiologische und soziologische Determinanten künstlerischer Kreativität. Dabei mag noch so sehr bedauert werden, daß „Kreativität" zum modischen Wort geworden ist; es muß berücksichtigt werden, daß es einen Schlüsselbegriff (wie Identität) zum Verständnis nicht nur von Kunst, sondern u.a. auch von Wissenschaft darstellt.

Ich verzichte darauf, sowohl Kunst als auch Ästhetik zu definieren, ich erachte es an dieser Stelle nicht für notwendig. Denjenigen, die mir diesen Verzicht vorwerfen, möchte ich entgegnen, daß die Mehrzahl soziologischer und anthropologischer Texte ebenfalls nicht damit beginnen, zum Beispiel „Religion" oder „Verwandtschaft" zu definieren; und diese „Gegenstände" sind ebenso schwer zu definieren wie „Kunst". Auf eine durchaus amüsante wie vielleicht sogar erhellende Deskription der verschiedenen Theorien muß allein aus Raumgründen verzichtet werden. Allerdings müssen wir bis auf weiteres die Tatsache akzeptieren, daß Kunst als analytische Kategorie der kulturellen Tradition der „Zivilisation" zuzuschreiben ist.

---

1 Urs Jaeggi, Literatur und Politik. Ein Essay. Frankfurt 1972. S. 35 f.
2 A.a.O., S. 25.

Daran gerade liegt es mir bei dieser kurzen Erörterung: „Zivilisation", wie wir sie vor allem im deutschen Sprachdenkraum vorfinden, ist nichts anderes als den „civis" betonende „Kultur"; dabei geht — ideologiekritisch betrachtet — eine durchaus als vorläufig anzusehende Entwicklung in einen sich als endgültig gebenden Begriff ein[3].

Berücksichtigen wir also die bürgerliche, die hoch- oder spät-, jedenfalls industrialisierte Gesellschaft, die ja in dieser Ausformung, wie wir sie zu sehen glauben, keine „nationale Einrichtung", sondern „Resultat" einer wirtschaftlichen, sozialen, kulturellen und wenigstens europäischen Entwicklung ist. Innerhalb unserer „eigenen" Kultur stellen wir eine sich scharf abzeichnende Diskrepanz zwischen Künstler/Kunstprodukt/Rezipienten(quasi)gruppe im Vergleich zur nationalen Gesamtbevölkerung fest. Zwar wird der Künstler in seiner marginalen Position von der bürgerlichen Gesellschaft zu einem erstaunlichen Ausmaß aktiv geduldet[4], seine Erzeugnisse werden jedoch nur von einer relativ kleinen Schicht, die von ihrer Bildung her im Hinblick auf die Gesamtbevölkerung als elitär zu definieren ist, besichtigt und in einer nicht feststellbaren „Kleinzahl" verstanden. An dieser Stelle nutzt uns der in der Kunstsoziologie überwiegend angewandte Rollenbegriff wenig. Wir sollten eher ergänzen, als uns, man verzeihe mir die normative Ausdrucksweise, gegen die MARX/ENGELsche Erkenntnis versperren, daß das Sein nicht durch das Bewußtsein, sondern das Bewußtsein durch das Sein bestimmt wird, und daß die herrschenden Ideen einer Zeit stets nur die Ideen der herrschenden Klasse waren. Inzwischen werden ja die herrschenden Ideen ebenso und noch viel stärker von den Beherrschten vertreten (was für die Psychoanalyse ein bereits geklärtes Phänomen darstellt, obwohl, dies sei zur Berücksichtigung angeboten, der Angegriffene in diesem existentiellen Falle den Angriff und die Angreifer nicht mehr ausmachen kann). Wir erkennen, daß die bürgerlichen Normen von der ganzen Nation, vom ganzen „Kulturkreis" produziert werden, sie werden daher als offenbare Gesetze einer „natürlichen" Ordnung erlebt.

Ich beziehe mich auf den sozialen Tatbestand der intrakulturellen, als subkulturell bezeichneten Differenzen innerhalb der Gesellschaft. Die Soziolinguistik hat die Sprachbarrieren, die soziale Chancen bestimmen und beeinträchtigen, bereits festgestellt. Sprache ist ebensosehr „symbolic interaction"

---

3 Zum Begriff der „Zivilisation" und „Kultur" siehe u.a. René König und Axel Schmalfuß (Hrsg.), Kulturanthropologie. Düsseldorf 1972.
4 Siehe u.a. René König, Vom Beruf des Künstlers. In: René König, Soziologische Orientierungen. Vorträge und Aufsätze. Köln/Berlin 1965. Und auch: René König und Alphons Silbermann, Der unversorgte selbständige Künstler. Köln/Berlin 1964.

wie Malerei, Schreiberei und Komponiererei. Sprache hat jedoch den Vorteil, innerhalb eines Sprachbereiches von (fast) allen Menschen gesprochen und geschrieben zu werden. Analphabetismus wird allerdings auch nur vom „alphabetischen Partner" definiert, durch ihn institutionalisiert, dann von anderen internalisiert. – Zwar kann ich davon ausgehen, daß „alle Menschen" irgendwann einmal zeichnen (und sei's nur beim Telefonieren), doch ist die bildende Kunst, obgleich sie es mit durchaus vergleichbaren Symbolen zu tun hat, exklusiviert, in Museen verschoben, sozial isoliert. Der Kauf der Eintrittskarte ist fürs Budget der Museen leider notwendig, auf den einzelnen Besucher reduziert, bedeutet er jedoch auch die Legalisierung der Euphorie und – weniger pathetisch gesagt – organisierte Identifikation mit einem vorbestimmten Kulturbegriff.

Wir müssen uns darüber klar sein, daß es eine nicht nur für den Zweck dieser Arbeit idealtypische Dreiteilung gibt: Der „Wissende", „der Halbwissende", „der Unwissende". Es bilden aber – man erspare mir den Beleg – die „Wissenden" zusammen mit den „Halbwissenden" nur einen Bruchteil der Gesamtpopulation. Wir finden innerhalb „unserer eigenen" Gesellschaft „Entwicklungsgruppen", die, wenn man von ihrer Größe ausgeht, als „Entwicklungsländer" bezeichnet werden können, intrakulturell existente, von innerstaatlicher kultureller Entwicklungspolitik (Bildungspolitik) ignorierte, den Großteil der Bevölkerung ausmachende Schichten, die weder didaktisch (ich meine nicht missionarisch) berücksichtigt, noch effektiv angesprochen werden. Andererseits gilt: „... die Erbauungs- oder Erweckungserziehung, die zwischen Lernenden und Lehrenden gemeinsame Werte, einen gemeinsamen Kode bedingen, setzt voraus, daß das System es mit seinen eigenen Erben zu tun hat. Die Gebildeten sind die Eingeborenen der oberen Bildungssphäre und neigen daher zu einer Art von Ethnozentrismus, den man Klassenethnozentrismus nennen könnte (BOURDIEU). Eine bestimmte Wahrnehmungsweise, eine bestimmte Sensibilität wird für selbstverständlich, als in der Sache begründet gesehen, obwohl es nur Möglichkeiten unter anderen sind. Die Ästhetik der kulturell dominierenden Klasse ist eine Dimension ihres „Ethos"[5].

Innerhalb des intrakulturellen Bereichs zeigt sich noch ein anderes Phänomen, das in unserem kleinen Rahmen angeführt werden muß. Nicht nur wird die Kunst im Museum sozial isoliert, sondern die mit der Renaissance ansetzende Individualisierung künstlerischer Arbeit hat mittlerweile zu einem Kommunikations- bzw. Verständnischaos zwischen Künstler und Bevölkerung geführt. „Die Kunst ist tot!" „Es lebe die Anti-Kunst!" „Alles ist Kunst!"

5 Urs Jaeggi, a.a.O., S. 31 f.

Das sind Aussprüche von Künstlern. Ihre Werke lassen sich in diese programmatischen Kategorien einordnen. Zwar sah ORTEGA Y GASSET gerade im Unverständnis gegenüber zeitgenössischer Kunst das soziale Element, mehr und mehr Künstler reden aber von ihrer Intention, die Gesellschaft oder/und das Bewußtsein verändern zu wollen. „Aber auch da wäre zu fragen, ob das Bewußtsein", und damit die Gesellschaft, „nicht weitaus mehr durch die Wissenschaften und die Politik verändert werde, und was die Künste über sie hinaus zu leisten imstande seien. Heute schon kann als sicher gelten, daß die Künste hinter den Naturwissenschaften, der Verhaltensforschung, der Psychologie und Psychoanalyse, der Soziologie, der Wahrnehmungsforschung herhinken und an „Bewußtsein" allenfalls eine emotionale, anschaulichere und populäre Verbreitung mancher Erkenntnisse bewirken, die ursprünglich weder durch sie erfunden noch gefunden worden sind. Jedenfalls ist die Bewußtseinsbildung der Künste keine auf direktem Wege, sondern ein außerordentlich differenzierter Prozeß, der mit Hilfe der Interpretation erst herausgeschält werden muß."[6]

Nun zeigt sich aber andererseits in den Äußerungen anderer Künstler ein durchaus „affirmativer" Charakter zeitgenössischer Kunst. „Ich denke daran, Plastiken serienmäßig in Zusammenarbeit mit der Industrie herzustellen. Die industrielle Fertigung ermöglicht ein künstlerisches Programm nahezu fehlerfrei und vollständig zu realisieren und die Ergebnisse zu Preisen anzubieten, die der allgemeinen Marktlage gerecht werden. Es ist abzusehen, daß wir, die unabhängigen Einzelgänger, nicht bleiben können, die wir waren, und daß die Kunst gezwungen ist, sich in die Kette aus Marktforschung, Serienproduktion und Vertriebsapparat einzureihen."[7]

Nach diesen Worten ist das „Kunstwerk" nicht mehr nur Ware, es ist in allen seinen Eigenschaften zum Industrieprodukt geworden, also auch dessen (eingeplanten) Verfallserscheinungen ausgesetzt. Es ist anzunehmen, daß dieses vom Künstler industriell gefertigte Produkt, sollte es zudem noch eine für den Konsumenten praktische Funktion haben, eine größere gesellschaftliche Integration erfährt. Allemal wird dies der Fall sein, wenn man zusätzlich noch auf die traditionsbetonende, belastende Bezeichnung „Kunst" verzichtet. Dies mag uns zu einer ebenso gewagten wie verführerischen Feststellung veranlassen: Auf dem Stand unserer wirtschaftlichen und technischen Entwicklung scheint „die Kunst" wieder zu dem zu werden, was sie in älte-

---

6 Marianne Kesting, Zwischen Anarchie und Verplanung. Zur Funktion der Kunst in der Industriegesellschaft. In: Rolf Wedewer und Lothar Romain (Hrsg.), Kunst als Flucht, Flucht als Kunst. Zur Kritik künstlerischer Ideologien. Opladen 1971. S. 92.
7 Harry Kramer in „Die Zeit" vom 21. 6. 1968.

ren, kleineren, „primitiven" (Stammes-)Gesellschaften war und ist, zum voll integrierten Bestandteil des sozialen Lebens. Diese Gesellschaften fanden und finden wir jedoch in den Gebieten der sogenannten Entwicklungsländer.

III. Kunst in Entwicklungsländern

Wie wir bereits weiter oben gesagt haben, wird „Analphabetismus" vom „alphabetischen Partner" definiert. Ähnlich verhält es sich mit den Begriffen „Entwicklungsländer", „unterentwickelte Gesellschaften oder Gebiete", wobei aber noch zu berücksichtigen ist, daß es, wie wir sehen, in unserem kulturellen und gesellschaftlichen Kontext schichtspezifischen und subkulturellen Analphabetismus, intrakulturelle Entwicklungsgebiete, „unterentwickelte" Bevölkerungsgruppen gibt.

Spätestens seit der Übernahme besonders afrikanischer Kunst in den Fauvismus, den Expressionismus, in die Arbeiten von PICASSO, GAUGUIN und vieler anderer Künstler in Frankreich und Deutschland, ist die Kunst der Entwicklungsländer keine unterentwickelte Kunst. Das bedeutet natürlich nicht, daß sie auch gleiche gesellschaftliche Funktionen hatte oder hat, wesentlich ist außerdem, daß der Künstler eher Handwerker als Idol, seine Produkte eher sozialen Selbstverständlichkeiten und sozialen Notwendigkeiten entsprechen als Prestigebedürfnisse von Elitegruppen erfüllen. Im Gegensatz zu der durch hochdifferenzierte Arbeitsteilung bestimmten marginalen Position des Künstlers in den kapitalistischen, sozialistischen und kommunistischen Industriegesellschaften nimmt der Künstler in den Gesellschaften der Entwicklungsländer eine durch seine Nähe zum Magischen und Praktischen bestimmte, durch den Gebrauchswert seiner Arbeit festgesetzte zentrale Stellung ein. Wir müssen allerdings einschränkend bemerken, daß dies wohl nur noch in abgelegenen Gebieten der Entwicklungsländer der Fall sein kann. In den Städten zumindest haben wir eine mit dem interkulturellen Kontakt entstandene Diffusion zu erwarten.

Vor allem die Kolonialmächte und später die Entwicklungshilfe verteilenden Industrienationen auferlegten der „Dritten Welt" nicht nur ein fremdes Denk- und Wertsystem, sie zerstörten, besonders in einigen Ländern Latein-Amerikas, zu allererst Hochkulturen durch Gewalt. In der Gegenwart geführte Kriege in der Dritten Welt, mögen sie nur von drittweltlichen Parteien unternommen werden, stehen auch in der Interessenkonstellation westlicher und östlicher Industrienationen. Zusätzlich wurden die „Kulturmanifestationen" der „primitiven" Gesellschaften außer Landes geschafft und in Privatsammlungen und Museen konserviert. Viel leiser läuft aber außerdem ein Vorgang ab, den man als Akkulturation bezeichnet. Es handelt sich um die Aneignung fremder Kulturelemente durch die Träger einer gegebenen Kultur, ohne daß die übernehmende Gruppe das Bewußtsein ihrer Gruppeneigenart verlieren muß. Diese Aneignung ist jedoch selten freiwillig. Vielmehr geschieht sie unter Druck einer Macht, innerhalb eines Herrschaftsgefälles, in diesem Falle durch den von drittweltlichen Eliten durchaus als freiwillig deklarierten Erwerb der Elemente der „entwickelten Nationen". Selbstverständlich setzt der Akkulturationsvorgang Kommunikation voraus. Beide sind ohne ein „Angebot" undenkbar und resultieren in Selektion und Synthese. Für den Künstler in Entwicklungsländern bedeuten diese Entwicklungen zum einen, daß er beispielsweise Sammlungen wie die von N. ROCKEFELLER in den USA sehen müßte, wollte er an Glanzstücke seiner eigenen künstlerischen kulturellen Tradition anknüpfen. Zum anderen sieht er sich mit einem seine Gesellschaft überlagernden Wert- und Normensystem konfrontiert, das ebenfalls die visuelle Symbolik bestimmt, Ausdrucks- und Verständnisformen strukturiert. Die durch die „Entwicklung" verursachte Auflösung traditionaler Gesellschaftsformen verändert auch die Position und Funktion des Künstlers in Entwicklungsländern. Die damit zusammenhängende Identitätskrise finden wir auch in der eigenen Kultur. Sie resultiert im Verschwinden von „Volkskunst" und der Anpassung an eine stärker und deutlicher werdende übernationale, interkulturelle Kunst, die Kunst der westlichen Welt.

IV. Konsequenzen interkultureller Kunstausstellungen

Interkulturelle Kunstausstellungen werden hier diejenigen Ausstellungen genannt, die von den Entwicklungshilfe gebenden Ländern in Entwicklungsländern veranstaltet werden, und durch die Elemente einer Kultur in eine andere Kultur getragen werden. Weshalb geschieht dieser Kulturtransport? Für die Bundesrepublik wie für die anderen Gebermächte gilt, daß Kunstausstellungen im Rahmen der Kulturpolitik abgewickelt werden und die Funktion direkter oder indirekter Glorifikation, Repräsentation, das Ziel „nationaler Selbstdarstellung" oder Werbung haben. Das „Volk der Dichter und Denker" will seine bildenden Künstler selbstverständlich nicht von der Kulturreklame ausschließen. Nun ist aber „Nation" längst nicht mehr gleichbedeutend mit „Kultur", die zunehmend internationalisiert ist. So sehr „nationale moderne Kunst" im eigenen Lande miß- und unverstanden ist, so sehr gleicht sie sich auf einer internationalen Ebene an. Sowenig, wie Kunst ethnisch definiert werden kann, sowenig kann sie national bestimmt werden.

Ein Blick in den Tätigkeitsbericht des Referats Ausstellungsdienst des Instituts für Auslandsbeziehungen, für die Jahre 1970 und 1971 zeigt für die bildenden Künste: bis auf die Ausstellungen „Deutsche Gebrauchsgraphik" und „German Posters" (man verzeihe mir die Berücksichtigung dieser Ausstellungen in der Rubrik „Bildende Kunst"; ich meine jedoch, sie gehören hierher) sind sämtliche anderen Ausstellungen der Klassik (DÜRER, Deutsche Handzeichnungen des 15. und 16. Jahrhunderts, Portraitzeichnungen des 15. und 16. Jahrhunderts) und der „klassischen Moderne" (Deutscher Expressionismus, Bauhaus, BARLACH, BAUMEISTER, KOLLWITZ, MACKE und KLEE) zuzuordnen. Eine Aufstellung im Tätigkeitsbericht von 1970 ergibt:

in Europa	ca. 62	Ausstellungen
in Nordamerika	ca. 42	"
in Lateinamerika	ca. 46	"
in Afrika	ca. 28	"
in Asien	ca. 32	"
in Australien	ca. 9	"
insgesamt	ca. 219	Ausstellungen[8].

Wir sehen, daß die Kunst der Nachkriegszeit bis auf die beiden Ausstellungen gebrauchsgraphischer Kunst ignoriert worden ist. Diese Betonung der historischen Profilierung mag auch darin begründet sein, daß die moderne Kunst keine nationalen bzw. kulturspezifischen Merkmale mehr aufzuweisen hat. Zum zweiten zeigt sich, daß allein in Europa und Nordamerika mehr Ausstellungen (dazu gehören bei dieser Aufstellung aber auch die Repräsentationen für Musik, Theater, Architektur, Philosophie, Denkmäler, Postwertzeichen u.a.) veranstaltet wurden als in Lateinamerika, Afrika und Asien zusammen. Diese Erdteile bzw. Kontinente beherbergen jedoch die Entwicklungsländer, die Dritte Welt. Breitenwirkung als Ziel vorausgesetzt, kann auf eine ausführliche Behandlung der Frage nach dem Sinn von Kunstausstellungen in Entwicklungsländern verzichtet werden. Sie beantwortet sich implizit von selbst, wenn wir berücksichtigen, daß selbst im eigenen Lande Kunstrezeption schichtbestimmt ist, und daß in anderen Kulturen der Umfang dieser ästhetisch maßgebenden Elite — die sich nicht mit anderen bestehenden Eliten (z.B. Machteliten) deckt — vom Maß der Angleichung an hoch-

---

[8] Darin sind die Ausstellungen eingeschlossen, die durch die deutschen Kultur- bzw. Goethe-Institute veranstaltet und die durch die jeweils zuständigen diplomatischen oder konsularischen Vertretungen vermittelt bzw. veranstaltet wurden.

industrialisierte Gesellschaftsstrukturen abhängt. Das bedeutet, daß wir in Entwicklungsländern nur mit einer schmalen Elitenschicht zu rechnen haben[9].

„Kulturelle Herrschaft ergibt sich aus der Fähigkeit bestimmter Personen, andere durch Identifikation, Symbolik, Wertvorstellungen in eine bestimmte Richtung zu lenken"[10]. Kunstausstellungen im Ausland, in Entwicklungsländern dienen diesem Zweck, der die schon oben angesprochene Akkulturation zur Folge hat.

Mit dem strukturellen Abstand zwischen Geber- und Empfängerkulturen wächst die Gefahr extremer negativer Folgen der Akkulturation, die auf der individualpsychologischen Ebene im Identitätsverlust resultieren. Im günstigsten Falle zeigt sich auf künstlerische Manifestationen bezogen eine „freiwillige" Änderung von Form und Inhalt unter Einbeziehung der fremden kulturellen Stil- und Wertinhalte. Wir können nur mit Verbitterung bemerken, daß „Kunstexperten" den akkulturativen Prozeß ignorieren und einen Qualitätsverlust gegenüber dem ursprünglichen „reinen" Werk glauben registrieren zu müssen. Daß dem nicht so sein muß, zeigen die künstlerischen Manifestationen der Navajos, der Eskimos und anderer Kulturen[11].

Das Bedauern der Verminderung von Qualität durch den Verlust kultureller Reinheit und Ursprünglichkeit ist die übersteigerte maßlose Ignoranz desjenigen, der die Kunst, den Künstler und seine Arbeiten nicht in Zusammenhang mit sozialer Struktur und der Konsequenz der Veränderung dieser Struktur sieht.

Anschrift des Verfassers
Axel Schmalfuß
5 Köln 41
Berrenratherstr. 134a

---

9 Vgl. Eva M. Marischen, Das Publikum der Goethe-Institute in Rom und Tunis. Soziologische Studie der auswärtigen Kulturpolitik der Bundesrepublik Deutschland. Diplomarbeit an der Wiso-Fakultät, Köln 1971.
10 Karl Otto Hondrich, Politische Macht und wirtschaftliche Entwicklung. Macht und Herrschaft als Kategorien der Entwicklungssoziologie. In: Aspekte der Entwicklungssoziologie. Sonderheft der Kölner Zeitschrift für Soziologie und Sozialpsychologie. 13 (1969), herausgegeben von René König, unter Mitwirkung von Günter Albrecht, Wolfgang Freund und Dieter Fröhlich. Köln und Opladen 1969. S. 370.
11 Siehe die ausgezeichneten Ausführungen von Nelson, H. H. Graburn, Art und Acculturative Processes. International Social Science Journal. XXI,3 (1969).

Regionales

Das Goethe-Institut in Tunis. Eine Fallstudie[1]

von Eva Marischen, Köln

Von den vielen Zweigstellen des Goethe-Instituts in der Dritten Welt wurde diejenige in Tunis für eine kurze Darstellung herausgegriffen. Sie mag stellvertretend dastehen für eine Reihe anderer Kulturinstitute in den Entwicklungsländern, ohne jedoch im engeren Sinne repräsentativ zu sein. Dementsprechend gelten einige der Ausführungen auch für andere Institute in der Dritten Welt, bzw. in (Nord-)Afrika, während andere sich naturgemäß auf Tunis beschränken müssen.

Obwohl die Zweigstelle Tunis, die ihre Arbeit 1957 als Kulturabteilung der Deutschen Botschaft aufnahm, seit 1964 der Zentrale in München unterstellt ist, bildet sie für die Behörden in Tunis auch heute noch einen Teil der Botschaft. Das bedeutet, daß der deutsche Botschafter der direkte Vorgesetzte des Zweigstellenleiters ist und einen entsprechenden Einfluß auf die Arbeit des Instituts ausüben kann, wovon in der Regel aber wenig Gebrauch gemacht wird[2].

Trotz der starken französischen Präsenz im kulturellen Bereich und traditioneller Kontakte zu Italien hat sich das Goethe-Institut, das zunächst mit Sprachkursen begann und seine Tätigkeiten im Laufe der Jahre ständig erweiterte, einen festen Platz im Kulturleben der Stadt Tunis erobern können. In der Presse wird seine Arbeit hin und wieder lobend erwähnt. Radio Tunis nannte das Goethe-Institut in einer Reportage „eine echte Stätte der Begegnung"[3].

I. Spracharbeit

In der Phase des Aufbaus waren die Sprachkurse das erste und wichtigste Angebot der Zweigstelle; denn die Sprachschüler bildeten zu jener Zeit gleich-

---

[1] Diese Darstellung beruht zum Teil auf Beobachtungen, die die Verfasserin in Tunis machen konnte und auf Ergebnissen einer siebenwöchigen Untersuchung im Rahmen ihrer Diplomarbeit. Das gilt besonders für den Abschnitt über das Publikum.
[2] Allerdings wäre die Untersuchung, die die Verfasserin im Frühjahr 1970 in der Zweigstelle Tunis durchführte, fast am Einspruch des Botschafters gescheitert, da er einen Teil des Fragebogens unbequem und „impertinent" fand.
[3] Franz R. Enzweiler: Das Deutsche Kulturinstitut (Goethe-Institut). Zeitschrift für Kulturaustausch. 2 (1969), S. 182.

zeitig den festen Kern des Publikums bei den kulturellen Veranstaltungen. Als verläßliche Freunde ermöglichen sie dem Institut Kontakte zur Universität, zum Theater und zu den Massenmedien[4]. Auch heute noch sind Sprachschüler und Stammpublikum in nicht geringem Maße identisch.

In der Sprachabteilung arbeiten ein entsandter Dozent und 13 Ortslehrkräfte (1970), davon etwa drei Viertel Deutsche. Das Angebot umfaßte in den letzten Jahren jeweils zwischen 35 und 40 Kursen pro Saison; die Schülerzahl variiert entsprechend um 1000. Die meisten der Kurse (über 20) sind Anfängerkurse; für das zweite, dritte und vierte Unterrichtsjahr nimmt die Anzahl der Kurse rapide ab. Für deutschsprachige Kinder im Alter von 6–9 und von 10–12 Jahren wird je ein Kurs abgehalten, eine Einrichtung, die von den deutschen oder z.T. deutschen Eltern gerne in Anspruch genommen wird, da in Tunis keine deutsche Schule existiert. Dem Institut stehen zwei elektronische Klassenzimmer zur Verfügung.

Von den rund tausend Kursteilnehmern sind jeweils etwa 80 % Studenten und Schüler; der Rest besteht aus Lehrern, Ausländern, Journalisten und anderen Intellektuellen. Diese Zusammensetzung wird als „besonders glücklich" empfunden, ohne daß eine Begründung für diese Auffassung gegeben wird[5]. Wenn auch 1000 Schüler in der Statistik eine beachtliche Anzahl darstellen, so zeigt doch die Realität, daß in der Regel nur die Hälfte von ihnen bis zum Kursende durchhält, wie vom Lehrpersonal zu erfahren ist. Außerdem läßt die Aufteilung der Kurse vermuten, daß das vielleicht enthusiastische anfängliche Interesse am Erlernen der deutschen Sprache bald erlahmt (oder befriedigt ist), da nur wenige Teilnehmer länger als zwei Jahre eingeschrieben sind.

II. Bibliothek

Die Bibliothek, die von einer Kraft betreut wird, enthielt Ende 1970 knapp 4800 Bände, von denen ein knappes Viertel deutsche Literatur in französischer Übersetzung umfaßt. Es wird angestrebt, gerade diese Abteilung besonders zu erweitern, da mehr und mehr die Auffassung vertreten wird, daß es für die Leser oft leichter und/oder wertvoller ist, deutsche Autoren in einer guten Übersetzung zu lesen, zumal die Deutschkenntnisse vieler Interessenten nicht ausreichen, um die Literatur im Original zu genießen. Außerdem kann auf diese Weise der Leserkreis auf Personen ausgedehnt

---

4 Ebenda, S. 181.
5 Ebenda.

werden, die keinerlei Deutschkenntnisse besitzen. Die Neuanschaffungen der Zweigstelle tragen dieser Auffassung Rechnung: im Jahre 1970 waren von 120 Büchern mehr als die Hälfte Übersetzungen[6].

Die genaue zahlenmäßige Verteilung des Bestandes auf schöngeistige Literatur und einzelne Sachgebiete ist nicht bekannt. Neben dem üblichen Sortiment aus den verschiedenen Bereichen gibt es eine Reihe Kinderbücher, allerdings keine französischen, so daß nur die Kinder der sog. deutschen Kolonie von dieser Abteilung profitieren können. Was Kriminalromane in einem Kulturinstitut zu suchen haben, ist eine andere Frage. Ebenso bleibt offen, wem die beachtliche Anzahl von (wahrscheinlich geschenkten) Bildbänden über Deutschland nützlich ist, denn laut BÖLL gibt es „heute praktisch keinen einzigen Bildband", der für Ausländer als Erinnerung oder Darstellung brauchbar wäre[7].

Von den großen deutschen Tageszeitungen sind die „Welt", die „FAZ" und die „Süddeutsche" vorhanden. Wöchentlich treffen die „Zeit" und der „Spiegel" ein, von denen der letztere aber meist nicht aufzufinden ist, da er hauptsächlich von den Institutsangehörigen gelesen wird. Etwa zwanzig ausliegende Zeitschriften behandeln überwiegend Themen aus dem Bereich von Kunst, Musik, Film und Sprache. „Bravo" und „Twen", die regelmäßig geschickt wurden (allerdings unverlangt), hat man inzwischen abbestellt.

Rund 650 Leser waren im Frühjahr 1970 in der Bibliothek eingeschrieben. Zu den Benutzern der Bibliothek gehören auch eine Reihe von Schülern und Studenten, die dort sehr häufig ihre Arbeiten erledigen, da ihnen sonst offensichtlich keine adäquaten Räumlichkeiten zur Verfügung stehen. Eine Leserstatistik (z. B. nach Berufen) sowie eine Analyse der ausgeliehenen Bücher existieren nicht. Eine solche „Marktanalyse", wie sie in Rom schon ansatzweise durchgeführt wird, könnte einen besseren Aufschluß geben über den tatsächlichen Literaturbedarf des Publikums, zumal es immer mehr wünschenswert erscheint, dem Bedarf der Besucher nach ausländischen Kulturgütern in jeder Beziehung mehr Rechnung zu tragen als bisher, auch wenn — oder gerade weil — die zur Verfügung stehenden Mittel für die Ausstattung mit Büchern recht gering sind.

Neben Büchern können im Institut auch über 500 (meist klassische) Platten, über 100 Tonbänder und knapp 100 Dia-Serien zu verschiedenen Themen ausgeliehen werden, ein Angebot, das vom Publikum gerne in Anspruch genommen wird.

---

6 Goethe-Institut (Hrsg.): Jahrbuch 1970.
7 Winfried Böll: Die kulturelle Stellung der Bundesrepublik in der Völkergemeinschaft. In: D. Braun (Hrsg.): Deutsche Kulturpolitik im Ausland. München 1966. S. 73.

III. Kulturporgramm

Grundsätzlich hat in Tunis das Kulturprogramm Vorrang vor den Bereichen Bibliothek und Spracharbeit, zumal dort die deutsche Sprache — wie vom Institutsleiter klar gesehen wird — erst nach der französischen und italienischen gefragt ist[8]. So werden auch die weitaus meisten Veranstaltungen in französischer Sprache angeboten; neben einigen deutschen Darbietungen findet sich hin und wieder ein Vortrag in arabischer Sprache. Im Laufe der Jahre ist es dem Institut gelungen, eine „erstaunliche Breitenwirkung"[9] zu entfalten. Nicht zuletzt haben einige, für Tunis originelle Veranstaltungen, nämlich die Darbietung von DÜRRENMATTS „Physikern" (in französisch) und EICHS „Fis mit Obertönen" (in tunesischem Umgangsarabisch) als Dramatische Lesung mit verteilten Rollen dazu beigetragen.

Eine positive Wirkung für das Institut ist auch der Tatsache zu verdanken, daß dort tunesischen Nachwuchsschriftstellern und -malern ab und zu die Gelegenheit geboten wird, ihre Werke in Form von Dichterlesungen oder Ausstellungen der Öffentlichkeit vorzustellen. Hier zeigt sich, daß das Schlagwort vom Kulturaustausch durchaus ernstgenommen wird: neben der Selbstdarstellung, die oft noch als Mittelpunkt der Kulturarbeit angesehen wird, räumt man nun der Darstellung des Gastlandes einen gewissen Platz im Programm ein. Auf diese Weise versucht das Institut, dem Anspruch, „eine echte Möglichkeit deutsch-tunesischer Begegnung ... zu ermöglichen", gerecht zu werden[10].

Der Zweigstelle ist es gelungen, mit anderen Institutionen der Stadt eine fruchtbare Zusammenarbeit zu entwickeln. So werden gelegentlich Veranstaltungen gemeinsam mit dem *Maison de la Culture* durchgeführt, insbesondere solche, bei denen das Publikum voraussichtlich größer ist als gewöhnlich (z.B. Konzerte, Ballettabende etc.). Auch mit Radio Tunis besteht ein enger Kontakt: alle, die an der täglichen einstündigen Sendung in deutscher Sprache mitwirken, sind Mitarbeiter des Goethe-Instituts.

Wenn sich auch immer mehr die Auffassung durchsetzt, daß Kulturpolitik sich nicht nur mit Dichtung, Musik und bildenden Künsten zu beschäftigen hat, sondern ebensosehr mit gesellschaftspolitischen Fragen, so ist von dieser Tendenz in den Programmen der Zweigstelle Tunis kaum etwas spürbar. Der weitaus größte Teil der Veranstaltungen läßt sich mühelos unter den alten engen Kulturbegriff (der sich bekanntlich von der Zivilisation und

---

8 Franz R. Enzweiler: Das Deutsche Kulturinstitut. A.a.O., S. 180.
9 Ebenda, S. 181.
10 Ebenda.

besonders auch von allem Politischen abgrenzt) subsumieren. Namen von klassischen Musikern und Dichtern tauchen in Vorträgen und Darbietungen immer wieder auf. So werden BACH, BEETHOVEN, BRAHMS, MOZART, HÄNDEL u.a.m. in Vorführungen und Vorträgen regelmäßig behandelt, obwohl man sich darüber klar ist, daß in den arabischen Ländern „sehr wenig Verständnis für europäische Musik vorhanden ist"[11]. Zu den teuren entsandten Konzerten erscheinen dann auch meistens nicht mehr als 20 % einheimische Besucher. Dennoch glaubt man, Deutschland musikalisch repräsentieren zu müssen[12]. Auch im Bereich der Dichtung werden die bekannten Klassiker häufig angeboten (es ist allerdings nicht immer so, daß sich – wie bei einer HÖLDERLIN-Gedichtlesung – nur neun Personen einfinden, die mit einer Ausnahme alle Mitarbeiter des Instituts sind).

In beiden Gebieten kommen aber auch das 20. Jahrhundert und die neuesten kulturellen Erzeugnisse nicht zu kurz. Neben den schon erwähnten dramatischen Lesungen, die für den Zuschauer sicherlich ein echter Gewinn waren, wird das Publikum z.B. auch mit KAFKA, WEISS, MANN, HANDKE und dem politischen Theater der Gegenwart bekannt gemacht. Es stimmt allerdings traurig, wenn der Musiker LENSEN meint, BRECHTS Dreigroschenoper mit Hilfe von albernen Witzen und unpassenden Kommentaren den Gästen näherbringen zu müssen[13].

Hin und wieder wird den leichteren Musen die Ehre gegeben: Jazz, Chansons, Zauberer und Folklore (auf bayerisch) fehlen nicht im Programm; auch neue deutsche Spielfilme (Es, Törless, Zur Sache Schätzchen, Abschied von gestern, Wilder Reiter GmbH etc.) werden häufig gezeigt und sind beim deutschen wie beim tunesischen Publikum sehr beliebt, nicht zuletzt deshalb, weil sie keinen Eintritt kosten.

Sucht man aber nach Veranstaltungen, die sich mit der Entwicklungsproblematik oder sozialen Fragen im weitesten Sinne beschäftigen, so ist das Ergebnis recht mager und unbefriedigend. Vorträge, die von Erziehung, von der Rolle der Frau, vom Problem der Zweisprachigkeit oder von Kooperativen handeln, findet man nur selten im Programm. Wenn Beziehungen und Einflüsse zwischen dem Orient und Europa angesprochen werden, geschieht das eher im Rahmen von Literatur und Sprache als in anderen Bereichen. Echte Gelegenheiten, sich verstärkt mit dem Aufeinanderprallen von islamisch-arabischer Tradition und modernem Industriezeitalter auseinanderzusetzen, werden dem überwiegend jungen Publikum auf diese Weise kaum geboten.

11 Ebenda, S. 183.
12 Ebenda.
13 Gerhard Lensen im Programm seines „Einmanntheaters" im März 1970 in Tunis.

Auch ein „Cours de Civilisation Allemande", der sich weitgehend an Studenten richtet und in je einem Vortrag HEGEL, MARX, LUTHER, FREUD, GOETHE, BACH, BEETHOVEN, SCHUBERT, den Expressionismus und andere Themen dieser Art behandelt, ist eher als Selbstdarstellung zu betrachten denn als Bildungshilfe, wie es vom Institutsleiter postuliert wurde[14]. Denn was hat Deutschlands kulturelle Elite der Vergangenheit mit den drängenden Problemen eines Entwicklungslandes zu tun? Hinzu kommt, daß je ein Abend bei weitem nicht ausreicht, um sich intensiv mit MARX oder FREUD – deren Werke zu den Problemen der Gegenwart vielleicht noch am meisten beitragen können – zu beschäftigen und daraus für die eigene Realität etwas zu lernen.

Im großen und ganzen erscheint das Goethe-Institut Tunis, vom Programm her gesehen, kaum als eine Stätte, die dem immer stärker postulierten Anspruch der auswärtigen Kulturpolitik – zur Entwicklung der Dritten Welt beizutragen – gerecht wird. Wenn schon progressive Goethe-Dozenten selber es als Luxus betrachten, daß Entwicklungsvölker sich mit den künstlerischen Leistungen eines Landes abgeben, dessen Sprache sie nicht sprechen[15], so wird deutlich, daß einige wenige Veranstaltungen, die sich mit Aspekten der Entwicklung befassen, nur ein Tropfen auf den heißen Stein sein können. Anstelle des Angebots an alten und neuen Kulturgütern (i.e.S.), die von Intellektuellen konsumiert werden, wird die Beschäftigung mit landwirtschaftlichen und tropenmedizinischen Problemen gefordert, um nur ein Beispiel zu nennen[16].

Jedoch führt das Goethe-Institut in Tunis mit seiner Programmgestaltung im Grunde das fort, was in der Kolonialzeit begonnen wurde; die fast totale Ausrichtung der Elite auf das Mutterland Frankreich, die zwar erzwungen war, aber häufig von den Betroffenen mit zusätzlichem Eifer betrieben wurde[17], wird heute auf andere Weise fortgesetzt. Für die Kulturpolitik ist nicht mehr die Bindung an ein bestimmtes Land allein ausschlaggebend, sondern das Bestreben, wenn nicht alle, so doch eine Reihe von sog. Schlüsselländern (und Tunesien gilt als ein solches für (Nord-)Afrika) in verstärktem Maß für die kulturellen, wirtschaftlichen und politischen Wertvorstellungen und Ideale der westlichen Industrienationen zu gewinnen. Der Anspruch, in der Dritten Welt erzieherisch wirken zu müssen, besteht heute noch[18]. Daß sich hinter der oft altruistisch erscheinenden Kultur- und Bildungspolitik handfeste poli-

---

14 Franz R. Enzweiler: Das Deutsche Kulturinstitut. A.a.O., S. 182.
15 Andererseits. Diskussionsorgan der Arbeitsgruppe Goethe-Institut in der GEW. Nr. 1 (1970), S. 14.
16 Ebenda.
17 Frantz Fanon: Die Verdammten dieser Erde. Frankfurt 1966. S. 167.
18 Ebenda, S. 163.

tische und wirtschaftliche Interessen befinden, wird von verantwortlichen Politikern wie BRANDT, W. BÖLL, B. MARTIN, SCHULZE-VORBERG, LAHR, KAHN-ACKERMANN und auch dem Direktor des Goethe-Instituts, W. ROSS, in ihren Äußerungen oft mehr oder minder offen bzw. verdeckt zugegeben[19]. Es geht darum, sich neben den USA, England und Frankreich, die durch den Kolonialismus größere Einflußgebiete schaffen und erhalten konnten, zu behaupten; die Wirtschaft ist bestrebt, Absatzmärkte und Investitionsmöglichkeiten zu sichern. Um die wirtschaftlichen und politischen Interessen nicht allzu stark in den Vordergrund treten zu lassen, muß die Kulturpolitik als Ausgleich wirken. Sie hat auch die Aufgabe, die Intellektuellen von revolutionären Gedanken und Tätigkeiten abzulenken, d. h. von vornherein Konflikte, die die Stellung des Westens in der Dritten Welt gefährden könnten, zu verhindern[20]. Die geistige Abhängigkeit vom Westen, die im Kolonialzeitalter hergestellt wurde, wird so heute mit anderen Mitteln weiterhin aufrechterhalten[21].

Daß Sprach-, Kultur- und Bildungspolitik dazu beitragen, den Einfluß und die Kontrolle der reichen in den armen Ländern zu verfestigen und daher eine subtilere Form von Imperialismus darstellen, wird inzwischen auch von Goethe-Dozenten postuliert und diskutiert[22]. Wenn dem entgegengehalten wird, daß man — wie auch in Tunis — bemüht ist, der Kultur der Gastländer mehr Beachtung einzuräumen und sie zu fördern, so ist das nicht nur eine großzügige Geste, sondern hier bietet sich zugleich die Möglichkeit, durch entsprechende Auswahl und Steuerung Einfluß zu gewinnen auf die Geschichts-, Traditions- und Wertauffassung der Gastländer[23]. Insofern ist auch diese „Kulturpolitik andersherum"[24] geeignet, die tatsächlichen Abhängigkeitsverhältnisse in der Welt zu verschleiern.

---

19 Beispiele hierfür finden sich in den Jahrbüchern der Kulturabteilung des Auswärtigen Amts 1964—67 (Hrsg.: B. Martin), in Bundestagsprotokollen und in D. Braun (Hrsg.): Deutsche Kulturpolitik im Ausland; a.a.O., um nur die wichtigsten Sammelwerke zu nennen. Den „funktionellen Zusammenhang zwischen politischer und wirtschaftlicher Macht einerseits und kulturellem Einfluß andererseits" behandelt R. M. Emge ausführlich in seinem Buch: Auswärtige Kulturpolitik. Berlin 1965. S. 194 ff.
20 Für diese und ähnliche Zielvorstellungen siehe die unter Anm. 19 genannten Werke.
21 T. Z. Chung: Objektive Faktoren des „Brain Drain". Studentische Politik. 1 (1970), S. 5.
22 Andererseits. Nullnummer (1970), S. 14.
23 Erna Heckel: Kultur und Expansion. Berlin (DDR) 1968. S. 54 ff.
24 Ebenda.

IV. Publikum

Die Besucherkartei der Zweigstelle Tunis, nach der die Veranstaltungsprogramme monatlich verschickt werden, umfaßt rund 600 Namen (Anfang 1970); davon sind etwa die Hälfte Deutsche, rund 250 Tunesier und der Rest Angehörige anderer Nationen (darunter viele Franzosen). Das Publikum setzt sich allerdings je nach Veranstaltungsart recht unterschiedlich zusammen. Während z.B. klassische Konzerte überwiegend von Deutschen und anderen Europäern besucht werden, finden sich zu den meisten Vorträgen hauptsächlich junge Tunesier ein, meist Studenten und Schüler. Filme wiederum ziehen in bezug auf Alter und Nationalität ein ausgesprochen gemischtes Publikum an. Dennoch kann man von einem Stammpublikum sprechen, das hauptsächlich aus jüngeren tunesischen Intellektuellen besteht. Die weiblichen Besucher machen bei vielen Veranstaltungen nur knapp 20 % aus, ein Zeichen dafür, wie wenig bisher tunesische Frauen in der Öffentlichkeit zu finden sind. Das gilt auch für Studentinnen. Vielleicht wäre es möglich, durch eine entsprechende Programmgestaltung die Frauen mehr anzusprechen als bisher. Arbeiter und Handwerker befinden sich so gut wie gar nicht, kleinere Angestellte nur selten unter den Besuchern. Bisher sind die meisten der Veranstaltungen aber auch nicht auf breitere Bevölkerungsschichten ausgerichtet, sondern setzen durchaus einen gewissen Stand der Allgemeinbildung schon voraus. Die Besucher haben denn auch in der Regel mehr als nur Volksschulbildung vorzuweisen. Es scheint allerdings, daß das Goethe-Institut in Tunis gar nicht daran interessiert ist, seinen Besucherkreis auf weitere Bevölkerungsschichten auszudehnen[25].

Als wahrscheinliche spätere Führungsschichten gehören die Studenten zu dem Zielpublikum, welches die auswärtige Kulturpolitik in besonderem Maße ansprechen will. Das junge tunesische Publikum stammt aber selber durchaus nicht nur aus der Oberschicht, sondern aus allen sozialen Schichten des Volkes (häufig befinden sich Arbeitslose und Analphabeten unter den Eltern). Für viele der jungen Leute bedeuten Schule und Studium den Weg zum sozialen Aufstieg. Zwischen Tradition und Moderne stehend, können sie sich dem Einfluß der (westlichen) Industrienationen kaum entziehen. Ein Indiz dafür ist u.a. ihr Äußeres, das sich immer nach der neuesten internationalen Mode richtet (während eines Zeitraumes von drei Monaten erschien nur ein einziger Besucher im Burnus). Auch spielt für sie die Religion eine immer geringere Rolle.

---

25 Franz R. Enzweiler: Das Deutsche Kulturinstitut. A.a.O., S. 181.

Filme und Vorträge erweisen sich als die beliebtesten Veranstaltungstypen. Man sucht Unterhaltung, hat kulturelle Interessen, will die Sprachkenntnisse verbessern und sich weiterbilden. Nur wenige haben den direkten Wunsch, speziell über Deutschland etwas zu lernen, d. h. die besuchten Veranstaltungen sind vom Thema her ansprechend, aber nicht unbedingt, weil sie etwas mit Deutschland zu tun haben. Eher werden z.B. deutsche Veranstaltungen als Mittel angesehen, um die Sprachkenntnisse zu verbessern, die aus anderen Gründen als nützlich empfunden werden.

Kritik am Programm wird von den Besuchern nur in geringem Maße geäußert; es wird auch kaum bemängelt, daß nach den meisten Veranstaltungen keine Diskussionen stattfinden. Nur wenige Stimmen richten sich gegen den Einfluß der „idéologie bourgeoise allemande", so wie sie im Programm ihren Ausdruck findet. Wünsche des Publikums an die Programmgestaltung beziehen sich auf alle Arten von Veranstaltungen. Daneben haben viele der jungen Besucher ein besonders ausgeprägtes Bedürfnis nach vermehrtem Kontakt zwischen Deutschen und Tunesiern einerseits sowie zwischen Besuchern und Institutsmitarbeitern andererseits. Daher werden Clubs gewünscht, in denen man sich auf internationaler Ebene gesellig treffen kann.

Ausnahmslos alle der jungen Leute möchten gerne einmal nach Deutschland, d. h. in die Bundesrepublik reisen; sie sind fasziniert von den wirtschaftlichen und technischen Errungenschaften, ohne jedoch tiefergehende Kenntnisse über die Verhältnisse in der BRD zu besitzen. Viele von ihnen sind davon überzeugt, dort mit Leichtigkeit Karriere machen zu können, was ihnen im eigenen Land entschieden beschwerlicher erscheint. Einige stellen sich das Goethe-Institut als eine Art Reisebüro vor, das ihnen Reisen und Aufenthalte, möglichst auch „gratuit", vermitteln soll. Daneben finden sich noch Wünsche nach Tanzabenden und Sportveranstaltungen, die das Institut organisieren könne.

Alle diese Vorstellungen deuten auf eine relativ apolitische Haltung der jungen tunesischen Institutsbesucher hin. Diese Annahme wird verstärkt durch die Tatsache, daß niemand das Bedürfnis äußert, sich mit entwicklungspolitisch relevanten Fragen auseinanderzusetzen. Daß dieses Bedürfnis überhaupt nicht besteht, ist kaum anzunehmen; jedenfalls wird das Goethe-Institut nicht als ein mögliches Diskussionsforum für diese Thematik angesehen.

Die Ausrichtung auf die westlich-europäische Zivilisation scheint für mindestens einen großen Teil der tunesischen Jugend eine Selbstverständlichkeit zu sein, die nicht in Frage gestellt wird. Deutschland bzw. die BRD, aber auch Frankreich wird häufig kritiklos bewundert, und das Vorherrschen fremder kultureller Einflüsse wird in der Regel nicht als Gefahr für die Entwicklung des eigenen Landes gesehen. Diese Haltung macht die jungen Tunesier zu einem idealen Objekt der bisher praktizierten Kulturpolitik der BRD und anderer Staaten, die durch ihr Wirken und ihre Wirksamkeit an der Verschleierung der tatsächlichen Abhängigkeitsverhältnisse zwischen Entwicklungs- und Industrieländern einen nicht geringen Anteil hat.

Anschrift der Verfasserin
Dipl. Volksw. Eva Marischen
5 − Köln (41)
Sülzgürtel 20

Das Goethe-Institut in Indien —
Aufgaben und ungelöste Probleme

von Georg Lechner, New Delhi

I. Voraussetzungen und Aufgaben

Indien hat der Welt nicht nur den Begriff der Null gegeben, sondern lange vor der griechischen Klassik auch die älteste Religion dieser Erde und eine Philosophie, die an Tiefe, Kühnheit des Gedankens und Abstraktheit wohl nie überboten worden ist.

Nach einem Jahrtausend Fremdherrschaft erst seit 25 Jahren wieder frei und unabhängig, sucht dieses alte Kulturland mit seinen 550 Millionen Menschen heute im internationalen Spannungsfeld des ausgehenden 20. Jahrhunderts seine Identität zwischen Tradition und Moderne mit großer Intensität, die sowohl die konservativen als auch die progressiven Kräfte und Strömungen dieses Subkontinents engagiert und den unerschütterlichen Glauben an den Zyklus der Wiedergeburten, an die kosmische Einheit alles Seienden, eine hohe Intelligenz und künstlerische Begabung ebenso wie die Resignation, die soziale Indifferenz und einen hartnäckigen Aberglauben einschließt.

Das Goethe-Institut ist in diesem Indien seit bescheidenen 15 Jahren tätig, mit nunmehr 7 Zweigstellen und 17 entsandten Dozenten. Etwa 5000 indische Studenten versuchen sich jährlich an den Kulturinstituten und Hochschulen in der deutschen Sprache, und die Veranstaltungen der Goethe-Institute zählen weitere 150.000 Besucher in diesem Zeitraum. Wie beim Anteil Indiens am Gesamthandelsvolumen der BRD, muß also auch hier mit 0,0 ... Prozent gerechnet werden. Das sind die äußeren, statistisch erfaßbaren Proportionen, die bei geistigen Zusammenhängen leicht ins Absurde führen.

Engere partnerschaftliche Beziehungen zwischen Indien und Deutschland bestehen seit 200 Jahren, nicht schon seit 500 Jahren, wie Walter Leifer in seinem kürzlich erschienenen Buch „Indien und die Deutschen — 500 Jahre Begegnung und Partnerschaft" vorschlägt. Obwohl die erste deutsche Sanskrit-Grammatik bereits Mitte des 17.Jhs. erschien, erwuchs eine intensive Beschäftigung mit dem geistigen Indien erst aus dem Ende des 18.Jahrhunderts. Wie A. W. Schlegel sagte, erwarb sich Europa zwischen 1780 und 1830 mehr Wissen über Indien als in den vorausgegangenen 21 Jahrhunderten seit Alexander dem Großen. Während der Romantik gab es in Deutschland keinen führenden Kopf, der sich nicht in der einen oder anderen Weise mit Indien auseinandergesetzt hätte. Doch wie heute, war auch damals der Enthusiasmus nicht immer eine Garantie für das Verständnis, und so rief GOETHE bekanntlich im zweiten Buch seiner „Zahmen Xenien" über die indische Bildhauerei aus:

> Die leidigen Elefantenrüssel,
> Das umgeschlungene Schlangenüssel,
> Tief Urschildkröt' im Weltensumpf,
> Viel Königsköpf auf einem Rumpf,
> Die müssen uns zur Verzweiflung bringen ...
> In Indien möcht ich selber leben,
> Hätt' es nur keine Steinhauer gegeben.

Das für die deutsche Romantik typischere Mißverständnis war die uneingeschränkte Schwärmerei für Indien, wie sie HEINE im „Buch der Lieder" empfand:

> Am Ganges duftet's und leuchtet's
> Und Riesenbäume blühen,
> Und schöne stille Menschen
> Vor Lotosblumen knien

und wie ich es einem anderen, weniger harmlosen Mißverständnis vorziehe, das in einem zeitgenössischen Buch aus England zu lesen war, der „History of British India" (1817) von James MILL:

> "I have never found one among the Orientalists who could deny that a single shelf of a good European library was worth the whole native literature of India and Arabia."

Trotz der großen Leistungen der deutschen Indologie der letzten 150 Jahre, die anfangs von echter Begeisterung über eine Wahlverwandtschaft mit Indien getragen wurde, dann jedoch gegen Ende des letzten Jahrhunderts bereits zu einer spröden akademischen Disziplin erstarrte, sind solche Fehlurteile über Indien und die mangelnde Einsicht in die Komplexität dieses Landes in Deutschland und Europa auch heute noch üblich.

Das Goethe-Institut kann demnach das zentrale Anliegen seiner Tätigkeit in Indien dort sehen, wo es gegenseitige Vorurteile auszuräumen oder wenigstens zu mildern gilt und damit das Bestreben Indiens gefördert wird, in die komplexe Welt von heute mit dem gewichtigen geistigen Erbe von gestern in evolutionärer Weise hineinzuwachsen. Wenn die deutsche Indologie der Vergangenheit ihren kulturellen Beitrag in der wissenschaftlichen Erforschung der alten Religionen, Philosophie und bildenden Kunst Indiens leistete, so muß die gegenwartsbezogene Aufgabe des Goethe-Instituts heute sein:

a) Die Ausweitung des früheren monologischen kulturellen Kontakts mit Indien zum echten Dialog, der die Vermittlung eines kritischen Verständnisses der modernen technischen Welt und ihrer Leistungen und Probleme einbezieht,

b) die Bereicherung des wissenschaftlich-akademischen Kontakts um die Dimension der ausführenden Künste, besonders der Musik, des Tanzes, des Theaters, des Films und der bildenden Kunst, und

c) die Internationalisierung und die Demokratisierung der Kenntnisse und der Information über die jeweils andere Kultur.

„Dialog", „Information", „Demokratisierung" sind heute gängige Münze und in offiziellen Kreisen für die Definition einer „Konzeption" nur zu beliebt, sie bedürfen deshalb in unserem Zusammenhang einer Klärung und Konkretisierung:

Zu a) Die geistigen Kräfte in Deutschland waren in der Romantik bei der Suche nach ihrer Identität auf Indien und seine alte Kultur gestoßen. In seinem 1808 erschienenen Buch „Über die Sprache und Weisheit der Indier", einem wahren Manifest der deutschen Indienbegeisterung, erklärte Friedrich SCHLEGEL, daß er sich von einem ernsthaften Studium der alten indischen Kultur für Europa eine ähnlich bedeutende Bewegung erwarte, wie sie das Studium der Antike in der Renaissance des 15. und 16. Jahrhunderts bewirkt hatte. Wir wissen, daß die Entwicklung anders — nicht deshalb auch schon besser — verlaufen ist, und müssen uns heute in einer gegenüber der SCHLEGELschen Erwartung bescheideneren Art fragen, was von einer lebendigen *Erfahrung*, nicht nur akademischen Kenntnis indischer Kultur für die Bewältigung einer modernen technischen Welt von Bedeutung sein könnte. Bei der Vermittlung des Weltbildes unserer heutigen Zivilisation werden wir andererseits gut daran tun, neben ihren evidenten Leistungen auch die Gefahr ihrer neurotischen und aggressiven Grundstruktur deutlich zu machen und vor ihr zu warnen. Es geht bei diesem Dialog um die gegenseitige Erziehung zu einer Verhaltensweise, die eine gemeinsame Zukunft ermöglicht. Zu diesen Grundverhaltensweisen der Zukunft gehören meiner Überzeugung nach Elemente, die nicht wie in der Natur rein, sondern in einer vom Menschen zu schaffenden Mischung zustande kommen, an der beide, der Osten *und* der Westen mitwirken müssen, wie:

der Bereitschaft, ständig hinzuzulernen,
der Fähigkeit zu kritischem Denken,
dem Willen zur Zusammenarbeit,
der Fähigkeit, Konflikte rational auszutragen,
der Bereitschaft zu Mitverantwortung und sozialem Verhalten,

der Freude an fruchtbarer Muße,
dem Glauben an den Wert des Lebens,
Verhaltensweisen also, ohne die keine harmonische Weltkultur denkbar ist und zu der nach aller Erfahrung weder der Osten noch der Westen *allein* fähig ist.

Zu b) Nach dem indischen Weltbild entstand die Schöpfung aus dem kosmischen Tanz des Gottes Shiva-Nataraj, den die großen Götter und Göttinnen Brahma, Vishnu, Saraswati und Lakshmi auf ihren Instrumenten begleiteten. Die ganze Götterversammlung wohnte diesem Schöpfungs-Welttheater bei, in dem die erste Bewegung die des Tanzes, der erste kosmische Laut der der Musik und die erste dialogische Tätigkeit die des Theaters war. Die aus diesem herrlichen Mythos ersichtliche wesentliche Verknüpfung der Künste mit allem Seienden charakterisiert bis heute das geistige Indien. Die Kunst gehört wesentlich zum Sein, ist dem abstrakten Denken zugeordnet und die Balance und Harmonie zwischen diesen beiden Grunderfahrungen des Seins machte nicht nur die indische, sondern auch die griechische Klassik groß. Indische klassische Musik hat die Dynamik der Aleatorik und gründet auf kosmischer Philosophie, der Tanz setzt Mythologie und Poesie in Bewegung um und das Theater ist der alle Künste versammelnde Ausdruck eines Weltbildes. Der tiefere Zugang zum indischen Geist ist deshalb über eine rein wissenschaftliche Betrachtung seiner Texte nicht möglich und bedarf des Erlebnisses seines künstlerischen Ausdrucks, besonders in der für die indische Ästhetik so wichtigen Musik und dem Tanz, die ihrerseits gleichzeitig Philosophie sind.

In unserem Jet-Zeitalter ist die physische Kommunikation im künstlerischen Bereich im Gegensatz zu früheren Jahrhunderten, die im wesentlichen auf den Austausch von Manuskripten angewiesen waren, immer leichter. Die Logistik der Kunst darf in einer zukünftigen Welt der bereits so perfektionierten Logistik des Krieges und der Wirtschaft nicht mehr nachstehen. Was die für diesen Austausch der Künste notwendige Einstellung angeht, so möchte ich hier eine Stelle aus Max MÜLLERS autobiografischem Werk „Auld Lang Syne" (1899) zitieren, wo eine hervorragende indische Persönlichkeit des 19. Jahrhunderts, Dvarkanath TAGORE, an eine abwertende Bemerkung Max MÜLLERS über indische Musik anknüpfend, ausbricht: "You are all alike; if anything seems strange to you and does not please you at once, you turn away. When I first heard Italian music it was no music to me at all; but I went on and on, till I began to like it or what you call understand it. It is the same with everything else. You say our religion is no religion, our poetry no poetry, our philosophy no philosophy. We try to understand and appreciate whatever Europe has produced, but do not imagine that therefore we despise what India has produced. If you studied our music as we do yours, you would find that there is melody, rhythm and harmony in it, quite as much as in yours. And if you would study our poetry, our religion and our philosophy, you would find that we are not what you call heathens or miscreants, but know as much the Unknowable as you do, and have seen perhaps even deeper in to it than you have." Dem ist nichts hinzuzufügen.

Zu c) Mit der Internationalisierung der Probleme der modernen Welt, wie der Umweltverschmutzung, der Bevölkerungsexplosion, den Zivilisationskrankheiten und der atomaren Drohung muß die Internationalisierung und Demokratisierung ihrer kulturellen und zivilisatorischen Leistungen Hand in Hand gehen. Der elitäre kulturelle „Besitzstand" früherer Jahrhunderte muß heute allmählich in den allgemeinen Besitzstand der Völker eingebracht werden. Die unverkennbare Malaise, die den Umgang der Völker untereinander heute noch kennzeichnet, ist nicht zuletzt auch auf das Versagen der Zeiten zurückzuführen, die den Austausch des kulturellen Lebens auf kleine Minoritäten beschränkten.

II. Zwischenbemerkungen zu ungelösten Aufgaben

Dritte Säule der Außenpolitik, Friedenssicherung, Bildungshilfe, Entwicklungsrelevanz, Prioritäten und Zielpublikum sind einige jener Schlagworte, die heute Diskussionen, Leitsätze und Gutachten zur auswärtigen Kulturpolitik, also auch zur Arbeit des Goethe-Instituts, beherrschen. Es wird dabei immer ganz so argumentiert, als handle es sich um die Verwaltung von Milliarden, wie etwa bei der Realisierung großer Projekte der Entwicklungshilfe oder der multilateralen Bildungshilfe. Auch in Kollegenkreisen werden für kulturelle Vorhaben immer wieder im besten Wirtschaftsjargon marktwirtschaftliche Untersuchungen und mittelfristige Planung gefordert. Wie verständlich und richtig diese Forderungen auch sein mögen, so sollte man davor warnen, über das Ausmaß des Desinteresses an allem Kulturellen und des Primats des ökonomischen Denkens in unserer Zeit Illusionen zu hegen. Es muß hier mit aller Deutlichkeit gesagt werden, daß die Tätigkeit des Goethe-Instituts in der heutigen indischen Situation innerhalb der ihm zugewiesenen finanziellen Mittel und seiner personellen Struktur lediglich Modellcharakter für eine Zukunft haben kann, der es vergönnt sein mag, diese Arbeit nicht im Modell, sondern im richtigen Maßstab auszuführen.

Ich sprach vom Primat des Ökonomischen. In einer solchen Zeit, und noch dazu in einem Entwicklungsland, Kulturarbeit größtenteils auf den musischen, musealen und rein akademischen Bereich zu beschränken und den jeweiligen Bezug zum Ökonomischen und Praktischen gering zu erachten oder gar zu ignorieren, ist sicher falsch. Es gibt nicht erst seit heute in künstlerischen und wissenschaftlichen Disziplinen jene besonderen funktionellen Berufszweige, die diesen Bezug des Künstlerischen oder Theoretischen zum Praktischen hin *ex professione* herstellen[1]. So gibt es neben der Kunst seit jeher auch das Kunsthandwerk, neben dem Linguisten den Übersetzer oder Dolmetscher, neben dem Maler den Gebrauchsgrafiker, neben dem allgemeinen Komponisten auch den Komponisten von Filmmusik, neben dem Theoretiker der Psychologie auch den Betriebspsychologen, neben dem künstlerischen und experimentellen Film auch den Unterrichts-, Informations-, Werbe-, Dokumentar- und Fernsehfilm, neben dem Schriftsteller den Korrespondenten. Was das für unsere Arbeit konkret heißt, soll an einigen Beispielen verdeutlicht werden.

Im Programm der indischen Zweigstellen nahmen Filmvorführungen, Vorträge, Konzerte und Ausstellungen den breitesten Raum ein. In unserem Zusammenhang hatte es besonderen Sinn:

— neben den üblichen Filmvorführungen auch eigene Filme mit indischen Teams zu produzieren (Beispiele: „Tabla Calcutta", Produktion der Zweigstelle Kalkutta; „Traffic Exercises" und „Life Patterns", Produktionen der Zweigstelle New Delhi; „Max Müller" (in Vorbereitung), indisch-deutsche Kooperation),

— neben Aufführungen deutscher Theaterensembles ein Theaterstück am Ort mit indischen Theaterleuten zu inszenieren (Beispiele: „Gestiefelter Kater", Regie: Wolfram MEHRING, in Zusammenarbeit mit den Schauspielern der Theatergruppe Dishantar. Theaterworkshop Simla, gleichzeitige Produktion des indischen Auftragsstücks „Mad Delight" durch drei indische und einen deutschen Regisseur und indische Schauspieler,

— neben einer Ausstellung „Deutsche Grafik des Expressionismus" auch einen praktischen design-workshop durchzuführen (Beispiel: von den Max Müller Bhavans und der indischen Regierung gemeinsam veranstalteter und von indischen und deutschen Gebrauchsgrafikern durchgeführter workshop zur Verbesserung der designs in der Touristikwerbung,

— neben repräsentativen Konzerten auch Gesangs- und Instrumentalunterricht zu erteilen (Beispiel: Musikkurse an der Zweigstelle Poona) oder ein Seminar für Filmmusik zu veranstalten (fest eingeplant für Sommer 73),

— neben Vorträgen über Literatur auch Vorträge über Journalismus (z.B. Werner HOLZER) zu veranstalten oder in der Jahrespublikation der indischen Zweigstellen, dem „Dialogue", aktive Journalistik zu betreiben.

Dagegen hat es wenig Sinn:

---

1 Man darf davon ausgehen, daß die theoretischen und funktionellen Grundlagen zumindest der Kunst ursprünglich nicht voneinander isoliert, sondern identisch waren. Heute offenbart sich diese Identität noch bei solchen Produkten der Technik, bei denen Form und Funktion, wie z.B. beim Flugzeugbau, einander stark bedingen.

— eine Ausstellung mit Modeschmuck aus Neugablonz zu veranstalten, ohne in vorherigen Absprachen mit wirtschaftlichen Kreisen den Bezug zu dem entsprechenden indischen Industriezweig herzustellen und gegebenenfalls dafür zu sorgen, daß indische Fachleute die Produktion an Ort und Stelle studieren können,
— Deutsch als Unterrichtssprache nur auf Verdacht und für Hobby- oder rein akademische Zwecke anzubieten[2], statt aufgrund fundierter Expertisen wie sie etwa für das voraussichtliche Wachstum des Tourismus oder des Investitionsklimas in Auftrag gegeben werden, den zu erwartenden Bedarf an Übersetzern in der indischen Wirtschaft innerhalb der nächsten zwei Jahrzehnte festzustellen und eine entsprechende Übersetzerausbildung vorzubereiten,
— allgemeine Nachkontaktarbeit zu leisten, ohne eine präzise Kenntnis der beruflichen Sorgen und Erfordernisse der Rückkehrer zu besitzen. Ein Kulturprogramm auf der „Bildung" eines akademischen Publikums aufzubauen, ohne gleichzeitig der „Erziehung" in den Sekundarschulen Aufmerksamkeit zu schenken usw. usw.,
— einen guten indischen Erstlingsfilm für eine Vorführung an der Zweigstelle auszuwählen, ohne sich im geringsten über Möglichkeiten seiner kommerziellen Förderung in Deutschland Gedanken zu machen und schließlich
— deutsche Fernsehfilme einem allgemeinen Publikum vorzuführen, ohne gleichzeitig anhand solcher Filme das Fachgespräch mit der am Ort befindlichen und vorerst in Indien noch einzigen Fernsehstation zu suchen.

Diese Ausweitung der Kulturarbeit in den praktischen und in den ökonomischen Bereich hinein ist allerdings in Zukunft nur durch eine engere Zusammenarbeit des Goethe-Instituts mit dem BMZ (evtl. auch mit der Deutschen Stiftung für Entwicklungsländer) zu leisten. Diese engere Zusammenarbeit ist aus der Sicht des Goethe-Instituts deshalb zu fordern, weil es weder von der Personalstruktur noch von den Haushaltmitteln her auf eine solche Arbeit vorbereitet ist. Für das BMZ bedeutet die Verzahnung mit der Arbeit des Goethe-Instituts bei dem Einsatz von Mitteln der Bildungshilfe genau jene Sicherheit, die beim Einsatz von Mitteln der Wirtschaftshilfe eine Fallstudie oder eine besondere Expertise zu liefern hat. Ohne eine solche Gegenseitigkeit und Abstützung der Arbeit des BMZ und des Goethe-Instituts bleiben die Bemühungen des letzteren in Entwicklungsländern zum nicht geringen Teil „unverbindlich", die Investitionen des ersteren jedoch ebenso oft „ziellos".

Es dürfte nach dem Gesagten einleuchten, daß ein anfangs ganz besonders gepflegter Aspekt der Arbeit des Goethe-Instituts, nämlich der deutsche Sprachunterricht, in einem Land mit 16 von der Verfassung anerkannten

---

2 Es gilt, dabei den bekannten Kreislauf zu durchbrechen: Student X lernt an indischer Universität oder Max Müller-Bhavan Deutsch, wird vom Goethe-Institut zum Deutschlehrer Y ausgebildet, kehrt zu indischer Universität oder zum Max Müller-Bhavan als Deutschlehrer Y zurück, um zu ermöglichen, daß Student X ... Schlimmer als dieser Kreislauf ist natürlich noch der Griff ins Leere der meisten Studenten Z, die nach Erlernung einiger Grundkenntnisse ihr Deutschstudium für immer beenden.

offiziellen Sprachen in der heutigen Notsituation des Landes nur dann sinnvoll ist, wenn er Deutsch nicht nur als 19. oder 20. Sprache der Hoffnung — der Hoffnung auf einen Deutschlandaufenthalt — anbietet, sondern in dem bescheidenen Rahmen, der ihm gestellt ist, gezielt berufsfördernd ausgerichtet ist. Die Übersetzer- und Dolmetscherausbildung, die das Goethe-Institut unverständlicherweise nie als eine seiner Aufgaben verstanden hat, wäre hier als Desideratum an erster Stelle zu nennen.

Die Tätigkeit des Goethe-Instituts in Indien findet jedoch nicht nur dort ihre Grenzen, wo ein Mangel an Geld, Personal oder Engagement für Kultur im Heimatland im Wege steht, sondern auch im Gastland selbst, wo die Aufnahmebereitschaft für westliche Kultur und der Glaube an ihren Wert nach der langen auch westlichen Fremdherrschaft und den großen westlichen Zerstörungskriegen dieses Jahrhunderts erschüttert ist und die Besinnung auf die eigene Tradition so kurz nach der wieder erlangten Unabhängigkeit begreiflicherweise im Vordergrund steht. Die vorurteilslose Aufnahme kultureller Leistungen aus Indien in Deutschland würde hier die Voraussetzungen für unsere Arbeit in Indien verbessern. Leider ist das Goethe-Institut dafür strukturell noch keineswegs vorbereitet.

Schließlich muß neben die allgemeine Ausbildung der Dozenten des Goethe-Instituts eine besondere, auch linguistische Fachausbildung für einzelne Regionen treten. Für einzelne Projekte, die eine längere und kontinuierliche Tätigkeit am Ort verlangen, müssen in Zukunft außerdem Experten, Wissenschaftler und Künstler unter befristeten Vertrag genommen werden.

III. Bisherige praktische Arbeit

Nach einer Periode der Improvisation und des Tastens haben die Goethe-Institute in Indien in den letzten Jahren den Versuch unternommen, einen Teil ihrer Haushaltsmittel für ein gemeinsam jeweils für ein Jahr geplantes, gesamtindisches Regionalprogramm zu verwenden. Die Institute veranstalten im Rahmen dieses Gemeinschaftsfonds bisher jährliche Begegnungswochen für europäische und indische Musik in Poona, Einführungskurse für das ORFF-Schulwerk in ganz Indien, einen 14-tägigen Theaterworkshop in Simla und einen Design-Workshop in Neu-Delhi. Sie finanzierten damit ferner die Inszenierung des „Gestiefelten Katers", deutsche Filmwochen in allen großen Städten und die Publikation der Jahreszeitschrift „Dialogue".

Bei den jährlichen „East-West Music Encounters" in Poona erteilten deutsche und indische Musiker vier bis sechs Wochen lang Instrumental- bzw.

Gesangsunterricht und informierten sich in Vorlesungen, Diskussionen und Demonstrationen gegenseitig über ihre jeweilige Musiktradition. So war das Thema der diesjährigen Begegnungswoche im März „Die Bedeutung der europäischen Musik für die Inder und der indischen Musik für die Europäer". Die Einführungskurse für das ORFFsche Schulwerk, an denen Musiklehrer aus ganz Indien teilnahmen, gingen aus den Begegnungswochen in Poona hervor.

Der Theaterworkshop brachte 30 indische Theaterleute und einen deutschen Regisseur zu intensiver gemeinsamer Arbeit zusammen, die außer dem allgemeinen Gedankenaustausch in der Erarbeitung von vier verschiedenen Inszenierungsmodellen eines für den Zweck dieses Workshops von einem bekannten indischen Bühnenautor geschriebenen Auftragsstücks, eine sehr konkrete und praktische Arbeit zum Ziel hatte.

In dem 10-tägigen Design-Workshop, der in Zusammenarbeit mit der indischen Regierung vor einigen Monaten in Neu-Delhi veranstaltet wurde, versuchten sich zwei deutsche und drei indische Gebrauchsgraphiker in ständigem engem Kontakt zur „India Tourist Development Corporation" an neuen Logos, Layouts, Typen, Designs und Formaten für Tourismus-Werbeliteratur; einige der Anregungen dieses Workshops sind inzwischen in der Praxis bereits aufgegriffen worden.

Die experimentelle Inszenierung des TIECKschen „Gestiefelten Kater" mit einer einheimischen Theatergruppe in Delhi war Ende 1971 dem in Paris tätigen Wolfram MEHRING anvertraut worden. Das Stück, dessen Produktion in Hindi 6 Wochen intensiver Probenarbeit in Anspruch nahm, hatte überall in Indien einen beachtlichen Erfolg.

In deutschen Filmwochen, die in den letzten Jahren in allen großen und vielen kleinen Städten Indiens stattfanden, wurden nicht nur der Neue Deutsche Film, sondern auch wichtige Festivals, wie die von Oberhausen und Mannheim, eingehend vorgestellt. Franz Joseph SPIEKER, Hilmar HOFFMANN und die jetzigen Leiter der Oberhausener und Mannheimer Filmtage waren unter den Gästen der Zweigstellen.

Die durchschnittlich 100-seitige Jahreszeitschrift „Dialogue", die von der Zweigstelle Neu-Delhi im Auftrag der anderen Institute in Bombay, Kalkutta, Madras, Bangalore, Hyderabad und Poona seit 1967 herausgegeben wird, und in der deutsche und indische Autoren zu gegenwartsbezogenen Themen von gegenseitigem Interesse schreiben, befaßt sich in der letzten Ausgabe ausschließlich mit Fragen der Bildungshilfe, der Entwicklungshilfe, der Sozialpolitik und der Umweltverschmutzung.

Für die nächste Zeit plant das Regionalprogramm ein Seminar über Filmmusik, die in Indien ein Zwittergebilde aus Ost und West ist; ein Seminar über die Aufgaben der Pressekritik, der in einem Entwicklungsland teilweise andere Aufgaben zufallen als im Westen; eine Ausstellung über neue Unterrichtsmethoden in der Mathematik, und in Fortführung der Theaterarbeit einen 4-wöchigen Intensivkurs für begabte indische Schauspieler.

Alle diese Workshops und Seminare werden auf gesamtindischer Ebene unter Beteiligung deutscher und indischer Fachleute geplant und durchgeführt. Als Veranstaltungsort für die Seminare und Workshops empfiehlt sich die Zweigstelle Poona, der zwei bundeseigene Häuser zur Verfügung stehen. Die neuen Institutsräume in Bombay sind dagegen als künftiges Zentrum für alle pädagogischen Bemühungen (Sommerkurse, Beratung usw.) der Zweigstellen auf dem musikalischen Gebiet, als eine Art Mini-Musikakademie, besonders geeignet.

Neben dem Regionalprogramm haben auch einzelne Institute in ihrer individuellen Programmgestaltung neue Arbeitsmethoden gefunden. Das Programm der Zweigstelle Neu Delhi z.B. charakterisiert besonders das Bestreben nach Aktivierung des Publikums. Auf Kosten der früheren Einzelvorträge wurden monatliche Diskussionsreihen über aktuelle und bewußt provokativ vormulierte Themen eingeführt wie:

Sex-Erziehung in Schulen?
Die Drogen-Generation
Hat das traditionelle Theater noch eine Chance?
Wie zeitgenössisch ist der indische Tanz?
Entwicklungshilfe – was entwickelt sie?
Können Computer Kunst hervorbringen?

Das Institut in Delhi veranstaltete außerdem acht- bis zehnwöchige, sehr gut besuchte praktische Einführungs- oder Fortführungskurse auf den Gebieten der westlichen Musik, der Photographie, des indischen klassischen Tanzes und des kreativen Kindertheaters. Für die kommende Saison bereitet die gleiche Zweigstelle u.a. in Zusammenarbeit mit Hoechst und einem Frankfurter Künstler einen dreiwöchigen Workshop „Der Kunststoff in der Kunst" und je einen Workshop über Textil-Designing und das 8mm-Filmen vor.

Neben der betonten Aktualitäts- und Praxisbezogenheit in Workshops und Round Tables lag ein weiterer Schwerpunkt des Instituts in Neu-Delhi während der letzten Saison auf dem Sektor Film, der in Indien im Fernsehen noch keine Konkurrenz hat und das weitaus populärste Unterhaltungsmedium des Landes darstellt. In einer sechsmonatigen Reihe wurden in Zusammenarbeit mit dem nationalen indischen Filmarchiv jeweils dreimal wöchentlich 40 Meisterwerke der internationalen Filmgeschichte gezeigt. Dieses auf Medieninformation und kritische vergleichende Filmbetrachtung ausgerichtete „International Film Forum" setzte vom Panzerkreuzer Potemkin, Citizen

Cane, Fahrraddiebe, Rashomon, Umberto D, Pather Panchali bis zu den Wilden Erdbeeren, La Strada, Shop on the Main Street, Hiroshima mon amour und Butch Cassidy and the Sundance Kid alles am Ort verfügbare Cineastenmaterial ein. Man muß dabei bedenken, daß durch die indische Filmzensur und Filmeinfuhrbeschränkungen das ausgesprochen filminteressierte Publikum in Indien kaum eine Möglichkeit hat, Spitzenproduktionen des internationalen Films zu sehen.

Das gleiche Kulturinstitut produzierte auch mit finanzieller Unterstützung des Auswärtigen Amtes einen halbstündigen 16mm-Film „Life Patterns" über seine indischen Mitarbeiter sowie einen impressionistischen Kurzfilm „Traffic Exercises" über Verkehrseindrücke in Delhi. Mit der Genehmigung eines Zweibandprojektors und eines 16mm-Schneidetisches hat Inter Nationes diesen besonderen Schwerpunkt der Institutsarbeit unterstützt.

Hier ein Wort zur Spracharbeit. An den sieben Instituten lernen jährlich ca. 2.500 Studenten Deutsch. Nur ganz wenige unter ihnen gelangen allerdings über elementare Sprachkenntnisse hinaus zu einer für ihren Beruf verwertbaren Beherrschung der Sprache. Zwei Drittel der meist jungen Deutschlernenden geben als Motivation den Wunsch nach einem Deutschland-Stipendium an, das sich nur für ein paar Dutzend im Jahr realisieren läßt. Im Gegensatz zum Leitsatz der Alliance Française „Apprenez le français tel qu'on le parle en France" und ihrer ausschließlichen Beschäftigung französischer Lehrer hatten die indischen Zweigstellen von Anfang an indische Deutschlehrer ausgebildet; heute werden fast 90 % des Deutschunterrichts an den sieben Instituten von den 35 indischen Ortslehrkräften erteilt. Vorteile stehen dabei Nachteilen gegenüber, und es wird zu prüfen sein, ob die Institute bei einer künftigen Revision des Deutschunterrichts dieses System aufrechterhalten sollen.

Die Bibliotheken der Goethe-Institute sind gegenüber den großen entsprechenden Einrichtungen des British Council und des USIS (Gesamtbestand 318.000 Bände) mit insgesamt 24.000 Titeln als relativ kleine Fachbibliotheken anzusehen, die von der Öffentlichkeit mäßig frequentiert werden. Die größte Bibliothek ist die Instituts-Bibliothek in Delhi mit 12.000 Bänden. Die oft erhobene Forderung nach einer Ergänzung der Bestände mit mehr englischen Übersetzungen deutscher Titel ist sehr gerechtfertigt.

IV. Die Zukunft — wenig Lösungen für viele Probleme

Die Arbeitsansätze der letzten beiden Jahre, die nicht nur im Regionalprogramm, sondern auch in den lokalen Programmen neue Arbeitsmöglichkeiten und -modelle schufen, werden vorerst leider in den Anfängen steckenbleiben müssen, da die für ihre Weiterführung und Entwicklung notwendigen zusätzlichen Geldmittel bei der gegenwärtigen Lage nicht zu erhoffen sind. Sic tempora, sic mores. Die Einsicht offizieller Kreise in die Bedeutung der kulturellen Leistung gehört trotz ständiger gegenteiliger Lippenbekenntnisse nicht eben zu den Zeichen der Zeit. Zu oft muß man selbst aus den eigenen Reihen die Aufforderung hören, doch innerhalb der vorhandenen Mittel eine neue Konzeption zu verwirklichen. Das kann für jemanden, dem die Praxis vertraut ist, nur naiv wirken. Wie oft muß man eigentlich wiederholen, daß ein vielwöchiger Instrumentalkurs eben mehr kostet als ein einzelnes Konzert, ein wochenlanges Seminar oder ein monatelanger Workshop mehr als ein Einzelvortrag, eine eigene Theaterproduktion am Ort mehr als eine als „Fertigware" importierte, die lokal in Auftrag gegebene Ausstellung mehr als das in der Kiste gelieferte Reproduktionsmaterial, ein regelmäßiges internationales Filmprogramm mehr als ein gelegentlicher Filmabend aus der Inter-Nationes-Schublade, die Produktion eines Filmes mehr als seine Vorführung, eine 100-seitige, periodisch erscheinende Publikation mehr als die Einzelbroschüre aus festlichem Anlaß, die Erarbeitung neuer, berufsbezogener Sprachlehrbücher mehr als die routinierte Verschickung der alten, die Ausbildung von Übersetzern und Dolmetschern mehr als der unverbindliche Abendunterricht, die Kulturarbeit in 15 weiteren „Provinzstädten" Indiens mehr als die auf einige große Städte beschränkte Tätigkeit, der Austausch mehr als der Monolog, kurz: das echte Interesse an Kultur mehr als das nur geheuchelte des Spiels damit auf dritter Bühne. Konkret: wenn man den Goethe-Instituten nicht verwehrte, was man den Entwicklungsländern so bereitwillig zugesteht, nämlich sich ebenfalls zu entwickeln, so wäre eine Aufstockung ihres Programmetats um das Doppelte lediglich eine Sofortmaßnahme und nachträgliche offizielle Anerkennung eines bereits geprobten Aufstands.

Wenn das visionäre Weizsäckersche Wort von der „Weltinnenpolitik" einmal Wirklichkeit werden soll, müssen die alten Machtverhältnisse der Völker untereinander durch solche auf Intelligenz, Kunst und Humanität basierende ersetzt werden, zu denen man sich trotz des offensichtlichen Versagens unseres Zeitalters schon heute unbeirrt bekennen soll. Der Weg dorthin führt allerdings nicht nur über das so sehr bemühte Experiment, sondern vor allem auch über die geduldige Auseinandersetzung mit alten Traditionen und ihrer unverwechselbaren Eigenheit. Für einen echten Dialog des Goethe-Instituts mit indischer Kultur heißt das in der gegenwärtigen Phase ihrer Selbstbestimmung und Selbstbesinnung, daß die Förderung des Verständnisses für indische Kultur in Deutschland nicht weniger wichtig sein darf als die Information über deutsche Kultur in Indien. Es ist unverständlich, warum bei der abstoßenden Kommerzialisierung des internationalen Kulturbetriebs eine kulturelle Organisation wie das Goethe-Institut mit ihren rund 115 Zweigstellen im Ausland und 20 Instituten in Deutschland kein einziges Haus der Begegnung im Inland, keine Abteilung oder auch nur einen Referenten in der Zentralverwaltung für die gastliche Aufnahme eben jener Kulturen in Deutschland unterhält, mit denen seine Mitarbeiter im Namen deutscher Kultur ständig in enge Berührung kommen. Statt den Schatz an Kenntnissen und Vertrautheit seiner Mitarbeiter mit der kulturellen Situation des Auslandes zu nutzen, überläßt es das Goethe-Institut leider immer noch völlig dem kommerziellen Angebot- und Nachfrageverhalten der Impresarios, was an asiatischer oder afrikanischer Kultur im Westen vorgestellt wird. Da es hier ausnahmsweise nicht unbedingt um zusätzliche Gelder, sondern um eine Umdisposition geht, sollte man ernsthaft überlegen, welches Institut im In- oder Ausland, welches Referat in der Zentralverwaltung in München reduziert oder aufgegeben werden kann, um ein regelmäßiges, qualitativ hochstehendes Musik-, Tanz-, Theater-, Film-, Ausstellungs- und Vortragsprogramm aus Entwicklungsländern wie Indien auf den Spielplänen der Theaterhäuser, Konzertsäle, Filmkunsttheater und Festivals sowie in den Museen und Galerien Deutschlands in dem zur Zeit möglichen Rahmen professionell zu fördern. Diese Überlegungen betreffen selbstverständlich auch das Dutzend indologischer Lehrstühle an deutschen Universitäten.

Der Sitz des Goethe-Instituts, München, gilt als erwählte Musenstadt. Das Goethe-Institut sollte heute, der besonderen wirtschaftlichen und psychologischen Situation, aber auch der teilweise bedeutenden Kultur der sogenannten Entwicklungsländer Rechnung tragend, nicht nur deutsche Kultur im Ausland verbreiten, sondern auch fremde Kultur zu sich einladen. Es sollte dazu beitragen, daß auch die Musen seiner Stadt andere Sprachen als die ihnen vertraute sprechen und sein olympischer Wohnsitz weitere Gefilde überschaut. In Indien gäbe es auch für eine solche offene Haltung wieder einen altmodischen, jedoch durch die Jahrtausende erprobten Weisheitsspruch aus den Upanishaden

    He who is one and who dispenses the inherent need
    Of all peoples and all times
    Who is in the beginning and in end of all things,
    May he unite us with the bond of goodwill.

Anschrift des Verfassers
Dr. Georg Lechner
Max Müller-Bhavan
3, Kasturba Gandhi Marg
New Delhi – 1 (Indien)

Warum Deutsch?
Eine Untersuchung des sozio-ökonomischen Hintergrundes und der Studienmotivation von Deutschstudenten in Poona (Indien)

von Maria Mies, Köln

Während eines Ausreiseseminars des Goethe-Instituts im Jahre 1963 wurde die Zielsetzung der deutschen Kulturpolitik im Ausland von einem der Referenten in folgender Weise angegeben: „Das Goethe-Institut ist weder ein Wohltätigkeitsverein noch ein Missionsunternehmen. Irgendwann muß sich die Arbeit im Ausland für uns auszahlen, d. h. konkret: irgendwann und irgendwie muß sie unserer Wirtschaft zugute kommen."

Damit war den ausreisenden Dozenten in wünschenswerter Klarheit zu verstehen gegeben, daß Kulturpolitik im Ausland kein unabhängiger Bereich der Bildungspolitik ist, sondern sich den Interessen der bundesdeutschen Wirtschaft unterzuordnen hat. Diese Wirtschaft hatte in jenen Jahren gerade begonnen, neue Investitionsbereiche und Märkte in Asien, Afrika und Lateinamerika zu erobern, und wie seinerzeit im Zeitalter des frühen Kolonialismus der Missionar stets dem Eroberer auf dem Fuße folgte, folgten der in die Länder der Dritten Welt expandierenden deutschen Wirtschaft die deutschen Kulturinstitute.

Bei dieser Klarheit der Zielvorstellung auf seiten der Träger der Kulturpolitik im Ausland ist es verwunderlich, daß man sich kaum Gedanken über die Motive der Empfänger von deutscher Sprache und Kultur machte. Diese Haltung entspricht der ethnozentristischen, nicht-reziproken, undialogischen Denkweise, die — zumindest in jener Epoche — die deutsche Kulturpolitik im Ausland charakterisierte. Man kam nicht auf die Idee, sich zu fragen, warum Afrikaner oder Asiaten an deutschen Kulturprogrammen und Sprachkursen interessiert sein sollten. Aus dem Bewußtsein des „Wir-sind-wieder-wer" heraus wurde ein solches Interesse einfach vorausgesetzt.

Die erste empirische Untersuchung der Motivationsstruktur von Teilnehmern an deutschen Sprachkursen im Ausland wurde 1966/67 in Poona, in Indien durchgeführt. Der vorliegende Beitrag stellt eine gekürzte und teilweise veränderte Version dieser Arbeit dar[1]. Obwohl die Daten heute viel-

---

[1] Diese Untersuchung wurde unter Anleitung des Head of Department of Sociology and Anthropology des Deccan College Post-Graduate Research Institute, Frau Prof. Dr. Iravati Karve durchgeführt. Sie wurde im Bulletin des Deccan College in englischer Sprache veröffentlicht. Vgl. Maria Mies: Why German: A Survey of the Students of

leicht überholt sind, verweisen die Ergebnisse auf eine Problematik, die auch heute noch aktuell ist.

I. Zur Situation des Deutschunterrichts in Indien

Vor einer Analyse der Motivation und des sozio-ökonomischen Hintergrundes von Deutschstudenten in Indien ist es angebracht, einen kurzen Überblick über die Situation des deutschen Sprachunterrichts in diesem Lande zu geben.

Es mag den Außenstehenden erstaunen, daß der Deutschunterricht in Indien, und hier speziell in der Stadt *Poona*, in West-Maharashtra, bereits auf eine recht lange Tradition zurückblicken kann. Schon 1911 konnte in Poona Deutsch als zweite Fremdsprache bei allen Universitätsexamen gewählt werden. Die Einführung der deutschen Sprache als Universitätsfach geschah in dieser Stadt auf Betreiben der Deccan Education Society in Poona and Maharashtra, einer Vereinigung von progressiven, erziehungsbewußten Bürgern, in der Mehrzahl Brahmanen, die in einer Verbreitung von Bildung einen wesentlichen Beitrag zum Kampf für die nationale Unabhängigkeit sahen. Sie lehnten es ab, die Welt nur durch die Brille der englischen Sprache, der Sprache der Kolonialherren zu sehen und propagierten den Deutsch- und Französischunterricht an Schulen und Colleges[2].

Diese Ansätze wurden jedoch später und vor allem während des zweiten Weltkrieges nicht weitergeführt. Nach der Unabhängigkeitserklärung, als Indien sein Universitätswesen ausbaute, wurde Deutsch nur an Colleges und Universitäten unterrichtet. Die Zahl der Colleges und Universitäten, die Deutschkurse anboten, betrug im Jahre 1966 dreiunddreißig. Außerdem wurde an vierzehn weiteren Institutionen und an sieben Max MUELLER Bhavanen (Goethe-Instituten)[3] die deutsche Sprache gelehrt. Unter den europäischen Sprachen, Englisch ausgenommen, stand Deutsch an erster Stelle, und zwar nicht nur hinsichtlich der Zahl der Kurse, sondern auch der Studentenzahlen, wie folgende Tabellen verdeutlichen:

German in Poona. Bulletin of the Deccan College Research Institute. Vol. XXVIII, III & IV, 1967–68. Poona 1970.
2 Vgl. B. B. Kulkarni (Hrsg.): Golden Jubilee of the Teaching of German in Poona, 1914–1964, Souvenir. Poona 1964.
3 Die Zweigstellen des Goethe-Instituts in Indien wurden nach dem großen deutschen Indologen Max Mueller benannt.

Tabelle 1

Number of Students in Various Languages and Courses[4]

1964/65	German	French	Russian
Diploma Course	305	573	80
Certificate Course	1230	961	170
Degree Course	230	25	4
Total	1765	1559	254

Die Zahlen dieser Tabelle können zwar nur als Annäherungswerte betrachtet werden, weil das Indian Institute of Foreign Trade, das diese Zahlen bei einer Untersuchung über den Fremdsprachenunterricht ermittelte, nicht alle Institutionen und nicht alle Studenten erfaßte. Ein deutlicheres und genaueres Bild vermittelt die folgende Aufstellung über die verschiedenen Sprachkurse der Universität Poona:

Tabelle 2

Students in various Language Courses
conducted by the University of Poona[5]

Language	Years						
	1961/62	62/63	63/64	64/65	65/66	66/67	67/68
German	417	460	474	395	577	430	444
French	225	266	276	272	173	187	227
Russian	–	–	–	50	71	124	165
Total:	642	726	750	717	821	741	836

Aus beiden Tabellen geht hervor, daß Deutsch unter den europäischen Fremdsprachen die größte Popularität genießt. In Poona jedoch ist die Zahl der Deutschstudenten über einen Zeitraum von sieben Jahren relativ konstant geblieben, der Anstieg der Gesamtzahl von Fremdsprachenstudenten ist auf die gestiegene Zahl von Russischstudenten zurückzuführen. Zu den oben angegebenen Zahlen der Deutschstudenten sind jedoch die hinzuzurechnen, die einen Deutschkurs am Max Mueller Bhavan oder anderen Institutionen belegt

---

4 Quelle: Report on Teaching Facilities of Foreign Languages in India. Indian Institute of Foreign Trade. April 1966.
5 Quelle: Statement des Modern Language Department der Universität Poona. Nov. 1967.

hatten. Die Gesamtzahl der Teilnehmer an deutschen Sprachkursen in Poona betrug im Jahre 1966/67 1313 (1019 an der Universität, verschiedenen Colleges und anderen Institutionen und 294 am Max Mueller Bhavan). Die Mehrzahl dieser Studenten war in einem sog. Certificate- oder Diploma-Course eingeschrieben, Kursen, die von der Universität hauptsächlich für Studenten der Naturwissenschaften eingerichtet worden waren. Da diese Kurse auch als Abendkurse absolviert werden konnten, wurden sie besonders von Berufstätigen besucht. Die Studenten des Max Mueller Bhavan nahmen an zweimonatigen Intensivkursen teil.

II. Zur Untersuchungsmethode

Die Daten über die Deutschstudenten in Poona wurden während des akademischen Jahres 1966/67 erhoben. Die Untersuchung wurde an den wichtigsten Institutionen, die Deutschkurse anboten, durchgeführt: an der Universität, dem S.P.-College, dem Fergusson-College und dem Max Mueller Bhavan. Für die Untersuchung wurde ein Sample von 330 Studenten ausgewählt, davon entfielen 260 auf die verschiedenen College- und Universitätskurse und 70 auf die Kurse des Max Mueller Bhavan. Die Befragung wurde mit Hilfe eines Fragebogens durchgeführt, der den Studenten am Ende einer Unterrichtsstunde vorgelegt wurde. Von den 330 ausgegebenen Fragebögen wurden 298 ausgefüllt zurückgegeben; das ist eine Rückflußquote von 70,3%.

Da ich selbst am Max Mueller Bhavan unterrichtete, hatte ich Gelegenheit, die Fragebogendaten durch Informationen aus informellen Gesprächen, Diskussionen und Beobachtungen zu ergänzen. Das Institut bot dazu ideale Voraussetzungen: Die Studenten nahmen an einem oder mehreren der zweimonatigen Intensivkurse teil. Sie wohnten in Studentenheimen in der Nähe des Instituts und konnten an allen Institutsveranstaltungen teilnehmen. Diese Internatssituation ermöglichte einen vielfältigen informellen Kontakt zwischen Lehrenden und Studierenden. Dieser Erfahrungshintergrund bildet die Grundlage für die Interpretation der Fragebogenergebnisse.

III. Wer studierte Deutsch in Poona?

Ehe man die Frage stellen kann, warum Inder Deutsch lernen, muß man fragen, *welche* Inder Deutsch lernen. In einem Land, in dem vierzehn offizielle Sprachen gesprochen und geschrieben werden, drängt sich diese Frage geradezu auf. Welche Schichten, Gruppen und Individuen können daran interessiert sein, noch eine weitere Fremdsprache zu lernen? Im ersten Teil der Untersuchung wurde versucht, eine Antwort auf diese Frage zu finden. Das Hauptaugenmerk richtete sich dabei vor allem auf die Schichtzugehörigkeit und den sozio-ökonomischen Status der Befragten. Ehe dieser Punkt näher erläutert wird, sollen jedoch einige Angaben über Alters- und Geschlechtszusammensetzung des Samples gegeben werden.

a) Alter und Geschlecht

Die Mehrzahl der befragten Deutschstudenten — 76 % — waren jünger als 26 Jahre, davon waren sogar mehr als die Hälfte jünger als 21 Jahre. 14 % entfielen auf die Altersgruppe 26—30 Jahre und 11 % waren älter als 30 Jahre.

Wenn man von der Gruppe von Studenten unter 21 absieht, die hauptsächlich aus College-Studenten im ersten Jahr bestand, für die Deutsch als zweite Sprache Pflichtfach war, ist festzustellen, daß das Studium einer neuen Fremdsprache in der Regel in die Periode fällt, in der das normale Studium noch nicht ganz abgeschlossen ist, also in die Zeit vor dem 25. Lebensjahr. Gegenüber diesem Normalfall, der durch die Mehrzahl der Befragten bestätigt wird, ist jedoch bemerkenswert, daß fast ein Viertel des Samples älter als 25 Jahre war. Bei diesen Personen ist anzunehmen, daß sie ihre Ausbildung abgeschlossen hatten und bereits berufstätig waren.

Wie zu erwarten, studierten zum Zeitpunkt der Befragung mehr Männer als Frauen die deutsche Sprache in Poona. 65 % des Samples waren Männer und 35 % Frauen. Vergleicht man diese Verteilung allerdings mit der Geschlechterzusammensetzung der Collegestudenten in Poona, so ist festzustellen, daß der Anteil der Frauen unter den Befragten sehr viel höher ist als unter den allgemeinen Collegestudenten, denn dort betrug er 1966/67 nur 26 %[6].

Ein weiteres Faktum ist in diesem Zusammenhang zu beachten. Von den 106 Frauen des Samples waren 71 jünger als 20 Jahre. In dieser Altersgruppe übertraf ihre Zahl sogar die der Männer. Daß die Mehrzahl der Frauen auf die jüngste Altersgruppe entfiel, deutet darauf hin, daß das Deutschstudium für die Frauen in der Regel mit dem Collegestudium zusammenfällt und nach dem Erwerb des 1. Universitätsgrades aufhört. In den gebildeten Schichten gilt der B.A.- oder B.Sc.-Grad als optimaler Bildungsabschluß für ein Mädchen. Es ist dann meistens 20 Jahre alt und wird verheiratet. Bei den Männern hingegen kann die Ausbildung bis etwa zum 30. Lebensjahr und auch noch nach der Heirat fortgesetzt werden.

6 University of Poona: Annual Report 1966—67.

Es scheint jedoch, daß die Deutschstudenten keine Neigung zu einer frühen Heirat haben. Im ganzen Sample gab es nur 42 verheiratete Studenten und nur 5 davon waren Frauen. Von den Männern waren mehr als Dreiviertel bis zum 30. Lebensjahr noch nicht verheiratet. Von den Frauen waren 70 % bis zum 20. und 26 % zwischen dem 21. und 25. Lebensjahr noch ledig. Daß diese Zahlen aus der indischen Norm herausfallen, zeigt ein Vergleich mit den Ergebnissen einer Studie über die sozialen Aspekte der Heirat im Poona-Distrikt. Dort wurde festgestellt, daß 75 % der Mädchen in den städtischen Gebieten vor Vollendung ihres 19. Lebensjahres verheiratet waren[7]. Die Angaben über das Heiratsalter der Deutschstudenten sind insofern interessant, als sie einen indirekten Aufschluß über die schichtspezifische Einordnung dieser Gruppe geben. Späte Heirat, vor allem für indische Verhältnisse späte Heirat der Frauen, ist heute ein Merkmal der gebildeten, verwestlichten, städtischen Mittelschicht, die Wert darauf legt, daß auch ihre Frauen eine Ausbildung bekommen. In den unteren Rängen der sozialen Hierarchie werden die Mädchen meist zwischen 15 und 19 Jahren verheiratet. Da das System der „arranged marriage" aber auch noch für die höheren Schichten gilt, sträuben sich die gebildeten Frauen selbst häufig gegen eine frühe Heirat. Nicht selten benutzen sie irgendeine Art von Ausbildung als Vorwand, im vorliegenden Fall u.U. auch einen Deutschkurs, um die leidige Frage der Heirat vor sich herzuschieben. Solange sie im Studium sind, beginnen die Eltern kein „marriage talk".

b) Der sozio-ökonomische Status der Deutschstudenten

Die wichtigste Variable bei der Beantwortung der Frage: „Wer studiert Deutsch in Indien?" ist die des sozio-ökonomischen Status der Befragten, der im wesentlichen durch Ausbildung, Beruf und Einkommen definiert wird. In Indien kommt die Kastenzugehörigkeit noch hinzu, die nicht in jedem Fall mit den drei anderen Merkmalen kongruent sein muß. Hoher ritueller Status, also Kastenzugehörigkeit, geht nicht immer Hand in Hand mit hohem Einkommen, immer aber mit hohem Sozialprestige.

Zur Bestimmung des sozio-ökonomischen Status und damit der Schichtzugehörigkeit der Befragten wurde nicht nur ihr eigener Bildungsstand und Beruf untersucht, sondern auch die Ausbildung der Eltern, der Beruf des Vaters und das Familieneinkommen. Außerdem wurde die kastenspezifische Verteilung des Samples analysiert.

---

7 P. R. Mokashi: Some Social Aspects of Marriage in Poona District, 1955–56. Unveröffentlichte Dissertation. Universität Poona 1963.

1. Bildungsniveau

Die folgende Tabelle gibt Aufschluß über den allgemeinen Bildungsstand der Befragten:

Tabelle 3

	Under S.S.C.	Under Graduates	Graduates	More than Grad.	Total	%
Students	4	127	22	25	178	60%
Non-Stud.	4	38	55	23	120	40%
Total	8	165	77	48	298	

Die Mehrzahl der Deutschstudenten befand sich noch im Studium. In ihrem Fall muß der angegebene Bildungsgrad nicht immer den Abschluß der Bildungskarriere darstellen, wie es für die Nicht-Studenten zutraf. Es ist jedoch bemerkenswert, daß 40% der Befragten keine Studenten mehr, sondern schon berufstätig waren. Das läßt darauf schließen, daß das Interesse am Erlernen einer neuen Fremdsprache bei bestimmten Gruppen auch nach dem allgemeinen Studienabschluß noch groß ist, vor allem, wenn dafür günstige Bedingungen bestehen, wie es in Poona der Fall war.

Wenn man die noch im Studium Befindlichen von der Betrachtung ausschließt, weil über ihren endgültigen Bildungsgrad noch nichts ausgesagt werden kann, ist festzustellen, daß der Bildungsstand der Deutschstudenten überdurchschnittlich hoch war. Nur 4 von 120 hatten eine Ausbildung, die unter dem Sekundarschulabschluß (S.S.C.) lag. Alle anderen hatten Collegeausbildung, und die Mehrzahl hatte den ersten Universitätsgrad (B.A., B.Sc. etc) erworben. Etwa ein Sechstel dieser Gruppe von „Graduates" hatte auch den 2. Universitätsgrad (M.A., M.Sc. etc.) oder den Doktorgrad. Der höchste Prozentsatz von sehr hoch ausgebildeten Deutschstudenten (Graduates und Post-Graduates) befand sich in den Kursen des Max Mueller Bhavan und in den Abendkursen der Universität.

Es scheint demnach, daß die Bereitschaft, eine neue Sprache zu lernen, bei den Personen am größten war, die bisher am meisten von den Bildungschancen profitiert hatten.

Wie in den meisten Entwicklungsländern kann das verfassungsmäßig verbürgte Recht auf Bildung auch in Indien nur von einer Minderheit wirklich wahrgenommen werden, so daß der bekannte Zustand vorherrscht, daß gebildete Söhne in der Regel schon gebildete Väter gehabt haben. Das trifft auch für die Deutschstudenten in Poona zu.

In 70 % der Fälle waren beide Eltern „educated", d. h. hatten irgendeine Art von Schule besucht. Nur in 20 % der Fälle waren die Mütter, und in 3 % der Fälle die Väter Analphabeten. Bei einem Vergleich des Ausbildungsstandes von Vater und Mutter fällt der große Bildungsabstand zwischen beiden auf. Das entspricht jedoch den üblichen Vorstellungen über die Geschlechterrollen. Die Mehrzahl der Väter — 138 von 298 — waren „Graduates" und „Post-Graduates", die Mehrzahl der Mütter hatte Primar- und Sekundarausbildung, 159 von 298. 31 hatten sogar College- oder Universitätsbildung. Vergleicht man diese Zahlen mit den Ergebnissen eines Surveys, das 1954 in Poona durchgeführt wurde, so stellt man erhebliche Unterschiede fest. Der Prozentsatz der männlichen Analphabeten in Poona betrug damals 20 %, der der weiblichen 40 %[8]. Bedenkt man, daß die Eltern der Befragten zu einer Zeit ausgebildet wurden, als die Bildungschancen noch weit geringer als heute waren, dann wird klar, daß nicht nur die Deutschstudenten selbst, sondern auch ihre Eltern bereits zu einer Bildungselite gehörten.

2. *Beruf und Einkommen*

Wie schon erwähnt, waren 60 % der Befragten noch reguläre Studenten. Die Nicht-Studenten verteilten sich auf folgende Berufe: 2 % waren Lehrer, 4 % arbeiteten in der Forschung, 16 % hatten technische und naturwissenschaftliche Berufe und 18 % waren in verschiedenen Berufen beschäftigt, in der Mehrzahl in white collar jobs.

Diese Verteilung macht zunächst deutlich, daß Deutsch heute mehr von Technikern, Ingenieuren und Naturwissenschaftlern als von Philologen und Philosophen bevorzugt wird, wie es noch in der älteren Generation der Fall war. Zum anderen ist zu beachten, daß die technischen Berufe heute in Indien ein höheres Sozialprestige genießen als die Berufe, die ein geisteswissenschaftliches Studium voraussetzen. Darum ist die Zahl der Personen mit einer naturwissenschaftlich orientierten Ausbildung sowieso größer als früher.

Vergleicht man die Berufsstruktur der Befragten mit der ihrer Väter, dann fallen deutliche Unterschiede auf. Die Mehrzahl der Väter war in der Verwaltung beschäftigt, nämlich 31 %. Die zweitgrößte Gruppe — 16 % — waren Universitäts-, College- oder Sekundarschullehrer, 14 % waren Kauf-

---

8 N. V. Sovani, D. P. Apte, R. G. Pendse: POONA: A Re-Survey 1956, The Changing Pattern of Employment and Earning. Gokhale Institute of Politics and Economics Publication No. 34. Poona 1956.

leute, 8 % Ingenieure und weitere 8 % Landbesitzer und Bauern. Außer zwei Arbeitern kamen keine Angehörigen der unteren Berufskategorien vor.

Diese Verteilung zeigt, daß die meisten Väter in Berufen beschäftigt waren, die vor der Unabhängigkeit Indiens das höchste Sozialprestige genossen, nämlich in der Administration und im Unterrichtswesen. Die Deutschstudenten stammten also aus dem Teil der Mittelschicht, der nicht nur seit mindestens einer Generation ein sehr hohes Bildungsniveau hat, sondern auch die höheren Ränge der Berufshierarchie besetzt hält. Gleichzeitig wird deutlich, daß es sich bei den Deutschstudenten um eine Gruppe handelt, die ein besonders hohes Maß an intergenerationeller Berufsmobilität zeigte und die neuen Chancen auf dem Arbeitsmarkt zu erkennen und zu nutzen wußte.

Der Eindruck, daß der größte Teil der Deutschstudenten aus den ökonomisch und kulturell begünstigten Teilen der städtischen Mittelschicht stammte, wird auch durch die Daten über Einkommen und Besitz bestätigt, obwohl diese Daten nur ein sehr ungefähres Bild vermitteln[9]. Rund Zweidrittel der Studenten kamen aus Familien, die irgendwelches Eigentum an Land, Häusern, Fabriken oder Aktien besaßen. 62 % gaben ein Jahreseinkommen von über 3.600 Rupien an[10], Zweidrittel davon hatten noch zusätzliche Einkünfte aus ihrem Vermögen. Auf ein Einkommen zwischen 1.000 und 1.200 Rupien ohne weiteren Besitz waren nur acht angewiesen. Etwa ein Viertel hatte Einkommen zwischen 1.200 und 3.600 Rupien mit oder ohne Besitz.

Zur Einordnung dieser Zahlen in das Gesamtbild der Einkommensstruktur der Mittelschicht mögen die Angaben über Einkommen von Eltern von College-Studenten in Poona dienen. Nur 29 % dieser Eltern hatten Einkommen über 4.000 Rupien, über die Hälfte hatte mittlere Jahreseinkommen von 1.000 bis 4.000 Rupien und 15 % hatten weniger als 1.000 Rupien im Jahr[11].

Der ökonomische Status der Familien der Deutschstudenten lag also im Durchschnitt über dem der vergleichbaren Gruppen der Mittelschicht.

---

9 Es ist sehr schwer, genaue Angaben über das Familieneinkommen in Indien zu ermitteln, da die Einkünfte der arbeitenden Familienmitglieder häufig in einem Topf zusammenfließen und oft nur das Familienoberhaupt die Finanzlage der Familie kennt.
10 Es stellte sich heraus, daß die untere Grenze des Jahreseinkommens für die höchste Einkommenskategorie mit 3.600 Rupien zu niedrig angesetzt worden war. Ein großer Teil der Deutschstudenten kam aus Familien, die ein weit höheres Jahreseinkommen hatten.
11 A Socio-Economic Sample Survey of College Students in Poona City 1966—56. Department of Mathematics and Statistics. Universität Poona 1956.

3. Kaste

Neben Ausbildung, Beruf und Einkommen wird der soziale Status eines Individuums in Indien durch seine Kastenzugehörigkeit definiert. Der Einfachheit halber wurde die lange Liste von Kasten, die bei der Befragung genannt wurden, zu folgenden Gruppen zusammengefaßt: 1. Brahmanen, 2. Landbesitzer- und Kshatriya-Kasten, 3. Händlerkasten, 4. andere Kasten (einschließlich der Sikhs und Buddhisten), 5. Nicht-Hindus.

Die Analyse des Samples nach Kastenzugehörigkeit ergab, daß die Brahmanen bei weitem die größte Gruppe stellten. Sie repräsentierten 66 % der Befragten. Auf die zweite Kastengruppe entfielen 11 %, auf die dritte 5 %, auf die „anderen Kasten" 8 % und auf die Nicht-Hindus 9 %.

Der sehr hohe Anteil an Brahmanen unter den Deutschstudenten wird nur zum Teil dadurch erklärt, daß sie die gebildetste Gruppe in Indien darstellen und Poona einen sehr hohen Anteil an Brahmanen hat. Im Falle der Deutschstudenten scheint vielmehr das alte positive Vorurteil der Poona-Brahmanen gegenüber der deutschen Sprache und Kultur noch weiterzuwirken. Es mag auch eine Rolle gespielt haben, daß die beiden untersuchten Colleges in fast reinen Brahmanen-Vierteln lagen.

Der Anteil der landbesitzenden und Kshatriya-Kasten, die in Maharashtra und in vielen anderen indischen Regionen die dominanten Kasten in bezug auf Zahl und politische Macht darstellen, war vergleichsweise gering. Auffallend war der geringe Anteil der Händlerkasten und der vergleichsweise hohe Anteil von Nicht-Hindus. Die Kastenverteilung entsprach im allgemeinen den Verhältnissen, wie sie im höheren Bildungsbereich herrschen. Nur dürfte dort der Anteil der Brahmanen geringer sein.

Zusammenfassend können wir feststellen, daß die Personen, die an einem deutschen Sprachkurs teilnahmen, zu dem kleinen, durch Bildung, Beruf, Besitz und Kaste privilegierten Teil der städtischen indischen Mittelschicht gehörten, der mehr als andere Gruppen dieser Schicht in der Lage ist, die Chancen der Entwicklung und Modernisierung zu nutzen.

IV. Die Studienmotivation der Deutschstudenten

Die Generation, die den Deutschunterricht in Poona eingeführt hatte, sah im Studium dieser Sprache einen Beitrag zum antikolonialen Kampf und ein Mittel der Befreiung von der kulturellen Bevormundung durch die Engländer. Außerdem war ihr Interesse an deutscher Sprache und Kultur stark geprägt von einem revivalistischen Zug. Die heiligen Schriften der Hindus waren im 19. Jahrhundert der Welt durch deutsche Gelehrte zugänglich gemacht worden. Deutschland galt dieser Generation als das Mekka der Gelehrsamkeit und des Geistes. Ferner sollte man nicht den Einfluß der Nazi-Ideologie auf einen gewissen Teil der nationalistisch gesinnten Poona-Brahmanen vergessen.

Es wäre erstaunlich, wenn die Generation, die heute Deutsch lernt, noch von den gleichen Motiven bestimmt würde. Andererseits ist kaum anzunehmen, daß die alten Vorstellungen über Deutschland nicht auch noch einen Einfluß auf die jüngere Generation hätten, denn nationale Stereotypen halten sich bekanntlich lange, vor allem dann, wenn nicht geographische Nähe zu einer gewissen Revision zwingt.

Die Analyse der Motivation der Deutschstudenten versucht, Aufschluß über die vorherrschenden Trends und Meinungen hinsichtlich der deutschen Sprache und Kultur zu gewinnen.

Die Antworten auf die Frage nach den Gründen für eine Aufnahme des Deutschstudiums fielen erwartungsgemäß sehr unterschiedlich aus. Da die meisten Studenten mehr als einen Grund angaben, wurden insgesamt 637 Antworten registriert. Sie sind in der folgenden Tabelle zu sieben Hauptkategorien zusammengefaßt worden:

Tabelle 4

Categories of Motivation

		No. of responses	%
German is needed	German is part of the curriculum	54	8.5
	German is needed for studies in India	83	13.0
	I wish to go to Germany	153	24.0
German is not needed	Interest or Liking for German	124	19.5
	Admiration for German Culture, History etc.	97	15.2
	German for better Career – prospects	76	11.9
	I wish to read German publications	50	7.9
	Total	637	100.0

Aus dieser Aufstellung geht hervor, daß für viele der Befragten Deutsch kein frei gewähltes Fach war, sondern einen Bestandteil ihres regulären Studiums ausmachte. Die Gruppe, für die dies zutraf, umfaßte 137 Studenten. 54 davon gaben an, daß Deutsch Teil ihres normalen Curriculums sei. Es handelte sich dabei vor allem um Studenten im ersten College-Jahr, die eine zweite Sprache als Pflichtfach belegen mußten. In den beiden untersuchten Colleges wurden jedoch nur Deutsch und Marathi als Zweitsprachen angeboten, so war die Wahl der Studenten sehr eingeschränkt. Alle anderen, für die Deutsch ein Erfordernis ihres Studiums war, waren Universitätsstudenten, die diese Sprache für die Erlangung des M.A., M.Sc. oder des Doktorgrades brauchten. Die Mehrzahl waren Naturwissenschaftler. Die am häufigsten genannten Fächer waren Chemie, Botanik und Elektrophysik. Nur wenige studierten Sanskrit oder Philosophie, was wiederum zeigt, daß das Interesse an der deutschen Sprache sich von den Geisteswissenschaften auf die Naturwissenschaften verlagert hat.

Obwohl Deutsch von dieser ersten Gruppe nicht völlig frei gewählt worden war, sondern eine Notwendigkeit ihres Studiums darstellte, gaben viele noch weitere Gründe für das Studium dieser Sprache an, die sich u.U. nicht sehr von den Motiven derjenigen unterschieden, für die es keinen zwingenden Grund gab, Deutsch zu lernen.

a) Der Wunsch, nach Deutschland zu reisen

Unter den verschiedenen Gründen, warum man Deutsch lernte, stand der Wunsch, nach Deutschland zu reisen, an erster Stelle. Ob es sich bei diesem Motiv um konkrete Pläne oder um vage Wunschvorstellungen handelte, konnte im Einzelfall nicht ausgemacht werden. Aufgrund einer genauen Analyse der Daten und vielfältiger Erfahrungen mit indischen Studenten läßt sich jedoch folgendes zu diesem Wunsch sagen: Er ist in den meisten Fällen gekennzeichnet durch eine sehr große emotionale Intensität und außerdem durch eine oft verblüffende Unbestimmtheit und Unkenntnis der realen Verhältnisse in der BRD. Es wäre verfehlt, die Aussage: „I want to go to Germany" als eine eindeutige und bewußte Bevorzugung Deutschlands gegenüber anderen westlichen Ländern zu interpretieren. Diese Aussage stellt vielmehr eine meist beliebige Konkretisierung des allgemeineren Wunsches „to go abroad" dar. „Abroad" bedeutet nach dem heutigen Verständnis in Indien allerdings nicht einfach „Ausland", sondern nur das westliche Ausland, spezieller die kapitalistischen Industrieländer. „To go abroad" hat immer auch etwas vom Glanz des Goldenen Westens an sich, immer etwas von einer Traumreise ins Schlaraffenland. Die Faszination, die die reichen Industrieländer des Westens mit ihrem Überangebot an Konsumgütern auf die jungen Inder ausüben, läßt sich kaum übertreiben. Gegenüber dieser Faszination sind alle Versuche, ein wirklichkeitsgerechteres Bild dieser Länder zu zeichnen, wirkungslos. Auch negative Erfahrungen anderer dämpfen selten den Enthusiasmus derjenigen, die sich von einem Aufenthalt im Westen die Lösung aller möglichen Probleme versprechen.

Das zweite Charakteristikum dieses Wunsches „nach Deutschland zu reisen" ist der Mangel an klaren Zielvorstellungen und konkreten Plänen. Von 153 Befragten, die diesen Wunsch angaben, konnten 136 keine genau umrissenen Ziele nennen. Manche sagten, sie wollten studieren, ein Praktikum machen oder gar arbeiten. Die 17, die feste Pläne hatten, hatten entweder ein Stipendium in der Tasche oder waren von ihrer Firma oder ihrer Behörde nach Deutschland geschickt worden.

Die Hälfte derjenigen, die nach Deutschland reisen wollten, begründeten diesen Wunsch damit, daß sie in Deutschland „höhere Studien" betreiben wollten. Bei genauerem Zusehen stellte sich heraus, daß nur 9 von 78, die diese Begründung gaben, konkrete Studienpläne in der BRD hatten. Bei dem Rest liegt die Vermutung nahe, daß „higher studies in Germany" eine vornehme Rationalisierung des Wunsches ist, den drückenden indischen Verhältnissen zu entfliehen.

Im Gegensatz zu denjenigen, die wegen „höherer Studien" nach Deutschland reisen wollten, haben die Befragten, die „practical training" als Begründung für ihren Wunsch angaben, realistischere Zielvorstellungen. Häufig waren sie zu diesem Praktikum von ihren Firmen abgeordnet.

Nur eine kleine Zahl der Befragten gab unmißverständlich an, daß sie in der BRD arbeiten wollten. Es ist ein relativ neues Phänomen, daß Inder zur Arbeitssuche nach Deutschland gehen wollen. Die bevorzugten Gebiete für überschüssige Arbeitskräfte waren bislang Großbritannien und Kanada. Aber mit der Verschärfung der britischen Einwanderungsbestimmungen auch für Mitglieder der Commonwealth-Länder sahen sich viele Inder gezwungen, sich nach anderen Arbeitsmärkten umzusehen. Es konnte nicht ausbleiben, daß sie dabei entdeckten, daß die Arbeitsmarktlage in der BRD sehr günstig war, vor allem zur Zeit der Hochkonjunktur.

Unter denjenigen, die den Wunsch äußerten, wegen höherer Studien nach Deutschland gehen zu wollen, war ein höherer Anteil an „Graduates" als man entsprechend ihrer Proportion im Sample erwarten würde. Aber auch diese hatten meist keine definitiven Studienpläne und -ziele. Das legt die Vermutung nahe, daß auch unter denen, die „higher studies" als Grund für ihren Wunsch, nach Deutschland zu reisen nannten, ein gewisser Prozentsatz von Personen war, die in Wirklichkeit Arbeit in der BRD suchten und diese Umschreibung gebrauchten, weil ein gebildeter Inder sich immer noch scheut, als „Gastarbeiter" ins Ausland zu gehen. Bei den schlechten Aussichten auf dem indischen Arbeitsmarkt kann es nicht verwundern, daß immer mehr hochqualifizierte Arbeitskräfte ins Ausland drängen und so das Potential für den internationalen „Brain Drain" vergrößern.

b) Interesse an der deutschen Sprache

Das zweithäufigst genannte Studienmotiv war ein ziemlich unspezifisches Interesse oder eine vage Vorliebe für die deutsche Sprache. Bei einer weiteren Aufschlüsselung dieser allgemeinen Kategorie war festzustellen, daß ein hoher Prozentsatz sich unter dem Mode-Aspekt zusammenfassen ließ. Etwa 38 % der Antworten spielen darauf an, daß es „modern sei, Fremdsprachen zu lernen". Die Tatsache, daß es in Indien heute als „modern" gilt, neue Fremdsprachen, d. h. Französisch, Deutsch oder Russisch zu lernen, deutet darauf hin, daß gebildete Inder sich nicht mehr damit begnügen wollen, die Welt durch das Fenster der englischen Sprache zu sehen, sondern, daß „der Westen" als Ganzes die Rolle in ihrer Vorstellung einnimmt, die früher das koloniale Mutterland einnahm. Das Mode-Motiv ist außerdem als ein Teil jener schon erwähnten Faszination zu interpretieren, die alles Westliche auf die Einbildungskraft der jungen Inder ausübt. Nicht nur westliche Kleidung und technische Geräte — „gadgets" — gelten als begehrte Symbole der Modernität, sondern auch das Fremdsprachenlernen, genauer, das Lernen etablierter westlicher Sprachen, denn es würde kaum als modern gelten, Portugiesisch oder Suaheli zu lernen. Das linguistische Interesse der gebildeten Inder spiegelt adäquat die polit-ökonomischen Machtverhältnisse der Welt wider.

Etwa ein Viertel der Antworten in dieser Kategorie sagen nicht mehr aus als: „I like German" oder: „I am interested in the German language". Solch unspezifische Äußerungen wurden vorwiegend von jüngeren Studenten gemacht. Sie sind charakteristisch für die allgemeine Studienmotivation, genauer, den Mangel einer wirklichen Motivation vieler indischer Studenten. Im allgemeinen bringen indische Studenten den Fächern, die sie studieren, den Studieninhalten, nichts als Desinteresse und Langeweile entgegen. Was interessiert, ist nicht die Sache als solche, sondern der zu erreichende Grad. Nach den Gründen für die Wahl ihres Hauptfaches gefragt, wußten die meisten der Befragten auch nichts anderes zu antworten als: „I like it". Die Ursache für dieses fehlende Interesse und Engagement an den Studieninhalten ist in dem formalistischen und veralteten indischen Erziehungssystem sowie in der autoritären Familienerziehung zu suchen. Es ist bezeichnend, daß eine Reihe der Befragten angaben, sie lernten Deutsch, weil Eltern, Verwandte oder Freunde es ihnen geraten hätten. Nicht selten sind es die Väter, die über die Wahl eines Studienfaches entscheiden.

Die Attitüde eines unspezifischen Interesses an der deutschen Sprache ist demnach auf dem Hintergrund dieses allgemeinen Entfremdungszustandes im Bildungssektor zu sehen.

c) Bewunderung für die deutsche Kultur und Geschichte

Die dritte Kategorie von Motiven umfaßt alle Antworten, die in irgendeiner Weise Bewunderung für Deutschland, seine Kultur und seine Geschichte ausdrückten. Diese Bewunderung bezog sich vor allem auf die deutschen Leistungen auf technologischem und naturwissenschaftlichem Gebiet (40 % der Antworten in dieser Kategorie) und auf die Werke der deutschen Philosophie, Literatur und Musik (31 %). Nur 8 % erwähnten das deutsche Wirtschaftswunder als Grund für ihre Bewunderung. Aber immer noch 7 % äußerten sich bewundernd über die Nazi-Ideologie, über Adolf Hitler und die deutschen Leistungen im zweiten Weltkrieg. Die großen Werke der deutschen Indologen wurden dagegen nur von 5 % erwähnt.

An diesen Antworten wird deutlich, daß auch noch die alten nationalen Klischeevorstellungen über die Deutschen eine Rolle bei der Studienmotivation spielten. Es sind im übrigen die gleichen Stereotypen, die in vielen Entwicklungsländern über Deutschland existieren.

d) Verbesserung der beruflichen Chancen

76 der Befragten gaben an, Deutsch zu lernen, um ihre Berufsaussichten zu verbessern oder in einen bestimmten Beruf hineinzukommen.

Fast die Hälfte dieser Gruppe waren noch Studenten, die meisten davon waren jünger als 20 Jahre. Daher ist es verständlich, daß sie keine konkreten Angaben über die Art der Berufe oder die erstrebten Aufstiegsmöglichkeiten machten. Im Gegensatz zu dem Motiv, nach Deutschland zu reisen, entspricht das Streben nach Verbesserung der beruflichen Aussichten einer realitätsgerechteren Einschätzung des Arbeitsmarktes in Indien. Bei einer Reihe von Berufen wird die Kenntnis einer weiteren Sprache als zusätzliche Qualifikation gewertet, die sich in Form von Beförderungen oder besseren Gehältern niederschlägt. Das ist z.B. der Fall bei der Armee, bei der Flotte und der Luftwaffe, in bestimmten Bereichen der Industrie, beim höheren Verwaltungsdienst und bei deutschen Firmen.

Die Analyse der näheren Angaben zu den beruflichen Wünschen ergab folgendes Bild: Fast ein Drittel gab an, daß Deutschkenntnisse sich günstig auf ihre Karriere auswirken würden. Etwa ein Fünftel dieser Gruppe lernte Deutsch, um einen „modernen" Beruf ergreifen zu können. Unter einem „modernen Beruf" versteht man heute in Indien die Berufe, die neben hohem Gehalt und Prestige auch die Möglichkeit zu Auslandsaufenthalten bieten. Das sind die Posten bei einer indischen oder internationalen Fluglinie, bei einer indischen oder ausländischen Botschaft oder im höheren indischen

Verwaltungsdienst, dem Indian Administrative Service. Für alle diese „fashionable jobs" sind Fremdsprachenkenntnisse erforderlich.

Es ist bemerkenswert, daß eine Reihe der Befragten, die einen dieser Traumberufe ergreifen wollten, Mädchen waren, die aus einem orthodoxen, keinesfalls verwestlichten Hindu-Milieu stammten. Daß gerade solche Mädchen von solchen Karrieren träumten, zeigt welches Prestige diesen Berufen zugeschrieben wird.

Der Aspekt der Faszination durch den Westen spielte auch eine gewisse Rolle bei denjenigen, die hofften, durch Deutschkenntnisse eher eine Stelle bei einer deutschen Firma in Indien finden zu können. Dieser Grund wurde achtmal in dieser Kategorie genannt. Diese Aussage zeigt aber außerdem auch, welche Anstrengungen die Menschen auf sich nehmen, um eine angemessene Arbeitsmöglichkeit zu finden.

Die Situation ist anders bei den Befragten, die bereits bei einer deutschen Firma beschäftigt waren — insgesamt neun gaben dies als Grund für ihr Deutschstudium an. Einige deutsche Unternehmen in Bombay und Bangalore sandten regelmäßig einige von ihren Angestellten zu den Deutschkursen des Max Mueller Bhavan nach Poona. Viele dieser Männer arbeiteten mit deutschen Maschinen und mußten die technischen Anweisungen verstehen, oder sie arbeiteten mit deutschen Ingenieuren zusammen, die nicht ausreichend Englisch sprachen, andere waren für ein Praktikum in der Firma in Deutschland vorgesehen.

Zusammenfassend läßt sich sagen, daß die Personen, die Deutsch aus beruflichen Erwägungen lernten, im allgemeinen eine realistischere Einschätzung der indischen Wirklichkeit zeigten als die Gruppe, die Deutsch lernten, um nach Deutschland zu reisen. Auf der anderen Seite finden wir aber auch hier eine gewisse Überschätzung der tatsächlichen Chancen, die eine unvermeidliche Begleiterscheinung einer sozio-ökonomischen Lage ist, in der auch die bescheidensten Erwartungen der Massen weit über die Mittel des status quo, sie zu erfüllen, hinausgehen. Was R. LAMBERT für die Fabrikarbeiter in Poona festgestellt hat, trifft auch für die Deutschstudenten zu: "... more workers expect to be promoted than the frequency of promotions in the past would justify, so that in one sense aspiration levels are unrealistically high"[12].

---

12 Richard Lambert: Workers, Factories and Social Change in India. Gokhale Institute of Politics and Economics. Poona 1963. S.221—22.

e) Der Wunsch, deutsche Publikationen zu lesen

Nur 50 der Befragten äußerten den Wunsch, deutsche Bücher und Zeitschriften zu lesen. Die Mehrzahl dieser Personen waren Nicht-Studenten, älter als 26 Jahre und entweder in technischen Berufen oder in der Forschung beschäftigt. Von den noch Studierenden gaben nur 6 % an, deutsche Literatur lesen zu wollen. Daraus ist zu schließen, daß ein Interesse an deutschsprachiger Literatur keineswegs bei den normalen Deutschstudenten vorauszusetzen ist, sondern nur bei denjenigen, die diese Literatur aus beruflichen oder Forschungsgründen brauchen.

Dieses auffallende Desinteresse an deutschen Veröffentlichungen ist jedoch keinesfalls auf die deutschsprachige Literatur beschränkt, sondern entspricht der allgemeinen Gleichgültigkeit indischer Studenten gegenüber Büchern. Die Mehrzahl der indischen Studenten liest keine anderen Bücher als die für das Studium vorgeschriebenen Texte. Die Ursache für diese Haltung ist einmal der Mangel an Geld, ferner der überladene Stundenplan indischer Colleges und Universitäten und schließlich die fehlende Tradition geistiger Auseinandersetzung an den Universitäten.

Es ist auf diesem Hintergrund um so erstaunlicher, daß berufstätige Personen eine neue Fremdsprache lernen, um Veröffentlichungen in dieser Sprache lesen zu können. Wahrscheinlich spielt bei dieser Gruppe das Bestreben eine Rolle, mit der internationalen Forschung Schritt halten zu können, denn wegen Devisenbeschränkungen, Geldmangel im Buchhandel, fehlenden Übersetzungen ist die Transmission der internationalen Wissenschaft nach Indien wie in alle Länder der Dritten Welt stark eingeschränkt.

Obwohl das Motiv, Lesekenntnisse in Deutsch zu erwerben, am wenigsten häufig genannt wurde, kann man sagen, daß die Gruppe, die diesen Wunsch äußerte, die realistischste Einstellung zur deutschen Sprache und den höchsten Grad an Selbständigkeit zeigte. Sie war nicht primär durch äußere Zwänge wie Syllabus oder Studienanforderungen oder durch übersteigerte Aufstiegserwartungen oder den nebulosen Wunsch „to go abroad" motiviert, sondern durch ein klar definiertes Ziel.

IV. Welchen Interessen diente der deutsche Sprachunterricht?

Die Ergebnisse der vorangegangenen Untersuchung lassen sich folgendermaßen zusammenfassen: Die Personen, die in Poona Deutsch lernten, gehörten nicht nur zum gesellschaftlich, ökonomisch und kulturell begünstigten Teil der städtischen Mittelschicht, sondern stellten auch die mobilsten und durch ein hohes Aspirationsniveau gekennzeichneten Elemente dieser Schicht dar. Die Motivation für das Deutschstudium entsprang in der Hauptsache dem Kontrast zwischen diesen, an westlichen Maßstäben orientierten Aspirationen und der Armut des eigenen Landes. In der deutschen Sprache sahen die meisten ein Mittel, den aussichtslosen und bedrückenden Verhältnissen Indiens in die reichen Länder des Westens zu entfliehen, oder die eigenen Chancen im Lande zu verbessern. Dabei war dieser vorwiegend instrumentellen Motivation ein guter Schuß irrationalen und utopischen Wunschdenkens beigemischt, das weit über die realen Möglichkeiten hinausgriff.

Stellt man nun rückblickend die Frage „Warum Deutsch" noch einmal, diesmal aber nicht kausal, bezogen auf die Motivation der einzelnen Deutschstudenten, sondern final, bezogen auf die objektiven Interessen, denen der Deutschunterricht in Indien diente – einer solchen Fragestellung kann man im Rückblick nur schwer ausweichen –, dann erscheinen die Ergebnisse der empirischen Untersuchung in einem anderen Licht. Man wird zunächst unterscheiden müssen zwischen den objektiven bundesrepublikanischen und den objektiven indischen Interessen. Die subjektiven Interessen der einzelnen Personen sind bei der vorhergegangenen Analyse zur Sprache gekommen und können hier unberücksichtigt bleiben.

Stellt man die Frage, ob der Deutschunterricht in Indien den bundesrepublikanischen Interessen, genauer, den Interessen der deutschen Wirtschaft gedient habe, dann kann man sagen, daß die Rechnung, die jener anfangs erwähnte Referent des Goethe-Instituts aufgemacht hat, im großen ganzen aufgegangen ist. Zwar nicht so direkt, daß sich statistisch nachweisen ließe, daß der input an deutschem Sprachunterricht, etwa in Poona, einen erhöhten output an Handelsaufträgen, Industrielizenzen und Marktchancen zur Folge hatte. An ein solch schnelles Sich-Auszahlen war wohl auch nicht gedacht worden. Die Ergebnisse der Untersuchung haben jedoch gezeigt, daß der deutsche Sprachunterricht dazu beigetragen hat, die Aufmerksamkeit eines Teils der städtischen Mittelschicht auf die Produkte der deutschen Industrie hinzulenken und damit die Marktchancen für deutsche Erzeugnisse in Indien zu erhöhen. Zum anderen hat der deutsche Sprachunterricht der Verbreitung von deutscher Technologie und deutschem know-how in Indien gedient. Und schließlich hat er die deutschen Interessen dadurch gefördert, daß dem arbeitskräftehungrigen deutschen Arbeitsmarkt ein Teil jenes Stroms von ausgebildeten, arbeitslosen, frustrierten indischen Intellektuellen zufloß, den bisher die USA und Großbritannien aufgenommen hatten. Wenn auch der Anteil des indischen „Brain Drain", den die BRD abgeschöpft hat, im Vergleich zu diesen beiden Ländern gering ist, so ist er doch auf der Haben-Seite der deutschen Rechnung zu verbuchen.

Die Frage, ob auch die indische Rechnung aufgegangen ist, ist nicht so leicht zu beantworten, obwohl immer wieder betont wird, daß kein grundsätzlicher Konflikt zwischen den Interessen der Industrieländer und denen der Dritten Welt bestünde. Hier ist nun festzustellen, daß die Interessen der Schichten in Indien, die am deutschen Sprachunterricht interessiert waren, in der Tat weitgehend mit denen der deutschen Seite übereinstimmten, wenn auch immer nur ein Teil der hochgeschraubten Aspirationen erfüllt werden konnte. Das Entscheidende aber ist, daß die Interessen dieser Schicht nicht mit den objektiven Bedürfnissen und Erfordernissen der Entwicklung des eigenen Landes übereinstimmten, denn sie waren an Zielen orientiert, die eigentlich nur in einem hochentwickelten Industrieland zu erreichen sind. Es kann nicht geleugnet werden, daß der deutsche Sprachunterricht seinen Teil dazu beigetragen hat, die Verführung durch das westliche Schlaraffenland zu verstärken und so die Aufmerksamkeit der gebildeten Gruppen von den Problemen des eigenen Landes abzulenken. Dieser Entfremdungseffekt, der typisch ist für wirtschaftlich abhängige Gebiete, kann natürlich nicht dem deutschen Sprachunterricht als solchem zur Last gelegt werden. Er ist vielmehr eine Folge der Tatsache, daß Sprache als Überbauphänomen nicht losgelöst von wirtschaftlichen Prozessen gesehen werden kann. Der deutsche Sprachunterricht in Indien ist im Zusammenhang der Expansion der deutschen Wirtschaft in die Dritte Welt zu sehen. Für die meisten Inder war die deutsche Sprache ein Mittel, wenigstens auch einen Zipfel des Reichtums, der ihnen durch die westlichen Industrienationen so eindrucksvoll vordemonstriert wird, zu erhaschen.

Das Verhältnis der Inder, die Deutsch lernen, zu dieser Sprache ist daher weitgehend ein verdinglichtes. Sie ist für sie ein Instrument zur Erreichung bestimmter Ziele und Sachen, nicht aber ein Mittel der Kommunikation zwischen Menschen und Kulturen. Sie wird kaum als Schlüssel zur Eröffnung neuer Denkhorizonte gesehen. Es ist auffällig, daß unter dem Katalog der Motive für das Deutschstudium der Wunsch, sich mit den Entwicklungen und geistigen Strömungen in Deutschland zu beschäftigen, fast gänzlich fehlte. Das Streben nach wissenschaftlicher Diskussion bezog sich vorwiegend auf Erweiterung des erlernbaren Fachwissens. Man wollte mit der internationalen Entwicklung Schritt halten und seinen eigenen Status erhöhen. Die Inhalte, die durch diese neue Sprache zugänglich gemacht wurden, wurden dabei kaum kritisch reflektiert. Es kann nicht behauptet werden, daß der deutsche Sprachunterricht die Kritikfähigkeit der indischen Studenten gegenüber der eigenen gesellschaftlichen Realität oder gegenüber dem Westen gefördert hätte.

Alle diese Effekte können im Hinblick auf das Grundproblem, dem sich Indien nach wie vor gegenüber sieht, nämlich dem der Armut, nicht positiv bewertet werden. Denn wenn das Problem der Armut gelöst werden soll, müssen die gebildeten Inder all ihre Aufmerksamkeit und Energien auf die tatsächlichen Bedürfnisse des eigenen Landes richten. Anstatt von illusionären Fluchtmöglichkeiten in den „goldenen Westen" zu träumen, müssen sie an die Ursachen der Probleme im eigenen Lande herangehen. Dabei kann das Erlernen einer neuen Fremdsprache durchaus eine fruchtbare Rolle spielen, weil sie neue Denkanstöße geben und eine kritische Auseinandersetzung mit einer fremden gesellschaftlichen Realität in Gang bringen kann. Diese theoretische Diskussion könnte dazu beitragen, daß der als blockierend empfundene status quo des eigenen Landes als veränderbar angesehen würde. Das ist aber nur möglich, wenn eine Sprache nicht mehr als Teil des ökonomischen und kulturellen Exports einer „Metropole", als Mittel, die eigene wirtschaftliche und politische Einflußsphäre zu erweitern und zu sichern, gesehen wird, sondern als Mittel zur Herstellung vernünftiger, d. h. nichtentfremdeter Beziehungen zwischen Menschen und Völkern.

Anschrift der Verfasserin
Dr. Maria Mies
5 – Köln
Blumenstr. 9

Internationale Aspekte

Für eine gemeinsame europäische Kultur- und Bildungspolitik
— Materialien und Modelle —

von Michael Marschall von Bieberstein, Rom

Die nachstehenden Überlegungen werden durch Erfahrungen auf dem Sektor auswärtiger Kulturpolitik bestimmt. Die Möglichkeiten, zu einer gemeinsamen europäischen Kultur- und Bildungspolitik zu gelangen, hängen jedoch weitgehend von der innenpolitischen Entwicklung der einzelnen Länder und Regionen ab. Die Abstimmung innen- und außenpolitischer Gegebenheiten und Notwendigkeiten kann nur von Land zu Land erfolgen und behandelt werden. Hier soll eine allgemeine Zielsetzung vorgestellt werden.

I. Zum Verständnis des Kulturbegriffes

Die Behandlung unseres Themas erfordert zunächst einmal, einige Unklarheiten und Mißverständnisse auszuräumen. Kultur und Bildung werden in den verschiedenen europäischen Ländern verschieden definiert. Wir gehen weder von der französischen Differenzierung „culture", „civilisation", noch von der englischen Unterscheidung „science, education, culture", noch vom deutschen Kulturbegriff des 19. Jahrhunderts aus. Kulturpolitik wird hier ganz allgemein und in einem sehr breiten Sinn verstanden als: Bildungspolitik, die Schul- und Hochschulfragen ebenso umfaßt wie Forschungsarbeit jeder Wissenschaft, die Verbreitung der bildenden Kunst, der Musik und Literatur. Sie wird im Verhältnis eines europäischen Landes zum anderen und der Gemeinschaft zu Drittländern als eine nach außen gewandte Gesellschaftspolitik verstanden, die alle Bezirke des öffentlichen Lebens umfaßt, insbesondere solche, die es mit Information zu tun haben, etwa Presse, Rundfunk, Fernsehen.

II. Delegation, Dezentralisierung und Koordination

Die Erfahrung lehrt, daß, in strenger Parallelität zu aller politischen Aktivität und zur Sicherung eines demokratischen Staatswesens, auch und gerade Kultur- und Bildungspolitik auf ein Höchstmaß an Delegation und Dezentralisierung angewiesen sind. Die Delegierung von Entscheidungen auf dem Schul- und Hochschulsektor von einer Bundeszentrale in die Kompetenz von Ländern und Regionen, die Weitergabe von Kompetenzen an kommunale Behörden hat sich bewährt. Ähnlich verhält es sich in der auswärtigen Kulturpolitik der europäischen Staaten. Das Auswärtige Amt der Bundesrepublik Deutschland etwa hat schon sehr frühzeitig Mittlerorganisationen geschaffen, die in eigener und freier Verantwortung für den Kulturaustausch mit und in anderen Ländern arbeiten. Das föderalistische System kann dabei sowohl nützlich wie auch hinderlich sein. Im Delegationsprinzip entspricht es den theoretischen Überlegungen, in der Praxis der Auslandstätigkeit wirkt es erschwerend.

Im Hinblick auf eine gemeinsame europäische Kulturpolitik ist mit zahlreichen nationalen, bilateralen und supranationalen Organisationen als notwendige und richtungsweisende Vorstufen zu rechnen. Sollen sie sich aber nicht als kaum zu überwindende Hindernisse erweisen, bedürfen Delegations- und Dezentralisierungsprinzip innerhalb der Staaten und der Gemeinschaft einer dritten Instanz, *sine qua non*: Koordination. Nur aufgrund umfangreicher Koordinierung der Arbeiten können auch die personellen und finanziellen Voraussetzungen für eine gemeinsame Aktion geschaffen werden. Koordination innerhalb der einzelnen Länder schafft die Voraussetzung für eine gemeinsame europäische Planung.

III. Planung

Die große Stärke einer europäischen Kulturpolitik dürfte vor allem in der besseren Möglichkeit langfristig angelegter Planung zu sehen sein, die die Akzente besser zu setzen, Personal und Gelder richtiger zu verstehen weiß.

Es liegt nahe, darauf hinzuweisen, daß in Fragen der Wirtschafts-, der Außen- und Verteidigungspolitik derartige Planungen seit Jahr und Tag bestehen, daß aber jener Sektor unseres Lebens, nämlich der kulturelle (das Wort im oben angedeuteten Sinn verwendet), noch kaum berücksichtigt ist. Und dies, obgleich allgemein eingestandenerweise Wissenschafts-, Schul- und Hochschulaustausch *die* Bevölkerungsschicht unserer Länder, nämlich die Jugend betreffen, die nicht nur den europäischen Gedanken weitertragen, sondern ihn praktisch realisieren soll.

Dabei ist leider festzustellen, daß Staaten und staatliche Organisationen sich gerade auf dem Gebiet der Kultur noch und immer erneut nationalistisch oder gar chauvinistisch gebärden, obwohl jede Art von Forschung längst geweissagt hat, daß die Zukunft nur unter Aufgabe allen Konkurrenzdenkens zu bestehen sein wird. Die wissenschaftliche Leistung des einen Landes stärkt die des anderen, die gemeinsame Arbeit unterstützt die Kultur des einzelnen Landes und hebt die Vielfalt innerhalb der Gemeinschaft hervor. Das Besondere eines Landes, einer Region, kann durch eine gemeinschaftliche Verwaltung nicht verlieren, sondern nur gewinnen.

Wenn das Gesagte für die Länder der Europäischen Gemeinschaft untereinander und für ihre gemeinsame Ausstrahlung gilt, so hat es gleichen Wert auch für eine europäische Kulturpolitik in Drittländern, wobei insbesondere an Asien und Afrika zu denken wäre. Die Förderung eingeborener, manchmal unterdrückter Kulturen dieser Länder könnte in großzügiger und differenzierterer Weise geschehen.

IV. Information

Damit nun eine europäische Kulturpolitik und in ihr die später erwähnten Modelle tatsächlich praktiziert werden können, bedarf es in weit verstärktem Maße des Informationsaustausches zwischen den Ländern und der Informationsweitergabe der Gemeinschaft an Drittländer. Information bedeutet hier nicht nur, was man gemeinhin darunter versteht, nämlich Weitergabe von Tagesgeschehen, von Neuigkeiten auf allen möglichen Gebieten, sondern die Sammlung und Speicherung aller verfügbarer Materialien, etwa auf dem Gebiet der Musik, der empirischen Soziologie etc. Neben die Publikationen einzelner Wissenschaften und Institute in Zeitschriften und Jahrbüchern müßte gerade auch auf dem Gebiet der Künste und der Musik ein Informationszentrum treten, auf das wir noch eingehen werden und das es Fachleuten aller Fakultäten und Geistesrichtungen möglich macht, unter dem gegebenen Stichwort schon ausgearbeitete Papers, edierte Noten u.a.m. zu finden.

Durch fehlende Information arbeiten oft schon in ein- und demselben Land mehrere Arbeitsgruppen an ein- und demselben Projekt, wogegen nichts einzuwenden wäre, würden diese Gruppen sich regelmäßig über den Stand ihrer Forschung informieren. Bewußte oder unbewußte Geheimhaltung von für alle wichtigen Erkenntnissen dürfte eine gemeinsame europäische Kultur- und Bildungsarbeit ungeheuer erschweren. Sie ist auch angesichts der schnellen Entwicklung dringendster und eben gemeinsamer Sorgen kaum mehr zu vertreten. Hier freilich stehen wir in erster Linie vor einem pädagogischen Problem, jenem nämlich, daß der einzelne Musiker, Soziologe, Umweltforscher etc. seine Sorgen und seine Lösungen weitergibt. Fällt nun durch eine institutionalisierte gemeinsame Bildungs- und Kulturpolitik wenigstens ein nationales Konkurrenzdenken aus, so wird den einzelnen Kulturträgern diese neue Mentalität erleichtert. Hand in Hand mit dieser Frage geht die der Finanzierung von Projekten. Die Speicherung von Information, so kostspielig sie zu Anfang sein mag, wird sich bald, durch die Möglichkeit ständiger Weitergabe, als preisgünstig herausstellen. Nicht mehr (nur) nationale Forschungsarbeiten werden subventioniert und regen also notwendig zum Konkurrenzdenken an, sondern internationale Gruppen von Forschern auf allen Gebieten erhalten Stipendien und Aufträge von der Gemeinschaft. Darauf wird am Beispiel der Modelle noch näher einzugehen sein.

Selbstverständlich kommt Funk und Fernsehen bei dieser Informationsverstärkung und -speicherung entscheidende Bedeutung zu. In der Vermittlung von wissenschaftlichen Neuheiten, von Allgemeinbildung und Sprache durch gezielten Unterricht wird besonders das Fernsehen eine höchst verantwortliche Rolle spielen. Die technischen Voraussetzungen, etwa Kassettenfernsehen u.a., sind gegeben oder werden erarbeitet. Automatisch und völlig logisch stellt sich in unserer Betrachtung hier die Forderung nach einer gemeinsamen Sendepolitik. Sie könnte — natürlich neben den vorläufig weiter existierenden nationalen und regionalen Programmen — dafür sorgen, daß alle an der Gemeinschaft beteiligten Staaten mit den für alle interessanten Neuigkeiten versorgt werden, sie würde die noch fehlenden Identifizierungssymbole und schließlich ein europäisches Image schaffen. Dieses wiederum gälte es dann in den Drittländern zu vertreten.

V. Modelle

Delegation und Koordination, Planung und Information stellen die Voraussetzung dar für die Modelle einer supranationalen europäischen Kulturpolitik, von denen in freilich nur andeutender Weise hier gesprochen werden soll.

Vorausgeschickt sei, daß der Autor dieses Berichtes ihre Funktionsfähigkeit nur dann für gesichert ansieht, wenn Konzipierung und praktische delegierende Arbeit in einem zu schaffenden Institut vorgenommen werden, das etwa den Namen einer *Zentralstelle für Europäische Kultur- und Bildungspolitik* tragen soll. Dieser Zentralstelle müßte ein Informations- und Dokumentationszentrum angeschlossen sein. Das Institut muß, schon um weitere Verwirrungen zu vermeiden, den bestehenden gemeinschaftlichen Institutionen angegliedert sein und also mit Ministerrat, Kommission und Parlament in Brüssel, Straßburg und Luxemburg aufs engste zusammenarbeiten. Diese Zentralstelle könnte ihre natürlichen Vertretungen in Drittländern in *europäischen Kulturinstituten* finden, die aus der Zusammenführung schon bestehender nationaler Kulturinstitute hervorgehen.

Innerhalb der Gemeinschaften müßte ein erstes Modell den Jugend-, Schul- und Hochschulfragen gewidmet sein. Die bestehenden Europa-Schulen und die endlich nach jahrelangem nationalen Gerangel wenigstens auf dem Papier gegründete europäische Universität in Florenz sind Einzelerscheinungen, die Erweiterung und Nachahmung verlangen.

Schon auf ganz praktischen Gebieten fehlen die Voraussetzungen für eine europäische Geisteshaltung der Jugend. So müßten beschleunigt alle Diplome, Abiturs- und andere Prüfungszeugnisse innerhalb der Gemeinschaft volle Anerkennung finden. Die Lehrpläne der Schulen könnten und sollten die europäische Einigung, die geleistete und noch zu leistende Arbeit der Institutionen der Gemeinschaft stärker in den Vordergrund stellen.

Die Vergabe von Stipendien, gerade auch für besondere Forschungsaufgaben und im Sinn der oben erwähnten Informationspolitik, sollte weitgehend in einem europäischen Stipendienfonds zusammengefaßt werden. Dieser Fonds würde sinngemäß von einer europäischen Forschungsgemeinschaft verwaltet, die mit nationalen Vereinigungen dieser Art, der *Deutschen Forschungsgemeinschaft*, dem *Consiglio Nazionale delle Ricerche* u.a. zusammenarbeitet.

Der Jugendaustausch, in bilateraler Form durch das deutsch-französische Jugendwerk exemplarisch dargestellt, bedarf der Intensivierung. Das Kennenlernen des jeweils anderen Landes sollte nicht mehr oder minder zufälligen Reisen und Begegnungen überlassen sein, die meist nur zu einem rudimentären, oft sogar falschen Verständnis des Partners führen. Der Begegnungscharakter des Jugendaustausches muß gesichert sein. Vor- und Nachbereitung des Auslandsaufenthaltes sind Bedingungen für den Erfolg. Und damit wird ein bislang noch kaum erwähntes oder gar praktiziertes Modell vorgebracht, das den ständigen und institutionalisierten Lehreraustausch zum Gegenstand hat. Die Begegnung der Lernenden muß durch die Begegnung der Lehrenden ergänzt werden. Dabei könnten deutsche Lehrer in englischen Schulen deutsche Sprache und Kultur vermitteln, die englischen Kollegen würden für eine bestimmte Zeit in Deutschland, die italienischen in Frankreich arbeiten usw.

Dieser Aufsatz will, wie der Titel sagt, Materialien liefern, ohne daß hier die Möglichkeit besteht, die einzelnen Modelle durchzuführen und zu analysieren. Innerhalb der Gemeinschaften scheint uns die Frage des Schul- und Hochschulaustausches besonders wichtig, nicht zuletzt als Ausgangspunkt für weitere und, soweit vorhanden, zu sichernde oder auszubauende Vorhaben. Gedacht ist an einen europäischen Kunst- und Ausstellungsrat, an eine übernationale Forschungsgemeinschaft, von der schon die Rede war, usw.

Alle diese Organisationen würden die außenpolitische Funktionsfähigkeit der Gemeinschaft erleichtern.

Es ist schon an anderer Stelle (vgl. „Sprache im technischen Zeitalter", 39/40 (1971), S. 241 ff.) mit Nachdruck darauf hingewiesen worden, daß thematisch und finanziell, die Unzahl von Kulturinstituten einzelner Länder in ein- und derselben Stadt kaum mehr zu verantworten sind. Wenngleich nun aber die mit auswärtiger Kulturpolitik befaßten Diplomaten und Institutsdozenten, und vor allem ihr jeweiliges Gegenüber, also das Publikum, längst darin einig gehen, daß nicht nur BACH, VERDI, COUPERIN, SHAKESPEARE, DANTE und BÜCHNER einem gemeinsamen europäischen Erbe angehören, sondern daß es auch ziemlich irrelevant ist, ob BOULEZ, BRITTEN oder STOCKHAUSEN zuerst im französischen, englischen oder deutschen Institut aufgeführt wird, – trotz aller dieser Erkenntnis also, die sich auf nahezu alle Wissenschaften ausdehnen läßt, treiben die einzelnen Staaten, weniger als vor 20 oder gar 100 Jahren, aber immer noch zuviel nationale Kulturpolitik. Mit meist geringen Mitteln wird nach wie vor eine Art kultureller Wettkampf geführt, der es mit sich bringt, daß oft in derselben Woche und in ein- und derselben Stadt zwei oder drei Länder mit großen Ausstellungen, Theateraufführungen etc. „antreten". Nun sollen Kunst und Wissenschaft bzw. ihre Exponenten sich wohl aneinander messen, aber eben im Sinn einer Ergänzung, einer gegenseitigen Verstärkung, und hierfür bedürfte es in der Praxis wiederum der Koordination. Wir plädieren also für die Einrichtung des *Europäischen Kulturinstitutes*, das zunächst in Drittländern, dann in den europäischen Ländern selbst wirken könnte. Die Vorteile einer solchen Einrichtung liegen auf der Hand: eine gemeinsame langfristige Planung versteht es besser, das Wichtige und Aktuelle auf den Gebieten von Kunst und Wissenschaft in den Ländern der Gemeinschaft zu erforschen und anzubieten. Die Konzentrierung der Mittel erlaubt die Durchführung größerer Projekte und die Kulturarbeit kann dann, weit besser als bisher, dem gastgebenden Land – z.B. in Fragen empirischer Soziologie, der Umweltforschung etc. – Ergebnisse liefern, zu beiderseitigem Nutzen. Selbstverständlich müssen wir das überlieferte Image eines Kulturinstitutes im Ausland nicht nur revidieren, sondern besser ganz vergessen. Anstelle „gesicherter" Programme, also Cembalokonzert, Literaturvorträge und Cocktails (die Ausnahme bestätigt auch hier die Regel), träten wissenschaftliche Arbeit und Experiment. Das europäische Kulturinstitut, und mit dieser Überlegung wird gleichzeitig dem Vorwurf utopischen Denkens begegnet, braucht und soll kein allround-Institut sein. Es soll vielmehr auf die Notwendigkeiten des gastgebenden Landes eingehen und jene Wissenschafts- und Kunstbereiche zum Thema haben, die für die Entwicklung dieses Landes besonders nützlich sind. Das kann Medizin und Jurisprudenz genauso sein wie zeitgenössische Musik und Datenverarbeitung. Stellung und Möglichkeiten eines so gearteten Institutes dürften gerade in Entwicklungsländern nicht unterschätzt werden. Gleichfalls auf Fachgebiete konzentriert, gäbe die Bibliothek eines europäischen Kulturinstitutes dem forschenden Leser die geradezu ideale Gelegenheit, Texte zu ein- und demselben Thema aus England, Frankreich, Deutschland, Belgien, Italien auf seinem Tisch zu finden.

Insgesamt würde also ein solches Institut nicht unerheblich zur Lösung jener Gleichung beitragen, die uns als Aufgabe gestellt ist: Bildungs- und Forschungspolitik = Friedenspolitik. In der täglichen Praxis der — erfolgreich arbeitenden — Kulturinstitute im Ausland sind die einmal praktizierten Einbahnstraßen längst einem regelmäßigen Gegenverkehr gewichen. Noch aber fehlt es an der Institutionalisierung dieser Erkenntnisse, die auch die Zaudernden und ein wenig Gestrigen zu ihrem und ihrer Länder Glück überreden. Die Verwirklichung dieser Institute, und damit komme ich zu einer letzten Überlegung, wird bedingt durch Einsicht, Geld und geeignete Menschen. Ihre Arbeit, ihre Fähigkeiten und ihr sicher nicht einfach zu definierender Status müssen Gegenstand einer gemeinsamen Analyse der europäischen Länder sein. Robert JUNGK hat aus Anlaß eines Vortrages im römischen Goethe-Institut vom *Homo Novus* gesprochen, der in ständiger Wandlung und Entwicklung die Zukunft zu meistern hat. Er sollte folgende Fähigkeiten besitzen:
1. Übersicht (und dies würde die Erziehung zu Menschen bedeuten, die nicht nur Spezialisten, sondern auch Universalisten sind)
2. Voraussicht (vermehrte Bedenken der Folgen und Möglichkeiten)
3. Rücksicht (Fähigkeit zum Zusammenleben und zur Zusammenarbeit)
4. Einsicht (permanente Selbstkritik)
5. Neusicht (die Fähigkeit der individuellen und sozialen Kreativität).

Europäische Kultur- und Bildungspolitik wird im Innenverhältnis der Gemeinschaft (z. B. Jugendaustausch), wie in ihrer Auswirkung in Drittländern, diese futurologischen Thesen zu berücksichtigen haben. Daß zu den von JUNGK genannten Fähigkeiten — für den europäischen Kulturvertreter jedenfalls — ein stark entwickelter Sinn für Verwaltung und Management hinzuzuzählen ist, versteht sich von allein. Ein UNESCO-Bericht hat, dabei gleich zwei Sprachen der Gemeinschaft verwendend, wie mir scheint sehr glücklich jüngst von „animateurs" und „administrators" gesprochen.

Die vorstehenden Überlegungen sind heute in der Theorie weitgehend anerkannt, finden aber in der Praxis noch wenig Anwendung. Deshalb möchte der Autor des Artikels, statt ein Resümee seiner Überlegungen vorzulegen, den Leser mit dem Entwurf zu einem Kongreß über praktische Fragen einer gemeinsamen europäischen Kulturpolitik bekannt machen.

Dieser Kongreß soll im Frühjahr 1973 in Rom stattfinden und ist, unter Berücksichtigung der Verhältnisse in den betroffenen Ländern, zur Nachahmung empfohlen.

ENTWURF

Kongreß über das Thema
„Praktische und aktuelle Probleme einer gemeinsamen europäischen Kulturpolitik"

angeregt von der
— DEUTSCHEN BIBLIOTHEK ROM — GOETHE–INSTITUT
in Zusammenarbeit mit der
— KOMMISSION DER EUROPÄISCHEN GEMEINSCHAFTEN in BRÜSSEL
— ENCICLOPEDIA ITALIANA
— MINISTERO DELLA PUBBLICA ISTRUZIONE

Teilnehmer:
Fachleute auf den nachstehend angeführten Gebieten aus allen Ländern der Gemeinschaften.

Themen:

1. *Schule*
   a) Angleichung des Lehrplanes in den Gemeinschaftsländern
   b) Anerkennung der Examina und Diplome in den Gemeinschaftsländern
   c) Verstärkter Austausch von Schülern, Studenten und vor allem von Lehrkräften (Beispiel: assistenti linguistici)

2. *Hochschule*

   Analoges gilt für die Universitäten

3. *Forschung*
   a) Schaffung eines europäischen Stipendienfonds für übernational wichtige Forschungsthemen durch
   b) Schaffung einer europäischen Forschungsgesellschaft, die die Arbeiten der nationalen Gremien, etwa „Deutsche Forschungsgemeinschaft", „Consiglio Nazionale delle Ricerche" etc., koordiniert.

4. *Umweltforschung*

   Im Rahmen dieser Planung wird ein europäischer Umweltfonds eine Sonderstellung einnehmen, zu dessen Hauptaufgaben zählen
   a) Naturschutz (Einrichtung von Nationalparks etc.),
   b) Schutz und Instandhaltung von Baudenkmälern.

5. *Rundfunk und Fernsehen, Presse, Verlage*

Die Rundfunk- und Fernsehanstalten der Gemeinschaftsländer sollen durch ein gemeinschaftlich erarbeitetes Programm regelmäßig Sendungen ausstrahlen, die ein europäisches Bewußtsein in breiteren Volksschichten fördern. Analoges gilt für die Presse. Die Zusammenarbeit der Verleger in den europäischen Staaten sollte intensiviert, das Übersetzungsprogramm zum besseren Verständnis der anderen Länder verstärkt werden.

6. *Europäische Kulturinstitute*

Abhängig von einer Zentralstelle für europäische Kulturpolitik, die den Gemeinschaften in Brüssel angegliedert wird, sollen zunächst in Drittländern europäische Kulturinstitute errichtet werden, die nach und nach die bestehenden nationalen Institute ersetzen.

Anschrift des Verfassers
Dr. Michael Frhr. Marschall von Bieberstein
Biblioteca Germanica, Goethe-Institut
Via del Corso, 267
I – 00186/Roma (Italien)

Kulturarbeit und Gastarbeiter

Überlegungen zur „Dritten Welt" im Inland

von Kurt Scharf, Berlin

Als Teil ihrer Außenpolitik betreibt die Bundesrepublik Deutschland seit langem auch auswärtige Kulturpolitik. Im Dezember 1970 hat das dafür zuständige Auswärtige Amt Leitsätze für die auswärtige Kulturpolitik der 70er Jahre[1] herausgegeben, in denen diese sogar als tragender Pfeiler der Außenpolitik bezeichnet wird. Diese Leitsätze scheinen weiterhin davon auszugehen, daß auswärtige Kulturarbeit im Ausland stattzufinden hat. Hier soll nun gefragt werden, ob das für die 70er Jahre tatsächlich noch als richtig gelten kann.

In den oben erwähnten Leitsätzen wird an dem Grundsatz festgehalten, daß diese Arbeit von staatlichen Stellen und Mittlerorganisationen vorgenommen wird[2]. Eine dieser Organisationen ist nach dem Vertrag vom 31. Juli 1969, den das Auswärtige Amt im Auftrag der Bundesregierung geschlossen hat, das Goethe-Institut zur Pflege deutscher Sprache und Kultur im Ausland e.V. Zu seinen mit diesem Vertrag übernommenen Aufgaben gehört die Durchführung kultureller Veranstaltungen im Ausland. Dazu stehen ihm 117 Zweigstellen und Dozenturen in 55 Ländern zur Verfügung[3].

Wie viele Ausländer von diesen erreicht werden, läßt sich nur sehr schwer schätzen. Zwar gibt das Goethe-Institut Jahrbücher mit statistischen Angaben heraus. Danach wurden 1970 fast 700.000 Besucher bei Vorträgen, Konzerten, Theateraufführungen und ähnlichen Veranstaltungen in aller Welt gezählt, knapp 200.000 Filmbesucher, etwa 180.000 Bibliotheksbenutzer und über eine Million Ausstellungsbesucher. Aber diese Zahlen sagen nichts über die insgesamt erreichte Personenzahl und schon gar nichts über die Intensität und Dauer der Kontakte.

Als Anhaltspunkt dafür, wie viele Personen länger mit den Goethe-Instituten in Verbindung stehen, kann allein die Zahl der Teilnehmer an Sprachkursen im Ausland dienen, die noch immer einen wesentlichen Teil der Tätigkeit des Goethe-Instituts ausmachen. Diese Zahl betrug, wenn man die Schülerzahlen aus dem ersten und dem zweiten Halbjahr 1970 addiert, ca. 125.000[3]. Die Personenzahl dürfte aber erheblich niedriger liegen, da sicher

---

1 Auswärtiges Amt, Leitsätze für die auswärtige Kulturpolitik. Bonn 1970.
2 A.a.O., III.3.
3 Goethe-Institut München. Jahrbuch 1970. S. 103 ff.

nicht wenige der Besucher von Sprachkursen sich sowohl im ersten als auch im zweiten Halbjahr eingeschrieben hatten.

Gleichzeitig hielten sich in der Bundesrepublik Deutschland und West-Berlin 2.970.000 Ausländer auf, von denen 1.950.000 Gastarbeiter waren[4]. Bis Ende Januar 1971 waren weitere 300.000 Gastarbeiter hinzugekommen. Der Zustrom von Ausländern hält weiter an, und es gibt keine Anzeichen für eine Änderung dieses Trends in den nächsten zehn Jahren. Die meisten von ihnen stammen aus europäischen Entwicklungsländern – z.B. fast eine halbe Million aus der Türkei[5] – oder aus den nordafrikanischen Anrainerstaaten des Mittelmeers.

Während die Goethe-Institute im Ausland große Mühe haben, die Ausländer mit der deutschen Kultur in Berührung zu bringen, sind diese in Deutschland ständig mit ihr konfrontiert. Sie stehen ihr aber, aus ihrer gewohnten Umgebung, dem heimischen Klima, den überlieferten Lebengewohnheiten und der Geborgenheit der Großfamilie herausgerissen, ohne die nötigen Informationen unorientiert und hilflos gegenüber. Sie sind einem Kulturkonflikt ausgesetzt und nicht nur objektiv dringend auf eine kulturelle Betreuung angewiesen, sondern wünschen und erwarten diese auch[6].

Aus den oben angegebenen Zahlen geht hervor, daß es in der Bundesrepublik inzwischen mehr potentielle Adressaten einer auswärtigen Kulturpolitik gibt als mit der Auslandsarbeit erreicht werden können. Außerdem leuchtet ohne weiteres ein, daß die Einführung in die deutsche Kultur für denjenigen, der sich mit ihr täglich auseinanderzusetzen hat und diese Einführung wünscht, weit hilfreicher und notwendiger ist als für jemanden, der nur indirekt mit ihr zu tun hat, wie das bei all denen der Fall ist, die nicht nach Deutschland kommen.

Schließlich soll hier untersucht werden, ob die auswärtige Kulturpolitik im Inland nicht weit erfolgreicher sein kann als die im Ausland. Um die eben aufgeworfene Frage beantworten zu können, muß man sich über die Ziele einer deutschen auswärtigen Kulturpolitik klar werden. Als mögliche Zielsetzung kommen in Betracht:

---

4 Bundesanstalt für Arbeit Nürnberg. Erfahrungsbericht 1970. S. 48.
5 Der Spiegel. 48 (1971), S. 140.
6 Bei einer von Schahbazian und Wilke von Dezember 1970 bis Mai 1971 durchgeführten Befragung von Türken in der BRD gaben 48 % der Befragten an, sie hätten eine institutionelle Hilfe erwartet, sich an die Verhältnisse in der BRD zu gewöhnen, 52 % hatten Rücksicht auf die eigenen Sitten und Gebräuche, 47 % bessere Ausbildungschancen für ihre Kinder, 61 % berufliche Fortbildungs- und Aufsteigschancen und 73 % die Möglichkeit, Deutsch zu lernen, erwartet. Erfüllt sahen ihre Erwartungen nur 34 %, 25 %, 15 %, 33 % und 61 % (in: Das Argument. Nr. 68, S. 762).

Eine Selbstdarstellung der Bundesrepublik

gegenüber den Ausländern, also Informationen über die wissenschaftlichen und künstlerischen Leistungen Deutscher oder im Sinne eines erweiterten Kulturbegriffs Information über den Weg, den die bundesdeutsche Gesellschaft bei ihrer Auseinandersetzung mit den kulturellen und zivilisatorischen Problemen der Gegenwart geht. Eine solche Information geschieht nicht als Selbstzweck, sondern in der Hoffnung, Ansehen und Einfluß der Bundesrepublik zu vergrößern, die deutsche Sprache und Kultur unter den Ausländern zu verbreiten und damit unser politisches Gewicht zu vermehren[7]. Diese Konzeption hat die auswärtige Kulturpolitik der Bundesrepublik jahrelang bestimmt und ein Nachhall davon ist auch noch in den neuen Leitsätzen des Auswärtigen Amtes zu finden[8].

Es soll nicht verhohlen werden, daß der Verfasser diese politische Zielsetzung für fragwürdig hält; aber selbst, wenn man dieses Ziel verfolgt, so kann man es durch Kulturarbeit bei den ausländischen Arbeitnehmern und ihren Angehörigen in der Bundesrepublik sehr viel eher erreichen als im Ausland. Sie sind ohnehin ständig deutschen Kultureinflüssen ausgesetzt und stehen ihnen aufgeschlossen gegenüber[6]. Ferner sind diejenigen Ausländer, die zu uns kommen, vielfach gerade der dynamischste Teil der dortigen Bevölkerung, und sie kommen aus allen sozialen Schichten. Wenn der Satz „Kultur ist heute nicht mehr ein Privileg elitärer Gruppen, sondern ein Angebot an alle"[9] ernst gemeint ist, so muß er hier realisiert werden. Wenn man glaubt, im Ausland mehr als einen kleinen Teil der schmalen Schicht der Intellektuellen erreichen zu können, so erliegt man einer Illusion. Die Gastarbeiter aber pflegen Beziehungen zu allen Bevölkerungsschichten ihrer Heimatländer und berichten brieflich, im Urlaub oder nach ihrer Rückkehr von Deutschland. Jedes Jahr kehren z.B. ca. 10.000–30.000 Türken aus der

---

7 Mehrländer stellte in ihrer empirischen Untersuchung fest, daß nur 16,6 % der von ihr Befragten äußerten, sie hätten kein Interesse an Fortbildung. – Mehrländer, Beschäftigung ausländischer Arbeitnehmer in der BRD unter spezieller Berücksichtigung von Nordrhein-Westfalen, Köln und Opladen. 1969, S. 42 f.

8 Leitsätze I.3: „Im internationalen Konzert ist das politische Gewicht der Bundesrepublik Deutschland neben ihren wirtschaftlichen vornehmlich von ihren geistigen Leistungen abhängig." – Leitsätze I.2: „Die Pflege kultureller Beziehungen im Sinne der bisherigen Konzeption bleibt auch in Zukunft ein wesentliches Element unserer auswärtigen Kulturpolitik. Bisher hat die auswärtige Kulturpolitik sich vornehmlich auf die Förderung der Beziehungen zum Ausland im akademischen und künstlerischen Bereich, auf die Verbreitung der deutschen Sprache und die Unterstützung von deutschen Schulen im Ausland erstreckt. Diese Aufgaben bleiben wichtig; Mittel und Formen müssen jedoch einer veränderten Welt angepaßt werden."

9 A.a.O.

Bundesrepublik in ihre Heimat zurück[10]. Läßt man sie in ihrem Kulturkonflikt bei der Begegnung mit Deutschland allein, so werden nicht einmal sie selbst in sinnvoller Weise von der deutschen Kultur beeinflußt. Gibt man ihnen dagegen die notwendigen Orientierungshilfen, so könnten sie in weit wirksamerer Weise Botschafter der deutschen Kultur sein als die Kulturfunktionäre selbst in ihren kühnsten Träumen.

2. Der Versuch, der Bundesrepublik Freunde zu gewinnen,

die bereit sind, politisch und wirtschaftlich mit ihr zusammenzuarbeiten[11]. Sympathie zu Deutschland läßt sich dadurch erwecken, daß wir mit den kulturellen Aktivitäten, die sich an die Ausländer richten, nicht nur unsere eigene Kultur darstellen, sondern die Kulturwerte der ausländischen Partner entdecken, sichtbar machen und akzeptieren. So kann es gelingen, „Wir-Gruppen"-Beziehungen zu schaffen, die Deutschland dauerhafte Sympathiebindungen einbringen[12].

Der Versuch der Sympathiewerbung sieht aber nicht sehr erfolgversprechend aus, wenn man sich vergegenwärtigt, wie viele Ausländer wir durch unsere Kulturarbeit im Ausland ansprechen und wie viele uns als Gastarbeiter begegnen oder von Gastarbeitern über Deutschland informiert werden. Zwar läßt sich kaum eine größere Gruppe von Ausländern denken, mit denen sich solche Gefühle der Gemeinsamkeit, der kulturellen Verbundenheit aufbauen ließen als mit den ausländischen Arbeitnehmern hier im Lande sowie deren Angehörigen hier und in deren Heimatländern; aber die ausländischen Arbeitnehmer machen überwiegend negative Erfahrungen mit den Deutschen.

Die Inländer in der Bundesrepublik werden zunehmend ausländerfeindlich, und die Presse trägt durch Sensationsmeldungen, die die Aversion gegen die Fremden verstärken, ihren Teil dazu bei, daß dieser Trend sich noch verstärkt[13]. Hinzu kommt, daß die ausländischen Arbeitnehmer in der Bundes-

---

10 Das Argument. Nr. 68, S. 777.
11 Leitsätze I.4: „Dabei ist darauf zu achten, daß die Aufgabe Verständigung und Zusammenarbeit lautet. ..."
12 Wirkungsvoraussetzungen deutscher Kulturpolitik im Ausland. Erkenntnisse aus einer Modellstudie im Iran. Hrsg. vom Arbeitsring für kulturelle Aufgaben e.V. Köln 1970. S. 29–34 und S. 47 f.
13 Der Spiegel, 43 (1970), zitiert auf S. 54 eine Analyse des nordrhein-westfälischen Landesamtes für politische Bildung von Artikeln über Gastarbeiter: „Mit 23 % der Gesamtbeiträge kommt die Tagespresse dem pathologischen Interesse der Bevölkerung an solchen Meldungen, die die Aversion gegenüber den Ausländern berechtigt erscheinen läßt, entgegen."

republik meist schlecht und noch dazu teuer wohnen[14], oft weniger bezahlt werden[15] und den Kontakt zu den Deutschen vergeblich suchen[16].

Wie anders könnte die Lage aussehen, wenn hier staatlicherseits eingegriffen würde! — durch Auflagen an die Arbeitgeber, Kontrollen der Lebensverhältnisse, soziale Hilfen, systematische Vermittlung von Sprachkenntnissen und — last not least — kulturelle Betreuung.

Verantwortliche Stellen in der Bundesrepublik haben inzwischen offiziell verlautbart, daß Informationen über die Lebensverhältnisse in der Bundesrepublik Deutschland, Hilfen zur Gestaltung der arbeitsfreien Zeit sowie im Sozial-, Familien-, Jugend- und Gesundheitsbereich und Rechtsberatung besonders in arbeits- und sozialrechtlichen Angelegenheiten notwendig sind[17]. Der sinnvollen Gestaltung der Freizeit, der Pflege der eigenen Kultur und der partnerschaftlichen Begegnung mit den Deutschen wird besondere Bedeutung beigemessen[18]. All das sind Gegenstände einer Kulturarbeit im Sinne des erweiterten Kulturbegriffs.

Wie sehr diese Grundsätze aber noch rein theoretische Proklamationen sind, wird deutlich, wenn man erfährt, daß das Land Berlin, das mit 16,— DM pro Gastarbeiter im Jahr bei weitem am meisten für die Eingliederung aus-

---

14 a) Der Spiegel. 43 (1970), S. 66 ff.
   b) Nach dem Erfahrungsbericht für 1970 der Bundesanstalt für Arbeit Nürnberg vom 25. 8. 1971, S. 23, stellte die Bundesanstalt bisher nur Zuschüsse von 16,3 Millionen DM für Gastarbeiterwohnungen, aber 425 Millionen DM für 135.000 Bettplätze zur Verfügung. Die Zahl der geförderten Wohnungen betrug nur 2.000.
15 Der Spiegel. 43 (1970), S. 60 ff.
16 Ein Beispiel dafür mag die Arbeit des Goethe-Instituts Berlin geben: Im April dieses Jahres wurde dort eine „türkische Woche" mit türkischen Kulturveranstaltungen und Begegnungsabenden durchgeführt. Die Beteiligung von türkischer Seite war enorm, obwohl mangels geeigneter Adressen kaum Einladungen verschickt worden waren, während die deutschen Teilnehmer sehr wenige blieben, obwohl Einladungen an etwa 20 Schulen und Jugendverbände versandt worden waren.
17 Grundsätze zur Eingliederung ausländischer Arbeitnehmer und ihrer Familien. S. 6. Diese Grundsätze sind am 20. April 1972 vom Koordinierungskreis „Ausländische Arbeitnehmer" beim Bundesministerium für Arbeit und Sozialordnung, bestehend aus Vertretern der beteiligten Bundesressorts, der Arbeitsminister und Senatoren für Arbeit der Länder, der Bundesanstalt für Arbeit, der Organisationen der Arbeitgeber und der Arbeitnehmer, der Kirchen, der mit der Betreuung ausländischer Arbeitnehmer beauftragten Wohlfahrtsorganisationen und der kommunalen Spitzenverbände, und dem Länderausschuß „Ausländische Arbeitnehmer" verabschiedet worden, in dem die Arbeitsminister und Senatoren für Arbeit der Länder Baden-Württemberg, Bayern, Berlin, Bremen, Hamburg, Hessen, Niedersachsen, Nordrhein-Westfalen, Rheinland-Pfalz, Saarland und Schleswig-Holstein vertreten sind.
18 A.a.O., B.8.

gibt – in Bayern sind es nur 0,66 DM[19] – sich aus Gründen der Sparsamkeit weigert, Deutschkurse für Gastarbeiter zu unterstützen, zu denen diese sich selbst anmelden, sondern bislang nur solche fördert, die im Auftrag der Arbeitgeber stattfinden. Damit entfallen aber über die Hälfte aller Gastarbeiter als Adressaten, nämlich alle die, die in Kleinbetrieben arbeiten, und natürlich alle Familienangehörigen; und das, obwohl der Koordinierungskreis beim Bundesminister für Arbeit und Sozialordnung und der Länderausschuß „Ausländische Arbeitnehmer" die Pflicht der öffentlichen Hand, die Eingliederungsmaßnahmen zu finanzieren, statuieren[20].

Außerdem wird die kulturelle Betreuung der Gastarbeiter zwar als Aufgabe anerkannt, man erfährt aber nicht, wer sie übernehmen soll, und Mittel dafür stehen nicht zur Verfügung.

Das einzig Positive im Hinblick auf die Sympathiewerbung der Bundesrepublik, das es bei der Massenwanderung von Arbeitnehmern gibt, ist der Umstand, daß viele Rückkehrer und Urlauber in ihren Heimatländern deswegen insgesamt positiv von ihrem Aufenthalt in der Bundesrepublik sprechen, weil sie sich sonst dem Verdacht aussetzen würden gescheitert zu sein und damit eine Prestigeeinbuße erleiden würden. Dies wird sich aber in nicht zu ferner Zukunft ändern, wenn die Zahl der Rückkehrer weiter steigt und sich damit dort ein realistischeres Bild der Bundesrepublik ausbreitet. Man muß also diesen Umstand nutzen, solange er noch besteht. Wenn der Umschlag in der öffentlichen Meinung der Heimatländer der Gastarbeiter erst einmal erfolgt ist, dürfte es für jede Sympathiewerbung zu spät sein.

Eine auswärtige Kulturpolitik im Innern zu diesem Zweck müßte zwei Stoßrichtungen haben, nämlich neben der oben schon erwähnten Hinführung der Ausländer zur deutschen Kultur, die Darstellung der ausländischen Kulturen bei uns. Dies könnte den Ausländern unter uns Gelegenheit geben, sich kulturell zu manifestieren; es könnte aber auch die Deutschen über die Kulturwerte unserer ausländischen Mitbürger informieren und damit dazu beitragen, Vorurteile abzubauen. Das wäre ein sinnvoller Kulturaustausch, wie er zwar in den Leitsätzen für die auswärtige Kulturpolitik gefordert wird[21], wie er aber bisher nur in kaum nennenswerten Ansätzen existiert[22].

---

19 Der Spiegel. 43 (1970), S. 71.
20 Grundsätze B. 14.
21 Leitsätze I.5.
22 Die Mittel für eine Darstellung ausländischer Kulturen im Inland sind äußerst gering; sie ressortieren im übrigen beim BMI, nicht wie die Auslandskulturarbeit beim AA. Dadurch wird ein planvoller Kulturaustausch zusätzlich erschwert.

3. Entwicklungshilfe auf geistigem Gebiet,

die dadurch geleistet werden könnte, daß geistige Entwicklungshemmnisse beseitigt werden. Diese bestehen in den Wertvorstellungen der Entwicklungsgesellschaften, die traditionserhaltend wirken. Es ist also nicht so, daß das Anbieten unserer Denkweisen auf ein Vakuum träfe und von den Entwicklungsländern ohne weiteres akzeptiert werden könnte, sondern so, daß dort eigene Verhaltensmuster bestehen, die der Wandlung der Gesellschaft entgegenwirken[23]. Die notwendige gesellschaftliche Transformation trotzdem zu vollziehen, so schwierig und schmerzhaft das auch sein mag, ist das, was die Entwicklungsländer in unserer Zeit zu leisten haben.

Sie dabei zu unterstützen und dazu beizutragen, daß sie den Übergang in die Neuzeit etwas schmerzloser bewältigen, dürfte die eigentliche Aufgabe der auswärtigen Kulturpolitik der entwickelten Länder gegenüber diesen Ländern sein. Mit der Überlassung von Kapital und der Vermittlung von *know-how* allein ist es nicht getan. Der Bewußtseinswandel nimmt beim Umbau der traditionellen Gesellschaften zu dynamischen eine Schlüsselrolle ein. Ohne die Beseitigung von falschen Vorstellungen vom Entwickelt-Sein, vom Entwicklungsprozeß und von der eigenen Gesellschaft und ohne das Erlernen rationalen und historischen Denkens müssen alle Entwicklungsanstrengungen scheitern[24]. Daß für den Prozeß der Entwicklung des Bewußtseins der Angehörigen der Entwicklungsländer die Gastarbeiterwanderung eine große Chance darstellt, ist bereits sehr früh gesehen worden. Etwas vorschnell ist die Aufnahme von Gastarbeitern als Entwicklungshilfe in der Form der Finanzhilfe und durch die Vermittlung von Kenntnissen gelobt worden[25]. Daß dem tatsächlich nicht so ist, wird inzwischen sogar von Regierungsseite zugegeben: „Oft wandern nicht Arbeitslose ab, sondern Kräfte, die in ihrer Heimat dringend gebraucht werden. Aus jedem der betroffenen Länder arbeiten Zehntausende von Fachschulabsolventen und anderen Fachkräften in der Bundesrepublik; und auch die anderen, die vorher lange keine formale Schulung genossen haben, gehören zu den beweglichsten und unternehmungslustigsten Kräften, die auch zur Modernisierung der Heimat beitragen könnten. Versuche der betroffenen Regierungen, die Abwerbung von Facharbeitern zu verhindern, haben bisher nur begrenzten Erfolg gehabt. Anderersets ist die Zahl derer, die in der Bundesrepublik eine berufliche Ausbildung ge-

---

23 Behrendt, Soziale Strategie für Entwicklungsländer. Frankfurt a.M. 1965/1968. S.120ff.
24 Simson, Zehn Thesen zur Kulturarbeit in Entwicklungsländern. Zuerst in: Duisberg-Hefte 9/1970, S. 64 ff.
25 So etwa Anton Sabel, ehemaliger Präsident der Bundesanstalt für Arbeit. In: Magnet – Bundesrepublik. Probleme der Ausländerbeschäftigung. Köln/Bonn 1966. S. 166.

nossen haben, in den meisten Branchen außerordentlich gering. Zwar üben sich die ausländischen Arbeiter in industriellen Arbeitsmethoden und Verhaltensweisen, aber sie gewöhnen sich auch an moderne Arbeitsbedingungen und ein hohes Lohnniveau. Dies alles erleichtert nicht eine sinnvolle Rückgliederung, die den Bedürfnissen der Arbeiter ebenso entspräche wie der Wirtschaft ihres Heimatlandes."[26]

Trotzdem hat sich die offizielle Politik bisher kaum geändert. Man spricht zwar von Bildungsaufgaben und Eingliederung, aber der Berliner Senat hat jetzt gerade einen Drei-Stufen-Plan zur Eingliederung der ausländischen Arbeitnehmer entworfen, in dem ganz offen davon die Rede ist, daß die Vermittlung von Grundkenntnissen des Deutschen bereits im Heimatland der künftigen Gastarbeiter gleichzeitig der „Aussonderung von Analphabeten" diene. Man will also weiterhin nicht nur die gesündesten und dynamischsten, sondern auch die gebildetsten Teile der Bevölkerung abwerben, anstatt auf die Bedürfnisse der Heimatländer Rücksicht zu nehmen. Und dies trotz der Forderung des Bundesministers für Wirtschaftliche Zusammenarbeit: „... unsere öffentlichen und privaten Arbeitgeber (werden sich) angewöhnen müssen, ihren Bedarf an Facharbeitern durch eigene Ausbildungsanstrengungen statt durch Abwerbung zu decken"[27].

Nach den obigen Ausführungen über den Stellenwert der auswärtigen Politik auf dem Kultursektor als Entwicklungshilfe wird es ohne weiteres einleuchten, wenn hier darauf hingewiesen wird, daß die Bildungsmaßnahmen sich nicht auf technische Ausbildung beschränken dürfen, sondern das systematische Erlernen breitangelegter Grundkenntnisse und Grundfertigkeiten und die Vermittlung „westlichen" Denkens zum Ziel haben müssen. Ohne eine Veränderung nicht nur des Kenntnisstandes, sondern auch des Bewußtseins der Rückkehrer werden diese nicht zu einer positiven Entwicklung in ihrem Heimatland beitragen können. Nach einer 1968/69 vom Arbeitsamt Ankara durchgeführten Befragung von Rückkehrern, von denen 90 % aus der Bundesrepublik kamen, wollten 72 % derjenigen, die in die Städte zogen, und fast 100 % derer, die aufs Land zurückgingen, sich selbständig machen[28] und damit den ohnehin hypertrophierten Handels- und Dienstleistungsbereich der türkischen Wirtschaft weiter aufblähen. So nimmt

---

26 Eppler, Wenig Zeit für die Dritte Welt. 2. Auflage. Stuttgart 1971. Urban-Taschenbuch 822, S. 117 f.
27 A.a.O., S. 119.
28 WIP – Wirtschaft und Infrastruktur GmbH & Co. Planungs-KG (Hrsg.), Entwicklungspolitische Förderung der Rückgliederung türkischer Arbeitnehmer in die Volkswirtschaft ihrer Heimat. Forschungsvorhaben des Bundesministeriums für wirtschaftliche Zusammenarbeit. München 1971, S. 29.

es nicht wunder, daß bereits damals schätzungsweise 30 % bis 40 % der Rückkehrer mangels bestimmter unternehmerischer Fähigkeiten und Kenntnisse scheiterten[29]. Von den 30.000 Rückkehrern der bundesrepublikanischen Krise von 1966/67 bewarben sich ganze 400 beim Arbeitsamt um eine Stellung[30]. Das zeigt deutlich, daß die türkischen Rückkehrer mit falschen Zielvorstellungen wieder in ihr Land kommen. Nur eine systematische kulturelle Betreuung, die den Gastarbeitern Verständnis für moderne Sozialstrukturen und gesellschaftliche Zusammenhänge vermittelt, könnte hier Abhilfe schaffen.

Eine solche Forderung sprengt keineswegs den Rahmen unseres Wirtschafts- und Gesellschaftssystems, vielmehr müßten solche Maßnahmen auch im Interesse der westdeutschen Wirtschaft ergriffen werden. Die Abwerbung von qualifizierten Arbeitnehmern, das Anlernen von Spezialarbeitern, die zu Hause keine Stelle finden, in der sie das Gelernte anwenden können, und die falschen Erwartungen der Rückkehrer stellen ein Hindernis für die wirtschaftliche Entwicklung dieser Länder dar. Deren Entwicklung liegt aber im Interesse der westlichen Wirtschaft, die neben ständig wachsenden Absatzbedürfnissen einen steigenden Bedarf nach einer expandierenden Kapitalakkumulationsbasis hat. Deswegen laufen Bildungs- und auf längere Sicht Rückgliederungsprogramme zwar den kurzfristigen Profitinteressen der Unternehmer zuwider, sind aber andererseits eine Notwendigkeit für die Weiterentwicklung und Ausbreitung unserer Wirtschaft[31].

4. Ein Beitrag zur Völkerverständigung und Friedenssicherung

Dieses Ziel wird in den Leitsätzen des Auswärtigen Amtes mehrfach genannt[32].

Nach den obigen Ausführungen zur Sympathiewerbung und zur Entwicklungshilfe dürfte bereits klar sein, daß die Migration der Gastarbeiter das Verhältnis zwischen dem deutschen Volk und den Völkern, denen die ausländischen Arbeitnehmer angehören, ungünstig beeinflußt. Wir sind nicht nur zunehmend fremdenfeindlich und vergrößern durch unser Verhalten den Entwicklungsländern gegenüber den Abstand im Lebensstandard noch weiter,

---

29 A.a.O., S. 69.
30 Der Spiegel. 48 (1971), S. 129.
31 Zarth, die Künftige Stammannschaft im ausländischen Zweigwerk. In: Blick durch die Wirtschaft vom 29. 10. 1970. — Ebenso aus marxistischer Sicht: Dietzel, Die Rolle der rückkehrenden Arbeiter in der Entwicklungsstrategie des westdeutschen Imperialismus. In: Das Argument. 68, S. 764 ff.
32 Leitsätze I.1, I.3, I.4.

anstatt zu seinem Abbau beizutragen, sondern diskriminieren auch noch die Vertreter dieser Länder[33], die unter uns leben, und schaffen uns dadurch soziale Probleme im eigenen Lande, die zu Spannungen zwischen uns und den ausländischen Bewohnern der Bundesrepublik führen müssen.

Dies unser eigenes Verhalten zu ändern, ist ebenfalls eine wichtige Aufgabe der auswärtigen Kulturpolitik. Sie ist „auswärtig", obwohl sie sich an uns selbst wendet, weil sie darauf ausgehen muß, die Kultur der Länder, aus denen die Gastarbeiter kommen, bei uns zu fördern und unserer eigenen Bevölkerung nahezubringen. Dies wäre ein Kulturaustausch, bei dem wir nicht nur eine kulturelle Bereicherung und Belebung erfahren könnten, sondern auch mehr Toleranz erwerben. Welche Chance bietet die Anwesenheit von türkischen Schulkindern dem Sprachunterricht an unseren Schulen! Die Kinder könnten sich als Lehrende und Lernende begegnen, eine enorme Weiterentwicklung des Lehrstils könnte die Folge sein, und die Schüler hätten eine noch nie dagewesene Möglichkeit, ihre neuerworbenen Kenntnisse praktisch anzuwenden und sich in der Fremdsprache zu üben. Der Bildungswert des Türkischen oder Neugriechischen dürfte, da diese Sprachen der unseren fremder sind als z.B. das Englische, eher höher liegen als bei den üblichen Schulsprachen; aber bisher gibt es keine Anzeichen dafür, daß diese Chance genutzt würde.

Die türkische Küche, Volksmusik und Literatur kennenzulernen, dürfte ebenso lohnend sein wie die Beschäftigung mit der Geschichte der islamischen Welt, zumal da wir dadurch lernen könnten, unsere eigene historische Sicht zu relativieren und uns selbst gegenüber kritischer zu werden. Auch in der Bundesrepublik bleibt noch viel zu tun, um dem rationalen und historischen Denken zum Siege zu verhelfen.

Bislang aber ist von solchen Dingen nichts zu merken (wenn man von ein paar ausländischen Restaurants und Läden absieht). Deswegen darf es auch nicht verwundern, wenn der nationalistische Rückschlag bei den Gastarbeiternationen sich bereits zeigt. Die neofaschistische Partei Italiens, der MSI, hatte gerade in der Heimat der italienischen Gastarbeiter, nämlich Süditalien und Sizilien besonders große Gewinne bei den letzten Wahlen; und die größte türkische Zeitung, die in der Bundesrepublik vertrieben wird, der *Tercüman*, vertritt offen nationalsozialistische Tendenzen[34].

33 a) Vgl. Klee, Gastarbeiter als Subproletariat. In: E. Klee (Hrsg.), Gastarbeiter, Analysen und Berichte. Suhrkamp Nr. 539, S. 25 ff.
b) Spiegelreport über sozial benachteiligte Gruppen in der Bundesrepublik (II): Gastarbeiter. Der Spiegel. 43 (1970), S. 50 ff.
34 Strecker, Gastarbeiter in der Bundesrepublik und Westberlin — Der Wandel der Bundesrepublik zum Einwanderungsland. In: Kommunität. 63 (1972), S. 105 f.

Abschließend sei noch ein Wort zu den Finanzierungsmöglichkeiten einer solchen Kulturarbeit in der Bundesrepublik und West-Berlin gesagt: Sie könnte im Inland sehr viel billiger sein als im Ausland; denn der Staat würde nicht nur die hohen Umzugskosten und Auslandszulagen für Kulturfunktionäre sowie die Transportkosten für die zu entsendenden Programme sparen, sondern auch Steuern von allen in der Bundesrepublik auf diesem Sektor Beschäftigten einnehmen, während ihm diese jetzt entgehen.

Im übrigen bestünde die Möglichkeit, die geradezu lächerlich geringe Anwerbepauschale von 100,– DM pro Kopf, die die Arbeitgeber zahlen, anzuheben.

Der bedeutendste Faktor ist aber folgender: Die Gastarbeiter zahlten 1969 schätzungsweise eine Milliarde Mark an Steuern[35], und die Kosteneinsparungen für die Kinder der Gastarbeiter, die im schulpflichtigen Alter sind, aber nicht in Deutschland, sondern im Heimatland oder gar nicht zur Schule gingen, betrugen mindestens 1,2 Milliarden Mark[36]. Ohne die Gastarbeiterbeiträge zur deutschen Rentenversicherung müßten die deutschen Arbeitnehmer nach Berechnungen des Ministerialrats im Bundesministerium für Arbeit und Sozialordnung Dr. ROSENMÜLLER bereits ein Prozent mehr an Rentenversicherungsbeiträgen zahlen[37].

Allein diese Zahlen sollten, selbst wenn man die indirekten Vorteile, die wir durch die Gastarbeiter haben, außer acht läßt, die Frage nach den Kosten einer auswärtigen Kulturpolitik in der Bundesrepublik und West-Berlin verstummen lassen.

Die Forderung lautet daher, bei Reformen zur Verbesserung der Situation der Gastarbeiter die Kulturarbeit nicht zu vergessen:

In allen Gastarbeiterballungsräumen sollten ähnlich dem Kultur-, Bildungs- und Unterhaltungszentrum für Jugoslawen im Haus der Volkshochschule in Frankfurt am Main[38] Kulturzentren geschaffen werden, an denen Gastarbeitern und ihren Angehörigen Information, kulturelle und sprachliche Betreuung geboten wird.

---

35 Spiegelreport. A.a.O., S. 57.
36 Evangelische Kirche in Deutschland. Vierte Tagung der Vierten Synode. Frankfurt a.M. 1971. Entschließungsentwurf der Arbeitsgruppe 2b, Bildungsnotstand der Kinder ausländischer Arbeitnehmer in der Bundesrepublik, Punkt 3, Punkt 4.
37 Vgl. FN 35.
38 Frankfurter Rundschau Nr. 149 vom 1. Juli 1972, S. 16.

Sie sollten aber — anders als beim Frankfurter Modell — multinational sein, es müßte dort eine Begegnung auch mit der deutschen Kultur stattfinden, und es müssen auch Deutsche den Weg dorthin finden[39].

Wir dürfen dazu nicht auf eine Initiative der Gastarbeiter warten[40]. Träger sollte eine Organisation sein, die Erfahrung mit auswärtiger Kulturarbeit hat. Mitarbeiten an diesen Projekten sollten neben allen an der auswärtigen Kulturpolitik Beteiligten auch alle Organisationen, die sich bisher um die Gastarbeiter gekümmert haben.

Anschrift des Verfassers
Kurt Scharf
Goethe-Institut
1 — Berlin (15)
Knesebeckstr. 38—40

---

39 Die Erfahrungen des Goethe-Instituts Berlin, das sich bemüht, in der aufgezeigten Richtung zu arbeiten, sind ermutigend; allerdings zeigen sich auch deutlich die engen Grenzen, die mit Hilfe der geringen sachlichen und personellen Mittel (15.000,— DM jährlich und eine halbe Dozentenstelle) nicht überschritten werden können. Erreicht werden bisher — vor allem mangels Publizität — fast ausschließlich (auch ehemalige) Kursteilnehmer und ihre Freunde sowie einige wenige Deutsche.

40 Es ist bezeichnend, daß eine derartige Initiative bisher nur von den Jugoslawen ausgegangen ist, also der Gruppe von Gastarbeitern, die aufgrund der Verhältnisse in ihrem Lande den höchsten Entwicklungsstand und das größte Vertrauen in eine Initiative von unten haben. Die Gruppe der Türken dagegen bleibt aufgrund ihrer geschichtlichen Erfahrungen trotz individuellen Lerneifers und Aufstiegswillens passiv, und gerade sie brauchte die kulturelle Betreuung am nötigsten, da für sie der Kulturkonflikt am heftigsten ist.

Literatur

Literatur zur auswärtigen Kulturpolitik der BRD

von Eva Marischen, Köln

Dieses Verzeichnis erhebt keinerlei Anspruch auf Vollständigkeit — es ist beschränkt auf die Zeit nach 1960 mit dem Schwerpunkt auf der Kulturpolitik in den Entwicklungsländern. Artikel, die sich speziell mit einzelnen Ländern beschäftigen, sowie Zeitungsartikel werden nicht berücksichtigt. Ebensowenig werden Arbeiten über die deutschen Schulen im Ausland aufgeführt (hierzu siehe z.B. Karl Heinz Dettke: Bibliographie des deutschen Auslandsschulwesens. 3. Teil (1946–1969). Selbstverlag 1970; und Andres Dirks: Zehn Jahre deutsche Kulturarbeit in Entwicklungsländern. Eine Bibliographie. Seminararbeit im Forschungsinstitut für Soziologie der Universität Köln, 1971). Hinzuweisen ist noch auf die Zeitschriften „Kulturarbeit" und „Zeitschrift für Kulturaustausch", die laufend Material zu einzelnen Fragen der Kulturpolitik bieten.

a) Bücher, Sammelwerke, Untersuchungen

Abelein, Manfred: Die Kulturpolitik des Deutschen Reiches und der BRD. Köln und Opladen 1968.

Arbeitsring Ausland für kulturelle Aufgaben e.V. (Hrsg.): Wirkungsvoraussetzungen deutscher Kulturpolitik im Ausland. Erkenntnisse aus einer Modellstudie im Iran. Köln 1969.

Braun, Dieter (Hrsg.): Deutsche Kulturpolitik im Ausland. Dokumente, Kommentare, Tendenzen. Schriftenreihe des Goethe-Instituts. Band 2. München 1966.

Deutsche Stiftung für Entwicklungsländer (Hrsg.): Entwicklung und Zusammenarbeit. Themen-Heft: Deutsche Kulturpolitik und Bildungshilfe in Entwicklungsländern. Heft 5, 1972.

Emge, Richard M.: Auswärtige Kulturpolitik. Eine soziologische Analyse einiger ihrer Funktionen, Bedingungen und Formen. Berlin 1967.

Forschungsinstitut der Friedrich Ebert-Stiftung (Hrsg.): Studentische Politik. Themen-Heft: Reintegration und Brain Drain. Heft 1, 1971.

Heckel, Erna: Kultur und Expansion. Zur Bonner Kulturpolitik in den Entwicklungsländern. Berlin (DDR) 1968.

Höllerer, Walter (Hrsg.): Sprache im Technischen Zeitalter. Themen-Heft: Auswärtige Kulturpolitik. Heft 39–40, 1971.

Ischreyt, Heinz: Deutsche Kulturpolitik. Informationen über ihre pluralistischen und totalitären Formen. Bremen 1964.

Maletzke, G., und Mitarbeiter: Die Zweigstellen des Goethe-Instituts in New Delhi und Kalkutta. Untersuchungen zur deutschen Kulturarbeit in Indien. Deutsches Institut für Entwicklungspolitik. Berlin 1969.

MARISCHEN, Eva: Das Publikum der Goethe-Institute in Rom und Tunis. Soziologische Studie einiger Aspekte der auswärtigen Kulturpolitik der BRD. Unveröffentlichte Diplomarbeit. Universität Köln (Seminar für Soziologie) 1971.

MARTIN, Berthold (Hrsg.): Jahrbuch der auswärtigen Kulturbeziehungen 1964. Bonn 1964.

MARTIN, Berthold (Hrsg.): Jahrbuch der auswärtigen Kulturbeziehungen 1965. Bonn 1965.

MARTIN, Berthold (Hrsg.): Auswärtige Kulturbeziehungen 3. Neuwied und Berlin 1966.

MARTIN, Berthold (Hrsg.): Auswärtige Kulturbeziehungen 4. Neuwied und Berlin 1967.

PÄTZOLDT, Björn: Kulturimperialismus und Ausländerstudium. Eine Teilanalyse der auswärtigen Kulturpolitik und Bildungshilfe der Bundesrepublik Deutschland. Dissertation. Universität Hamburg 1972.

PEISERT, Hansgert: Auswärtige Kulturpolitik der Bundesrepublik Deutschland. Gutachten im Auftrag des Auswärtigen Amts. Vervielfältigt. Konstanz 1971.

RÖSSL-MAJDAN, Karl: Rundfunk und Kulturpolitik. Köln und Opladen 1962.

SCHNEIDER, Christian (Hrsg.): Die deutsche Schule im Ausland. Beiträge zur auswärtigen Kulturpolitik. Heidelberg 1969.

WIRTSCHAFTS- und Gesellschaftspolitisches Bildungswerk (Hrsg.): Die Dritte Welt als Bildungsaufgabe. Köln und Opladen 1969.

b) Artikel

ANSPRENGER, F.: Deutsche Kulturpolitik in Afrika. Afrika heute. Heft 8, 1972.

BERGSTRÄSSER, Arnold: Kultur, kulturelle Begegnung, internationale Kulturpolitik. In: Ders.: Politik in Wissenschaft und Bildung. 2. Auflage. Freiburg 1966.

BÖLL, Winfried: Überlegungen zu einer Konzeption der auswärtigen Kulturpolitik. Kulturarbeit. Heft 7, 1965.

BRAUN, Dieter: Der Beitrag der deutschen Kulturinstitute zur Bildungshilfe. Kulturarbeit. Heft 7, 1966.

DANCKWORTT, Dieter: Partnerschaft des Lernens und Helfens. Offene Welt. Nr. 91, 1966.

DELLING, Manfred: Theorie und Praxis der deutschen Kulturarbeit im Ausland. Das Kunstwerk. Heft 4, 1964—65.

DEUTSCHE Kulturpolitik im Ausland. Tagung vom 25. bis 27. Sept. 1970. Pressestelle der Evangelischen Akademie Loccum. Loccumer Protokolle Nr. 8, 1970.

DÜRR, Rolf: Deutschunterricht als kulturpolitische Aufgabe. Andererseits (Arbeitsgruppe Goethe-Institut in der GEW, Hrsg.). Nullnummer 1970.

ERLINGSHAGEN, Karl: Bildung als Entwicklungshilfe. Pädagogische Rundschau. Heft 3, 1969.

FÖRSTER, Ursula: Das Goethe-Institut in München — ein Instrument der westdeutschen Neokolonialisten. Fremdsprachenunterricht. 1963, S. 472.

FREUND, Wolfgang S.: Gedanken zur Leitung eines deutschen Kulturinstituts in einem Entwicklungsland des Mittelmeerraumes. Duisberg Hefte. Nr. 9, 1970.

FREUND, Wolfgang S.: Marokko. Über „Zeitschrift für Kulturaustausch". Dokumente. Nr. 3, 1971.

FREUND, Wolfgang S.: Von Humboldt zur Dritten Welt. Dokumente. Nr. 1, 1971.

GOETHE-INSTITUT (Hrsg.): Aufbau und Ziele. München 1969.

HÖPKER, L. W.: Freunde gewinnen. Bonns auswärtige Kulturpolitik. Die politische Meinung. Heft 93, 1964.

HÜDEPOHL, Karl-Ernst: Deutschtum und Kulturpolitik in Südamerika. Kulturarbeit. Heft 3, 1967.

HÜDEPOHL, Karl-Ernst: Die Arbeit des Goethe-Instituts in den Ländern West-, Zentral- und Ostafrikas. Kulturarbeit. Heft 7, 1966.

HÜDEPOHL, Karl-Ernst: Das Kulturprogramm — Stand und Entwicklung. In: Goethe-Institut (Hrsg.): Jahrbuch 1968. München 1969.

KAHN-ACKERMANN, Georg M.: Entwicklungshilfe als kulturpolitische Aufgabe. Geographische Rundschau. Heft 10, 1965.

KAHN-ACKERMANN, Georg M.: Betrachtungen eines Bundestagsabgeordneten über die Deutsche Auswärtige Kulturpolitik. In: Arbeitsring Ausland für kulturelle Aufgaben e.V.: Jahresbericht. Köln 1968.

KOELLREUTTER, H. J.: Gedanken zur kulturellen Zusammenarbeit. Andererseits (Arbeitsgruppe Goethe-Institut in der GEW, Hrsg.) Nr. 1, 1970.

KROCKOW, Christian Graf v.: Kultur und auswärtige Kulturpolitik. Versuch einer Neubestimmung. Beilage zur Wochenzeitung „Das Parlament". Heft 32—33. 8. Aug. 1970.

KÜHN, Heinz: Kulturpolitische Aspekte der Entwicklungshilfe. Die neue Gesellschaft. 1962, S. 85.

LUPESCU, Armando: Goethe-Institut dient Bonns Expansionsstreben. Deutsche Außenpolitik. Heft 1, 1968.

RODENSTOCK, R.: Zur Neuorientierung der auswärtigen Kulturpolitik. Auslandskurier. Heft 1, 1971.

Ross, Werner: Konzept einer auswärtigen Kulturpolitik. Zeitschrift für Kulturaustausch. Heft 1, 1966.

Ross, Werner: Ist Deutsch noch eine Weltsprache? In: Goethe-Institut (Hrsg.): Jahrbuch 1967. München 1968.

Ross, Werner: Was ist Sprachpolitik? In: Goethe-Institut (Hrsg.): Jahrbuch 1966. München 1967.

RUSKER, Udo: Entwicklungshilfe und Kulturpolitik. Der Monat. Heft 185, 1963—64.

SCHMIDT, Joachim: Bonns Kulturpolitik gegenüber der deutschsprachigen Bevölkerung Süd- und Südwestafrikas. Deutsche Außenpolitik. Heft 3, 1968.

SCHULZE-VORBERG, Max: Aus der Praxis der deutschen Kulturarbeit im Ausland. In: Arbeitsring Ausland für kulturelle Aufgaben e.V.: Jahresbericht. Köln 1968.

SIMSON, Uwe: Kulturpolitik als Entwicklungspolitik: die Rolle des Theaters. In: Goethe-Institut (Hrsg.): Jahrbuch 1971. München 1972.

Simson, Uwe: Probleme der Kulturarbeit im arabischen Raum. In: Internationales Afrika-Forum. Juni 1971.

Simson, Uwe: Kulturelle Determination und Modernisierung des Lehrstils. Die Dritte Welt. Heft 1, 1972.

Simson, Uwe: Die Arbeit des Goethe-Instituts in Entwicklungsländern. Entwicklung und Zusammenarbeit. Heft 5, 1972.

Simson, Uwe: Zehn Thesen zur Kulturarbeit in Entwicklungsländern. Andererseits (Arbeitsgruppe Goethe-Institut in der GEW, Hrsg.) Nr. 1, 1970.

Spricht der Weltgeist noch deutsch? Spiegel-Report über die deutsche Kulturpolitik im Ausland. Der Spiegel. Nr. 10, 2. 3. 1970.

Steltzer, Hans Georg: Zur auswärtigen Kulturpolitik. Liberal. Heft 4, 1970.

Steltzer, Hans Georg: Auswärtige Kulturpolitik als Friedenspolitik. Außenpolitik. Heft 6, 1971.

Witte, Barthold C.: Revolution oder Resignation? Bildungshilfe für Entwicklungsländer. Kulturarbeit. Heft 7, 1966.

Wittek, Bernhard: Dem Namen Goethes verpflichtet. Forum der freien Welt. Heft 12, 1962.

Anschrift der Verfasserin
Dipl. Volksw. Eva Marischen
5 – Köln (41)
Sülzgürtel 20